博士生导师学术文库

A Library of Academics by
Ph.D.Supervisors

音频媒体研究

孟　伟　著

光明日报出版社

图书在版编目（CIP）数据

音频媒体研究 / 孟伟著 . --北京：光明日报出版
社，2019.10

ISBN 978-7-5194-5533-0

Ⅰ.①音… Ⅱ.①孟… Ⅲ.①音频技术—传播媒介—
研究—中国 Ⅳ.①G219.2

中国版本图书馆 CIP 数据核字（2019）第 209078 号

音频媒体研究

YINPIN MEITI YANJIU

著　　者：孟　伟

责任编辑：李壬杰　　　　　　　　　责任校对：赵鸣鸣

封面设计：一站出版网　　　　　　　责任印制：曹　净

出版发行：光明日报出版社

地　　址：北京市西城区永安路 106 号，100050

电　　话：010-67078251（咨询），63131930（邮购）

传　　真：010-67078227，67078255

网　　址：http：//book.gmw.cn

E - mail：lirenjie@ gmw.cn

法律顾问：北京德恒律师事务所龚柳方律师

印　　刷：三河市华东印刷有限公司

装　　订：三河市华东印刷有限公司

本书如有破损、缺页、装订错误，请与本社联系调换，电话：010-67019571

开　　本：170mm×240mm

字　　数：404 千字　　　　　　　　印　张：22.5

版　　次：2020 年 1 月第 1 版　　　 印　次：2020 年 1 月第 1 次印刷

书　　号：ISBN 978-7-5194-5533-0

定　　价：95.00 元

前言：开启大音频时代

一、三类音频媒体内容

播客（Podcasting）、有声读物和音频节目是音频媒体内容的三个代表。也就是说，单纯以"听"的方式获取媒体内容的载体主要有上述三类形态。

处于第三位的是"音频节目"，主要是指广播节目和互联网平台上具有传统电台节目特质的音频媒体内容。为什么放在第三个位置？随着媒体融合深入推进，以"传统媒体"形态创制的内容将作为大众媒体内容消费的一个部分，而非像过去那样是"全部"或者"大部分"。这意味着"音频节目"一定会存在，但比之从前，疆域和形态均会发生变化。

处于第二位的是"有声读物"，对于媒体内容的消费而言，随着媒体融合的推进，"内容"超越媒体机构直接可以与受众"碰面"，这意味着除了过去由传统大众媒体供给的以新闻、娱乐、服务等信息为主的"内容"，还有更多以知识、文学、文化、日常生活等相关的"内容"，被企业或者个人等以"出版物"的方式，以音频形态为载体，传播给大众，作为大众"内容"消费的一部分。这是从受众和未来社会媒体发展的角度做的一种解读，站在今天的角度，我们可以说这是媒体边界消融促成的另一种新趋势，媒体融合是一种手段，不是终极目标。媒体如何更好服务受众、社会和国家是始终如一的目标。这部分音频内容将在一段时间内稳定发展，代表着大众音频内容消费的一种日常，充满了自由选择的余地，既不会长久火爆也不会持续下滑。

处于第一位的是"播客"，对于中国受众而言，有点陌生有点"偏见"。就全球发展而言，自 2015 年以来，随着芝加哥电台制作的播客

Serial 的收听火爆，国外掀起新一轮播客理论研究热潮。置其于第一种形态来谈，是因为播客是互联网原生的，最具互联网生产和消费模式特征，代表着音频内容生产和消费的活力和未来趋势。技术推动下的大众媒体社会交往和媒体消费的前沿形态，往往是形式探索大于内容本身的趣味和价值，其存在的意义更多为一种"启示"和"颠覆"。与国外发展不同，国内喜马拉雅、蜻蜓和荔枝等互联网平台的音频内容供给，可归入此类。

从"内容"而非技术手段入手界定音频媒体，是因为无论技术和渠道如何变化，媒体内容的呈现形态无外乎"听"和"看"两种，至于第三种，如基于第六感获取信息的路还太长。而随着技术或者渠道呈现不断迭代的趋势，其不稳定性远远大于受众"内容"消费的"听"和"看"这两种表现形态。

对于音频媒体而言，如果拓展"音频内容"的边界，那么当前很多视听媒体内容正被受众以"听"的方式来消费。因为大众一心多用的媒体使用习惯成为普遍潮流，同时互联网正供给着海量的信息，信息过剩状态下的受众和媒体现实，造就了大众消费信息和筛选信息的方式，越来越与"非注意"接收为特征。非"必须"状态下的媒体内容消费，往往是三心二意，实际上无论视听内容，还是纯粹的音频内容，都在发挥着一个类似的媒体作用和功能——伴随性功能。

随着新技术发展，包括呼之欲出的 5G 的到来，音频或者具有音频特质的媒体内容，将拥有比现在更为广阔的天地。

在这个意义上，我们可以颇有野心地说，大音频时代到来了！

二、媒体融合的核心是媒体内容创新

2018 年 10 月英国政府决定拿出 6000 万英镑用于资助媒体内容创新，特别拿出 300 万英镑用于支持音频媒体内容的创新。这意味着英国政府秉承一个认识：大众"听"的媒体内容需求一直都会存在，不会因为技术进步而消失，相反，技术创新是为了大众"听"的媒体内容消费体验更佳。哪一家媒体机构抓住了"听"的媒体内容创新的命脉，哪一家媒体机构就掌握了有"听"的媒体消费需求的受众，进而具有生存和竞争的价值。站在媒体人的角度上，把媒体融合的核心看作新技术应用支持下的媒体内容创新，更为脚踏实地也更具有可操作性。

新技术支持是全社会各个行业的需求，包括广播、电视和纸媒等大众媒体机构。大众媒体机构的新技术应用多以普适性的新技术为基础，抛开专业信息技术开发公司，媒体机构原创式的技术开发鲜见成功案例。专业信息技术开发公司与媒体机构的合作应用型研发，十分必要、重要。但媒体机构的技术发展阶段及其未来趋势，归根结底得益于国家整体数字战略的指导，而非局部改革。

就媒体自身角度而言，技术手段一直是为内容服务的，因为内容是媒体服务大众的最前线。媒体融合是信息数字化中的一个环节，针对的是旧有媒体机构、基于媒介形态差异建立起来的内容生产桎梏的边界消亡，过去的这些"边界"是今天和未来媒体追逐受众新需求的障碍。在这个意义上，新技术背后推动的是新的社会需求。这意味着无论是数字技术还是媒体融合策略，均服务于新的社会需求和新的社会发展趋势。

媒体融合推动下要改革的是媒体组织管理制度、媒体生产创意制度、媒体内容流通制度、媒体与受众的关系、媒体质量标准、媒体效果测量等。把现阶段媒体融合仅指向媒介形态的存续、优劣与否，是不负责任的避重就轻。

从全球语境来看，今天媒体发展以及媒体融合的趋势，始终是智慧城市和数字经济建设中的一部分，更确切地说，媒体融合服从于智慧城市、数字经济发展的要求和趋势。英国 2009 年推出的《数字英国》是其数字改革的纲领性文件。2010 年英国提交了《数字经济法草案》。2017 年 3 月，英国文化、媒体和体育部（DCMS）发布《英国数字战略》，提出要把数字部门的经济贡献值从 2015 年的 1180 亿英镑提高到 2025 年的 2000 亿英镑。英国智慧城市计划的推进和数字经济立法的确立都为其他国家发展数字经济提供了借鉴意义，确立起欧洲数字战略的示范案例，也是全球国家发展战略的焦点之一。中国媒体发展要跟上国家发展战略的步伐，并为国家发展做好媒体服务和媒体支持。

三、本书涉及的音频媒体研究内容与框架

本书主要分为八章，主要思路如下。

　　第一章，音频媒体的价值。这是本书第一章的主要内容。从媒体传播、文化发展、知识经济、社会发展四个角度认知音频媒体的价值，考量基于音频媒介形态的内容，其多种视角下的价值判断。全书中这样的内容安排也意味着，相比较于视觉传播，我国音频传播尚处于争取话语权的地位。本书对"音频媒体"概念进行界定，并促使音频媒体已经发生和正在发生的媒介价值和媒体作用显现出来。基于媒介形态本身进行"优劣"的判断，源自前互联网时期和数字媒体发展之前的一种认识；源自对于媒体传播渠道和受众媒介接触优先级别这样的一种判断；源自信息内容有限传播、有限制作、有限渠道的旧时代。随着5G时代的到来，这种旧有的认识体系将一去不返，也可能意味着音频传播将迎来新的发展机遇。但也要认识到在过去多年的发展桎梏里，音频媒体做了什么样的准备，以应对这样突如其来的制约消失，机会重来。

　　第二章，音频媒体的特性。人们往往从时代需求和个人需求的角度认识音频媒体，当然这些特性也会随着旧有媒介渠道和特定媒体政策优势的消解而消解。有些特性随着时间的推移，特别是互联网、数字媒体的发展，已经成长为所有媒介的共性，并非个性了……那么媒体融合时代，从音频内容的角度，从与受众发生传播作用的角度看，可能会发现一些音频媒体较为稳定的特性仍具优势。据此，本书从社交性、内视性、互动性、沉浸性和融合性五个角度进行分析，前四个角度在第二章中论述，融合性专在第四章论述。论及音频媒介形态的特性，随着传播场景的融合发展，其他媒介类型的内容表现一般也具有，只是突出性不及音频媒体显著，或者在不同场景下表现出不同方面的价值。"沉浸性""内视性"和"融合性"之间是有交集的，也是音频媒体表现突出的特性，意味着这三点在满足特定传播需求上具有一定的优势；"社交性"和"互动性"是当前所有媒介形态都强调的特点，但基于音频介质的特性认识，值得挖掘和重新发现。媒体融合时代，实际上摆脱了媒体介质的差异和束缚，对满足场景性和特定的传播目的有更高的要求，这意味着媒体内容与媒体介质呈现之间的匹配要更为严格，音频介质的"社交性"和"互动性"，有其独特的传播价值，本书基于历史发展和当前应用对此进行了系统分析。

第三章，音频媒体的专业门槛。媒体内容制作的习得在以往专业门槛比较高，往往具有明显的职业壁垒。目前基于互联网的媒体内容制作与传播降维到大众自制普遍发展的阶段，但这并不意味着媒体内容制作没有门槛，特别是基于媒体机构的音频媒体的内容制作。本书从音频媒体的内容符号论起，涉及语态、语体与口音，话语符号和非语言符号体系，以及音频媒体的内容传播语境。关涉音频内容表现的基础符号和"语法"表现，特别是对于音频内容"语境"的论述，是对音频文本构建方式关键、隐在环节的一种"解剖式呈现"。本书此部分的研究尚为音频内容符号与语境一般意义上的研究，未涉及基于录音技术与艺术的相关内容。

第四章，广播融媒体理论。目前广播电台从体量和影响力上，仍然是大音频时代的主要代表形态。基于当前媒体融合发展经验，本书论及广播在融媒体推进过程中哪些是误区哪些是经验，主要涉及的层面包括：广播如何认识新受众群、如何吸引新受众，如何认识受众内容消费的新方式、如何促进互动、如何评估受众；如何改造内容生产流程，如何确定新的内容质量标准，如何发展与自媒体音频内容间的关联，如何面对内容付费的新模式，如何理解渠道优势消解后的"场景与内容"间的匹配原则；新技术与音频内容生产之间构成何种意义上的促进作用，或者说新技术发展给音频媒体内容制作带来了哪些机遇与挑战；音频媒体在传播主流核心价值观，服务国家和社会的过程中，其内容制作与传播中需要厘清哪些模糊的认识，应该如何调整，等等。

第五章，音频媒体的内容质量。本书从两个层面进行论述。一个层面是机制改革。从科学化生产的角度，借鉴企业化生产体系中内容质量的相关理论和模型，以及大数据与内容质量评估间的关联，旨在提升音频内容生产环节的规范性标准和效率，为创意音频内容生产奠定质量标准和批量个性化生产的基础。另一个层面是体制层面的改革。整频率、全台的内容产品战略规划需要建立起来，同时新闻宣传类节目、产生社会效益的节目等要进行系统、持续性的规划设计。

第六章，音频媒体产业运营基本规律。本书借鉴互联网商业模式，特别是社会化媒体技术和社会化媒体理念影响下的产业模式，从基于日常生活的广播社会性、基于"圈子"的广播强社交性出发，总结当前音频媒体运营层面的突出案例，尝试讨论音频媒体产业运行转型的规律与方向。

第七章，国外音频媒体研究。本书聚焦欧洲，特别是以英国为研究案例，部分内容是与欧洲学者合作，分析欧洲广播媒体发展理念和路径，讨论英国广播媒体的新发展新趋势，对比分析中英两国的广播节目，以及高质量广播节目的成因。目前国外广播媒体、互联网音频媒体的研究尚显不足，需要更多研究力量的投入。

第八章，国内广播发展述评。笔者持续五年观察国内广播媒体发展，历数五年间广播媒体的发展成绩与短板，对我国当代广播媒体的价值、地位、发展问题、发展方向进行系统的评述。

本书涵盖了笔者近20年来音频媒体研究的经验、思路和主要成果。综上，在梳理多年研究文献中，尝试把研究成果以"内容分类"的方式，打散后重新提取其中对当前音频媒体发展有价值的部分，重新搭建框架并进行阐述。同一个问题不同年代的不同认识被整合到一起，有历时性认识同时又包涵最新的认识，希望拙作为当代音频媒体的行业发展和学术研究尽绵薄之力。

目　录
CONTENTS

第一章

音频媒体的价值是什么

随着互联网的深入发展，当前大众媒体正面临着一个艰难的变革时代。媒体介质不再成为一种对于传播内容的限制或者某种优势要素，困扰传统媒体的各类边界正在消失。这意味着在信息传播领域，"通用媒介"将代替"专门媒介"普遍存在，但"专门媒介"仍有存在的需求和空间；知识和信息在未来将以光速流通穿行于"通用传媒平台"——互联网或者建立在其基础上的整合智能终端；被传输的内容质量、内容模式、陈述角度、表达风格、筛选机制等，特别是整合传播策略，将成为未来媒体竞争聚焦的方向。传统意义上的音视频介质将不再作为一个机构的代名词；在融媒体机构中，微观层面如何更好应用视频、音频的媒体介质，服务于整合传播任务，宏观层面上如何处理视频为主的表达，如何处理音频为主的表达，如何处理文字为主的表达，将仍是媒体内容和运营的最基础问题之一。这意味着社会、大众对音视频等媒体介质独特的表达属性要求比以前更为突出。①

那么，在这样的大背景下，广播电台作为当前最主要的音频媒体形态，其现在和未来的价值是什么？

第一节　音频媒体的传播意义②

一、音频是实时互动传播的第一个大众媒体形态

声音是人类历史上最为悠久的传播介质之一。广播是第一个实现了远距离、

---

① 孟伟. 当代广播音频媒体转向的基本理念［J］. 中州学刊，2017（11）：167－172. 有部分新增内容。
② 孟伟，宋青，李秀丽. 知识经济背景下在线音频出版的媒介原动力［J］. 科技与出版，2018（12）：163－168.

实时互动、一对多功能的现代意义上的大众媒体。

1906 年 12 月 24 日，加拿大雷金纳德·费森登通过位于美国东北部马萨诸塞州布兰特岩城（Brent Rock City）的国家电器公司的无线电发射塔，完成了一次广播播讲：诵读圣经和圣诞故事，演奏小提琴，播放《舒缓曲》等。此前虽有试验广播，但此次广播内容完整，被认定为第一次成功的无线广播。1920 年 11 月 2 日美国匹兹堡 KDKA 开始播音，标志广播事业的开端，也被公认为世界上第一家商业电台。电台成为完全不同于报纸、杂志，能够用声音再现现场，实时进行电话互动，直播正在进行的新闻事件的"新"媒介！

中国广播诞生于 1913 年到 1922 年间。北洋政府于 1912 年创办"交通传习所"，开设《无线电话》等课程，培养电信广播技术人才。① 20 世纪 30 年代中期被称为民国时期"广播界的黄金时代"。② 1949 年新中国成立到 1978 年中共十一届三中全会召开这 30 年，是新中国广播发展的初级阶段。20 世纪 80 年代以来我国现代意义上的广播音频媒体实现了长足发展。

1997 年，我国网络广播应运而生，2004 年后移动互联风起云涌，播客、网络听书网站等培育了网络音频最早一批核心用户。自 2012 年前后，音频聚合网络平台出现，大大降低了音频制作者的生产成本，同时智能移动终端普及，音频产品呈现出垂直化、社群化、产业化等新的发展特点。互联网大的发展背景之下，音频行业的这些新的变化，特别是媒体融合的推进，也在改变着广播电台这个机构和行业。③

二、媒体融合视域下"音频媒体"再定义

现如今，广播仍然是音频大众媒体的代名词，与其他传统大众媒体的处境类似，面临着内容、传播和接收方式、用户养成、经营管理模式、媒体功能等近乎转向的大变革。在这一语境下，音频媒体的概念今天应该怎么理解？

从当前流行的"凯叔讲故事"到"罗辑思维"，再到听书、云课堂等，有些是以音频为主的内容呈现方式，也有些内容的呈现看起来不是音频介质的表达，但我们仍然会认为其拥有音频传播的核心特质，潜意识中把其归类到自己的听觉需求中。例如，有些媒体内容虽然以视频方式呈现，但是用户是当作音

① 张君昌. 简论中国广播电视 90 年发展轨迹：萌芽与起步阶段 ［EB/OL］. 人民网，2019 - 06 - 22.
② 上海播音台点的历史 ［N］. 申报，1938 - 12 - 23.
③ 熊辉. 声音的回响：中国网络音频发展简史 ［J］. 互联网经济，2017（7）：92 - 99.

频内容来使用的。上述这些情况至少可以说明：对于媒介样态而言，提供给受众基于诸种感官的体验，至于如何使用，仍依赖于受众是以"看"为主还是以"听"为主的实际需求；同时从媒体内容的角度也说明：在某些以视频为主的音视频表达中，音频内容具有基础的传播价值，特别是对于内容的萃取上，并不会衰减太多，某种意义上为音视频传播增加了受众多种选择的机会，也意味着音频介质独立传播内容的价值能力不容小觑。

媒体融合背景下，广播媒体目前转型的方向，不在于紧步互联网的后尘，进行粗略的模仿，而是重回音频媒体的概念和传播本质。从音频介质的角度重新理解和定义广播音频媒体，探讨音频媒体的心理学、社会学和传播学层面的价值。以此为出发点，探讨广播音频媒体的融合发展路径。过去广播频率是唯一一类音频大众传播渠道，而目前音频内容本身可以自带渠道，与用户达成一种交往，甚至更为个性化、更为密切的交往。①

综上，一方面我们需要重新重视对于音频介质传播属性的研发，另一方面对于当前广播媒体机构而言，要做机构化的转型。**机构化的转型远远不是媒体介质层面的融合，或者是凭借融合业务来进行转型，而是作为一个机构的整体大局观的转型，在末端呈现上才能以媒体融合的内容策略展开。**

对于广电媒体而言，破局在于：从数量增长到质量引导的转变；场景化主导下的媒体用户体验研发；无处不媒介的事业拓展魄力。广播电台短期内有作为的三个阵地可能为：FM 的音频流阵地，点播音频作品阵地，"场景化"人群细分阵地。②

三、音频媒体的传播功能再开发③

无处不媒介，无处不媒体：全程媒体、全息媒体、全员媒体、全效媒体④的发展态势，**促使传媒领域未来竞争的要点，会更加集中于对媒体内容形式的驾驭能力，对于媒介功能的认识及其再开发的能力。**

就大众媒体——电视以及互联网的视频传播而言，虽然使用"声画"或者"视听"媒体的定义用以强调电视等视听类媒体，除视觉要素之外还存在声音要素，但"声音"要素只是辅助性地位，视觉要素是压倒一切的。

---

① 孟伟. 当代广播音频媒体转向的基本理念［J］. 中州学刊，2017（11）：167 – 172.
② 孟伟. 当代广播音频媒体转向的基本理念［J］. 中州学刊，2017（11）：167 – 172.
③ 孟伟. 媒体融合中探寻广播音频传播本原的必要性［J］. 中国广播，2018（11）：39 – 41.
④ 习近平的全媒体理念［EB/OL］. 中央广播电视总台央视网，2019 – 02 – 19.

"声画"传播的提法可能出现于电视媒体诞生的早期和中期阶段，出于对电视节目内容较多借鉴于当时电子媒介的先行者——广播媒体的尊重（并非是由于广播资历老或者是比电视高明到哪里，仅仅因为广播诞生得更早）。彼时电视节目内容发展还未充分到可以找到其独有的属性和规律，广播声音＋画面是一种流行的节目制作思路。到了电视发展繁荣时期，要彻底摆脱"声音＋画面"的简单节目模式，才开始有意识地断开与广播之间的关联。电视诞生之初的年代，在英国最初的歌剧电视转播中，老百姓收看电视画面，听的却是广播的声音，因为二者加起来的视听享受效果最佳。至于不同媒体形态之间因不断借鉴、竞争、发展而形成的壁垒与区隔，那时候还没有顾及。

"视听"媒体叫得响亮，是在互联网发展的早期阶段。彼时互联网视频分享与社交网络远远比基于声音介质的播客发展更好，并作为网络社会关注的主流。在最近十年的互联网发展中，从文字介质，到听觉介质，再到视觉介质，视频媒体的发展速度、体量、效果远远超过了音频媒体。

随着互联网进一步发展，近年来知识付费兴起。互联网音频付费课程、听书以及网易云等音乐平台涌入人们的视线，而在此之前互联网视听媒体主要指的是互联网视频媒体，几乎把互联网音频放到了忽略不计的位置上。音频媒介的价值和功能探讨正是随着互联网推动的知识付费热潮才开始被重视的。

对于业界而言，叫音频还是视频，抑或视听媒体，没有什么终极意义，毕竟行业是用业界影响力和实际运营效果说话的。对于学界而言，因为音频的业界发展，特别是在互联网音频发展较长一段时间内一直处于一种非强势状态，研究的人也不多，广播媒体的研究亦非显学，寥寥无几的研究者无暇在意是不是叫视频媒体、音频媒体或视听媒体，就算在意和有心，也尚不能形成理论探讨的热潮和实际的影响力，包括基本的被关注。

媒体融合的语境下，对于目前的媒体行业而言，每一家均具有制作全媒体内容的能力和机会。音频内容在其中不应该发挥一个补齐产品线的功能。因为媒体融合的落脚点，在于用户的使用需求和使用效果。而用户的需求场景又是多种多样的，只听不看的需求并不鲜见。当对媒体介质有孰优孰劣判断的时候，是把媒体内容放在了一个普适性的、单一的、"虚构"的使用场景下进行的评价。而媒体的使用是一直与受众的使用环境、受众多样化的需求密切相关的，满足了特定场合的需求更为重要，而不是某种媒体介质脱离使用环境，看其是否具有更大的传播价值。

在此背景下，专门探讨媒体融合趋势下的广播音频传播本原，再议其传播功能，是有必要性的。

四、广播音频媒体传播地位研判①

事实上，有"听"的需求，音频媒体就会存在。互联网传播时代，音频媒体内容的发展远没有视频媒体内容那么轰轰烈烈。但这不能成为弱化广播内容独特性的一个理由，当前的市场并非可以决定未来的一切。

既称之为"本体"，则需要从实用主义突破到文化和哲学的思考层面。这意味着思考的角度必定不是仅从实用主义出发的。实用主义层面的理解尽管现时正确、管用，但哲学上的持久性正确却很难保障。从我国国情看，广播音频本体的发展和研究是滞后的，过去业界虽然长提，但未将之作为重点进行关注。随着媒体融合的推进，媒体内容可以直接与受众注意力建立关联。作为机构的大众媒体从前的优越感和壁垒丧失，因此对于广播媒体而言，音频本体的价值研究将会成为行业关注的重点。当前各地电台都在实际探索，并做出了一些突出成绩，这种主动的探索不是广播自救的关键，因为探索是一种本能。**换句通俗的话说，重视广播音频本体地位的发展，不一定能救得了广播；但是针对音频媒体本体价值的开发，则是一种历史的必然。**我们现在需要尊重这个必然，而不是回避或者视而不见。有了这个底子或者基础，广播才有家底去讨论未来在多大程度上可以与互联网融合，或者在多大程度上自身成长为互联网的一份子，在多大程度上更好服务国家、社会和人民。

目前的广播媒体对于发展中国家政治生活、社会治理、应急传播等均具有战略意义；未来的广播或者音频媒体形态，完全有理由设想在未来传播格局中拥有独特的存在价值和意义。**但如果传统广播自身不从根本上解决发展的基础问题，只是出于本能自救式讨论而非战略意义上的考虑，则会加剧被不断更新的媒体形态和媒体事件所遮蔽或吞并的过程，有可能造成广播音频传播的全面萎缩。**

从广播本体角度出发，需要突破多媒体异彩纷呈的表象，看到音频介质支持下的成功市场范例。当代越来越多的各种新旧形态的媒介激烈争夺着用户，满足或者创造着用户的刚性需求。重新探究广播媒体的基本传播特性，发掘其在重建个体与社会关系中的作用，具有基础而深邃的媒介社会学意义，这是探究音频媒体传播力的一个方向。广播在文化规范、民主制度、身份认定等领域发挥的社会作用和影响，不容小觑。特别是音频媒体之于社会个体的建构方式

---

① 孟伟. 媒体融合中探寻广播音频传播本原的必要性 [J]. 中国广播，2018（11）：39－41.

和意义。

当前广播音频媒体不仅需要解决电台的基本生存问题，亦隐隐担忧其作为一类媒介形态独立存在的前景。从未来科技的发展来看，满足人的需求的程度是媒体存在地位的重要依凭，人的需求有短期和长期、精神与物质、高层次和低层次的分别，当表层需要不断被满足后，更多的是寻求精神上的交流与共鸣。精神需求始终是重要的、不可或缺的。现代人迫切要解决的是如何避免被异化，现今对知识的渴望和学习过程也变成了机械化时代的一个标志，接近流水线上的工业品。异化的突破在于人的主动自觉性的选择，而不是被摆布、同化和湮没。

音频内容本质上比视频内容的门槛高，因为缺少视觉要素，在传递思想和价值的过程中，对受众的接受能力和注意力集中程度要求更高。当前音频媒体内容类型上，有一部分是偏向反思、深沉回荡的情感、细致的思考等类型的内容，相对于同时期短视频、直播领域流行的媒体内容类型而言，是截然不同的。媒体受众的需求风向转向类似时尚流行领域的风向转向。至少在媒体研究领域应该客观、全面地研究音频内容的多种潜在传播能力和方式，不受一时媒体内容风向的影响。"新鲜"的概念不是持续不停地朝着一个方向"迭代"，而是螺旋式的、反复的。在这个意义上，下一轮的媒体内容潮流和社会趋向，对于广播人是有优势的。我们现在要做的，其实是提升优质内容的营收力和优质人才的对位程度。

笔者在近年来参与的调研中发现，国内有做得很好的电台，从运营思路上是纯互联网模式运作的，对传统主流媒体的生产系统做了系统性的改造。内容生产完全服从于这个系统性的战略调整，音频媒体平台的力量打出来了，但音频媒体内容本身的力量还没有完全开发出来。这是下一步需要努力的。

第二节　音频媒体的文化意义①

什么是音频媒体的文化意义？回到口语传播的层面，从历史性的表述与交流初始目的中，发现声音与文化之间的关联？还是从生理、心理、物理层面，

---

① 摘编改写自孟伟在 2018 年 8 月 23 日，第 27 届北京国际广播电影电视展览会·广播论坛"声音的价值 智慧的广播"（中国国际展览中心）大会发言：智慧广播：音频传播的本原、价值与未来。

以音乐艺术为导引，寻找声音介质的艺术传播特性？还是基于人的角度，从心理声学入手，找到大工业化、数字化、智能化中潜藏的人本与现代性之间的张力……角度很多。

纯粹实用主义的经验更多带来模仿和重复，文化和哲学层面的思考可以带来创新、爆款，甚至是一个行业的崛起。奔着这个目标，我们从音频媒体之于社会个体的建构方式和意义出发进行思考。

一、声音与颜色、形状和感觉

考察声音的文化意义，我们需要首先考察声音本身的意义。

声音源出于生命，并且也把生命注入了接受声音的感官；就像语言本身一样，语音不仅指称事物，而且复现了事物所引起的感觉，通过不断重复的行为把世界与人统一起来……视觉完全不若听觉精细。①

声音是无形的。1968 年，科罗拉多州天普布鲁尔学院（Temple Buell College）做了音乐如何影响植物的实验。发现重金属音乐、古典音乐等对植株的生长形态产生影响。究其原因是核酸和音阶有关，而"原子是和声共振器"，这与"八度音阶法则"有关。"八度音阶法则"是指声音和颜色彼此对应，每个音都有一种颜色（可见光）与之对应。人体自身就是振动频率固定的原子集合，因此可以辨别音符和颜色。声音是无形的，但却可以通过这种方式让我们"看见"。

声音又是可以被看见的。音流学（Cymatics）是一种声音可视化技术，它通过直观的观察探究声音振动与物质形态之间的关系。美好的声音与美丽的图案、美好的感觉直接对应。从声音的社会属性来讲，声音被接受或者被个体所解读，依赖于个体对声音产生的独特反应，以此来确立起对声音发出意义的解读。②

声音与感觉直接关联。声音引发的感觉超越我们常规分析的能力。我们能够知觉它是因为我们经历了它，尽管我们能够追踪由声音引发的感觉的变化，但我们仍不能解释为什么外部的声音会引起我们感觉的变化，变为我们意识的一部分。③ 这仍然是当前研究的难题。

---

① ［加拿大］马歇尔·麦克卢汉. 古腾堡星系：活版印刷人的造成［M］. 赖盈满，译. 台北：猫头鹰书房，2008：52.

② BROADHOUSE J. Music Acoustics：or the Phenomena of Sound As Connected With Music ［M］. Charleston：Forgotten Books，2012：1.

③ BROADHOUSE J. Music Acoustics：or the Phenomena of Sound As Connected With Music ［M］. Charleston：Forgotten Books，2012：1.

苏珊·朗格说，"一种专供耳朵而不是眼睛，从而是一种可听而不可见的形式的运动，这便是音乐的本质"。因此，尽管后来随着视觉艺术更加发达，视觉要素对于音乐而言，却始终未曾喧宾夺主。"音乐作为一门听觉艺术，听觉器官的特点以及音乐存在的物质条件，决定了音乐的穿透性、抽象性、程式性和开放性。"①

二、音频媒体的三层认知

（一）音频媒体发展现状与问题

当前我国音频媒体主要代表、居于机构性垄断地位的仍然是电台，其主要内容样态仍然是电台的日常播出节目，网络 App 内容多为日常播出节目的重复或者是简单的剪辑、整合。随着互联网的崛起，喜马拉雅、蜻蜓、荔枝等互联网音频网络聚合平台崛起，加之自媒体领域对于儿童、心理需求等音频内容领域的深度开发，音频媒体的概念和产业创新也在不断拓展。欧美受众对于音乐类内容的创作、分享和使用在网络渠道上的新应用，与网络社交分享结合，已经撼动了传统电台的垄断地位；一些音频节目内容生产借助互联网推广途径取得傲人成绩，以芝加哥电台 This American Life 旗下的罪案类非虚构节目 Serial 为典范。自 2014 年开播第一季，2016 年推出第三季，节目组五人创下了"史上最好的播客""播客中的 The Wire"的记录，甚至一度掀起投资人对音频网站新一轮的并购和投资热潮。

传统电台节目目前存在的问题比较明显：内容制作周期长，资源依赖和资源消耗较多，节目形态老套，节目内核程式化，缺少震动人心、靠内、贴近不同人群的新鲜表达方式，用户参与程度低，主持人和节目制作者价值无法始终如一贯彻在节目中，受到的牵绊和制约较多。新的表述系统没有建立起来，旧有的模式仍发生作用甚至成为桎梏。

（二）关于音频媒体的三层认知

抛开当前电台发展存在的问题，作为一类大众媒体机构，广播具有传播广、速度快、成本低、感染力强、伴随性特征突出等特点，这是广播音频媒体的第一层认知，是基于广播实用功能的角度来看的。依赖上述媒介特性，1920 年 11 月第一家电台 KDKA 诞生。KDKA 以压倒一切的崭新的媒介优势，在一统天下的纸媒中脱颖而出。充分展现了广播在服务大众、政治宣传、商业广告、应急快速反应等领域的非凡成就。互联网时代，广播具有不可替代的重要特性。

---

① 方丽晗. 音乐作为听觉艺术的特性 [J]. 美与时代（下半月），2002（3）：17 - 19.

广播音频媒体的第二层认知是基于人的心理和生理因素进行考量。广播声音可以唤起记忆、构建画面、引发联想、激发情感、触动思考……基于广播的第一层认知，其传播速度与光速同步，与战争发生了必然的联系，成为二战中信息传播的主导媒介。例如，"安妮电台"的典型宣传心理战有两次："一次是试图发动德国内部的反战团体起来造反，另一次是配合盟军的攻势，对德国军队进行心理误导。"纳粹德国也广泛实施宣传心理战，其中"哈哈爵士"最为典型。"通过感情的煽动、理智的倾诉、精神的诱惑，英国听众逐渐产生了恐惧、不安、痛苦和混乱。"① BBC 广播第四台在夜间节目中常设有专家读论文、科普、历史类节目，相当于电台为大众开设知识传播课程，使受众的收听与严肃思考结合起来。近期国内崛起的"程一电台"成为知名人气网络电台，以睡前一段优美文字，一首暖心歌曲"治愈"城市广大失眠青年人群，也是此类音频媒体认知的案例呈现。

互联网的压力，又促使我们穿过广播音频传播的上述两个认知层面，探究其第三个层面的意义——声音文化的本原。

就中华文明而言，文字使用从甲骨文开始不过三千年；口语文化传统至少延续十万年。语言学家统计，人类历史上，用于书写的语言约一百多种，人类言说的语言却有几千种。听觉文化不仅是人类文化的最早雏形，也是人类最重要的文化形态。

"我们的世界本身就是庞大的听觉空间，大自然的风声细语、虫鸣鸟叫，人类的吃喝呐喊、管弦丝竹。声音作为人的本能，是情感表达的重要载体。因此，声音交流是在场式交流，是人类最本真的交流，比文字更能激起人的情感。"②

但现代文明的发展也使得声音与人的关系更为被动。"消费文化的推进，人与声音的关系此时发生了深刻的改变：由传统的人主动选择声音转向声音不由分说地趋近和包围于人，人们在不知不觉中更大范围地加入到了集体审美的群体之中。"③

音频传播基于文化视角的重振是当前紧迫的媒体研究任务。重建主体的"听知觉"和"声音文化能力"，对于矫正日渐"数字化"和"图像化"的当代文化具有重要的现实意义。④

---

① 姚宝权，唐芬艳. 二战中的广播舆论战 [EB/OL]. 人民网，2007 – 01 – 23.
② 陆涛. 文化传播中的听觉转向与听觉文化研究 [J]. 中州学刊，2014（12）：95 – 99.
③ 李念. 数字传媒语境中的听觉文化研究 [D]. 桂林：广西师范大学，2013：11.
④ 刘士林. 城市声音：一种新的城市史与城市文化研究 [J]. 天津社会科学，2016（5）：133 – 138.

（三）声音本原与未来媒介需求

从未来科技的发展来看，满足人的需要的程度是媒体存在地位的重要依凭。

现代人迫切要解决的是如何避免被异化。今天对知识的知晓和学习也变成了机械化时代的一个标志，接近流水线上的工业品。异化的突破在于人的主动自觉性的选择，而不是被摆布、同化和淹没。

真正好的广播声音作品是能给受众带来自足感觉的，这是声音作品的极致追求。例如，中央广播电视台报送中国新闻奖的《党史·声音地图》，作者以深沉的感情和高度的理性相融合，基于对声音艺术表现手段的驾驭，创造了一个对于听众而言自足的听觉世界，不关乎视觉和听觉，直播还是录播，在几分钟里，使听众与作者内心一起经历了千军万马，自足而快乐。

声音、文字、影像等单一介质只是传播内容入门级别的一种呈现，更多的媒介形态依从于"场景"进行任意的融合与混搭，目标是受众的便利和传播效果最大化。

我们尝试回到音频传播的本源，目的在于发现单一介质形态被遮蔽的传播优势和传播特性，以期达成更为深度的媒体融合和媒介个性的保留。

三、声音文化景观①

（一）从文化根源角度反思当代声音景观

法国声音工程师皮埃尔·舍菲尔认为人类的听觉模式有四种，即辨听、听到、听出、听懂。作曲家、电影人米歇尔·希昂提出的听觉的三种模式分别是关联聆听、语义聆听和还原聆听。虽然二者对听觉模式的划分各有不同，但都看到了听的层次性和多维性。这种层次性和多维性，为今天声音价值的开发提供了理论依据和现实支撑。英国声音艺术家彼得·科萨克很早就注意到世界声景在全球化过程中呈现出的同质化倾向，担忧会影响声音的地域性和多元化。20世纪70年代，加拿大作曲家谢弗就发起了"世界声景计划"，记录地域声音、研究声音生态，并把声景观念推广到欧洲。塑造声景也是对社会文化、地域文化的保护，对人类生存空间的优化。这是今天声音出版产业应该警觉的地方。商业化的同质化倾向已经显现，持久的声音出版的媒介学意义，在于从文化根源角度契合声音景观的区域性和地域性特征。

---

① 孟伟，宋青，李秀丽. 知识经济背景下在线音频出版的媒介原动力 [J]. 科技与出版，2018（12）：163 – 168.

（二）声音表现作为文化的重要组成成分

黑格尔将视觉和听觉称为认识性的感官。声音既是一种客观存在，也是一种主观感受。声音信号利用的是"边缘"注意力，只有当不寻常的声音响起时，人们才需要注意到发生的状况。因此，声音的告知不造成过分负担——这成为听觉沟通的精髓。① 从这个意义上来说，声音意识不是硬挤入现时的，只是现时的耳朵已经张开。② 这在广播伴随性的收听特征中突出体现出来，也给音频内容制作者带来了困扰——集中注意力收听和伴随性收听之间的矛盾和妥协。

在人声语言化以前，人类的声音更多是基于本能未传达此时此刻的感官体验和情绪，是一种应激性的传播。声音语言化的过程也是声音符号化的过程，在语言化过程中，声音符号汇总了自然界和人类生活的内容，并在长期进化过程中形成一个复杂的符号系统与组合规则，成为人类最初的表情达意工具，满足了人们跨越时空传播信息的需要。从此，声音从自然媒介转化为信息媒介，催生并稳固了初级形态的人类社会——部落。在声音符号的基础上，人类社会初期形成的以神话、传说、咒语、歌谣等为代表的叙事活动，承载艺术特性和功能，成为人类早期群体聚合和交流的基本方式，也是文化的重要组成部分和生产资料。今天音频内容的市场潜力与其内在的文化动力密切相关。

（三）音频传播与社交文化和共享文化的同构

随着早期人类活动范围的扩张，单纯音频传播的不确定性和易逝性等不足更加显现，记录声音的图像、文字符号出现后突破了音频传播的时空限制，以听觉为中心的文化开始向视觉文化转移，特别是印刷技术普及后，视觉文化逐步占据主导地位。直到 19 世纪末 20 世纪初期，拾音、电子传输、录音等技术的发展，使声音可以脱离声源而独立存在，声音可以实现无限的再现、复制、传播。声音技术的进步不仅仅局限于提高了几项技术指标，其根本意义在于为艺术创作奠定了基础，更重要的是为艺术的创作提供了无限的可能，③ 追求音质和完美声音的渴望开始受到关注和满足，反过来又促进了声音媒介的发展。

音频传播的这一变化变革了人类感知世界的方式，从过去到未来的时间关系扩展到此处与彼处的空间关系，听觉文化初步苏醒，注重现场体验的声音艺

---

① 芦影. 声音体验：关于设计的声音意识与听觉审美研究［D］. 北京：中央美术学院，2017：25.

② 吕甍. 电影声景：流动的城市文化：以新世纪上海电影为中心［D］. 上海：华东师范大学，2015：31.

③ 曾笑鸣. 论电影声音艺术创作的未来发展趋势［J］. 北京电影学院学报，2004（1）：72.

术崛起，并与表演、舞蹈、喜剧、朗诵等融合在一起。① 音频传播促使在整体思维下，各种感官之间达到一种相对的动态平衡，从而实现人类感知的完整和丰富。

与"看"不同，音频传播是非排他性注意，听觉印象降临我们而从不需要自觉的关注，② 被动多于主动，听觉对声音的反应时常隐而不显，除非受到过强的音量刺激。③ 声音与社交文化和共享文化具有亲近性，通过塑造声音空间创造一种集体在场的效果，这也是长期以来音频媒体承担社会组织动员，参与社区建设和促进社会意见表达，发挥政府与基层百姓桥梁功能的重要原因。

四、互联网激发音频媒体文化

互联网经济的重要背景源自20世纪70年代以来"服务经济""体验经济"的转向。这意味着强调"个人体验"，关注个人独有的情绪的、情感的、心理的、文化属性上的产品开发成为商业盈利的一种强势潮流。

"服务化"首先开始的是软件行业，然后是互联网行业，今天我们看到的很多互联网爆款产品均源自上述趋势的推动。对于我国广播电视等传统媒体而言，以服务形式推进产业发展目前还只是开始。

工业化时代，企业需要提高效率和生产力，节省企业的时间。目前"服务化"的转向，替换为节省顾客的时间，并实现实时交互。广播音频的文化根源是支持优质声音内容创作的出发点，与互联网经济模式的本源之间，存在深刻关联。我们要找到广播融媒体发展的内在动因和动力，而非只在技术层面的表层追逐。只有这样，广播才能实质上突破FM端，进入大音频的产业视野中。

当前广播领域面临的最大问题是，我们传播了，但到达了吗？社会认知度低，传播效果的评价标准模糊。在运营理念、内容产品设计上，缺少了某些关键性的环节。抛开体制的问题，也与我们广播行业普遍的互联网化本质认知缺乏有一定的关系。例如，当前在互联网推动下，最普通的一个中国人获取一件

---

① 吕薧. 电影声景：流动的城市文化：以新世纪上海电影为中心 [D]. 上海：华东师范大学，2015：2.
② [美] 苏珊·朗格. 感觉与形式 [M]. 高艳萍，译. 南京：江苏人民出版社，2013：172.
③ 芦影. 声音体验：关于设计的声音意识与听觉审美研究 [D]. 北京：中央美术学院，2017：25.

商品或一次服务，其速度之快就像这个商品是他自己的一样。今天对事物的占有不再像过去那样重要，而对事物的使用则比以往更加重视。**这促使广播内容的制作与传播，更偏向于集体性的互动与分布的存在，使得创造的文本不是"我的"而是"我们的"**。这是"粉丝经济"最深的源动力，而非只在形式上采用了聚合粉丝的技术手段——那样将"有形无神"，无法真正带动广播产业模式的变革。从整体上来看，信息传播的本质发生了变化，互联网对内容进行了软化，具有了服务的基因。广播媒体身处媒体发展的大语境中，洞悉互联网的根本并把握其发展趋势，是十分关键的。

回归声音本体，并非只是为了局限于音频表现，画地为牢，保持音频的样态；而是我们可以从音频传播的特性出发，借助这一优势，做无限的融合和展望。

我们是在做"媒体"，而非狭义的广播，我们的竞争对象不是广播同行，而是互联网媒体，因为二者均在争夺所有用户的"时间"。

追溯我国传统媒体的发展历史，因阶段性的发展需要，在媒介特性、媒介素养、媒体专业范式等领域尚有提升空间，这也成就了互联网时代的诸多网络爆款。有需求，没有相应的内容满足，技术成熟后，调动渠道资源，就会出现爆款产品。

五、文化视域下音频媒体战略发展①

（一）媒体内容是最经济的获客方式

媒体内容是最简单、最便宜、最有黏性、最具信任度、最稳定的获客渠道。

媒体内容聚合到的用户更为精准。因为内容是用户的筛选器，通过内容的调性和属性来筛选用户，不断地给用户提供服务才能达成一种默契和认知。

信息准确触达用户才有持续扩散传播的基础，并促成病毒式的传播，这依赖于优质的内容和服务。最终达成对用户持续的价值观传播。若仅仅站在这个思维角度上做广播内容，就永远抓不到内容营销的真谛。这也是为什么很多人自认为了解互联网，却做不成。相反，从传播本源的角度去认知媒体内容，再反向做商业上的运营，效果就不一样了。

---

① 2017年12月22日，笔者参加《中国广播影视》杂志主办的"时代之声"（2017）全国广播业综合实力大型调研成果发布会，担任颁奖嘉宾，并做《音频传播：简约化的传播力量》主题演讲，该部分内容摘自此演讲稿。

（二）广播未来两大战略

广播未来发展战略包括"一横一纵"。

"一横"做平台：借助新技术，把握互联网经济发展潮头，把电台做成本地区最知名的"品牌"，以国家频率资源的背书，强大的媒体传播力、公信力、引导力，得以强力吸引社会资源，做广播主导下的融媒体整合平台。

"一纵"做垂直：广播以专业媒体优势，深耕、拓展互联网垂直领域的经典方案，提升广播主导的垂直领域的系统服务能力。

（二）信息流动是互联网的本质：广播"流媒体"永不过时

对于互联网而言，信息流动是其本质。数字化媒体信息被复制的阻力不断减小，复制信息像是超导电线中的电流一样。这里的信息流动，更强调信息在不同人和不同目的之间的自由传播。信息流动的目的是社会财富创造的基础。过去的社会财富创造是建立在堆满货物的实体仓库和工厂的基础上，但对于人和社会的幸福和财富创造来说已经不足够，需要转移到无形产品的流动上。对整个社会而言，互联网传播更为深入发展，社会基础建设等都将朝着减物质化和去中心化的方向转变，进一步的流动将会是必然。

（三）不做政府买单的"定制评率"

媒体不是真正的政府职能部门。在具体业务操作层面，需要遵循媒体的法则和规律，方可成为宣传"利器"。电台的职业感与专业意识是电台自主发展的先决条件。从电台未来发展出发，不应简单做一个依赖政府资源买单的定制频率。那将使广播错失今天互联网化的对话机会，失去与今天用户同步成长的机会，不在互联网市场上摔打和厮杀，将来用户会忘记广播，被用户淘汰的媒体将没有存在的价值。作为媒体发展的大战略，媒体人需要建立更多的自主意识，方可服务国家和社会。

这种自主意识，源自电台是否有能力最大程度上解放生产力，完成从市场化到互联网化的深层变革。完成互联网时代广播行业的改造，确立广播或者音频传播作为一个行业独特的发展地位，强化广播行业和职业的自信与尊严，开创前所未有的大音频传播时代的辉煌！

第三节 大音频时代与知识经济崛起①

一、音频作为一场主体性的革命

大音频时代的启动，是伴随着移动互联网的爆发而开始的。是伴随着音频内容商业消费价值提升而涌入大众视野的，促使中国社会开始重新审视"低调"的音频内容传播价值和市场价值。从全球发展的视域来看，如前文所述，大音频涵盖三点：播客（Podcasting），有声读物和音频媒体内容（广播节目和互联网音频媒体内容）。②

人与媒介的高度融合成为知识付费浪潮的爆发点。2016 年以来，一系列标志性的事件让音频内容付费成为我国互联网经济的新时尚，知识要素正以一种语音产品的生产与消费方式呈现在大众面前。喜马拉雅 FM、蜻蜓 FM、荔枝 FM、得到、知乎、豆瓣、分答、千聊、36 氪等平台通过直接售卖音频产品收益颇丰。部分平台从做网络广播向垂直音频付费转型，也有平台在尝试视频产品运作不佳后，转而投向移动音频。微博、微信推出付费音频产品后，网易云音乐亦开始尝试音频付费产品。懒人听书等有声阅读产品促使知识传播逐渐演变为一种新的出版方式。声音正改变着当前知识的组织、传播、营销和接受方式。

在开创媒介学的法国学者德布雷看来，互联网表面上是一种客体性质的技术革命，实际上同时亦是主体性质的观念革命。而且在这个过程当中一定会产生新的社会呼唤。③ 网络音频传播之于传统广播，在人本维度上不亚于一场主体性革命。目前网络音频知识付费有两种主要模式：一是提供专业内容生产的 PGC 模式，二是用户直接生产内容的 UGC 模式。其他模式往往是在此二者基础上的各种偏向的融合模式。受众是知识的接受者，也是知识传播的参与者、制作者。近期音频平台一方面依赖头部内容，另一方面开始挖掘"肩部"和"腰部"内容，在招揽明星主播的同时，努力打造具有潜力的新晋专业化特色的各类主播，开发更为细分的、专业性内容。社会个体通过评分、购买等互动行为，

---

① 孟伟，宋青，李秀丽. 知识经济背景下在线音频出版的媒介原动力 [J]. 科技与出版，2018（12）：163 – 168.

② 上述观点是笔者受到2019 年4 月5 日英国伯恩茅斯大学承办的 The Charles Parker Day 嘉宾发言启发，结合中国媒体发展现状提出。

③ 陈卫星. 新媒体的媒介学问题 [J]. 南京社会科学，2016（2）：114 – 122.

在音频知识制作、流动、扩散、消费过程中，于每一个节点发生着用户自我实践、主体实现，扩大了个性化的选择自由。

二、音频参与隐性知识传播构建

德布雷早在1991年提出的公民媒介学的十一个命题中指出："媒体会思考。媒体革新和介入越发展，媒体就越代替我们思考。"① 这在某种意义上颠覆了传统媒体的机构议程设置概念。当前，我们的音频传播过程闪烁着越来越多的隐性知识传播的个体智慧光芒。英国学者迈克尔·波兰尼认为，显性知识是指可以通过文字、图像等符号进行编码的知识，它通常可以借助书籍等媒介进行传播，人们往往容易获得；而隐性知识指知识拥有者在自身社会实践以及日常学习中不断累积的经验、技能、认知、情感等因素，具有较强的主观性及内隐性特点。② 目前来看，如果说大众媒介的任务是传播显性知识，那么数字互联网则更适合隐形知识扩散。音频知识平台的思考能力即是通过网民或个体的隐形知识传播得以形成的。像《矮大紧指北》《观复嘟嘟》《说话之道》等爆款节目即是高晓松、马未都、蔡康永等非常个人化的体验、观点与表达。类似的例子还包括以通俗的方式教授大众古典音乐、传统京剧和制作广播节目等海量的音频知识传播类产品。

三、知识经济激活音频传播的产业动力

长期以来，基于广告营销模式的受众商品论一直是传统大众媒介内容变现的主要形式。2017年内容付费用户规模近两亿，背后隐含的是知识经济迅猛发展的社会背景和音频产业升级的原生动力。音频内容付费习惯的形成不仅支撑起音频平台新的商业模式，也加深了音频产业领域的用户渗透，完成了音频产品多维传播、立体营销、多元适配、深度垂直的产业生态闭环培育。

（一）从"给予"到"需要"

过去，由于大众媒体数量有限，媒介往往是给予知识，受众被动接受。数字化时代，媒介及其所提供的信息就像是空气和水一样，成为社会生活的必备之物。受众需求成为产品消费评估指标的第一变量。从大众媒介的"我给予"，

---

① ［法］雷吉斯·德布雷. 普通媒介学教程［M］. 陈卫星，王杨，译. 北京：清华大学出版社，2014：348.

② 张旭光. 共享经济视角下网络付费问答平台的传播机制研究［D］. 南宁：广西大学，2017：20.

到数字用户的"我需要"，高度细分的音频产品不同于广而告之的广播节目，准确实现了音频知识信息与用户多样化需求的对接。表层来看，音频付费让受众"自掏腰包"，但实际上，高度匹配的内容可以大大节约受众的选择成本、时间成本、生命成本，并且用户通过按需学习获得了更多机会成本。

（二）内容付费与知识付费

实际上，传统媒体已经在新闻、财经等行业领域摸爬滚打多年，无论是从行业经验还是人才的角度看都深具优势。《纽约时报》《人民日报》《第一财经》等中外媒体的付费墙探索已经发展多年，却收效甚微，而此次音频付费模式却迅速席卷互联网和传统大众媒体。同时，在互联网天然的"免费"基因里，人们过去一直是不愿直接为新闻付费、为内容付费的。但为何这次却愿意为知识付费？究其原因，内容付费和知识付费完全是两回事。知识付费不是简单内容盈余的多次传播，而是一种服务经济，它与立体营销密不可分、与社会生活紧密连接。

好内容不一定是好产品，优质资源不一定确保持续盈利，音频产业链锻造才是网络数字生态的传播逻辑，各大音频平台相继探索问答、直播、付费课程、产品订阅等新的多元付费模式。从 2018 年网易开年大课开始，到三联中读悦听卡的促销活动，再到新世相的营销刷屏，音频知识付费的产业已经拉开大幕。

四、融媒体趋势下音频产业的技术动力

（一）融媒体技术推动音频产品线的多元化发展

随着互联网的兴起及移动终端技术的发展，人们的阅读习惯发生重大变化。有声书的出现迎合了人们便捷化、移动化、碎片化收听需求。[①] 增长迅猛的有声出版行业成长为知识传播领域的重镇。

有声出版物自带媒介属性，被赋予独立的传播价值，出版社也可以发挥大众媒体机构的功能。同时，大批来自未转型出版机构的从业者，入职互联网音频公司。基于产业推动之下的音频生产领域的人、财、物的深度融合正在发生。

另外一个不容忽视的事实是，就音频行业而言，以音频内容为导流入口，发展全媒体产品的趋势也越加清晰。

融媒体技术全面发展、技术和应用费用的门槛降低等成为助推上述行为的首要因素。

---

① 倪赛美. 移动音频平台的知识传播研究：以喜马拉雅 FM 为例［D］. 济南：山东大学，2017：36.

（二）融媒体技术推动音频媒介域的转换与传承

必须承认，音频知识付费是一种全新的"媒介域"形态。媒介学关注知识如何发布、流通、扩散及其社会效果，并提出"媒介域"概念，指出"媒介域"是具有时间和空间特性的传承和运输的技术社会领域。① 互联网主导的数字媒介揭开了更为全面的数字域的序幕，被路易斯·莫尔祖（Louise Merzeau）称为"超地球圈（Hypersphere）"。② 综合来看，媒介域表象是信息技术演变的文化效果、社会效果。网络音频技术使音频传播跨越时间与空间无远弗届。音频知识付费的数字域形成实质是全球化进程背景下的知识传播扩散。

德布雷曾指出：传媒学研究的问题是"传播"（communiquer），而媒介学研究的是"传承"（transmettre）。传播是在空间中传递信息，也即在同一个时空范围内进行；而传承指的是在时间中传递信息，确切地说是在不同的时空范围内进行的。传承属于历史范畴，它以技术性能为出发点。一方面将这里和那里链接起来，形成社会网络；另一方面，将以前和现在连接起来，形成文化的延续。

音频知识付费平台具有典型的媒介域传承特点。第一，音频形态解决了广播转瞬即逝的短板，实现了跨平台、跨时空多次传播。第二，为了满足读者需求，有声读物的出版时间也越来越短。在媒介富足的今天，音频机构的竞争变量不再是爆款产品，而是用户时间。第三，我们看到，目前用户黏度高、付费意愿强烈的音频产品多为经典文学类的有声读物和有浓郁地方文化特色等类型的节目。不少在线音频运营平台致力于文化传承方式的创新。读经典、听经典、有文化、有内涵成为在线音频的主要发展方向。

诚然，媒介技术的演化不完全是淘汰，而应是积累式的过程。根据雷吉斯的判断，媒介域与媒介域之间彼此交融，并不会在物质形式上产生一方消除一方的现象，只是改变了先前媒介文本所承载的角色功能和社会地位。③ 依此推理，在未来，音频媒介形态的边界也许将会彻底消融，但作为一类产业的音频内容，其独立性将会更加清晰。

---

① ［法］雷吉斯·德布雷. 媒介学引论［M］. 刘文玲，译，陈卫星，审译. 北京：中国传媒大学出版社，2014：31，47，48－50.
② ［法］雷吉斯·德布雷. 媒介学引论［M］. 刘文玲，译，陈卫星，审译. 北京：中国传媒大学出版社，2014：31，47，48－50.
③ ［法］雷吉斯·德布雷. 媒介学引论［M］. 刘文玲，译，陈卫星，审译. 北京：中国传媒大学出版社，2014：31，47，48－50.

五、音频媒介参与日常的社会关系动力

（一）音频内容付费的持续动力有待考验

从音频内容的采集、制作，到音频节目的制作、播出，知识的积累和传承不是一成不变，吸收和改变也必不可少。音频知识产品需要针对语音播讲语境重新找到表达方式和传播路径，对于信息长度、语音的顿挫、内容的择取也需要重新再表述与再转化。

不能孤立地把一个信息传播的构成想象成一个单纯灌输和影响的过程，而是要看构成中两个界面本身是否具有天然的自发性黏在一起，这种黏性并非永恒，因为信息要不断更新，在这一时间段接受并不代表下一时间段会持续接受。因为在信息积累的过程中，一定存在着重新加工，即信息选择和信息淘汰，这是一个定位的过程，"今是而昨非"的过程。① QQ 阅读、微信读书、掌阅等数字阅读应用在直接引入机器朗读后，听众又能持续收听多长时间呢？有数据显示，近两年音频知识付费呈发展平缓趋势，"得到"等一些音频应用的打开率也大不如前，这都提醒我们要关注音频付费发展持续性的问题。

（二）音频媒介超越工具属性渐趋作为一种生活方式参与大众的日常

美国文化研究的代表人物詹姆斯·凯瑞曾经提到，传播媒介正在超越其工具属性而成为一种生活方式。德布雷则认为："媒介不仅仅是技术体系和文化体系，还是一种历史结构。任何信息的可传递性在于这个信息本身是否可以被再生产，并且从这个信息所衍生的意识和观念中培育出一种新的社会关系。"很难说，是自我生产运维的音频媒介激发了用户个人的积极性，还是新型受众主体的产生提升了音频平台的活跃度。社会主体和受众主体具有同构性，音频知识平台日益表现出链接、互动与协同等特点，并重新结构着知识传播领域的社会性生产关系。

近年来，荔枝 FM 通过集中打造网络虚拟社区，包括荔枝主播培训营、内训营、发烧友聚集群等，更深程度上参与大众生活。2017 年 6 月，百词斩旗下的薄荷阅读上线，随后以其鲜明优势刷爆朋友圈，其通过设定用户听读完三本原版书后将获得专属二维码，转发后推荐者和被推荐者可获优惠，把自己的宣传渠道嵌入到用户的社交渠道之中。还有很多应用通过签到、打卡、答题、竞赛等方式盘活社交圈子。除了做社群服务之外，还有在线课堂应用的崛起。十点课堂构建了一个在线学习和教育的付费平台，设立奖学金激励机制。斑鸠 App

---

①　微信公众号"文传天下"2017 年 9 月 20 日文章：《技术·媒介域·意识形态与社会》。

则打造高度配置化私人订制大学，不但具有"教学楼、图书馆、职业测评"等内容体系，还有班级体系、任务体系以及挖掘"达人用户"成长体系等。在音频聚合平台上，知识与教育、娱乐、社交、生活、付费等实现高度融合渗透，并正在全面介入我们日常的社会生产和社会生活。

柏拉图认为美是由视觉和听觉所产生的快感，声音不仅仅是文字、图像的补充和说明，而是往往超越视觉画面信息，增加了叙事的丰富性和复杂性。音频内容传播的价值和意义在互联网经济大潮中，将持续被检验和发掘。

第四节　广播音频媒体与社会理性精神①

"理性精神"不仅仅是西方启蒙时代的产物，也是中国文化的基本精神。"理性精神"是一种维系社会公共生活秩序的文化精神。② 当前互联网高速发展，全球经济一体化影响趋势明显。我国正处于全球化和信息化高速发展的社会转型期，社会价值观呈现出带有冲突性的过渡性特征，社会理性精神的确立和壮大格外重要。互联网传播同时带来了社会性格和社会文化在知识理性上的一些新变化——碎片化、"幼儿化"、危机泛化、虚拟与现实感争夺等。广播作为最早的电子媒介，比照视听媒体而言处于弱势地位，但广播媒体在重建当下社会理性精神中，其深具价值的属性远没有得到应有的认识。例如，广播的非视觉传播促进理性思考；广播注重心灵沟通的人文意识；广播作为时间性伴随媒介，对于建构家庭、民族和国家的集体记忆，对个体当下身份和生存感确认都具有重要的作用。

当前新技术改造和解构的力量不容忽视：掌控社会化生产和消费，指引人们的行为方式，影响人们的认知理解。新技术不仅仅带来新型的信息传播方式，而且内在化地改造着社会结构、文化形态和社会性格。

媒介发展是科学发展的必然，也是历史哲学和文化发展的必然。但是，我们需要理性考察新技术对当下社会性格和文化形态产生的影响，以及传统媒体仍具有的价值和意义。

---

① 孟伟. 新媒体时代社会理性精神的重建：以广播音频传播为例［J］. 现代传播（中国传媒大学学报），2011（8）：117－120.

② 王研. 理性精神是中国文化的基本精神：专访中共中央党校文史教研部教授李文堂［EB/OL］. 人民网，2019－10－22.

一、广播是与阅读离得最近的一类媒体

互联网背景下我们越来越多的人生经验都可以通过电脑屏幕上的符号来获得。那么，这一表象究竟会带来怎样的智力后果和文化后果？

印刷媒介时代，人们对知识的汲取往往通过阅读，达到一种全神贯注的状态，这一状态可以促进深度思维和创造性思维的发展；互联网则鼓励我们通过略读的方式，从多种来源中广泛采集碎片化的信息，这一方式的伦理规范是工业主义的，在信息传播领域主张速度至上和效率至上，推崇的是信息产量最大化和信息消费最大化的伦理范式。

互联网的交互、超链接、可检索等好处不胜枚举，这些好处也导致受众主体的注意力停留在只言片语上，停留在视觉碎片上，人们更愿意从无数的碎片中去拼接对世界的理解，或者干脆放任这种拼接的存在而不去进行整合，完整理解全文和语境的动机在逐渐没落。知识的碎片化是典型的注意力分散型的知识接收模式。互联网的便捷以主体被弱化，甚至丧失专注的能力、沉思的能力和反省的能力为代价。

广播是与阅读离得最近的一种媒体，如通过广播来讲故事，一度是听众最受欢迎的节目。① 阅读需要长时间地保持精力的高度集中，这是人类长期智力训练的结果。"但是大脑的天生状态是不专心的，这种先天倾向会把我们的目光和注意力从一个目标转移到另一个目标，总是想知道周围尽可能多的事情。""最能吸引我们注意力的是周围环境发生变化的线索。"② 我们不能不注意到，微博等社会化媒体正推广着这些人类本能的需要，外部世界印证了本能的需要。"互联网没有违背我们的意愿改变我们的思维习惯，而是在顺应我们意愿的情况下，改变了我们的思维习惯。"

传媒对大脑的思考方式到底带来了什么样的影响？我们的思考方式、认知方式和行为方式既不是完全由基因决定的，也不是完全由童年经历决定的，我们通过自己的生活方式和所使用的工具，改变上述三种方式。③

传媒内容在形式上发生的这些变化会直接改变我们使用、体验甚至理解这

① KEITH M C. Talking radio：an Oral History of American Radio in the Television Age ［M］. New York：M. E. Sharpe，2000：25.

② ［美］尼古拉斯·卡尔. 浅薄：互联网如何毒化了我们的大脑 ［M］. 刘纯毅，译. 北京：中信出版社，2010：68.

③ ［美］尼古拉斯·卡尔. 浅薄：互联网如何毒化了我们的大脑 ［M］. 刘纯毅，译. 北京：中信出版社，2010：33.

些内容的方式。互联网一定程度上导致了大众的粗略阅读，也塑造着三心二意和肤浅的学习环境。"互联网发出的各种刺激性杂音，既造成了有意识思维的短路，也造成了潜意识思维的短路，因而既阻碍我们进行深入思考，也阻碍我们进行创造性思考。"多媒体所要求的精力分散进一步加剧了人脑的疲劳，从而削弱了我们的学习能力，降低了我们的理解程度。当我们给大脑供应思考"原料"的时候，并非越多越好。①

外部知识的倾倒，取代主体的深度思考，带来的是思想深度的丧失②。苏格拉底讲过一个故事：埃及神明特泰和国王赛穆斯之间有一段对话，赛穆斯认为，外部知识"提供的不是真正的智慧，而是智慧的伪装"。依靠此类方法获得知识的人"貌似知识渊博，其实很大程度上一无所知"。"他们的头脑将会'装满对智慧的自负狂妄，而不是装满智慧'。""以外部符号替代内部记忆，让我们面临变成浅薄的思想者的危险，阻碍我们达到能够带来真正智慧和幸福的智力深度。"

当然，赛穆斯推崇的是远古时代口语传播的价值，广播作为最早的电子媒介，其传播价值与赛穆斯的观点有类似之处。我们可以从思维的工具——语言入手，讨论广播媒体的理性功能。语言不仅具有描述和传递信息的功能，它还具有理性思索的优势。眼睛看到的并不是事件的全部，我们依赖言语功能理解世界，理解的起点是抛开事件发生的表面现象，穿过现象的层面进行思考，在这个意义上，影像往往与言语思考能力之间发生激烈的冲突，因为影像常常很容易使我们的主要感知器官——眼睛获得满足，并随之发生情感波动，让我们觉得自己看到了真实。当我们进行深入思考的时候，我们常常会闭上眼睛，或者是看着一个地方不动，而这种状态与广播的收听状态更为接近③。广播的理性收听特征直接反映在节目形式上，比如，广播新闻突破了最初新闻简讯式的报道，增加了言语（非视觉的）讨论式的报道内容，给受众提供更多的信息来源、更好的思考空间。

---

① ［美］尼古拉斯·卡尔. 浅薄：互联网如何毒化了我们的大脑［M］. 刘纯毅，译. 北京：中信出版社，2010：126 - 129，140.
② ［美］尼古拉斯·卡尔. 浅薄：互联网如何毒化了我们的大脑［M］. 刘纯毅，译. 北京：中信出版社，2010：58.
③ CRISELL A. More than a music box：radio cultures and communities in a multi - media world［M］. New York；Oxford：Berghahn，2004：10.

二、广播是更接近反思与智力的媒体

互联网正渐渐成为我们接触一切媒体的综合性唯一平台，互联网强大的交互性也使它变成了全世界的大会堂，人们聚集在网络上，聊天、吹牛、争论或者炫耀，也通过众多的社交网站弄得信息满天飞。① 我们发现诸如社会财富的创造和分配，民主政治、社会公平、集体信仰，人的全面发展等真正"生死攸关"的议题被搁置了，而那些富有争议的、人情味的、奇观色彩的社会边缘议题，被拉入社会中心视域，以显示社会消极中的积极作为，新闻的价值和意义被消解。② 其后果是造就了大众的脆弱，单纯而轻信、怀疑而无望，以及非此即彼，也造就了大众"幼儿化"的性格。③ 互联网语境下，大众的激情被转化为愤怒和宣泄，精神被冠之以"恶搞"和戏谑，人们变得易怒。整体性的潜在危机要求我们找回公共之善，重建事实与价值、利益与意义完整的共生世界；寻找主体性，寻找意义，寻找理想和理性。④

一些欧洲学者认为，严肃的理性思索是与情绪和情感的渲染无关的，文化教育程度相对不高的人群，容易接受情感型非严肃媒介和媒介产品的影响，易为大众媒体所牵制，失去主体的判断，因此也失去了人的主体独立性，一些西方知识分子愿意接近严肃媒体，以确保自己不失去独立精神。当然我们也并不认为情感因素在媒介传播中是可以忽略的，或者是受到谴责的，我们会不断地回忆起艺术品、雕塑等形象所带给我们的在情绪和情感上的波动。好奇心是人的天性，甚至在潜意识中，人们有窥探隐私的欲望，媒介为了追求商业利益，不断满足甚至发掘潜意识的需要⑤，这就不能不使我们警惕媒介的理性传播效果。

广播作为一种音频传播，体现为非视觉性特征，在这个意义上，更接近"反思性或者是智力"的媒体，话语要比图像更有理性意义。但实际上，人们在听广播的时候也会在头脑中浮现出图像，比如，当我们听到交通堵塞的广播信

① ［美］尼古拉斯·卡尔. 浅薄：互联网如何毒化了我们的大脑［M］. 刘纯毅，译. 北京：中信出版社，2010：91.
② 胡百精. 新媒体语境、危机话语与社会性格［A］//彭兰. 中国新媒体传播学研究前沿［C］. 北京：中国人民大学出版社，2010：206.
③ ［英］富里迪. 恐惧的政治［M］. 南京：江苏人民出版社，2007：128－143.
④ 胡百精. 新媒体语境、危机话语与社会性格［A］//彭兰. 中国新媒体传播学研究前沿［C］. 北京：中国人民大学出版社，2010：209.
⑤ CRISELL A. More than a music box：radio cultures and communities in a multi－media world［M］. New York；Oxford：Berghahn，2004：8.

息时，我们会在头脑中浮现出车辆堵塞的景象；当我们在阅读的时候，也会因为文字的刺激，在头脑中浮现出相应的图像，这与文字的指涉本身有联系，但却是一种延伸；当我们在看电视时，电视播放的关于离家出走青少年的教育问题的讨论，也可以引起类似的联想，比如，此刻被找回的孩子穿着光鲜地坐在演播室里，也许三个月以前他还在陌生的地方流浪，观众由此也会想到这些无法用图像回放的部分。但广播与文字或者其他视觉媒介不同的是，它完全不依赖于任何有形的东西的启发和刺激——文字、数字或者是图像等，从这个意义上说，广播具有更为突出的非视觉性传播特点，所有的信息和观点都以非视觉的声音形式传递，这使得听众可以不受限制和约束地在头脑中构筑起相应的图像，进行没有图像干扰的理智思考。在这一点上广播甚至是比文字报道更有优势的媒介，是一种刺激智力思考的媒介①。

互联网为各种社会力量、社会族群提供了集结的平台。我们不得不注意到，"许多时候，一群人最终考虑和做的事情是群体的成员在单独的情况下本来绝对不会考虑和做的"②。因此，需要特别警惕互联网平台上极端人群的极端情绪爆发，以有效的社会理性传播加以抵消。

三、广播是注重心灵沟通的人文媒体

以互联网为代表的媒介继承并放大了传统媒体的一个属性：即对冲突、丑闻、危机的强烈关注。危机话语更能争夺受众的注意力，信息夹裹着各种利益动机无限蔓延，危机话语在某种意义上强势殖民了其他社会话语。③

互联网传播突破了时空的边界，全球化和信息化消解了偶然与必然、公共与私人、常态与危机、国家与民族的边界，我们听到、看到更多危机，也卷入、制造了更多危机。世界上不同族群的价值秩序都在他者的作用下被干扰和动摇，不同族群之间的规则性尺度还未建立，大规模的相遇太过突然。人们认定自己被托管给了没有安全感的生活，互联网建构其的新的社会范式强化了世界的不确定性，到处都是在喧嚣中孤独的灵魂和流浪者。④

---

①　CRISELL A. More than a music box：radio cultures and communities in a multi – media world［M］. New York；Oxford：Berghahn，2004：10.

②　［美］凯斯·R. 桑斯坦. 极端的人群［M］. 尹弘毅，郭彬彬，译. 北京：新华出版社，2010：2.

③　［英］齐格蒙特·鲍曼. 寻找政治［M］. 洪涛，周顺，郭台辉，译. 上海：上海世纪出版集团，2006：44.

④　胡百精. 新媒体语境、危机话语与社会性格［A］//彭兰. 中国新媒体传播学研究前沿［C］. 北京：中国人民大学出版社，2010：202.

麦克卢汉相信，文字出现以前的人们肯定特别享受那种天人合一的美感。①长时间的全神贯注为人类开辟了一片安静的空间，在这一空间中人类展开自己的联想，进行自己的推论，做出自己的类比，形成自己的思想。这是深度思考的精神力量。"内心思考带来的喜悦浪潮此起彼伏，意料之外的欢愉突然爆发。"② 为了全力应对字词、思想及情感产生的内部刺激，阅读者会让自己的注意力摆脱外部刺激流的干扰，这是深度思考的独一无二品质，而互联网是要容许各种干扰和中断的存在，并认同它的合法性。

文明的标志是自我意志的表达，思想和表达的原创性是智力成就的先决条件。或许是因为广播符号的非视觉性带来了收听时的自由状态，听众需要确认感，既有对未知的了解，也有对已知的确认。现代社会，空间和距离的改变，使人们越来越需要依赖外来的参照物确认自身的存在，广播媒体的特点在这种情况下成为比较理想的参照依据。当人们随意地打开广播，也许没有收听广播的内容，但实际上广播媒体在这种情况下，提供的不是一种媒介内容，而是一种"节奏"，这种节奏使独立的个人，通过媒介的参照，体会到时间的流动。在收听的过程中，受众也明确地知道，在同样的广播节目的背后，在同样的时间里，正有很多默默的听众与他一起在分享，这种参与感是潜在和隐含的，无需主动地发表意见，而是收听了就意味着参与了一种社会公共的活动，社会确认感也就得到了实现。广播媒体不需要积极介入的参与，这为受众提供了更大的活动空间和接受空间，广播媒体对受众的干预程度也就相应地减弱。

广播媒体在传播形式上注重心灵沟通的人文意识，以广播作为交流渠道开展精神交往，促进社会沟通，可以发挥独特的社会化作用。

四、广播作为构建主体性的亲密媒体

彼得·卢恩菲尔德称数字媒体中弥漫着一种"未竟的文化（culture of unfinish）"，从这样的角度看网络文本，几乎总像是"过程进行中的工作"（works in progress）。③ 网站、博客、微博、论坛都被允许不断重建和修正，我们无法在文本中寻找固定唯一的意义。互联网时代，社会信息瞬间变化，其文本意义在于

---

① 胡百精. 新媒体语境、危机话语与社会性格 ［A］//彭兰. 中国新媒体传播学研究前沿 ［C］. 北京：中国人民大学出版社，2010：202.

② ［美］尼古拉斯·卡尔. 浅薄：互联网如何毒化了我们的大脑 ［M］. 刘纯毅，译. 北京：中信出版社，2010：68－69.

③ LUNENFELD A. The Digital Dialectic：New Essays on New Media ［M］. Cambridge，MA：The MIT Press，1999：298.

帮助我们形成同暂时的、部分的、分权的世界和谐相处的感觉，文本之外总有文本，我们对世界的看法不得不进行多样化的表述，但多样化也导致了主体的失控。

　　同时，主体性也处于虚拟与现实感的争夺战中。新技术带来的是人类对时空概念的根本性改变。非实体的虚拟空间将替代或者部分替代现有的物理性空间。针对电子游戏的玩家而言，光子由屏幕投射入使用者的眼睛，神经元在体内激荡，而电子则在游戏中到处运动，使用者深信游戏机所投射出的空间的存在。互联网影响下的世界正从"地方空间（space of places）"转向"流动空间（space of flows）"，而后者正成为现代社会的支配性空间，人们虽然生活在"地方空间"，但是由于我们社会的功能与权利是在流动空间里组织的，其逻辑的结构性支配根本地改变了地方的意义与动态。① 信息社会大大扩展了虚拟空间，电子媒介在物理环境中无所不在。通过信息消费而获取的关于外部世界的知识取代了个体体验的叙述，信息创造了事件丰盛而个体体验匮乏的世界，信息不"创造"体验，它只是记录事件。②

　　文化不是一个抽象的实体，而是每天我们社会经验的一个基本组成部分③。广播是一种时间的媒介，是日常生活式的现实媒介，很少给受众超越现实的感觉。广播曾经伴随我们的童年时代，与我们同样成长，广播媒体更擅长于关注人们的日常生活，特别是个体精神和情感生活。

　　广播从收听时间上，贯穿整个一天的特定时段。广播在某种意义上，它的重要性不在于收听时间的长短，而在于广播内容可以直接融入人们的日常生活。例如，英国是世界上最喜欢收听广播的国家之一，广播的很多谈话内容是与人们的日常生活密切相关的，即便是国家大事，也是以闲谈的方式呈现，更接近人们日常谈话的氛围和交往方式；广播作为大众媒介也具有话题引导的特点，广播内容比其他媒介内容更容易成为普通受众的话题选择对象，进入社交语境。广播听众在接收广播节目时，往往体会到"点对点"的传播气氛。例如，音乐节目主持人往往使用第一或者第二人称，虽然受众庞大，但通过第二人称或者第一

①　MANUEL C. "An Introduction to the Information Age" in The Information Society Reader, Frank Webster, Raimo Blom, Erkki Karvonen, Harri Melin, Kaarle Nordenstreng, and Ensio Puoskari, editors [M]. London and New York：Routledge, 2004：138 - 149.

②　胡泳. 新媒体中的公共领域是否存在 [A] //彭兰. 中国新媒体传播学研究前沿 [C]. 北京：中国人民大学出版社，2010：150.

③　NEIL T. Communication and language：a handbook of theory and practice [M]. Basingstoke：Palgrave Macmillan, 2003：15.

人称的使用，营造一个非正式的、私密的空间，在感觉上造成好像是在为某一个人单独播讲。广播在这些意义上成为一种伴随人们日常生活的亲密媒介。

互联网用户"自创内容"成为 21 世纪大众传播系统中的新型信源，打破了传统媒体对信息、舆论和娱乐等传播资源的垄断，提高了内容的多元化和异质化。但是互联网中存在的跟风而起、鱼龙混杂的状况，仍取决于"社会层面的精神和物质基础的培育，这可能还需要一段相当长的时间"。① 开发传统主流媒体的传播价值，建构互联网时代的理性精神，是一个深具价值的研究课题。

---

① 金兼斌. 博客：个人网络出版的理想、现实与未来 [J]. 新闻与传播研究，2004（4）：53–61，96.

第二章

音频媒体的特性是什么

什么是音频媒体的特性？有多种认知的角度，可以从媒体传播的功能上认知，可以从媒介特性上认知……媒体融合时代，对于音频媒体当代语境下的特性认知和发挥的研究，远胜过对音频媒体独特性的单纯考察。前者是一种对于音频媒体特性的积极认知态度，后者则更多停留在一种客观的比较性认知阶段。

第一节　社交性①

随着媒体融合深入发展，有人对广播电台是否应该独立存在发出质疑声，也有人提出现在谁还在听广播。实际上这是对电台作为一个媒体机构的合法存在性发出了质疑。过去历史发展过程中，曾经大浪淘沙一般使旧的东西消亡，新生事物涌现，此消彼长，新旧更迭是一个历史循环的规律。但目前来看，音频媒体不会消失。今天随着互联网技术发展的推进，媒体机构的更迭进程被加速。任何人没有能力人为宣布一类媒体的退场或者永存，不加调研的预判将无助于媒体融合的下一步发展。

一、音频属性与社交黏性

不可否认，传统电台的受众实际上在流失，电台内容被其他相关音频内容消费替代的可能性增加了。那么，广播到底应该怎么办？电台是要主动放弃音频内容的媒体立足点，把力量用在发展全媒体上，还是固守音频阵地，兼顾其他媒介类型？讨论这些问题之前，我们需要回到一个假设上来：我们会不会对广播音频媒体有一些认识上的误区？

---

① 2018 年 10 月 16 日 "尼尔森网联 2018 广播行业峰会" ——跨步 5G，"声"驰千里（云南文山），孟伟的主题发言《5G 时代声音内容的传播价值》。

　　或许我们会从 2019 年欧洲广播学会的会议论题中得到一些启发。2019 年的议题是广播和社交媒体。当前所有的媒体都在变成一个数字化的平台，所有的受众都被数据化了。无论广播、电视，还是互联网，趋向均为数字化平台。那么所有的受众都被数据化了，数据化和商业转化的强势需求密切相关。广播作为数字平台的一个分子，这种状况下，理论上说也是新媒体的一种类型。广播可以全媒体化，同样其他所有的媒体机构和所有的人也都可以发展音频事业。但是广播电台作为一个大众媒体机构，比之以往，它的媒体疆域正在大大缩小，这已经成为一个事实。

　　那么广播作为媒体存在，它的独特价值集中在哪些领域呢？从欧洲的观察来讲，它的价值集中在公共服务媒体和社区公众媒体这一点。**"社区媒体"不是局限在地域媒体这个层面上做"社区"，而是全媒体背景下开发音频媒体的社交性**。这个"社交性"如何理解？我们以"得到"App 为例。"得到"近期的飞速成长得益于抓住了网络平台的核心发展属性，或者说抓住了这个平台上大众普遍性的这种基于媒体应用的社会性需求。"得到"的例子比较突出，或许也是中西方音频媒体研究对接的一个好案例。

　　音频媒体目前发展有两个趋势比较明显，即商业化进程和媒体社会性层面。以老年群体的社会性媒体需求开发为例，有一部分老年群体，生活在北上广大城市，退休生活相对自由一些，仍然有很大程度上的社会性需求。例如，听歌剧时会比较美国、俄罗斯和中国的不同版本，那么这个时候，基于观看需求下的调研，促使其独自"看"的需求被满足后，分享和交流的社会性需求尚未满足。老年群体的社会性需求的满足，实际上比年轻人缺少选择的机会。因为老年群体更依赖于社会提供给他们的平台，在这个平台基础上，才能开展特定的社交活动。这不是公园的广场舞、大合唱群体所能解决的问题，也不是微信群能解决的问题，而是需要一个机制体制的助力，需要国家和社会的公共支持，提供给这一或者这些群体一个平台。而这个平台，国家支持发展的媒体机构是最合适担当的，相当于国外的社区媒体或者公共媒体机制。

　　对于老年群体而言，音频媒体的价值比较大，不仅仅是因为老年人视觉的衰退，更是因为音频与这种靠近心灵的分享交流需求很相近。无论生活在城市还是乡村的老人，历经生活的磨砺，在内心社会性需求上不是衰减而是增强了。其实不仅仅限于老年群体，人群基于年龄、地域、职业、社会状况、爱好等社会层面的分群，是媒体植根于此最稳固的土壤。强调社会群体之间的媒体社交性，将有助于社会整体不同社群间积极的社会互动。媒体的公共诉求与媒体的商业利益之间，有时候是无法共荣的，有时候也是可以共赢的，针对目前国内媒体的责任和属性，可能需要国家层面来解决公共利益问题，媒体需寻找社群需求与媒体经济利益共通的点，才能获得社会效益和经济效益的双赢。

基于广播音频媒体建立的社群，更适合社群内部成员满足实际的个人细微的生活需要和交流需要，特别重要的是在这个社交性中建立起社会个体自我认同，建立个人的价值感。一个社会对老年人和儿童的关照程度，决定着这个社会的整体进步程度。对于音频内容的整体社会性需求层面，我们目前尚缺乏系统的研究。

对于媒体人而言，以前我们可以认为上述谈及的内容不就是关于广播的老年受众吗，接下来想到的是一般意义上的老年节目，甚至是老年专业频率。但过去这些领域广播的发展并不理想，无论是社会效益还是经济效益都未能充分展现出来。随着当前媒体融合的推进，我们现在谈及老年人群，更主要的是在谈——要找到这个群体的"基本媒体的社交"需求，提供给他们系统性、系列性的内容和服务，与音频媒体的特性和社群性的黏性对接在一起。**目前来看，广播基于电台，基于频率，基于栏目，需要的是一个定制的、社群性的、私人化的具有某种社交分享性的系列的媒体产品服务、规模化的一个内容产品服务。这是很细微的变化，但是却很关键。**

二、媒体社会化与媒体社会性

我们以微信大号"冯站长之家"为例。"冯站长之家"以音频和视频媒体形态提供新闻。其主要人群多为社会上具有一定决策权的人群。音频介质的应用，成为其吸引粉丝的重要媒体介质。**但其中的核心其实并非音频介质的优势，而是内容筛选精准和受众人群真空需要的被发现，并以恰当的音频形态呈现出来。**

对于传统媒体而言，我们既然有那么多属于音频的新闻产品，有新华社、央广、央视的，为什么还有自媒体新闻公众号浏览"破亿"的现象发生？或许对于主流媒体而言，不是能力和专业的问题，更多是立场和思路的问题。当前主流媒体的互联网新闻产品还是比较"保守"的，多围绕或者继承了主流媒体的风格和气质，虽然团队不一样，但在没有找到主流媒体互联网端产品风格之前，最稳妥的方式多是与"母体"媒体保持一致。

对于传统主流媒体而言，肩负的任务之一是社会最大范围内的传播。媒体融合时代，如何实现这一目标？新的传播环境下，媒体内容将不仅仅针对最广大的人群，而是把最广大的人群进行细分，挖掘出不同群体的多种普遍的需求、真实的需要和个性化的需求，这种"真实"不是说我们表现的是"假的"，而是我们没有及时跟上这种受众变得越来越敏感多变的新的需求趋势。

"冯站长之家"的音频从声音质量上来讲，是远不及主流媒体的节目声音质量的，但仍然有这么大的一个流量的人群关注。**其实它的关键点就是受众对于节目本身的内容筛选能力，胜过了关注音频艺术和音频介质本身的质量，**"冯站长之家"内容的筛选能力很强。当然，如果实现内容筛选与音频质量结合的双重高标准，是受众最为欣慰的。**好的音频质量如果没有受众需求的好内容加持，是无法实现既定的传播目标的。**

"冯站长之家"其实是为特定人群打包了一个新闻早餐产品，并实现了从核心人群到社会大众的普遍扩散。客观上解决了一个"专—窄"与"泛—宽"之间的传播矛盾。"冯站长之家"知道一个公司的老总、一个企业的一把手、机关处级以上的干部，他们每天早上关注的点是什么，这个国家他们最关注的是什么，甚至他们每天早上起床后焦虑的是什么。内容筛选扮演了一个专业信息助手角色，提供国家大政方针和全球事务的信息。这是这部分人群内心最为需要的，相当于找到了一个私人信息助手，很专业，很贴心，大事小情不错过，从海量信息中筛选出他们最为在意的，而社会普遍关注的点，不一定是这部分人群关注的。"冯站长之家"的新闻表现也体现了其对内容本身的专注，比如新闻中的政治人物，没有一长串的各种身份介绍，只说名字，说核心的事，受众听完了，若有继续了解的需求，自己可以再去别的渠道专门了解，这个新闻早餐产品，是一个新闻纲要。

内容的筛选机制很重要，通过信息筛选和信息排列组合，受众比较容易"洞悉"（受众有时候不需要媒体解读）近期发生的政治经济文化领域新闻信息的背后是什么。因此用过去的节目标准从音频艺术、媒体产品看"冯站长之家"，没什么新的，甚至粗糙，但是其内容筛选能力及其对象化是一个巨大的进步。

"冯站长之家"能发展多久，是一个媒体产品自身成长周期的问题，但是这个现象的意义，值得传统主流媒体的关注。**这带来的是新闻内容制作理念的变化，它讲究的是基于人群社会性、社交性需求与媒体内容的筛选机制的对位。**

我们再看"得到"App，我们看"得到"的各个产品和子目录。"得到"不是在喊"社会性、社交化"的口号，而是实实在在这样在做。2018 年整体发展思路有一个转向，即抓住了这种"社会性"的内容。比如，其中关于"速成学习"的版块，理论上一星期之内或者一个月，购买者就能把一个特定门类的知识体系掌握了，当然这种"掌握"值得后续验证和推敲；再如"社交圈 + 专业前沿观察"课程的设计，买了这个课之后，消费者就可以在一年的时间里，接触到在硅谷这个地方各个领域当中的高精尖人士，最近他们做什么，他们思考的核心问题是什么，按照产品设计理论上全都可以接触到。所以它扩大了目前社会比较热衷的"朋友圈"的概念。在"得到"做这个产品之前，消费者无法知道那个领域当中的人在做什么，或者知道了也是非实时的、非定制的。"得到"的产品开发，正拓展了当前中国社会基于智能手机、基于移动互联网朋友圈的商业想象。

关于"社会性、社交化"的一个总结是——**这是人群类别的深层社会性的一个需求，哪怕这种需求是被互联网野蛮生长阶段激发出的需求。大众媒体是针对现实生活的，因此，要把握住整体社会性需求的一个分层，至关重要。**

三、音频媒体伴随性与社交性的交集

（一）"第二类媒体"真意

当前，音频媒体是什么？从历史发展来看，过去随着收音机被电视机取代，广播媒体社会核心地位退出，广播更多发挥一种伴随性的媒体功能，被称为"第二类媒体"（the secard kind of media）。有相当多的人也可能认为广播没有视频重要，毕竟人类依赖视觉来主要获取信息，所以音频媒体自然就是"第二类媒体"了。其实，音频媒体更擅长于做一种背景，它天生适于陪伴。我们要认可这种媒介属性，这是它的特性。专注于音频擅长的领域，自然其重要性被发挥到极致。事实上，垂直领域对具有陪伴功能的媒体内容的需求十分旺盛，特别是随着 5G 和人工智能的进一步发展。

什么是音频行业的未来。我们过去强调定制化、强调个性化，实际上今天社会已经迈进音频内容私人化消费的阶段。不是说私人化趋势是一切，而是说私人化趋势这一点是过去未能充分关注到的。

广播应借助智能音频的推进机遇，抓住为全社会制定音频内容标准的机会，这是广播人需要考虑的一个重要问题。

（二）音频媒体作为一种"隐性的刚需"[1]

伴随性不等于媒体内容可有可无，而是满足了大众一种潜在的、必不可少的需要，或者更准确地称其为"隐性的刚性需求"。

1. 音频媒体"刚需"资格的建立

首先，广播音频媒体具有高兼容性，可以附着在任何智能家居和其他介质上。现代大部分人在收听音频内容的同时，通常都会伴随其他活动。对于广播

---

① 孟伟. 当代广播音频媒体转向的基本理念［J］. 中州学刊，2017（11）：167－172.

而言，对大众时间资源和收听场景的多元开发将成为新的重要课题。

其次，广播音频媒体的时效性转化为即时更新的伴随性。今天广播时效性优势更多体现在一些电视和网络不利于传播的场所或者是特定的时间点上。时效性的开发不仅在于单条新闻的传播速度，更在于精心打包一般听众无法在休息时间、工作时间获取的新闻或其他音频内容服务，或者无法通过个人力量整合、解读的音频内容。

最后，伴随性功能拓展为音频的本地化的生活指南。广播音乐、广播文艺类节目的伴随性功能毋庸置疑，而广播内容本地化特色的开发，也在于大量贴近民生、公益服务类节目的涌现，解决城市生活中的大事小情，作为基层政府和地方政府与社会个体进行沟通的桥梁，这在发达国家和发展中国家同样适用。① 这是今天的广播区别于其他网络音频媒体最大的不同之处，同时也是广播"伴随性"功能的一个延伸。

2. 音频内容激发个体内在情绪的社会"共在感"

现代人的空间和距离改变频繁，往往借助外在参照物确认自身存在感。本地化的广播往往展现当地的一种生活"节奏"，社会个体通过媒介的参照更真实地体会到时间的流动，收听本身意味着参与了一种社会公共活动，社会确认感得到实现。

广播的"共在感"很大程度上与广播激发听众情感回忆的能力有关。它能把强烈的内在个人情绪和对已经平复的往日记忆激发出来，而这种激发建立在分享的基础上。我们"成了自我的旁观者"但同时又"进入自身更深层的思想内"。②

广播"共在感"的形成与广播直播方式密切关联。在直播节目中，听众借助广播媒体清楚感知到基于"共在感"的社会参与。例如，对于帮扶类广播节目而言，全城寻找一个走失的老人，可能让无数庸常的个体，在近乎麻木的日常中，热情洋溢地参与一个社会搜寻工作，共同分享难题解决的群体快乐，从而与其他听众一起体会到了"生存在世界上（原文 being – in – world，借用了海

---

① 　孟伟，Guy Starkey，于颖，李运. 中英消费维权类广播节目模式对比研究：以中央人民广播电台《天天3·15》和英国广播公司第四台 You and Yours 为例 [J]. 中国广播，2017（4）：40 –47.

② 　DOUGLAS S. Listening In：Radio and the American Imagination，from Amos "n" Andy and Edward R. Murrow to Wolfman Jack and Howard Stern [M]. New York：Random House，1999：22.

德格尔的表达方式)"的集体"共在感"①。共同经验的真实的感觉完全不同于作为旁观者观看一场惊险的好莱坞大片,在这一点上比较其他媒介形态,广播独具优势。

近期互联网促进了点播或者付费点播业务的发展,完全不同于这种集体收听广播直播节目的形式,即想象中的一个群体共在的愉悦性。当然,网络社交媒体可能带给年轻听众建立在分享基础上的新型"共在"关系,只是基于时间性的"共在"发生了改变。那么,这种"共在"也失去了"集体狂欢"式的社会参与感。

3. 广播音频媒体的人际交流亲密感

广播媒体的很多谈话节目与人们的日常生活密切相关,一些国家大事也以接近人们日常谈话的氛围和交往方式呈现。广播听众在接收广播节目时,往往体会到"点对点"的传播气氛。例如,音乐节目主持人往往使用第一或者第二人称,虽然听众庞大,却可以营造一个非正式的、私密的空间,在感觉上造成好像是在为某一个人单独播讲。

4. 音频媒体的交互式关系发展

英国 BBC 推出"交互式多情景广播剧"。2001 年 9 月 19 日和 20 日 BBC 的三个广播电台播出名为《财富轮盘》(*The Wheel Of Fortune*)的交互式广播剧,它是基于数字广播基础的一种新兴广播形态。广播第三台、第四台播出了《财富轮盘》的两种版本,BBC 网站上播出了第三种版本。听众可在广播剧剧情发展过程的若干关键点,切换于三个版本之间,实现多平台的情节交互,自由地创作出自己的故事情节。这是为传统广播听众提供更多体验新的内容传播的方式。2009 年豆瓣网推出豆瓣电台,它没有传统意义上的主持人,积极参与的用户成为"主持人",依赖于豆瓣社区用户间的分享、交流、自己创建网络广播等方式,在交互中推进互联网音频传播。广播媒体的线上节目很难完全实现这一改革,但是电台的网络平台,通过更多的创新尝试,会反哺线上节目,引流更多听众,如北京电台体育广播的《梁书之土话新说》等。

互联网音频平台和广播的音频内容,受到国内对于网络媒体管制的限制,可能更多发展的是"信息的音频表达",偏向于知识、资讯和娱乐内容等以音频的方式呈现,实际上是避开了广播电台的主流功能,进行差异化策略发展。因此,对于互联网音频内容而言,渠道和平台是命脉,除此之外的优势都尚在成

---

① CHIGNELL H. Key Concepts in Radio Studies [M]. London:SAGE Publications,2009:75.

长中；对于传统广播而言，需要长期培育、基于音频传播属性的内容开发，这是根本和核心的优势。互联网产品理念与广播内容创新理念是有区别的，要考虑到二者出发点的不同。①

四、广播音频媒体与"族群"② 传播③

后工业学者认为，人类社会经历了农业社会、工业社会，现在已经进入信息社会。④ 在信息社会中，人们在社会知识、娱乐传递的过程中更多扮演主动角色，在这个过程中，媒介互动是一个特征，更突出的特征是媒介传播者的角色往往也由媒介受众来承担。这种传播趋势强调传播行为中分享与规则奉行的结合，作为人际传播与大众传播的结合，具有小众传播的特征。这种小众传播的核心体现为一种"族群"传播概念，"族群"更强调传受主体之间所建立起的关系，而这种关系是解释传播行为的一个核心因素。

"族群"传播概念的应用，得益于当代媒介比以往任何时代都可能为个人化的传播需要提供更多的途径，媒介类型和媒介形态将首先分化多元，不同的媒介会吸引不同的受众群。当然，社会的多元化趋势、对个人的尊重，以及社会人群稳定的多元化类属的建立，使受众对媒介的选择性需求更加主动，这是最深刻的直接推动力。这种多元化和多层次的受众需求和媒介提供的可能结合在一起，会形成一种类似蜂房结构的多种小众化传播构成的结合体，而这一个个小众化传播体，就是我们这里所说的"group"。具体而言，"族群（group）"传播理念，既指实体意义上分化的小众和小众化媒介所应用的媒介理念；也指目前在传统大众媒介领域中，在节目内容选择、编排方式等方面可以推行实践的"族群（group）式"传播理念，两者一显一隐，推行的步骤是同步的，也将贯穿存在于未来媒介的发展之中。

（一）"族群"传播理念的媒介背景

1. 信息传受方式的变化

数字化时代，媒介传递信息的方式、受众接收信息的渠道和方式都发生了

---

① 孟伟. 当代广播音频媒体转向的基本理念 [J]. 中州学刊, 2017 (11)：167 – 172.

② "group"可以翻译为"社群""群落""团体""小组"等，本文为了论述的便利，直接采用了"族群"作为相对应的词汇。这篇文章写于13年前，当时"社群"的概念还未出现，本书保留了当年"group"的概念。

③ 孟伟. 当代广播"族群"传播理念的应用 [J]. 现代传播（中国传媒大学学报），2006 (2)：54 – 56.

④ 陈东园，庄克仁，郭文耀. 大众传播学 [M]. 台北：台湾空中大学出版社，2004：361 – 362.

变化，带来了媒介内容的变化，同时也影响到传受之间的互动和反馈方式。

首先，信息接收的渠道发生了变化。数字技术推动下的媒介融合，将会改变传统意义上大众媒介的信息接收渠道，信息可能来自主流的媒介机构，也可能来自一个小的网络社区团体，甚至个人，如手机短信、邮件、QQ以及各种网络群落等。信息接收也体现为一对一，或者是一对多、多对多等多种传播接收形态。当代信息接收渠道呈现得越多元化，新闻的大众效应就越会受到削减。

其次，信息接收方法的变化。过去，传统的大众媒介传送综合的信息给大众，尽管大众媒介的"小众化"传播趋势基本做到了受众分类传播，如电台的频率专业化进程等，但对于个人而言，仍然需要依赖个人来选择信息内容，随着多媒介整合时代的到来，海量信息传播也不再只是一个预言，面对海量信息，受众首先感到的是信息无法分类的困惑。这样，一种新的信息接收方法出现了——个人信息定制服务。我们以布隆伯格（Bloomberg）为例，作为世界著名的财务投资公司，它首先推出财经信息的分类服务，所针对的客户包括个人用户和大企业用户。尽管布隆伯格拥有自己的评论员和分析员，但信息来源仍然依赖传统的大众媒介以及美联社、路透社和法新社等国际通讯社，这意味着布隆伯格与传统媒介具有一致的公共信息来源，但它的专业信息分类优势使它所服务的用户越过了传统的大众媒介。**这也意味着，在海量信息时代，人们的难题将更多集中在信息的筛选上，而不再是信息的渠道问题，在这个意义上，是信息分类的人掌握了话语权，而信息的提供者则变得不那么重要了，因为如果信息在专业平台上搜索不到，信息也就等于不存在了。**

信息的通路、渠道和接收方法发生了变化，搜索引擎和分类标准在传播到达中的作用也就越发重要。**专业化的媒介作用在于可以实现信息的完全归纳，而不是传统媒介发展时期对媒介信息来源的垄断，受众可以按照自己的需要接收信息。**

2. 信息高度公共化的变化

数字技术远远不是媒介技术的终点，随着技术的不断更新，信息将面临更加公共化的局面，信息的稀缺性减弱，流通渠道呈现多元化趋势。

信息的高度公共化可能也会导致大众传播时代的衰落，人与人的交往也将进入一个类史前时代的传播状态，只不过虚拟空间代替了实际的地理概念，人类的社会交往空间更多的是在电子网络的"虚拟"空间中展开，社会身份的定位和认同也将来自这个虚拟的世界。不再以地理空间来划分归属，而是以共同的爱好或者是共同的需求来划分，在虚拟的空间里建立起一个个"数字社区"，社区成员来自地理意义上的全世界，而你的邻居反而与你距离遥远。在这个虚拟的社区中，传播行为体现的是一种类人际传播状态，尽管信息是开放的，但人们所能关注的永远是有限的，了解的永远是自己想知道的，虚拟社区给人们找到一种归属感，特别是在海量信息的过滤中，社区成员之间的共享提供了一个共同的过滤网，既保证了对某一类信息的全面了解，也保证了良好的反馈交流，以对抗个体人在面对海量信息时的无助和无措。

3. "族群"传播形态的网络萌芽

目前，建立在网络"虚拟社区"基础上的新的传播形态正在萌芽，也就是我们前面所说的"group"传播形态。它们具有以下几个共同的特征：在相同的兴趣或者一致的追求目标基础上建立起虚拟空间中的"group"；"group"成员关系建立在平等、对话基础上，有显在或者是潜在的集体荣誉感；"group"具有信息过滤功能，信息来源更直接，不仅仅依赖传统媒介，甚至直接来自事件的经验者；人际传播为主要传播方式。

（二）当代广播"族群"传播理念的应用

"族群（group）"传播作为一种媒介理念，已经在广播媒体领域以各种方式实践着，体现为两种方式，一种是显在的方式，一种是隐在的方式。所谓的显在方式是指自 20 世纪 70 年代世界范围内普遍发展起来的广播类型化电台趋势，尽管当前类型化电台在播送内容和方式上与 30 年前相比已经不可同日而语，特别是美国的类型化音乐电台实际上已经具有了"group"的传播特点；隐在的方式体现在具体节目的编排思路，甚至是话语特点上，强调节目呈现出一种小范围的私人交往的氛围，这种氛围不仅仅是类型化电台所强调的，在很多综合电台中，即便受众的范围比较广，收听的人群也很难分类，但通过电台编辑和主持人在节目形式和话语特点上的有效控制，也很容易就能塑造起一种界限模糊的"group"传播氛围。

1. 社区①电台的"族群"传播理念

社区广播一般不具有商业上的利用价值，其存在的意义在于为社会交往的多样性提供可能，为不同人群的交流需要提供通道，社区广播是"group"传播特征比较纯粹的一种呈现，我们考察社区广播的"group"传播规律不仅为社会文化的建构提供参考，同时任何商业上对"group"传播方式的利用，都是建立在对纯粹意义上的"group"形态考察基础上的。

---

① community radio 通常指社区广播，社区广播在欧洲主要是指比地方广播受众更小的一个收听群体，一般分为三类：第一类是地理空间上的社区广播，如在小镇上的社区广播，或者是城市里以楼宇为单元的社区广播；第二类是以种族或者是民族为标志特征的社区广播；第三类是以特殊兴趣为特征建立起来的社区广播。

英国社区广播 Resonance FM 104.4 是由音乐家、批评家和音乐爱好者，以及其他非主流文化青睐者参与建立的社区电台，完全不依赖广告的支持，只在少量的协会基金以及大量的志愿者捐助下维持日常播音，为实验音乐和各种关于声音的艺术表现提供一个面向公众的通道。他们只有两名职业编辑和一名专业的工程师，单纯基于对声音表现的热爱使他们愿意把自己的生活和这个社区广播联系起来，其忠实听众人数不多，与主流电台的音乐听众不同，他们强调的是对声音艺术本身的热爱，不是简单的消费音乐，这成为电台"group"精神维系的基础。

Resonance FM 104.4 也采取了很多其他的途径巩固这种"group"关系。例如，定期出版一份小型的刊物，作为广播音频传播的补充；定期开办讲座和聚会，推荐新的作品；等等。这些社区广播为了保持独立性而不被商业利益左右和侵犯，他们的生存处境不容乐观，即便在广播业发达并成功地抵制商业侵入的英国，社区广播的生存处境也不得不令很多学者担心。

2. 类型电台的"族群（group）"传播理念

（1）以节目类型为分类标准的专业电台

以节目类型为分类标准的专业化电台，在节目内容表现上，往往界限清晰，电台的类型化倾向比较高。世界电台的实践证明，音乐和体育类型的节目比较容易采用这样的分类标准。

美国名目繁多的音乐电台模式，是按照节目内容来分类受众的典型代表。就欧美国家而言，音乐受众的口味十分多样化，每一种类型音乐的背后都有一定的社会基础和文化背景，也有相应的喜好的人群，了解一个人的音乐口味就大概能了解了一个人的文化和社会背景。就社会现实存在而言，某一类型音乐忠实听众的"group"关系，建立在该类型音乐电台类型化之前，**而且维系"group"关系的因素不仅仅只是表面的喜好倾向，更是具有种族或者是其他深厚社会历史因素、文化因素的背景，所以电台节目营造的"group"氛围只是社会真实"group"身份的一种映射，通过电台分享共同的音乐类型，可以强化现实社会个人的"group"认同关系，因此这些听众的忠实程度和规模都是比较稳定的**。对于电台节目受众赋予了节目之外更多的感情色彩，我们甚至可以把这种带有强烈感情色彩的倾向称为"偏见"。这也就意味着，通过边缘化"group"之外的其他人达到一种感情上的自我认同和小集体范围内的认同。

我们在借鉴这种分类方法的时候，必须首先研究节目类型与受众之间的社会关系，否则，简单地建立在不稳固的复杂社会关系基础上的类型电台分类，如同建立在流沙上的建筑，些微的变化可能就会改变本来看起来基础稳固的节目分类和受众之间的对应性，因此电台节目分类的模糊和交叉也就成为不可回避的问题。

（2）以人群类属为分类标准的专业电台

所谓的人群类属，可以是基于社会阶层、年龄、性别、民族的分类，也可以是基于某一系列兴趣爱好的人群来分类，等等。这一类型的专业电台在节目内容表现上，往往界限模糊，呈现出小综合的形态，因此电台的专业化倾向比较低，电台的规模相比较综合电台要小，但比以节目为分类依据的专业电台规模要大一些。

比较综合电台，这一类型的专业电台有明确的目标听众，传播者明确了解受众感兴趣的范围界限，在这个固定的传播空间里，发展有特点的节目类型和节目传送方式，等等。比如，交通广播，尽管交通广播的受众社会身份差异很大，但在某一个时段内具有一个共同的社会状态——出行的状态，在这个基础上，受众具有了某类共同的需要——了解交通信息，而在交通工具封闭、有限制的空间里，娱乐和新闻需要的满足也充满了限制，所以容易形成与综合电台在节目范围和特征上不同的传播模式。

因此，我们有理由认为，类型化电台的目的是为了保证节目的有效到达和有效作用。简单地为了类型化而类型化的方法是行不通的，我们并不能因为是"交通广播"的专业频率，而从内容上严格限制非交通内容的播出，我们这里关于"交通"频率类型化的限定是对受众群体的限定，而不是对节目内容的限制。

3. 综合电台的"族群"传播理念

综合电台是早期电台的主要形态，当前，世界各国都保持着一定数量的综合电台的存在，目的之一在于保证最大多数人能够接触到广播媒体，保证媒介对社会和国家的整合作用，也满足大众在通常状态下的一种共同的普遍需求的可能。

当代综合电台的"group"传播理念主要体现为：在传受关系上建构起"group"交往的风格。例如，综合电台的节目主持人了解节目受众的成分较为复杂，但在节目内容和主持风格上呈现朋友式交往的特点，并且注意维系和经营听众和电台之间良好的友谊氛围，达到巩固忠实听众和吸引新的听众成为忠实听众的传播效果。对于那些没有收听电台的人而言，可能这并不意味着什么，但对于忠实听众而言，那些没有收听电台节目的人，以及新的听众都是这个特定"收听群落（group）"之外的参照，而对于忠实听众和一般偶然收听的听众而言，没有收听广播的人也构成了相对于他们这个收听"group"的一种参照，从这个意义上说，在综合电台中，存在着两个不同层次的"group"关系。

　　例如，中央人民广播电台的"神州夜航"节目，像很多谈话节目一样，建立了短信和网络直播论坛的听众交互平台。忠实听众往往集中在节目的直播论坛中，每个听众都拥有属于广播网络论坛的网名，节目主持人在整个节目中，不忘记在节目穿插中用亲切地与忠实听众打招呼、使用网名来称呼听众的方式，塑造起一个温暖的"group"氛围；节目内容以故事悬疑的方式开放给听众，参与节目的热心听众会通过短信或者网络直播贴积极讨论不同的故事结局，参与同一话题讨论的听众进入"group"传播语境中。这种"group"的传播关系，在节目结束后主持人通过网络论坛进一步交流节目内容而获得传播延续。主持人在这个意义上成为"group"的灵魂，获得"group"成员感情和精神上的依赖。

　　在未来媒介的发展中，获得生存空间或者竞争优势需要我们适应新的传媒环境，不断强化自身独特的媒介属性和媒介功能，特别是在媒介内容上下功夫。因此，对于当前的媒介发展而言，最关键的是要解决两个方面的问题：一方面是要进一步完善和发展自身独特的媒介属性和媒介功能；另一方面就是要密切适应现代社会对媒介产生的不同需要，在节目内容上最快速地契合人们对媒介内容提出的预设，这一切的关键是确立起新的媒介内容发展理念。

　　五、音频媒体与社会责任①

　　现如今，社会信息使用高度功利化，泛娱乐化笼罩社会，大众缺少独立思考的能力渐成常态。透过今日中国互联网媒体的繁荣，我们需要反思媒体环境。反思是否我们仍然处于全球媒体生产线中的下游状态？大众需要什么就给什么，是否被看作正参与着更隐蔽意义上的"文化殖民"？我们的媒体业正在为这个国家、这个时代创造着什么，创造着什么有价值、有意义的东西？为营造媒体和社会平衡的生态，我们今天做了什么样的努力？媒体和社会文化需要一个平衡的生态。

　　全球视域下，音频媒体研究将更为复杂：我们需要在互联网研究、平台化研究、社会化媒体研究、媒体批判政治经济学、媒介史研究、数字媒体管理、文化研究、节目研究、民族志研究、音频（声音）研究等领域，展开对于音频传播的研究。

---

　　①　2018 年 10 月 16 日 "尼尔森网联 2018 广播行业峰会"：跨步 5G，"声"驰千里（云南文山），孟伟主题发言《5G 时代声音内容的传播价值》的结束语。

第二节　内视性①

当代多媒介生存语境下，广播音频传播的特点通常被认为充满了限制。广播媒体在传播形式上体现为声音的非视觉特性，但声音在与人的接收发生关系后，广播媒体就成为一种能够唤起综合感觉的媒介，广播通过声音的介引，在想象力的帮助下，唤发起受众的视觉、味觉、触觉等综合的感受体验，受众获得了一种内视的能力，形成一个自足的、丰富的内心体验。

一、广播音频传播的视觉表现潜能

广播以声音的形态来传递信息，用声音来还原和表现现实世界，是人类听觉感官的延伸。从人的天性来讲，对世界的认识依赖于多种感官的综合判断，广播声音的传播秉承了人类这一天性的要求，利用声音来塑形，通过听众的想象来还原视觉体验的要求。

所以谈到广播"可视性"并不是指在广播音频传播的基础上附加图像和文字符号，如数字音频广播可以同时传输声音、文字和图像等。未来媒介的融合和更多新媒介的出现不可预见。本节所探讨的是广播在只能传播声音介质的前提下，如何展现出音频传播中的视觉可能性。例如，广播声音与视觉塑形之间的关系；广播话语的形象性开发；广播节目形态的视觉还原（现场报道）；等等。也就是说，我们如何利用广播声音符号的形象性，以及广播媒体的表达方式来强调广播的视觉性传播功能。

（一）广播声音符号与电视、电影中的道具

广播音频传播是非视觉的，但广播声音效果具有营造传播氛围的功能，使广播声音符号具有了类似电视、电影和舞台上视觉道具的置景功能。② 广播中不同的声音类型，如下雨的声音、宴会上的嘈杂声、道路上交通工具的声音等，组合成如同戏剧、电影中可以看见的场景；而广播中不同的声音效果，如电话拨号的声音、倒饮料的声音或者开门的声音，表明人与道具之间建立起联系，或者是场景之间发生了变化。此外，声音发出的方式、反射状况和客观性等，

---

① 孟伟. 声音传播［M］. 北京：中国传媒大学出版社，2005：21 - 24.

② 同样的论述参见 MCLEISH R. Radio Production［M］. 3rd ed. Oxford：Focal Press，1994：234.

也具有这样的置景功能。

当然，广播声音符号营造传播氛围的功能和舞台道具的功能之间具有很多不同之处。

首先，在现实生活中，很多事物是以视觉或者无声的方式存在的，如时间的表现。一个展览会往往也是无声的，这种情况下，就不能依赖音响效果来达到对广播传播氛围的塑造，而必须借助于广播话语的解说了。

其次，广播音频传播容易在收听中发生歧义或者出现意义解读的疏漏，而电视、电影和舞台上的景物、道具则一目了然。这就要求我们对广播中声音的选择要慎重，要选择那些负载意义单纯清晰的声响来表现①。这是因为人的耳朵和眼睛不同，眼睛可以同时观看复杂的场景，而耳朵不能同时吸收或者是分辨混杂的声音，广播不需要对全部真实生活中的声音进行复制，只需要选择那些最容易唤起听众想象的、生动活跃的、具有指示性作用的声音就可以了。对于声音的表现，要在时间层面上顺序呈现，最好不要在同一时间内有过多的声音发生。② 这在一定程度上反映了广播中对声音的运用不是简单地对现实的模拟，更多的是充满情节性的，重视对听众情感的作用。因为声音的选择性运用起到的是符号和象征的作用，而不是简单的复现和模拟。这些观点广泛流行于20 世纪30—50 年代为 BBC 工作的广播工作人员中："广播声音是经过人为选择的；广播声音不仅仅代表发出该声音的事物所引起的意义——还有象征的意义。"③

我们的耳朵很容易被这些远远比现实生活简单的声音所欺骗，因为我们的想象力能够根据这些简单的声音想象出比单调的日常生活更为精彩的图画来。

广播对声音的利用，并非只是考虑这个声音是否采自真实的生活，也要考虑这些声音通过广播传播能否更像真实的声音，所以越来越多的广播中的声音（大部分新闻类广播节目除外，特别是大部分现场直播新闻节目除外）是在录音室合成的，也可能是通过某些特殊的装置制造出来的。广播行业经过近百年的发展，有一些声音带有了约定俗成的符号化效果。比如，当我们听到钟表的滴

---

① MCLEISH R. Radio Production ［M］. 3rd ed. Oxford：Focal Press，1994：234.

② FELTON F. The Radio Play：its technique and possibilities ［M］. London：Sylvan Press，1949：42. Felix Felton 曾经于 1930—1940 年在 BBC 的广播剧部门工作。今天，在一些先锋或者探索类的广播纪录片和广播剧中，也尝试多重奏的声音表现效果，挑战声音艺术表达的某种极致效果。

③ SHINGLER M，WIERINGA C. On air：methods and meanings of radio ［M］. London：Arnold，1998：58.

答声就会想到时间的流逝，从海水拍打海岸的剧烈声响中就知道海啸马上要发生……这些在后来的电视和电影创作中又得到了更广泛的应用。

最后，广播声音青睐具有活动倾向的物体，电视、电影和舞台表演没有对运动的特别需要。只有场景中的物体发生运动，才会发出声音，反之则只能充当声音的反射物，所以当我们在广播中，需要表明环境时，要选择那些容易发生运动的物体来表现声音。

广播中传递出的只是声音，是无形的，所以对于听众而言，充满了想象的可能，听众具有二度创作的机会，调动了听众主动的收听，是一种积极的参与行为；而舞台的表演是看的，受众不需要参与创作故事发生的环境的创造，所以更多地体现为一种被动的观看。这一音频传播所呈现出的基本原理——对受众具有积极调动的特点，成为现如今欧洲学者强调广播是比电视更为理性的一种媒体的主要理由之一。

（二）广播声音符号与印刷媒介的文字和图片

广播与印刷媒介中的图片相等价的就是正在讲话人的声音，我们可以看到在报纸或者杂志中有很多图片是表现人的，而且是可以发出各种声响的人群；与印刷媒介中的文字相等价的也是人所发出的声响。在人所发出的各种声响中，讲话是最有意义的。所以广播的声音符号既有文字的功能也有图像的功能。

广播中不同的语调和不同的声音类型如同印刷媒介中，为吸引读者或表示对内容的强调，对文字采用了不同的印刷规格。印刷媒介中的停顿或者说边界、星号等如同广播中音乐的叮咚提示声；在印刷媒介中可能在一篇文章中使用不同的字体型号，在广播中就如同声音（语音语调、不同性别的声音等）的各种变化，当然这种变化必须服从于叙述自身的需要，如标题之间的转化，或者从传播内容到相关的评论，从一个故事单元到另一个故事单元等。

印刷媒介的语言符号是适应人类传播的需要对意义的固定，不仅是对词语，而且是对变形了的人类声音的固定。广播音频传播，试图还原语言作为话语的存在形式，虽然它也依然只是通过话语的形式来试图还原话语，但至少要更接近生活的本原。

二、广播音频传播激发受众内视能力

广播依赖声音符号不仅仅可以唤起受众综合感受的体验，而且广播还具有不同于普通意义上的视觉功能——内视功能，内视能力依赖想象发生作用。电视媒体的视觉功能为受众提供了一种通常意义上的视觉消费，而广播的"内视功能"则在个体受众的心灵内部展开。广播作为一种声音媒体，是非视觉的，但有趣的是广播却善于利用声音刺激听众的视觉想象力，激发听众独一无二的内视能力，把广播受众导入深层的情感记忆回视、理性思索以及内省的情境中。

Peter Lewis① 曾明确地谈到广播是一种"视觉"媒介，只是这些视觉不是存在于听众的眼前，而是存在于听众头脑中的内视空间中。这些"视觉形式"是由广播节目的制作者、播音员和听众合作完成的，这些视觉形式隐藏于声音节目当中，是听众的想象力赋予了它们具体的形式，广播声音节目自身缺少视觉因素，把这种机会留给了听众，使他们积极参与意象的创造。

广播的想象过程是个人化的，虽然广播是一种远距离的传播工具，但在这个意义上它又是一种很贴近的、亲密的媒介。广播通过声音来传递信息，补足视觉的缺失是媒介自身也是个体受众自身内在的需要，所以当受众的某一类视觉记忆和体验足够丰富，对广播节目的视觉补充也就最为充分。对于某些节目来说，如各类谈话节目、情节性比较强的节目，视觉因素反而不是重要的因素，因为听众很容易自我补足。我们从听众感官运用的角度发掘广播的视觉因素，需要听众储备的记忆和感性经验来呼唤视觉意象，那么，如果这些广播声音超越了听众经验和记忆熟悉的范围，会出现什么样的问题呢？所以广播制作一般倾向于听众所熟悉的经验范围之内的东西。

声音通过耳朵发生作用，可以传递比图像更为抽象的概念和意义。同时，我们还不能忽略：想象中的意象要比现实中的景象更完美、更强烈，因为当个体听众产生自由联想的主动性时，往往会按照自己理想的方式来加以创造。作为 BBC 前广播剧部门负责人的 Martin Esslin，在他的论文《心灵舞台》② （the Mind as a stage）中就专门论述过这个问题。

广播仅仅提供声音，听众根据自己的经验结构或建构起意象，他们自身有足够的主动性，所收听到的声音，只是一种暗示性的线索，声音未描述的部分往往成为它们展开想象的部分。而我们知道想象的范围是无限的，我们不仅可以想象或者解构现实中存在的一切，也可以想象现实中不存在的，充满奇幻的场景或者情感体验。虽然电视和电影也强调具有想象的功能，但毕竟图像性的表达，在一定范围内已经对传播内容进行了规约和确认，当观众看到图像时，透过图像人物脸上的表情，观众所能再创造的就是揣测他们的深层心理和抽象

---

① LEWIS P. Radio Drama［M］. New York and London：Longman，1981：9.

② ESSLIN M. The Mind as a stage［M］. Theatre Quarterly，1971：5. 转引自 SHINGLER M，WIERINGA C. On air：methods and meanings of radio［M］. London：Bloomsbury USA，1998：78.

的进程。

事实上，想象所发生的作用不仅仅在于对图像的重建功能，也体现在对某些感觉的想象和模拟。例如，当我们在听到烹煮东西的声音时，很容易联想到食物的香味；当我们在阅读中读到战乱场景时，车站的人群拥挤，人们争先恐后地想离开战区，天上乌云密布，雷声阵阵，我们会很容易想象到人群的喧嚣声、雷声等。人们的五官感受给予了我们对世界丰富的体验。

但对于媒介而言，我们更多是以声音和影像的方式来呈现世界，在这个意义上，媒介都存在着用想象来补足其他感觉缺失的特征。但想象的主要内容仍然是针对视觉的影像补充，正如同"想象"这个词汇本身的意义一样。我们认识世界中，视觉所占的比例很大，我们理解和解释世界大部分依赖视觉。一个简单的例子，我们听到、闻到、触摸到一个物体，直到我们看到这个物体，我们才会由衷地说"我了解它了"，或"我知道它了"。视觉是我们认识论的准绳或者说标尺，在多大范围和程度上我们建立起对外部世界的感知，并把这种确认或者说信任传递给相应的其他感受器官，视觉因素起到了决定性的作用。比如，我们看到了美味的食物就立刻联想到它们的香味，如果我们不能看到或者是通过书面的描述、口头的叙述想象到食物的样子，包括与食物相关的其他实体的样子，如盘子或者餐桌，我们也就很难直接想象、体验到香味。

我们不能忽视在我们看电影或者电视的时候，很少有主动进行影像想象的意识，这就像我们有看的能力的时候，很少注意到自己的视觉功能，这意味着我们的想象活动很活跃。在现实生活中发生的一切，并不是都是可视性的，但是我们已经建立起一个充满关联的语境世界，当我们听到朋友讲到一个故事的时候，我们很容易在听的同时想象到故事中的人物特性和故事中的相关事件。

当然，对于想象的运用并不是在广播独有的。在阅读中，根据文字，我们可以发挥想象，在这一点上与声音呼唤形象有同样的道理，但广播中的想象往往指向的是现实世界，特别是在新闻报道中。在阅读中，读者除了能看到文字，什么也看不到、听不到；在广播中，用声音来完成对事物的介绍，这会比文字更经济，从听觉（包括视觉）媒体上我们可以获得对世界更为鲜活的描述和反映。当我们在阅读一本书的时候清楚地知道最后一个章节已经写好，但我们在听广播（尽管有先录制好的节目）时像是处于一种现在进行时的传播中，结果是未知的，为想象提供了充满未知的刺激。广播的独特性并不在于它具有引导想象的作用，而在于其与其他媒体形式比起来，可以为受众提供独特的想象的广度。

那么，广播与电视媒介中的内视想象有什么不同呢？

　　Peter Lewis① 谈道："对于剧院、电视和电影来说，给予我们很少的机会去发挥视觉想象力，因为我们正在观看，视觉已经完全被外部的图像所占据。"不仅如此，电视作为一种声画给予，电视画面是一种固定的呈现，充满了解释性说明和介绍，而形象性最大的特点是意象存在于头脑中，因而想象性在电视传播中自然消减。人们在通常情况下，观看电视是不需要调动思维去构筑意象的。②

　　当代社会，人们越来越缺少耐心坐下来聚精会神地收听广播节目。虽然很多人都会收听交通信息广播，但却成了一种不得已而为之的被动收听行为，人们被困在汽车中，只能收听广播，特别是对于大多数美国人来说，汽车交通是一天生活中必不可少的一个环节，因此在行车中收听广播便成了生活中的一种常态。现代社会，人们创造大量的服务因素就是为了更多地摆脱外界对人的束缚，使人们具有更多支配的自由。这意味着，我们奋斗越多，体验到的自由也越多，在接受事物甚至是接受教育的过程中，对答案的即时呈现要求度就越来越高，各种愿望急于得到即时的满足。因此，轻松的、沉思式的收听广播的社会语境从整体上已经在渐渐消解，当然也可以说广播的收听方式开始更为多元，不再仅仅是集中注意力收听。早在 20 世纪 50 年代电视兴起的美国，广播就已经开始了这样的发展趋势。③

　　这也就不难理解，为什么欧洲很多学者认为电视节目对受众而言只是一种不需要参与和思考的被动灌输，更容易被商业利益所左右。在这一点上，广播反而受到青睐，因为广播节目更多地允许受众创造属于个人的意象，这些意象富有意义，而不是简单的感官享受，广播媒体在这个层面上具有更明显的人文意义。

　　尽管在 20 世纪 20 年代广播已经实现了声音的远距离传播带给人们前所未有的震撼，但是随着时代的变迁，广播媒体源于媒介本身的特性——不可视性，相比较其他新的媒介形式而言，不再具有传播意义上的优势地位，甚至成为一种传播上的劣势。当媒介领域中的浮躁和喧嚣的空气散去，人们发现，正是广播媒体的这一特点，成为其他媒介所无法替代的特点，不可视性反而成为广播当代生存的优势之一 ——广播音频可以作为一种不可替代的伴随媒介，一种理

---

①　LEWIS P. Radio Drama［M］. New York and London：Longman，1981：9.

②　KEITH M C. Talking radio：an Oral History of American Radio in the Television Age［M］. New York：M. E. Sharpe，2000：14.

③　KEITH M C. Talking radio：an Oral History of American Radio in the Television Age［M］. New York：M. E. Sharpe，2000：26.

想的背景媒介。"广播比电视有更多的空间灵活性。"① 广播潜能的充分发挥，使广播未来的发展充满了更多可能的机遇。

试想如果有两种广播制作的态度：一个广播节目的制作者抱着要弥补广播缺少影像的缺陷，去开掘广播媒体；另一个广播节目的制作者则认为，广播节目的非图像性正是其区别于其他媒介的独特属性，抱着这样的态度去着意开发广播的特色节目，那么两者在节目创作层次上的高下也就变得清晰起来了。我们必须明确认识到，对媒介属性认识的初衷最终会影响甚至限制媒介产品的发展态势和前景。就节目的创作者而言，如果持有第一种观念，本身就对媒介缺少信心，又怎么能够保证在这样的状态下创造出富有独特传播价值，并足以与其他媒介相抗衡的节目？

《乐记》中谈及"致乐以治心者也"。尽管通过视觉、听觉、触觉、嗅觉和味觉获取信息的比例不同，但声音具有强大的力量，可以作用于人的心灵。在视觉媒体发达的今日社会，视频流有时候可以作为音频流的一种替代，但有些自媒体人在发展一段短视频业务后，却发现纯音频的内容传播更契合自己的新产品属性。一些公众号、网络红人基于信服、信任、喜爱等要素，以全媒体的媒介形态，聚集粉丝用户成为其追随者，这某种意义上实现了"内容 + 潜在用户"，就具有了"媒体的本质"。其实互联网变现的方式很直接、很单一，也很"野蛮"，比如卖东西、卖服务，瞬间辉煌然后快速"死"掉。接着，新崛起的一轮又再次涌现……这些互联网的原生模式通过与部分传统媒体核心传播模式的嫁接，成功实现了社会、用户使用习惯的互联网化全面迁移。从某种极端意义上讲，这是互联网在最后"消费"传统媒体。**从这个理解层面上看，实际上公众号和网红等大热的互联网传播现象，正处于一个消解与重构的造势初期阶段，左右其发展的仍然是资本和体制的力量，其自身媒体的稳固属性还没有建立起来。**

从广播本体角度出发，需要突破多媒体异彩纷呈的表象看到音频介质支持下的成功市场范例。当代越来越多的各种新旧媒介形态激烈争夺着用户，满足或者创造了用户刚性的需求。重新探究广播媒体的基本传播特性，发掘现代音频媒体在重建个体与社会关系中的作用具有基础而深邃的媒介社会意义，这是探究音频媒体传播力的一个基础。②

---

① 陈力丹. 广播及广播新闻的特点与发展前景 [J]. 声屏世界，2003（5）：7 - 8.
② 孟伟. 广播听觉传播本质解读 [J]. 现代传播，2004（3）：63 - 66.

三、广播音频传播唤发受众综合体验①

在人们的所有感觉功能中，人们往往对视觉功能赋予更大的关注，只有眼睛看到了人们才会觉得真实，而其他感觉的功能只是让我们获得对事物某种特性的具体认识。的确，我们几乎可以观看任何事物，当然在有光线的情况下，但很多东西是不能依靠听觉来认识的，因为声音是物体引起空气的振动后才产生的，我们只能听到运动的物体的声音，视觉认识事物的范围远远要大于听觉，所以"我们常常关注到听觉的局限性，而不是听觉拥有什么样的特性"②。

正是在这个意义上我们忽略了音频传播的一些重要价值，也忽略了对音频传播特性的更为深入的开掘，使我们认识世界的最重要感觉之一——听觉感受没有达到应有的用武之地，这也正是广播在今天被理解为"弱势"媒介的核心理由之一。广播因为不能使它的受众使用视觉而被认为是有缺陷的和不完备的媒介。相比较其他的媒介而言，这是一个很值得玩味的现象。对于印刷图片、海报招贴或者是照片而言，它们是缺少听觉感受可能的，但这个缺陷却常常被我们忽略，它们自身是能够完整表达自身的，所以往往不需要为它们缺少声音因素而去做什么补偿。

对于广播而言，一直存在着致力于弥补没有视觉因素这一"缺陷"的现象，用"话语"作为追逐不断流逝意象的手段，忽略广播符号中音响和音乐以及无声静默等传播符号自身潜在的表现功能。广播因此往往被认为既是在功能上不完备的一种媒介，同时自身在利用声音作为传播符号的过程中也面临着更大的表述有限性（相比较文字符号和图像符号而言）的困惑。**这就使广播在本质属性上被先天带进了一个误区：被剥夺了对自身声音优势潜在能力的开发，或者是一直以来缺乏对声音本身表述形式的充分开发。**

当然也有很多学者反对把广播作为缺少画面表述的有缺陷的媒介。例如，Jonathan Raban③认为，广播用声音营造了一个自足的世界，就如同文学作品一样，读者通过看到的文字，引起联想，形成意象；广播也一样，它的话语、音响和音乐都是和文字一样，是一种中介，通过这一中介的刺激和解码，把声音符号转化为嗅觉、味觉和视觉体验，为听众打开回忆和经验世界之门。所以广

---

① 孟伟. 当代广播音频媒体转向的基本理念 ［J］. 中州学刊，2017（11）：167－172.

② SHINGLER M，WIERINGA C. On air：methods and meanings of radio ［M］. London：Bloomsbury USA，1998：74.

③ RABAN J. Icon or Symbol：the writer and the "medium". In Lewis，P. （ed.） Radio Drama ［M］. New York and London：Longman，1981：80－81.

播的使命之一在于开发这种唤发综合感觉的声音的潜质。"通感"是唤发综合感受的有效途径。

支持 Jonathan Rabanb 观点的还有 Robert McLeish①，"收音机中传来的声音会刺激听众根据广播中的声音，在头脑当中描画所听到的内容，并且会勾画出播音者的形象"②，他还谈道，广播是一种"视觉媒体、听觉媒介和触觉媒介"，在做广播节目时，要尝试像画画一样去创作，注意色彩的使用，调动所有的感觉器官，嗅觉、味觉和触觉等。利用声音我们能够触摸到橙子的质感，我们还能闻到一股清香的气味，甚至能找到品尝它美味果汁时的感受。

日常经验使听众熟悉橙子这种水果的视觉形象、气味和口感，以及吃水果时的种种情景。文字被读出来或者是说出来，再伴之以真实的或类似真实的水果被切开的各种声音，很容易呼唤起听众的记忆和体验。对于电视媒体而言，虽然是视觉的、听觉的，在一定程度上也是触觉的媒介，但受众往往过度被视觉所吸引，无论是听觉还是触觉的感受都在一定程度上被压抑或掩盖，反而不容易引起听众多种感觉的综合体验。

四、音频媒体心理学层面的传播价值

广播音频媒体以声音还原和表现现实世界。声音的发生没有具体形象可以捕捉，但声音可以作用于感觉，触发个性化的体验后，以独特形象的方式直达个体心灵，"声音是一个使外部因素变为人的内部感觉的中介……声音引发的感觉超越我们常规分析的能力"③。

（一）专业化的声音作品具有鲜明的声音构型能力

并非所有的声音搭载信息或者是情感就可以产生完美的构型能力。对于媒体传播而言，要经过专业的选择，使用那些最容易唤起听众想象的、生动活跃的、具有指示性作用的声音。④ 特别是要善于应用那些具有丰富象征意义的声音表征。例如，广播媒体对于声音的选择，不仅考虑是否这个声音采集自真实生活，也要考虑声音通过传播能否更像真实的声音，更好地还原真实语境。同时，音频媒体对于声音的运用，不是简单的对现实的模拟，更多的是充满情节性的，重视声音对听众情感的作用。人的想象力能够根据符合听觉规律的、富

---

① MCLEISH R. Radio Production ［M］. 3rd ed. Oxford：Focal Press, 1994：70.

② MCLEISH R. Radio Production ［M］. 3rd ed. Oxford：Focal Press, 1994：1.

③ BROADHOUSE J. Music Acoustics：or the Phenomena of Sound As Connected With Music ［M］. Charleston：Forgotten Books, 2012：1.

④ MCLEISH R. Radio Production ［M］. Oxford：Focal Press, 2005：234.

有表征的单纯的声音，想象出精彩的画面来。

（二）声音还原现场的方式赋予音频媒体以深层影响力

声音如何更好作用于心灵？秘密之一在于声音所营造的还原现场环境的能力，在这个意义上，声音符号才具有了类似电视、电影和舞台上视觉道具的置景功能。① 现实生活中很多事物是以视觉或者无声的方式存在的，音频媒体的意义在于借助声音呈现事物，并通过声音的表征或者视角呈现大千世界。

当代大部分声音文化是来自电子媒介的声音，从文化角度看，这些声音情景可以被视为高度商业化的结果，且忽视了本地实际环境②。斯坎内尔（Scannell）提出"和其他社会机构一样，广播的权力在于，它通过预置社会角色和社会地位，通过控制事件的内容、风格和持续时间等方式，在自己的领域内对'社会交往'这个术语做出定义"。③ 从这个意义上，我们需要认真思考并对声音情景的起源和性质提出疑问：为什么声音能产生这种效果？我们每日所听到的声音会产生什么样的社会和文化联想和影响？对于大众而言，选择声音而不是其他媒体产品的深层动力，除了商业推动的外力强大作用外，有没有其他内在的动因？

（三）知识和信息传播中音频介质对于人脑的作用

当今时代视觉传播空前发达，无论是以音视频还是以文字方式传递的信息，在互联网渠道的助力下都趋于一种未经足够筛选的过剩。特别是网络直播的热潮，相比于传统广播的"水话"，更是走向了对个体生活无原则展示的极致。信息过剩造成的精力分散会加剧大脑的疲劳，从而削弱了我们的学习能力，降低了我们的理解程度。当我们给大脑供应思考原料的时候，并非越多越好。④

广播传统上是与阅读离得最近的一种媒体，比如通过广播来讲故事，一度是听众最欢迎的节目。这可以解释互联网音频领域的喜马拉雅音频产品聚合平台，已经开始把"有声书"付费作为其首要的盈利点。一般而言，阅读需要长时间地保持精力的高度集中，这是人类长期智力训练的结果，因为大脑的天生状态是不专心的。社会化媒体目前正扩张着人类本能的需要，"互联网没有违

---

① MCLEISH R. Radio Production [M]. Oxford：Focal Press，2005：234.
② DOUGLAS S. Listening In：Radio and the American Imagination，from Amos "n" Andy and Edward R. Murrow to Wolfman Jack and Howard Stern [M]. New York：Random House，1999：356.
③ SCANNELL P. Broadcast Talk [M]. London：Sage，1991：2.
④ ［美］尼古拉斯·卡尔. 浅薄：互联网如何毒化了我们的大脑 [M]. 刘纯毅，译. 北京：中信出版社，2010：126 – 129.

背我们的意愿改变我们的思维习惯，而是在顺应我们意愿的情况下，改变了我们的思维习惯"①。

（四）音频媒介激发人类理性思考的能力

话语要比图像更具有理性意义。信息过剩的现代社会，我们比任何时候都需要强调个人的理性思考。因为信息时代人们对世界的看法无不进行着多样化的表述，但多样化也导致了主体的失控。信息社会大大扩展了虚拟空间，电子媒介在物理环境中无处不在。通过信息消费而获取的关于外部世界的知识取代了个体体验的叙述，信息创造了事件丰盛而个体体验匮乏的世界，因为信息不"创造"体验，它只是记录事件。②

音频传播不依赖于任何有形符号的启发和刺激，如文字、数据或者是图像等，这意味着大众可以不受限制和约束地在头脑中构筑起相应的图景，进行没有图像干扰的理智思考，在这个意义上音频媒介具有激发人类理性思考的可能。

当代社会，媒体机构为了追求商业利益，不断满足甚至发掘人的潜意识需要③，特别是激发人情绪和对情感的渲染，在这样的背景下，媒介的理性传播功能应该被重视起来。

第三节　互动性④

"实时互动"是广播曾经作为新兴电子媒体战胜强大纸媒赢得生存位置的制胜法宝。而如今，"互动"与"实时"本身已经成为媒体传播的标配。但是重新回到广播的"互动"方式，我们将发现大众传媒的互动模式有其新鲜的意义，特别是对于媒体融合背景下的传播格局而言。

一、新媒体影响下的广播传播活动

纵观广播节目传受互动的历史，从珠江模式到播客广播，再到 Web 3.0，听

---

① ［美］尼古拉斯·卡尔. 浅薄：互联网如何毒化了我们的大脑［M］. 刘纯毅，译. 北京：中信出版社，2010：68.
② 胡泳. 新媒体中的公共领域是否存在［A］//彭兰. 中国新媒体传播学研究前沿［C］. 北京：中国人民大学，2010：150.
③ CRISELL A. More than a music box：radio cultures and communities in a multi – media world ［M］. Oxford：Berghahn，2004：8.
④ 孟伟. 新媒体语境下广播传受互动理念的建构［J］. 现代传播（中国传媒大学学报），2012，34（7）：110 – 114.

众从被动地参与附和，变为主动地展示自我并提出个性化要求，电台传播者也从"亲"民变为"尊"民。电台建立起包含各类音频、音响资源的音频数据库，再加上智能手机等便捷互动终端的技术支持，听众的延迟收听也变得更为方便和快捷，定制化个人广播节目逐渐进入大众视域。新媒体技术影响下，广播未来的发展越来越趋近于打造一个声音交换的媒介平台，与视觉传播的未来发展相呼应。

（一）广播传受互动的新通道

电台节目与听众的互动方式一般包括两种：一种是以听众参与为主的互动节目，包括各电台的情感热线节目、点歌节目、公益互助类节目和部分谈话节目等，如北京电台的《京城帮帮团》，安徽交通广播的专题热线节目《维权908》等；另一种是以听众参与为辅的互动节目，这类节目一般情况下存在于谈话节目中，听众互动参与居于次要和点缀的地位。① 微博和微信群更强化了主持人与受众线上线下的交流和互动。

（二）广播传受互动的新路径

新媒体不同于广播电视等传统媒体形态的地方在于其颠覆了传统媒体的信息传递过程。传统媒体信息传递过程遵循"从信源开始，经过信道，作用于信众"这一模式。也就是说，新媒体通过信源获取信息，凭借信道平台传播信息，并对信众发生影响。新媒体改变了这一传统传播进程中的流向和传播要素的定位，如播客，信众成为其信源，信众通过播客平台自主发布信息，然后影响信众，甚至成为主流媒介的信息来源。可见新媒体突破性在于：信源可以直接面对信众。

那么广播针对传播路径，新媒体传播带给广播媒体哪些启示？2012年3月1日笔者采访《京城帮帮团》②，节目组谈到一个广播、电视、网络以及人际传播平台联动的案例：2012年年初节目组接到北京电视台的邀请，参与北京电视台《身边》这一演播室访谈节目的录制，主持人成音老师带着广播听众嘉宾参与了主题为"60而立"的节目录制，主要讲老年人要建立自己的圈子，重新规划自己的生活。广播节目的影响力借助电视的影响力被放大，这是传统意义上的媒体联动；节目播出后，在经常到公园锻炼的中老年人圈子里得到了进一步的扩

---

① 张超. 改造广播互动的三个维度 [J]. 视听界，2010（6）：44－45.
② 《京城帮帮团》为2009年北京人民广播电台城市服务频率开播的直播互动信息服务类节目，其栏目定位为：我帮人人，人人帮我，让大家帮助大家。该节目收听目标人群为60岁以上老人，最大的听众96岁，最小的听众14岁。

大传播，进入人际传播的界面；广播嘉宾也与其他广播听众建立起实际生活中的互帮互助关系；这些嘉宾又在广播节目中被传播者追访，嘉宾也在广播节目网络论坛上推出自己的故事。因此，这一形式实现了传统媒体和新媒体之间的一种联动，提供了多元化的传播路径，带来开放的媒体联动效用。

广播节目的成功，得益于新媒体技术提供的很好的路径支持，满足了听众最核心的生活需要、最核心的媒体需求，以开放的方式，拓展和开发各类信道的联动，最终目的是促使媒体活力最大化。

二、广播传受互动模式的最优化

（一）新媒体影响下的互动传播背景

"互动"被定义为"对一种媒体的潜在能力的度量，这种潜在能力能够使用户对媒介沟通的内容和（或）形式施加影响"①。大众的参与、共享文化不再是支流、隐性存在或者短暂的现象，逐渐成长为文化、媒体和社会领域中的一个核心事业或者产业。以往的社会流行主要被商业利益所驱动和主导，当代的"流行"也可以为大众所制造，每日生活中本地化或者是地域性的媒体素材，过去属于非主流的媒体内容，在当代也逐渐成长为大众关注的焦点。尽管这些内容是琐碎易变的，但无可否认已经成为媒体产业的核心之一。广播媒体的伴随性特征，无疑在呈现地域性、日常性、碎片化的媒体内容上，具有先天的优势。法国思想家让·鲍德里亚揭示了消费社会的特征，即消费不仅仅是对物或商品的物理层面的消耗、使用或占有，而且是"夸示性"的体验过程②。共享和参与扩大延展了受众的体验性过程，而体验性本身也成为大众基于媒体平台的互动主流内容。

（二）广播传受互动的三种模式

新媒体技术影响之下，受众身份不仅复杂且在传播中发生着复杂的转化。例如，哔哩哔哩、国外的 YouTube 视频社交网站混合了消费者和生产者，使两者之间的复杂关系在价值、意义等方面呈现出复杂性，这也给媒体工作者带来新的挑战。新的媒体趋势逐渐成为当前压倒一切的流行风气，势必影响到传统的广播音频传播。在新媒体技术下，广播的传受互动呈现多样化趋势，主要体现为三种方式："传者与传者""受者与受者"和"传者与受者"。这三种方式

---

① ［意］玛格赫丽塔·帕加尼. 多媒体与互动数字电视：把握数字融合所创造的机会［M］. 罗晓军，等，译. 北京：人民邮电出版社，2006：109.

② 美国网络游戏实现虚拟消费与实物消费互动［EB/OL］. 人民网，2011 - 04 - 18.

可以在前面谈到的《京城帮帮团》节目中得到印证：既展现了电视台和广播电台作为传者之间的一种互动方式；也展现了公园健身人群的人际传播作为受者与受者之间的一种互动方式；而交叉作为电台、电视台的受众与传播者之间，呈现的是传者和受者之间的互动。

（三）广播传受互动的最优化途径

作为电台的传播者，要实现新媒体技术与互动传播的最优化，需要做到以下几点。

①综合调动一切可能的信息渠道。包括节目策划前的提前预告和吹风，以及第一时间发布的相关节目进展信息，新媒体技术平台提供了这种可能，如网站的滚动信息、手机短信、彩信等，也包括媒体之间的联动。

②建立声音信息的资源库。传统媒体的一大优势，在于专业化程度高，历史悠久。声音信息资料库的建设，为广播传播者提供了庞大的信息数据库的支持，网络信息的储存和调用因之会发挥最大价值，从而吸引更多受众。就现实意义而言，声音信息资料库也弥补了广播声音稍纵即逝的弱点，可以实现延时的、跨地域的传播。

③拓展互动方式。广播电台可以充分利用微信、微博、直播贴、短信等方式，积极借鉴新技术带来的电子化人际交往方式。

④独特视角与受众需求的高度契合。热点内容无疑会抓住受众的眼球，但是热点往往也成为众多媒体追逐的对象，避免人云亦云成为广播传播者需要深入调研和发挥创造力的关键。广播节目内容在于契合广播媒体的特点和优势，在其他媒体到达不了的时间、地域和生活状态下，把独有视角和与受众需求高度契合的内容传递出去。

三、广播传受互动理念的实践路径

就传播者而言，广播处于新媒体的影响之下，不仅仅在于微观层面利用新技术推动传受间关系的发展和深化，更在于宏观层面把握广播媒体独有的传受互动理念，实现媒体传受互动的最优化，主要有以下三条路径。

（一）网络通道

实际发挥广播网站的作用，吸引网上受众的注意力。英国广播 RAJAR 2012 年最新数据显示，通过互联网和手机收听广播的用户比上一年分别增长了 10% 和 14%。① 传统媒体入驻网络后，所发布的内容往往只是对原有报道内容的简

---

① Rajar：Rajar Data Release – Quarter 4，2011，2012 – 03 – 06.

单复制粘贴。"他们普遍不知道要在 SNS 上说些什么——所以就会很着急地什么都说，结果反而让用户迷惑而无所得；他们还在犯本能的'从我做起'的错误——所以他们就会很直白地告诉大家'我是什么'或者'我在做什么'，而不是'你能从我这得到什么'。"① 在中央人民广播电台的留言板块上，有听众也谈道："利用网络扩大听众的范围已经到了一个重要的战略时间点，占有这个阵地，广播电台就能再火三五十年，所以必须把这个问题放在战略的高度看待。"②

此外，一些新媒体催生的传播形态一旦稳固下来，广播也需要考虑如何纳入自己的传播体系中，如播客。视频"播客"和音频"播客"的出现，很大程度上满足了这种个性化的表现。播客作为一种"低进入壁垒"的网络个人声音出版方式，代表了一种个人传播的兴起。播客精神的核心不是个人表达的自由，而是播客体现的开放性和共享性，这种开放性使作者与读者之间没有了明确的界限，实现了播客传播的无边界。BBC 于 2004 年 10 月开始在 *Five Live's Fighting Talk* 节目中进行播客试验，在 2005 年 1 月的 *4's In Our Time* 节目中开始扩展播客，到 2005 年 4 月，扩展到 20 多个节目。广播公司的这些做法出于利己的目的，但是它实际上无形中扩大了播客的知名度和影响力，"播客"逐渐成为广播内容一个固定的节目来源。就广播业发展来说，我国与西方国家存在国情的差异，但是我国广播学界、业界也需要从广播活力开发的角度，深入挖掘网络媒体可能给广播带来的机遇。

（二）线下圈子

新媒体影响下，年轻人的社交平台扩展到网络社交服务。我国随着城镇化进程的推进，人口流动的加剧，传统的邻里交往关系也发生了变化，基于固定地理区域范围内的社会成员的交往需要一个新的平台进行整合。网络在模拟线下的生存模式，线上生活模式也会反作用于真实的人际圈子。广播的线下圈子体现为新媒体影响下的新型"广播圈子"。

1. 新媒体化的"广播圈子"

以播客圈这种典型的物以类聚的形式为例，它模拟真实生活中的人际圈，聚合人群。以新媒体技术为依托，通过熟人之间的相互信任，并以共同的兴趣爱好，或者对于信息的共同需求等建立起共享的"圈子"，这一圈子是超越地缘、时间和空间限制的，是在"六度分隔"原理影响下的、高黏合度的新型广

---

① 童锣. 报媒办网四问 [J]. 新闻实践，2010（2）：7 – 12.
② 中国广播网，2012 – 03 – 06.

播听众群。

在北京城市服务频率《京城帮帮团》节目中，以两类听众为主：一类是从不上网，甚至较少使用手机短信的中老年听众，与年轻人不同的是，他们有稳定的数个社会交往圈子，主要集中在公园或者菜市场等，他们的言传身教具有难得的一传十、十传百的效应；另一部分听众是使用网络媒体的一部分中老年听众，以及较少的青年听众。节目开通了网络直播贴、网络留言、论坛互动等形式，同时主持人也以节目组的名义举办多样化的线下听众活动，把广播的影响力与听众每日生活联系在一起。因此活动本身推动了以收听该节目为核心的"社交圈子"。

如果人与人之间的交流和互动是媒体成长的一个关键因素，那么人与人之间可能建立多么大的联系范围就成为媒体必须考虑的内容。这一观点可以在多个领域得到印证：互联网的架构模拟人际交往的方式和特征，甚至人类的神经元系统，包括细胞分子的交互模式与生态系统的食物链、经济活动中的网状结构。

2. 创建社交化的"广播圈子"

迈克·费瑟斯通指出消费文化中人们对商品的满足程度取决于他们获取商品的社会性结构途径，取决于人们建立社会联系或区别、实现身份定位的要求。① 圈子的特点在于社会性。"一切新旧媒体都具有与生俱来的社会性"。即使古代的象形文字至少也需要两个人才能起作用：一人写，一人读，一切交流都需要多人参与。②

互联网经历了早期的传统信息网络化，到网络资源个人化的发展之后，已走上社会关系网络化的道路。马克思曾说："人的本质并不是单个人所固有的抽象物。在其现实性上，它是一切社会关系的总和。"③ 新媒体的目的就是要发展社交网络。它可以提供各种可用的工具，但其首要宗旨既不是提供信息，也不是提供娱乐，而是使人能建立关系。④ 例如，聚友网（Myspace）犹如一家自主餐厅，"朋友"在此相会，聚首在一个平台，从事着私密通信、留言、群发短

---

① ［荷兰］约翰·赫伊津哈. 游戏的人［M］. 杭州：中国美术学院出版社，1996：13.
② ［美］保罗·莱文森. 新新媒介［M］. 何道宽，译. 上海：复旦大学出版社，2011：111.
③ ELLISON N B, et al. The Benefits of Facebook "Friends"：Social Capital and College students' Use of Online Social Network Sites［J］. Journal of Computer – Mediated Communication 12（2007）：143 – 168.
④ ［美］保罗·莱文森. 新新媒介［M］. 何道宽，译. 上海：复旦大学出版社，2011：111.

信、写博客、贴照片、上传视频和音乐、即时通信、组织兴趣小组等活动。

那么，广播如何开展社会圈子的建设？或者广播"圈子"的建立原则是什么？

（1）"深度"而非"速度"，"长效"而非"短期"

萨瑞塔·雅迪（Sarita Yardi）讲："交互体验为人们开启了挑战社会规范，探索趣味，发展技能，实现自我表达方式的可能性，提供的场所意味着社交世界的延展及自我导向的学习、独立。"① 广播听众最关心的是凭借音频传播的服务与社会交往中的他人建立交际的可能，同时传递个人化的创造性表达，在交流信息、建立友谊和提供娱乐中实现自我的表达和对世界的认知。广播促进交流的核心不在于表层，其优势在于深度沟通；**广播促进交流也不在于短期的效果，而在于长期潜移默化的效果，这也是由广播音频传播的特性所决定的**。②

（2）"真实"而非"虚拟"的社交圈子

就社会资本理论而言，个体参与互动是为了创造资本，人们期望借广播媒体上的交往能够实际地在现实生活中得到"回报"，切实地帮助实现自己的现实需要。那么仅仅停留在广播节目内的交流显然无法满足这样的需求，广播受众线下圈子的建立就显得十分重要。

一些成功的广播节目不惜花费大量的时间和精力组织听众参与各类社会活动，把有限的节目空间和节目信息在生活中放大、延伸，实现了节目与听众生活的对接。节目组为听众提供了交友和接触社会的平台，客观上也使节目更多融入听众的生活中，在听众的生活中、心中生了根。

广播传播环境也是一个虚拟的社会环境，编织了一种新的社会文化网络。广播传播需要建立的是以现实社会关系为基础，模拟或重建现实社会的人际关系网络。当人们感受到被带入时，将体验到积极的情感，而当感受到被隔离时，则体验到消极情感。在收听广播中，个人的归属感会大大增强，"被带入"某个互动游戏与对话情景，个人将有积极的情感体验。

互联网之父克兰罗克畅想过：**互联网的下一步将走入实体世界，在开放式网络的时代里，所有的一切都将社区化**。③ 广播圈子未来预见性的发展，需要考虑到上述趋势。

---

①　马中红. 新媒介与青年亚文化转向［J］. 文艺研究，2010（12）：104－112.
②　孟伟. 广播听觉传播本质解读［J］. 现代传播，2004（3）：63－66.
③　互联网之父克兰罗克：互联网将走入实体世界［EB/OL］. 新华网，2009－10－30.

（三）听众为主导的内容生产体系

1. 调动主动型受众

目前广播电台业余编辑制度的建立，主要由固定的热心听众作为特约编辑，编辑一小部分广播节目，直接在电台播出。例如，前面谈到的北京电台《京城帮帮团》节目，在 2012 年春节期间组织了志愿者陪伴空巢老人过春节的活动。志愿者从受助者那里得到了最真挚的感谢，心中充满了感动。这些真实的例子对于其他广播听众而言，无疑产生了积极的带入效应。

广播传播者鼓励那些主动型的听众提供自己感兴趣的事情、看过的电影、听过的音乐，以及相关评论等，这些内容启发了很多种鲜活的兴趣节点；对于那些只是收听，而不主动创造内容的听众来说，可以鼓励他们参与反馈和投票等活动。听众间的传播很重要，如推荐给自己的亲朋好友，可以促使社交互动的增加。

2. 内容生产的同时形成人际网络

广播圈子的建立，借助内容生产催生人际联系。例如，北京电台播出了一位老人擅长用易拉罐作画的节目，经过 2012 年 2 月《身边》电视节目推荐后，引起了一些受众的关注，有很多热心观众来找他，有些是想学习的，还有些是看热闹的，还有些是来买画的。主持人在节目中指导这位老人按照具体情况把这些朋友进行分类，进入不同的社交圈子，从而帮助老人建立了优质的社交网络。良性的广播节目可以帮助受众从自己的兴趣出发，多线索地编织自己的人际网络。"广播圈子"提供一种以"兴趣爱好"为纽带扩展人际关系的可能，这种关系的形成无需刻意组织，它更多的是伴随着内容关系的形成而自然形成的。

新媒体影响下，"互动"成为媒介传播中一个标志性的特征，其背后隐含的信息是——传播已经由受众本位发展到受众主宰的时代，媒体在多大程度上为受众提供了独一无二的信息服务方式和使用上的便利，就在多大程度上黏合住受众。广播的未来发展关键在于密切关注新媒体技术和新的受众需求的趋势，掌握数字化时代"互动传播"理念的精髓，发挥声音媒介特性的独特优势，发挥广播音频传播不可替代的传播价值。

四、热线电话与广播互动①

广播热线节目是电子媒介互动传播的开始。随着社会化媒体的迅速发展，

---

① 孟伟. 广播热线节目的人文反思［A］//张鸿声，等. 语言文学前沿：第 3 辑［M］. 北京：中国传媒大学出版社，2012：112－129.

互动传播成为大众传播和人际传播的焦点。探究广播热线节目的社会文化意义，旨在发现大众媒体与新媒体传播的本源和未来发展的多种可能。

（一）广播热线节目产生的背景

所谓"广播热线节目"是以电话为桥梁，由主持人和听众或主持人、嘉宾与听众双方（多方）直接交谈，在直播条件下交流探讨各自对一些问题看法的广播活动。广播热线电话是当前电台普遍使用的节目手段，但在节目理念上与20世纪末期相比发生了很大变化。我国珠江电台在20世纪80年代中期最早开通了热线电话节目，这一节目类型至今仍发挥重要作用，成为实现有效社会沟通、解决老百姓实际问题、疏导和交流感情的重要通道。

电话技术与广播技术紧密相关。在20世纪20年代广播出现之前，欧美发达国家已经开始借助电话传送音乐会。热线电话节目在第二次世界大战后的欧美国家迅速发展起来，1968年"热线电话节目"作为固定的用法在美国诞生，1971年在英国推广使用。英国最早的热线电话节目可以追溯到1968年BBC诺丁汉电台，20世纪70年代，BBC和商业地方广播电台广泛采用这一节目样式，近年仍活跃在BBC实况第五台（Radio 5 Live），该台侧重新闻和体育节目，主要收听人群为男性群体。美国的"热线电话"突出体现在其音乐节目或者广播谈话节目中。杰里·威廉姆斯（Jerry Williams）于20世纪50年代在新泽西州卡姆登市主持的《你在想什么》（*What's on Your Mind?*）应该是全球第一档接入听众热线电话的节目，是当时美国广播最流行、最具政治影响力的节目形式。①

热线电话节目最初在国外的风行有其成本因素的考虑。与音乐节目不同，它不需要支付高昂的版权税，成为最便宜的节目形式之一。热线电话节目也是建立与听众之间忠诚度的主要途径，听众的电话一方面使电台获得了收听率，听众表达了自己想要说的内容；另一方面也构成了节目的一部分，形成电台风格的一部分，成为电台独特的地域性特征的标识，为当地听众找到亲切感和归属感。听众的选择尽管在电台的控制之中，但听众的话题和观念依然影响着主持人，也影响着电台的风格和走向。

大众媒体作为人的感官功能的延伸，人类追求媒介传受互动的便利和快捷是推动媒体不断发展的潜在动因。热线电话参与节目使受众第一次即时且直接出现在媒体内容传播中，不是以听众来信的方式，而是听众在可以选择的私人化空间，通过电话参与节目的播出。尽管电视节目也借鉴了广播的热线电话方式，但电视中的热线参与不能满足人们眼睛的期待，这不是电视媒体的长项。

---

① CHIGNELL H. Key Concepts in Radio Studies [M]. London：Sage，2009：37.

（二）广播热线节目的类型与特点

1. 我国当前主要广播热线节目类型

我国地方电台大量开办了类似"阳光政务热线"的节目，定期邀请政府各部门走进直播间接受听众的现场咨询、投诉和建议，节目第一时间可以获得所反映事情的解决方案，甚至当场就能得到圆满答复，因此深受听众欢迎。例如，陕西电台"秦风热线"、烟台经济台的"3·15维权热线"、绍兴电台"行风热线"，这些节目往往是电台与政府部门联合，接受群众面对面的监督，为百姓答疑解惑，同时传递最新政策、工作动态。这类热线节目解决了当前我国基层百姓无法通过其他渠道解决的一些实际困难，如失地农民的生活问题、粮食直补的落实问题、农民减负中存在的问题、城市市场蔬菜价格问题、下岗人员的就业优惠政策问题、工商收税票据问题、交通事故处理问题、教育乱收费问题等。

随着汽车市场的迅速崛起，交通广播成为我国广播频率中的佼佼者。与汽车相关的热线节目也纷纷涌现，如北京交通广播的"1039交通服务热线"、福建都市生活广播的"速度生活"等。

此外，广播夜话节目在各大电台也是一种常态节目，就听众在社会、人生、婚恋家庭、升学、就业、人际关系、心理健康等方面的问题与困惑进行抚慰、疏导、教育、批判。例如，深圳电台的"夜空不寂寞"、杭州西湖之声的"孤山夜话"、辽宁电台的"轻风夜话"等都是较早创办的广播夜话节目。中央人民广播电台的"神州夜航"是这类节目的升级版。

在热线直播节目繁荣的同时，也存在着一些急需解决的问题，如热线直播节目定位不明、宏观容量失控，情感倾诉类节目格调不高、随意性大以及主持人驾驭节目能力弱等。

2. 国外广播热线节目的分类

英国广播研究专家克里斯尔（Crisell）教授将广播热线电话节目分为三种类型①。

①"表达诉求（expressive）"类型。这类节目使参与者能够表达其观点，这些观点通常与普遍的共识相反，往往体现的是少数民族和异见群体的观点，或者只是呈现社会异议本身。

②"自我表现（exhibitionist）"类型。这类节目顾名思义，给予那些想表现自己的听众一个展示个性的机会。对于听众来说，打进电话意味着他们可以与

---

① CRISELL A. Unerstanding Radio［M］. 2nd ed. Routledge，1994：119.

他人分享这个短暂却"辉煌"的瞬间，成为草根"媒体明星"。

③"求助（confessional）"类型。这类节目期望寻求建议，利用广播音频传播的相对隐匿性来获得某方面的治疗帮助。克里斯尔（Crisell）教授进一步论述，这种节目看似是私人对话，实则具有很高公共性，因而这种交流具有复杂性。

3. 广播热线节目的特点

（1）私人化交往与公众讨论会的结合

广播热线电话节目体现了私人化和公众化媒体结合的特征。它在形式上体现为一个点对点的个人交往式的传播模式，但又被无法确定范围的广大听众"无意"中听到。广播热线节目因而成为一种私人化表达的渠道和公众讨论会的结合体。

（2）传播者和受众合作完成节目

广播热线电话节目由传播者和受众合作完成。广播节目是提供给受众的，但在这类节目中，节目的进行过程是未知的，通过听众的参与来完成。广播听众变成了信息的发出者，是对传播者以及电台节目的一种"积极"反映，不仅交流情感而且能够接收信息，承载语言之外的东西。而实际上，这些听众又不是信息的主动发出者，在整个传播活动中，受到传播者潜在的控制或者影响；节目的主持人与专家学者、普通的热线参与者构成了一种合作完成节目的工作关系，节目的完成形式与播出形式基本同步。

（3）多元传播关系

广播听众以不同的途径或者方式使用广播媒体，可以是主动的，也可以是被动的，呈现出复杂而多样的传播关系。

首先，对于热线节目的听众而言，他们打入电话的目的可能有两个层次：一个是实际的层面，他们要解决实际的难题、要获得他人的建议、要表达自己的各种需要，甚至只是发泄或者获得支持等，而另一些沉默的听众，在这个过程中由感受疑惑到找到答案，获得一个完整的旁观者的身份认同；另一个层面是更深层次的心理层面，对于热线节目的听众来说，多少有一点窥视的成分在其中①，这种情形有一点像是在剧场中，热线听众似乎是一个表演者，只是没有舞台，在空中通过声音——电话的延伸来实现表演。私人电话强化了参与热线的听众以一种特殊的感受——似乎在与一个人谈话（主持人），但实际上，又有潜在的期待——把自我暴露在广大的听众面前。因此，热线电话节目在广播

---

① CRISELL A. Unersanding Radio［M］. 2nd ed. Routledge，1994：197.

传播中具有独特的意义，这使电台在某种程度上成为半公众半私人的媒介，听众的活动成为节目中的一部分，与其他的传播元素建立起复杂、独特的合作关系。

其次，对于热线电话节目的主持人来说，具有多层传播责任。对于参与热线的听众来说，他与他们的交流是无中介的，是一种类似私人的交谈方式；但另一方面他又肩负着向其他受众传播的责任，要介绍给刚刚进入节目收听的受众，要提示和引导话题的衔接和转换。他的目标听众是随时变化的，又要多方兼顾；同时对于主持人而言，既要主持讨论或者话题，又要参与其中，作为裁判或者引导者。

最后，对于广播电台而言，听众热线就是节目的重要内容，要给予听众一定的自由谈话空间，因为有时候谈话的急转直下、不可预料，反而是节目收视率的一个重要因素，所以在很多时候，对传播目标的控制是隐在的。

（三）广播热线节目的人文反思

广播热线节目增强了大众媒体"一对一"的对象服务意识，但这类节目也存在着随意性较大的问题，电台有时候把自己放到了与听众同样，甚至低于听众的高度和层次，弱化了大众传媒原有的功能；过多的热线参与节目，导致节目对电话参与者的过分依赖，质量无法保证，主持人也处于一个被动的局面。那么，这类节目的未来发展如何？其深层社会文化根源在哪里？

1. 热线电话与个体自由

欧洲国家对于热线电话节目的研究，表现出一定的警惕性。有些专家认为，热线节目的主持人在某种程度上，建立了一个假象，似乎是提供了一个个人交流的平台，而实际上通过这种节目形式娱乐更广大的听众①。

西方热线电话主持人在主持时具有两个任务：一个任务是对于那些有价值的热线参与听众，鼓励他们继续讲下去，特别是讲出一些能够引起公众兴趣的话题；另一个任务是想尽办法为广大听众提供有趣的内容，主持人的任务就是在这双方的力量中保持一种平衡。事实上这是很难的，特别是在夜话类节目中，私人化难题应该以何种方式引起大众的兴趣？**倾诉者的初衷是为了找到疏解的通道，而个人化问题一旦纳入公共关注的领域，特别是通过大众媒介的方式来传播，就带有了观看甚至娱乐的成分。一部分听众是怀着同情心、仁慈或者更加博大的心胸收听广播节目，而另一部分听众则希望这些个人化难题具有公众**

---

① HIGGINS C, MOSS P. Sounds Real：Radio in Everyday Life ［M］. ST Lucia：University of Queensland Press，1982：19.

娱乐的要素。作为大众媒体的广播，**主持人协调两者的关系则成为热线节目品质和收听率保证的关键**。为保证收听率，有时主持人既要对一些乏味的或者有攻击性的热线听众采取沉默的方式，也要对那些试图通过自我暴露想引起大众兴趣的热线参与者表示沉默和不予支持。**对于热线节目而言，要考虑参与者社会身份的平衡，分析各种参与者的动机，研究表达性内容、展示性内容和忏悔性内容的分类比例和标准，在保证当下收听率的前提下，提升大众媒体的社会责任，维护媒体长久的专业性地位**。

此外，不同时代热线节目的重点听众也有所不同，20 世纪 60 年代美国自由主义者往往没有时间参与热线节目，他们忙于工作和谋生，这些节目吸引的是那些充满热情的、遭受伤害的或者是愤怒的人群。[1] 而当代美国的热线节目虽然不是社会主流人群关注的节目形态，却往往是一些社会边缘人群抱怨或者是抒发牢骚的一个平台，带有明显的偏见和不理智色彩。但是，在社区广播中，一些问题可以通过广播得到迅速解决，直接影响到人们的生活，热线电话节目也受到欢迎。另外，也有人认为主持人与热线参与者通过电波来交流，对于一些有心理隐患或者难题的听众来说，具有神奇的治疗效果。

2. 热线电话与当代商业主义

大众媒体的过度商业化趋势，不仅仅在于媒体运营角度上面临空前的广告额压力，更在于这种压力也直接渗透到具体节目的价值观传递上。

广播热线电话节目因为音频传播的特性，决定了其更有利于传递个人化的情感、难题和思想。"热线电话与广播节目结合能够产生独特的效果，因为这是一个半私密半公开的媒介，其中的一个要素就是听众成为节目的一部分并与广播形成了一种复杂和不寻常的关系。"热线电话的应用也使私人对话听起来变得更有可听性，在这个意义上，广播热线具有克里斯尔（Crisell）教授谈到的"声音窥探（aural voyeurism）"的效应。[2]

广播热线节目的文化意义是一把双刃剑：一方面带来了广播传播的大众化普及，惠及更广大意义上的普通民众，这是大众媒体的积极文化意味；另一方面其自身也会身不由己卷入到商业化的大潮中，变得与最初的传播本意相比面目全非，乃至在深层意义上，是对个体听众自由意志的某种误解甚至伤害。

英国一档具有超过 20 年历史的《直播与直接对话》（*Live and Direct*）节目，

---

① KEITH M C. Talking Radio：an Oral History of American Radio in the Television Age ［M］. New York：M. E. Sharpe，2000：83.

② CRISELL A. Understanding Radio ［M］. 2nd ed. London：Routledge，1997：197.

由安娜·瑞本（Anna Raeburn）主持，这是"求助电话"或"治疗咨询"类的热线电话节目。这类节目依赖于主持人的驾驭节目能力，主持人根据听众的各种感情问题做出相应的回应。

但是对热线电话另一种批评观点是，从媒体传播的总体语境而言，热线电话节目往往被动成为主流价值观的附庸，让听众和参与者陷入一个错误的商业主义之梦。一项澳大利亚的研究发现，听众通常在节目中表达"生活艰苦"这样的信息，而电台更多播放的是自以为是、肤浅的广告和音乐，还有各种盲目乐观、喜欢调侃的主持人，电台传播语境与这类热线电话节目是相背离的。

3. 移动传播与高速生活

"媒体化"（Mediatization）这一热词最先出现于近代西方社会学研究中，意思是当代媒体已经成为日常生活中的一部分，甚至是多数人不可缺少的生活因子，如同柴米油盐一样不可或缺。人类对媒体的依赖性更强，人类与媒体的关系也需要重新审视。媒体传播的变化与社会文化的变革紧密地联系在一起，而这种变化更多演变为一种互动性，特别是无线移动接收终端的社会化普及。

"媒体化"进程在全球各地发展程度不同，西方发达国家体现更为突出。移动电话和广播直播间的结合毫无疑问是充满潜力的。听众可以在大街上以"草根记者"的身份直接给直播间打电话，这对于报道重大新闻事件具有较高价值；体育爱好者也可以在观看比赛时给电台打电话，以草根身份报道正在进行的赛事，英国 BBC 实况第五台的《606》节目已经频繁地使用这一方式了。"他们可以用来强化重大新闻的报道，同时也不会与官方报道产生冲突。这种额外的报道能够使 BBC 以最小的成本丰富报道内容。"[①]

当然，广播热线节目允许不同意见的表达，有助于协调社会各个阶层，然而实际情况却又更加复杂。首先，尽管任何人都能打电话，但也只有为数不多的听众能够打进电话，且需要通过严格的审查，确认所选择的听众是否"有资格"在节目中发表观点。此外，节目的控制权也掌握在主持人手中。在这个意义上新媒体技术为促进广播的大众化，在多大程度上发挥了更多的民主因素？

移动电话为广播的未来提供了不可预知的潜能，移动电话的使用模式更多体现了当下人们追求"速度和效率"的流行生活方式。使用移动电话的人更多地在异时空状态下，与世界各地其他人联系在一起，可以同步浏览信息，也可

---

① STARKEY G. BBC Radio 5 Live：extendin choice through "Radio Bloke"？，in A. Crisell（ed.），More than a Music Box：Radio Cultures and Communities in a Multimedia World [M]. New York：Berghahn Books，2004：35.

以同步发出信息。移动电话强大的连接能力，唤起我们对广播曾经拥有的传送能力，以及与世界听众交流能力的记忆。广播和移动电话都可以通过声音展开远距离交流，但是后者更加富有刺激性："移动空间更加吸引人的注意力，因为这类空间形成了一种加速的、高强度的、高速自由移动的体验——这种体验能从电话空间转移到生活其他方面。"因此，移动电话用户自然会产生通过拨打电台电话与广大听众交流的愿望，个人的体验将在更大程度上提升到公共化的层面，那时电台所扮演的角色将更像是一个声音信息的交互平台。

第四节　沉浸性①

"万物皆媒"将不会太久远，传统媒体未来的信息终端走向，会摆脱目前电视机、收音机等物理层面的唯一终端局面，更多拓展分布在智能汽车、可穿戴设备、智能家居、智能办公终端层面，以非物理层面的无缝嵌入方式存在。"场景化传播"与"沉浸式传播"密切相关，二者均需要智能技术作为基础铺垫。传播达到理想的效果，可能是促使用户"上瘾"，或者提供"优质的服务"。后者是"刚需"，前者是把握了"人的本能"，但二者共通点是"绝对占有了用户的那一刻"。场景化传播意味着在"那一刻"用户"沉浸"其中，绝对把握了用户的信息需求。

无论传统媒体还是新兴媒体，对于用户需求的满足和注意力的绝对占有，是传播行为变现的关键，也将是传统媒体内容转型的起点和原点。

一、沉浸式传播的当代媒体应用

与虚拟现实技术密切相关的"沉浸式传播模式"，更多是从传播对象的内在个体状态角度进行解读，这种"专注"状态可以理解为媒体传播的理想用户模式。传统媒体与新兴媒体均处于调整和竞合状态，但"万变不离其宗"，透过科技迷雾和各种政策和技术预测，媒体用户对于内容的需求程度，以及专注程度，将会越加成为考量一类媒体价值的核心点。这对于我国传统媒体而言，尤其如是。切实需要突破概念、个别创新范例探索等状态，彻底回归内容传播的原点，再重新起航。

---

① 孟伟，李杰. 沉浸式传播视角下广播内容转型的理念探索［J］. 现代传播（中国传媒大学学报），2017，39（12）：133－137.

从 1922 年李普曼在《公众舆论》中提出"拟态环境"的概念，到 1968 年藤竹晓提出"拟态环境的环境化"，二者讨论的均是媒介创造的拟态环境对于现实世界的影响。沉浸式传播某种程度上是完成两个世界的融合。李普曼的社会拟态环境理论，目的是突出大众传播机构作为主流主导社会舆论的工具，对于社会个体的信息环境而言，具有"结构化"的能力，并不是客观环境的镜子式再现，且目的是从整体上看到大众信息传播之于客观世界的缺陷。这是批判视角下对于大众传播的一种审视，适用于大众传播效果在全社会范围内仍居于绝对优势的时代。而大众传播在与新兴媒体竞合状态下，争夺用户又成为媒体发展的一个核心要素。在这个意义上，尝试从媒体内容生产角度看如果找到新的"杀手锏"，是本书的一个理论源起。

当代社会比较流行的"场景化"传播的提法，与移动设备、社交媒体、大数据、传感器、定位系统等新兴媒体技术的发展密切相关，其核心意味着以用户为中心，以用户需求的满足为终极目标，媒体呈现的内容、方式和渠道都是围绕用户的特点和接收的场景化进行设置，其最终的目标是在一种大的"沉浸式"场景中，实现信息的有效传达。①

追本溯源，沉浸式传播与虚拟现实技术的发展密切相关。虚拟现实是新兴媒体研究的主要内容，是 20 世纪末一种综合数字图像处理、计算机图形学、多媒体技术、模式识别、网络技术、人工智能、传感器技术以及高分辨显示等技术，融视觉、听觉、触觉为一体，生成逼真的三维虚拟环境的信息集成技术系统。② 电子游戏作为一项富有争议却持续增长的文化产业领域，玩家是典型受到沉浸传播状态影响的一类特殊"用户"，他们更容易被情绪、情感等非理性因素所诱导，产生非理性行为，多以"社群"方式游戏、活动和交流。

当代媒体与多元产业发生边界融合，而传统产业也通过涉足新媒体领域，与信息机构进行跨界运营。在新媒体企业营销中，往往以"沉浸式传播"理论为指导，借助社会化媒体与用户发展对话场域鲜明的互动式交流。例如，耐克公司与苹果公司合作开发的 Nike + iPod 新无线系统，能够将跑步者的运动数据传输到音乐播放器上，让用户了解跑步时间、速度、距离等信息，并通过社交

---

① ［美］罗伯特斯·考伯，谢尔·伊斯雷尔. 即将到来的场景时代：大数据、移动设备、社交媒体、传感器、定位系统如何改变商业和生活［M］. 赵乾坤，等，译. 北京：北京联合出版公司，2014：11 – 31.

② 杭云，苏宝华. 虚拟现实与沉浸式传播的形成［J］. 现代传播（中国传媒大学学报），2007（6）：21 – 24.

媒体与朋友分享，让用户"沉浸"在跑步的过程中，增加了用户的参与感。[①]

新兴媒体技术正变革性地改变着信息内容的生产和传播方式。因为声音媒介具有鲜明的入耳入心的特点，传统广播内容的生产也可以借用"沉浸式传播"理论，通过听觉沉浸可以营造让"广播听众"达到"沉浸"的状态，提高传播的效果。这或许可以作为传统广播内容创新的理论基础。

从大的传播氛围来看，新兴技术推动下媒体传播越来越呈现出虚拟交互、游戏化叙事的一些特点，这些特点是广播媒体深受传播大语境影响下的一种自觉反应。广播内容创新和创优是广播运营的基础环节，内容模式并非由单纯的一两档节目根据听众反馈所做的及时调整和改版，而是理念创新。而广播人所做的，正是如何探索进行符合广播特性的一种理论化的实践应用与转化。

二、沉浸式传播的媒体要素

沉浸式传播往往与电子游戏为主体的虚拟交互应用研究联系在一起。沉浸式传播以泛在网络为核心，重构了传播的第三空间，让物质空间与精神空间、心理空间与情感空间、真实空间与虚拟空间、真实空间与想象空间融为一体，沉浸式传播由此发生且具有了所有上述空间的特质。[②]

"沉浸式传播模式"让人与人的交往有了全新的方式和平台，它的基础是一个不断整合新技术和想象空间的无时不在、无处不在的全新传播模式。按照这一模式的解释，今天深受新兴媒体技术影响的传媒世界发生了深刻变化。人即媒介、社会即媒介、环境即媒介。[③] 交互叙事、符号化叙事、碎片式传播、虚拟现实技术形成的在场、互动形成的注意力独占等都成为沉浸式传播的考量范畴。

沉浸式传播对于用户而言，核心特点是产生"心流体验"。"心流体验"的研究成果可以追溯到 20 世纪 60 年代。"心流体验"主要用于探讨人与计算机之间的心流体验，目前从电子游戏泛化到一般的网络传播，包括在线购物等。

心流状态是完全潜心于一件事，自我消失了。其特征是"最大限度地专注、参与直至完成，展示出最好的技能。在这个过程中，时间、食物、自我意识等全部被忽视了"。"完全专注或者完全被手头的活动或现状所吸引。它是一种状

---

① ［美］凯文·韦巴赫，丹·亨特. 游戏化思维：改变未来商业的新力量［M］. 周逵，王晓丹，译. 杭州：浙江人民出版社，2014：174. 对原文略有改动。
② 李沁. 第三媒介时代的传播范式：沉浸传播［M］. 北京：清华大学出版社，2013：54.
③ 李沁，熊澄宇. 沉浸传播与"第三媒介时代"［J］. 新闻与传播研究，2013，20（2）：34－43，126－127.

态，人完全被一个活动所吸引，其他事都无关紧要。"①

心流体验为什么会出现？探究其内在因由，或可为当代媒体内容的转型和创新提供借鉴。心流的形成主要包含五个要素：注意力集中、控制、内在兴趣、好奇心和激励。② 这种沉浸性，是感知系统的沉浸，视觉、听觉和嗅觉的一种沉浸。新技术主导下的电子呈现系统，促使沉浸式传播的泛化，通过参与者和他们所处环境的实际声音和图像的重构，来实现高效的远程合作。这主要见于智能会议系统，基于实用的社会应用，带来的是现实与虚拟空间的一种混同。"场景化"传播的媒体应用有了更多的社会参照，这意味着"场景化"传播在未来可能是一种"标配"。

沉浸式传播中人的中心化，自然带来的是对于用户的高度重视，与传统媒体的"受众"概念是完全不同的，实际上另一个侧面是人对媒介更为深入的依赖，社会环境已经"媒介化"了。传统媒体内容对于用户最直接的吸引力和联系在媒体激烈竞争的格局中至关重要。并非节目在哪一点简单符合了人类的某种基础需要，而是这种基础的需要在何种程度上成为对于用户而言唯一的需要，并深深卷入这种关于"需要"的情景中去。**因此，"沉浸式传播"之于媒体内容的设计和其核心在于，其在多大程度上内容具有勾连用户主动互动性的要素。"沉浸式"的核心不是被动的，而是如何激发用户的主动性。**

在这个意义上，笔者认为沉浸式传播的理念给传统媒体中的参照核心带来的借鉴是：社会个体通过参与、竞争、共享、被激励等，获得一种愉快的体验，并最终完成一个传播过程。

现代企业研究用户心理，发现对于社会个体而言，参与活动中人类大脑渴望解决问题，渴望得到反馈和认可，需求满足后将附带获得愉快体验。这种"参与感"十分易于促成商业交易。现代企业运营和客服部门在与用户互动的过程中也发现，硬广告号召购买的效应越来越失去早期的效用，用户更希望自己的反馈和建议参与到企业的生产环节。这种参与感，会产生极大的激励功能，这与电子游戏用户中的"激励"或者"奖励"有类似之处。

一些与新兴媒体技术密切相关的企业更愿意把商品促销的新策略与新兴媒体传播的"沉浸式"策略结合起来，寻找电子游戏中实施沉浸式传播的核心要

① 李沁. 第三媒介时代的传播范式：沉浸传播 [M]. 北京：清华大学出版社，2013：15.

② TREVINO L K, WEBSTER J. Flow in Computer – Mediated Communiction：Electronic Mail and Voice Mail Evaluation and Impacts [J]. Communication Research，1992，19（5）：539 –573.

素，如参与、激励和获得愉快体验等。这些可以为企业提高利润和达成社会目标提供一个有效的实现途径。目前不少商业巨头的新型营销理念，正充分印证了沉浸式传播中的核心要素。例如，SCVNGR 公司设计了"巴弗洛疯狂鸡翅"，用户通过完成堆叠尽可能多的汉堡或完成为对方团队的球迷拍照这样的游戏，获得餐厅的免费食品；此外 Facebook 和 Zynga 会购买游戏化代理服务和游戏化系统，将游戏化与社交媒体平台更好地联系在一起，取得了不小的成绩。①

目前我国一些广播广告的服务理念现如今也加入了"游戏"成分：吉林人民广播电台广播真人秀节目《城市宝藏》和浙江新闻广播的《VR 大赢家》作为营销游戏类节目，前者将城市宝藏和地标性建筑结合，把赞助商的广告融入藏宝图，听众的参与兼具刺激和滚雪球效应；后者结合 VR 直播技术与听众进行游戏互动，完成公益任务。②

三、广播的沉浸式传播：以"人"为核心

沉浸式传播中对于社会个体提供高参与、强互动的机会；对于大众传媒而言，在服务用户的同时，可以培养用户对于媒体的深度依赖，通过用户的卷入性体验，带给媒体更多商业和产业上的附加价值。

广播媒体的沉浸式传播应用的抓手——"以人为中心"。沉浸传播本质是"以人为中心、以连接了所有媒介形态的人类大环境为媒介，实现无时不在、无处不在、无所不能的传播。沉浸式传播对人类接收信息的方式、生产和生活方式带来突破性的质变"。③

"沉浸式传播"在本节中所描述的媒介语境类似于《即将到来的场景时代》④ 中的"场景化时代"，场景在这里是"Age of Context"，新技术以一种前所未有的方式把世间万物联系起来，并彻底改变着大众生活。《第三媒介时代的传播范式：沉浸传播》一书，谈及"Inforsphere"由"Information"和"Atmosphere"组成。信息像是空气一样萦绕在人的周围，或者是以人为中心，信息像是空气一样无处不在、无时不在。**信息与客观世界的取用关系变得只要与"人"**

---

① ［美］凯文·韦巴赫，丹·亨特. 游戏化思维：改变未来商业的新力量［M］. 周逵，王晓丹，译. 杭州：浙江人民出版社，2014：153. 对原文稿有删改。

② 孟伟，宋青. 2016 中国广播融合与创新［J］. 中国广播电视学刊，2017（3）：9 - 17.

③ 李沁. 第三媒介时代的传播范式：沉浸传播［M］. 北京：清华大学出版社，2013：12.

④ ［美］罗伯特斯·考伯，谢尔·伊斯雷尔. 即将到来的场景时代：大数据、移动设备、社交媒体、传感器、定位系统如何改变商业和生活［M］. 赵乾坤，等，译. 北京：北京联合出版公司，2014：4 - 5.

发生关联，与人的需求发生了关联就会有相应的信息附着。在这个意义上，我们谈及人接受信息的状态和特性，是在何种程度上使人与信息之间发生了有效的反应，这是"沉浸传播"未来需要解决的，也是目前在新旧媒体塑形的过程中，一个基本的努力方向。

这意味着任何目标的"议程设置"在当下和未来都会受到挑战，其核心在于传播的目标为传播对象究竟可以带来什么实质性的内容，而非其他。这个实质性的内容与传播渠道和传播方式等也是密切相关的。内容与形态和渠道居于同等重要的位置。"媒介对我们产生的影响，本质上不是通过内容，而是通过改变生活场景和地点来实现的"①，实际上反映的是人对媒介的深度依赖。媒介与人的关系，渗透到社会的各个领域后进而促使环境的媒介化。未来充分媒介化的自然环境和现实环境将变成一种普遍的社会存在。

在这种状态下，所有媒介"处理信息的方式越来越像人一样'自然'且优于已有的任何媒介，从而使通信的便利性不断提升"，"所有媒介终将变得越来越人性化"。在这个意义上，以人为中心的，为人传播一切信息的，构成一个媒体空间。②"沉浸传播是完全以人为中心、全面个性化服务的传播，也正是最人性化的传播。因为它'自然'地把人放在每一个媒介环境的中心点，自然而然地传播人最需要的信息。"③"与新媒体不同的是，VR 技术把受众放在更加主观的角度，甚至不用语言等其他途径重塑情景，而是将受众放置于情景之中。"④

对于传统广播媒体而言，一方面如何在内容本身要素的设计上体现沉浸式传播的可能，这是最为重要的一环，另一方面可以通过具有社交媒体功能的新技术平台，辅助电台主播与听众搭建起"沉浸式传播"的有效渠道。传统广播媒体可以通过延展传统媒体的社会化媒体渠道，经过系统性的改造，建立起以广播节目为基础，与听众实时互动，并具有"参与、共享、分享、激烈与刺激愉悦体验"等沉浸式传播理念的环节，实现节目服务的同时，可以附加生活服务和商品购买信息。

当前国内电台通常依赖线上线下的活动，扩大听众群体及黏性，但是成本意识也逐渐被电台考虑在内。基于新媒体原理的深度互动方式，并与盈利和经

---

①　李沁. 第三媒介时代的传播范式：沉浸传播［M］. 北京：清华大学出版社，2013：14.

②　［美］保罗·莱文森. 软利器：信息革命的自然历史与未来［M］. 何道宽，译. 上海：复旦大学出版社，2011：3.

③　李沁. 第三媒介时代的传播范式：沉浸传播［M］. 北京：清华大学出版社，2013：42.

④　曹怡捷. VR 产业引发传播领域的下一轮风潮［J］. 西部广播电视，2016（14）：10－11.

济效益的营收联系在一起，一种安全稳妥且不伤害广播媒体公信力的方式，可能是电台下一步改革的重点任务。

对于传统媒体而言，当代的用户是被新兴媒体传播氛围和语境熏陶了超过十年的各类"互联网住民"。共享、参与、互动、娱乐化等被互联网孕育的传播要素普遍地影响着传统媒体的用户，促使传统广播媒体的改革步伐加剧。但当下电台的探索，对于听众的调动还仅限于在平台间跳转或线下活动，电台数据的不连续和不完整性导致听众收听轨迹的不完整。

四、广播沉浸式传播的媒体契合点

（一）广播内容生活化特征明显

"沉浸"的实现，关键是能否用日常使用的方式对环境内的物体进行感知与操作。① 随着新兴媒体技术的普遍应用，对于社会个体而言，"信息场"正逐渐变成"表演场"，是"讲故事"和"看故事"的地方，信息传播从较为正式的语境转向日常生活语境。② 社交媒体信息流的不间断性包裹着社会每一个个体。

广播内容与人们的日常生活密切相关，广播本地化的特性过去被认为是制约广播跨区域发展的弱项，但换一个角度，现如今则成为广播更加贴近受众的一种优势。广播内容可以与用户生活离得很近，靠得很实。例如，襄樊人民广播电台"新闻下午茶"节目主持人阿乐为一位重病的忠实听众而作词的《我们都是射手座》发布会，邀请了30名电台粉丝参加了现场直播，直接服务于现实生活；③ 同时广播也可以贴近用户的收听心理，是对当下百姓现实生活的一种反映或者是对非现实生活的一种实实在在的憧憬。基于日常生活内容建立起的广播"沉浸式传播"语境与电子游戏同现实生活无关联的"沉浸式传播"，从表面上看似乎毫无关联，但是电子游戏的沉浸感往往因不具有与现实生活直接的关联，是"虚拟的"而备受社会诟病，电子游戏玩家因之也承担了巨大的社会压力；而广播媒体建立起的"沉浸式"语境，立足于日常生活，借用了游戏中的激励、互动等核心概念，通过沉浸式的传播模式，形成社会个体之间的互动，并形成真实的社交关系和社会活动，甚至与日常生活的实际需求联系在一

---

① 曾起堂. 关于虚拟现实"沉浸"问题的探讨［J］. 福建广播电视大学学报，2009（5）：92-93. 对原文略有删改。

② 孔少华 2014 中国新媒体年会会议发言："沉浸传播"视角下的受众"非理性"行为及其控制研究。

③ 张源. 电台主持人阿乐出新歌［EB/OL］. 汉江传媒网，2009-11-23.

起，因此更容易为大众接纳。

（二）广播节目互动方式的"沉浸"性

对于广播主持人与听众来说，存在有多种互动的方式。在 20 世纪 90 年代，广播中热线电话的出现改变了先前的单一传播方式。自 2000 年以来，新兴媒体的迅速发展又带动了微博、微信进入广播媒体中。传统意义上的交互只是意指人与机器之间的某种类型的互动关系，而虚拟现实系统所要创造的，则是完全模仿自然化生存方式的与机器构造环境之间的一种沉浸式互动。①

广播线下互动活动的开展独具"沉浸式传播"特征。沉浸式互动方式以一种自然化、生活化、多样化的形式来进行，呈现出全息式的特征。交通台的节目往往开展广播听众俱乐部，开展系列化活动，打造独具特色的汽车文化，不定期开展听众见面活动或者公益活动等。对于听众来说，参加线上活动能够与主持人即时互动，使其自身黏在频率时段上，参加线下活动则会接触到更多听友或者是最想见到的主持人，体验人际交往的乐趣和实际的生活需求，形成一种社群语境。这种沉浸式互动方式与严格意义上基于可穿戴技术基础上的"沉浸式传播"有一定的距离，但大众媒体的"沉浸式"传播效果的达成，其评价指标更多体现在媒体对于大众的号召力呈现上。因此，我们目前阶段，可以认为沉浸式传播的广播应用，是新兴媒体传播模式与广播多元盈利模式之间富有契合点的一类探索。

此外，通过对广播节目中互动方式的创新，也呈现出大众媒体独具的沉浸式传播特征。例如，在交通频率的微博爆料节目中，广播主持人某些时候可能扮演一种"节目助理"的角色，听众间的爆料成为广播内容重要的部分。互动方式不再局限于主持人与爆料人，或者是爆料人之间，而是变成了多主体互动。借助交通频率自主开发的 App，为听众互动创造了一个全城范围内的实时互动语境。这一语境是基于实际需要建立起来的，在那个特定时间段内，收听节目的听众建立起一个短暂的"沉浸式"传播语境。

（三）广播节目主持人"沉浸式"传播的主导作用

广播节目与主持人存在共生关系，主持人言语的表达与语气，都能体现主持人在节目中所扮演的角色。② 节目主持人要想把节目做出品牌，或许可以在人格和节目的关联上下功夫，形成良性互动、相互依存的关系。对于广播未来

---

① 杭云，苏宝华. 虚拟现实与沉浸式传播的形成 [J]. 现代传播（中国传媒大学学报），2007（6）：21 – 24.

② 汲广玲. 播音员主持人的人格魅力 [J]. 青年记者，2011（20）：55.

的发展而言，寻找到富有个性魅力的主持人，还只是第一步，更需要一个团队的支持。要将传统广播与新兴媒体理念相结合，注重基于推广和运营的广播主持与包装，把握核心目标是如何有利于通过主持人的渠道，更好建立起"沉浸式传播"的氛围，从而最大程度上彰显广播的号召力和传播力。

五、广播沉浸式传播的应用原则

（一）洞悉听众的内在动机与外在激励

心理学家将人的行为归因于人对外部刺激的反应，认为人和动物一样都会受到奖惩这种强化效果的影响，并且能从中推断出一定的经验教训。行为主义心理学家认为，增强外在动机是激励人们做事情的途径。同时，认知主义者提出了自我决定理论，认为人的行为来自于人的三类需求，即能力需求、关系需求以及自主需求。①

内在激励因素包括建立自信、让生活变得有意义、确立自我重要感、满足好奇心、体验学习、探索和共享的喜悦；外在激励因素包括获得奖励、收集勋章、获得折扣、得到积分、赢取礼物，这是游戏化激励个人内在与外在的因素。

对于广播媒体来说，听众的内在激励因素包括：内在的获得价值认同、广播内容的实用性信息、确立自我重要感、满足欲、体验学习、探索、共享以及社交的喜悦等；外在激励因素则包括与主持人建立互动联系、参与活动、获得折扣、得到积分、赢取活动礼物等。具体来说，广播可以通过节目元素的设计，调动听众的内在动机与外在动机，提升听众参与感，设置"沉浸式传播"语境。

主持人需要把握住节目中"游戏要素"的内在动机，包含节目本身的情感、叙事、社交、定位等。富有经验的节目主持人能够很好地将节目的叙事与游戏的节奏感结合起来，将节目高潮与游戏语境结合起来。电台从来不缺少对于听众的各种福利，但是这些小奖励需要纳入节目内容元素中，与听众的收听节奏和内在动机契合在一起。

（二）广播建构"听觉沉浸"的途径

以广播节目为出发点，广播既往节目、频率和电台的品牌建构起电台具体一档节目的背景语境。通过对听众信息传播认知路径的掌握，营造沉浸式传播氛围。

---

① ［美］凯文·韦巴赫，丹·亨特. 游戏化思维：改变未来商业的新力量［M］. 周逵，王晓丹，译. 杭州：浙江人民出版社，2014：57.

1. 运用社交媒体实现电台的社会化传播

社交媒体门槛低、成本低，对于电台来说是扩大电台宣传与影响力的新型营销手段，并借此带动更多听众参与到电台节目中。社交网络的革新者正在重塑人群关系和传播模式。对于广播媒体来说，充分利用社交移动媒体的新工具，可以进一步发挥庞大听众群体的优势。

2. 利用新媒体交互工具营造"广播沉浸式传播"语境

当前人们获取信息的方式具有移动化、交互性的特点。对于移动手机用户来说，移动设备的屏幕小得多，这就使得用户在滚动屏幕的过程中，需要临时记忆的信息增多，然而网页之上的浅阅读特性恰恰减少了烦琐的记忆习惯。在简化信息获取方式的同时，也对简化的分享方式或者工具提出了新的要求。互联网的发展中印证了没有比以"用户为中心"更重要的传播制胜原则，因为用户的易于接近，是用户易于进入"沉浸式传播"语境的第一步。

3. 广播沉浸式传播语境中的口碑传播

从"引导者"转为"有价值的同盟者"。主持人能够通过调动听众的价值观认同来增强其影响力，与听众创建积极的同盟关系。① 在广播电台数据后台中，听众的行为轨迹、用户偏好、使用习惯等都是广播电台可以用来作为了解听众、细分听众的可靠依据。目前这一方面的应用刚刚起步，最大的障碍是过去电台未能建立起自己的听众数据库或者数据分析平台。如果这一点得到突破，意味着广播主持人可以利用听众大数据的科学分析，实时了解听众的动向和需求变化，更有针对性地评估听众的收听趋势，在此基础上进行节目创意。

4. 为个性化听众提供的个性化激励服务

在电台节目中，电台主持人的嘉奖或微信点名等形式都是对于忠实听众的某种激励，忠实听众可以自愿而无条件地成为电台或者节目的传播者。对于电台主持人来说，激励措施的根源仍在于吸引听众的节目设计本身，在此基础上，电台把听众从大众的身份，转化为小众身份，直至可以实现个体对象化的关注，当然这种关注本身不仅仅是表层的互动关注，更重要的是可以预先满足听众的个性化需求。这些个性化需求是在刚性需求基础上建立的；同时个性化的需求也可以通过预先的社会潮流监测，或者是针对小众人群数据分析基础上的一种预先把握，重要的是预先甚至"超额"满足听众潜在需求的心意和能力。当然电台作为大众传播者，甚至有一种特权，可以通过定向宣传，左右和引导听众

---

① 高贵武，杨奕. 节目主持人的影响力及其生成 [J]. 中国广播，2012 (5)：5 – 8.

人群的关注趋势和走向，对于这一点，电台要慎用。

（三）广播沉浸式传播的主持技巧

1. 电台主持人的传播网络

忠实听众沉浸在魅力主持人的故事化叙事、游戏化设置的情景下，会对节目推出的活动、服务等具有天然的信服感，听众与消费者之间的身份转化迅速，同时这些忠实听众通过社交媒体进行口碑传播，也可以为电台带来更多的听众以及消费潜力。

主持人可以通过微博、微信或新媒体工具中的社交元素与听众实现互动，以此来加深、拓展主持人在听众心目中的魅力，产生与主持人交流的欲望。建立起与听众之间的"熟人网络"关系，甚至产生心理上的依赖感，延展黏性高、深社交并带有传播性的铁杆粉丝圈层。

2. 广播主持人互联网意识的培养

传统广播主持人面对新媒体多渠道的传播途径，想要牢牢把握住听众，还需要培养互联网意识。

（1）建立"用户本位"思想

主持人要熟悉听众，这种"熟悉"不仅仅是了解个别的热心听众，或者主持人所拥有的对于听众的感性了解，更重要的是要在大数据分析基础上进行细分听众，以及对听众群体个性特征进行科学的数据监测，并在此基础上培养"用户本位"的思想，由此路径才可以真正拉近用户与主持人之间的距离。而电台一般依赖于第三方的数据监测，这是一种粗放的数据观察。可见电台的"用户本位"现今仍处于理性认识阶段，远未达到实践应用的程度。

（2）新技术打造优质用户体验

借助电台未来自主开发的新媒体平台，主持人对听众的信息可视，有助于主持人对听众的个性、喜好的了解。主持人可以针对不同听众的个性推出活动信息，让用户在简化流程操作的同时得到高质量、个性化的内容，增强用户体验。在节目内容制作上，树立分享、协作的互联网精神，鼓励用户参与到内容制作中，在此过程中培养与用户之间的协同创作的氛围，实现用户从消费者到参与生产者的角色转变。

（3）纳入互联网＋的产业视域

广播未来的发展依赖于电台的优势特点，将电台及其新技术平台与商业、教育、政务等行业连接起来，实现电台服务社会，并纳入新兴媒体经济模式开发的大潮中。电台主持人可以通过新兴媒体工具，可以实现偏好推送、地理定位服务提醒等功能，直接参与政府的智慧城市建设，或者是智能家居、车联网等新兴项目，全力打造出个性化、情境化、沉浸式的广播音频服务平台。

综上，沉浸式传播之于广播媒体的建设性意义而言，一方面是可以把握住媒体内容创意的核心要素，另一方面是在何种程度上与用户建立起何种新型的联系，这或可为当代广播内容转型理念提供借鉴。

第三章

什么是音频媒体的专业门槛

对于传播者而言，传播符号、传播方法、传播过程均需要习得。随着互联网深入发展，传播技术和渠道的革新促使传播者与受众之间的界限趋于模糊，传播技能的习得成本也越来越低。对于音频媒体而言，其内容产品因为非视觉的特性，在海量信息传播中容易被错过、误读甚至是无视。因此，对于音频传播而言，"内容重要和切近程度"与"接收信息的场景需求"同其他媒介一样，对于受众接受度而言十分重要，同时作为大众媒体的音频传播，对于音频符号、传播工作原理、音频制作方法等，在专业化程度上有一定的门槛。

第一节 广播音频媒体的语态、语体与口音

一、声音表现的专业主义①

（一）最挑剔的伴随性收听

对于大众日常的音频信息获取而言，收听的无意识状态是音频媒体收听的一种常态。实际上，无意识收听比专注收听更为挑剔。这是因为无数个受众的无意识收听就是最严格的"专注"收听。这个意义上，收听是最挑剔的，耳朵会筛选你最感兴趣的，心灵最深处的需要被压抑，一旦声音内容与心灵契合，可以排除一切让你听到。

对于节目制作者而言，认识到这一点很重要。音频的伴随性，并不意味着在编排上不特别用心。一旦称其为"媒体"或者是传播者试图收到好的传播效果，对于音频内容制作就需要进行精心的设计。

---

① 此部分观点源自 2018 年 11 月 16 日中央广播电视总行（简称央广）"倾听中国，倾听世界"获奖作品赏析培训班，笔者受到作品启发，后在会议总结发言中提出。

（二）音频表现的画面感

什么是声音的画面感？在音乐类节目中，声音与画面具有天然的亲近感；在新闻作品中声音处理可以收到影视大片的效果。与视觉信息不同，音频营造的画面感，是个人化的，是更直达心灵的。作为人类大众传播最早的电子媒介，广播声音营造的现场感，可以引发受众即刻的视觉联想，适时再加上语言表述，这就足够了。传播媒介的意义在于其自身多大程度上让受众通过媒介符号获得对信息精准的了解。

对于音乐而言，其与画面是天然相联系的。对于受众内在体验而言，音频就像是一个引子，带着受众个体体验，实现了"内视"，并引发受众的广泛联想，形成一个自足的体验过程，引发联想和反思等更为间接和内在的积极反应。声音、画面与心灵是直接相通的。

工具是使用的，不是工具本身有什么样的优势，而是拿着这个工具做了什么最适合的事情。

媒体融合的时代，对于传播者而言，所要研究的是，借助哪一类传播介质实现了最大的传播效果，且最恰当、经济、准确地满足了受众的需求。

音频画面感的难度在于如何营造不可触摸的"感觉"或者是"氛围"，对于电影艺术而言，需要调用所有的声、光、电艺术进行综合创作。声音营造氛围的优势，是其他媒介形态无法比拟的。

声音需要设计，进行形式上的塑造。对于音频纪录片而言，需要根据稿件搭建声音地图，根据声音设计进行声场处理。也可以根据节目情感增添声音素材，并对音量、声像、混响均衡等细节进行后期技术。

二、广播语体①属性②

音频媒体的语体属性对于当代音频节目而言，看起来似乎不那么直接重要了，自媒体影响之下，无论是作为大众媒体的广播，还是自媒体的 App，对于音频语体的关注本身都大大降低了。

我们回到媒体"语体"研究的历史性视角，尝试找到音频媒体话语呈现的整体特征和模式。在广播诞生初期，广播话语与报刊语言差别不大，在适应广

---

① 所谓"语体"指的是言语的功能变体，决定语体差异的因素是"语言在实现其交际功能中的不同适应性"，具体表现在交际的场合、交际的目的、交际的任务和交际的对象诸方面。

② 孟伟. 声音传播［M］. 北京：中国传媒大学出版社，2006：15-27.

播特点的过程中，逐步形成了自己的特色，这一点在中外广播的发展历史上都是一致的。广播话语"这种语言形成特色、形成的理论依据，从修辞学的角度讲，是广播语言适应了广播的题旨和情境的需要；从语体（或文体）的角度讲，是在广播这个特定的交际场合里，为适应宣传的特殊交际任务和交往目的形成了一套表达手段，并且构成了系统"①。

关于广播话语的语体定位主要有三种倾向。

（一）口头形式的书面语体

在我国广播的发展历史上，这一观点是在 20 世纪 60 年代提出的。高名凯、石安石先生曾说过："例如今天我国广播电台上、课堂上、话剧舞台上、各种政策报告会上等所用的往往就是口头形式的现代汉语的文学语言。口头形式的文学语言事实上是书面形式的文学语言的口头化或口语化。所谓文学语言指的是加过工的书面语，即规范化的书面语。"徐通锵、叶蜚声先生也曾说过："新闻广播就是书面语的口头形式。"②

在当时，广播节目往往都是有底稿的，播音员的工作大多数情况是把这些稿件变为有声版，与当代广播媒体多元化的节目形态发展差异很大。

随着广播媒体的发展，广播自身独有的音频传播优势也被不断发现和开掘，即便现如今的一些节目仍然使用广播稿，但也与过去有了很大的不同。那么，我们为什么仍然需要在广播中使用底稿呢？

"实际上有很多广播谈话是有讲稿的，从这个意义上，有些广播谈话具有一些书面语（literary）的特性。"③ "这意味着很多广播谈话是预先准备的，与随意的即兴谈话不同，广播谈话具有独有的上下文语境或者是话语情境。"④ 这些有底稿的广播谈话比通常的随意谈话更流畅、准确、有逻辑顺序、意义明了，没有歧义，同时写好的讲稿也会增加广播谈话的权威性。⑤ 除了这些优点以外，带讲稿的广播谈话还便于控制时间，避免不重要的信息占据广播时间，也能保证广播内容按照预定计划顺序播出。⑥

在英国 BBC 的广播中，有一个不成文的规定，即便是有底稿，也不能认为

① 林兴仁. 广播的语言艺术 ［M］. 北京：语文出版社，1994：1.

② 叶蜚声，徐通锵. 语言学纲要 ［M］. 北京：北京大学出版社，1981：181.

③ RODGER I. Radio Drama ［M］. London：Macmillan，1982：44 - 45.

④ GREGORY M，CARROLL S. Language and Situation ［M］. London：Routledge and Kegan Paul，1978：42 - 43.

⑤ KRESS G. Language in the Media：The Construction of the Domains of Public and Private ［J］. Media，Culture and Society，1986，8：407.

⑥ CRISELL A. Unerstanding Radio ［M］. 2nd ed. London：Routledge，1994：55.

广播谈话就是一种书面语的朗读。那么，在广播传播中有使用底稿的需要，又为什么常常掩饰对底稿的使用？

这是因为当听众意识到播音员或者主持人在念稿件时，听众就会和播音员或者主持人产生疏离感。因为听众认为，这个稿件很可能不是播音员或者主持人写作的，而是在转述别人的话语或者观点，或者说至少不是现在这一时间他们想要说的，因此听众与传播者之间就产生了鸿沟和不信任的可能。**至少听众认为播音员或者主持人表达的不是现在时刻的即兴的想法，在交际时间上是一个过去时，这意味着交际通道的关闭。尽管实际上广播传播是一种大众传播，传播者与接受者之间即时的交流是有限的，但听众需要确认的是即时交流的可能性，有了这种可能性的存在，听众即便没有言说，至少在心灵内部是愿意开放自己，也愿意跟随播音员或者主持人的思路走。**即便是节目预告或者是天气预报，这些都是事先写好的节目，在播读时也要尽量转换成口语化的表达或者像是即兴播讲的样子。

因此 BBC 的广播播音员往往被告知，这些底稿只是谈话的基础，是个储备。① 播音员或者主持人被鼓励要在这些写好的底稿基础上，添加一些口语化的表达，这是为了避免听众发觉电台在播讲事先写好的稿件。那些没有经验的播音员或者是主持人往往把注意力集中在写好的底稿上，受到底稿的牵制和制约，缺少生动性和灵活性，而不能把注意力集中在他（她）要讲述的事件本身上，从而使即兴的播讲变得生硬、刻板，这在日常随意的谈话中是不会出现这样的问题的。

BBC 广播第三台的讲座节目往往也被描述成是"广播谈话"，这正是为了转移听众的注意力，不要认为节目实际上是被念读出来的。②

但也有些节目公开声明自己是在播读，如新闻、小说故事播讲等。③ 新闻强调是被读出来的，是因为新闻强调客观性，个人情感或者是观点的添加会影响到新闻的这一特性。因此对新闻的播音员而言，在这种情况下他们就变成了一个传声筒。而对于小说或者是其他文学作品的而言，之所以需要念读是因为播音员或者主持人的个人语言没有这些作品的语言出色，特别是一些传统文学或者大家的作品更是如此。

---

① MCLEISH R. The Technique of Radio Production［M］. London：Focal Press，1978：65.

② CRISELL A. Unerstanding Radio［M］. 2nd ed. London：Routledge，1994：55.

③ CRISELL A. Unerstanding Radio［M］. 2nd ed. London：Routledge，1994：56.

（二）有备的谈话语体

广播话语属于"谈话语体"，是与"书卷语体"相对立的、与口语"相适应"的一种语体。代表观点是"广播电视语言是一种借助于电子传播技术创造语境、面对广大的个别听众而又无及时反馈的有备性谈话语体"①。也有其他人提出反驳意见，认为中央人民广播电台的"新闻和报纸摘要节目"、广播剧、诗歌朗诵等节目其实都是口头形式的书面语言，和传统的以文字为载体的书面语言并没有什么本质的区别。②

（三）既不是口语，也不是书面语

一个很有趣的现象是持有这一观点的我国语体学家、广播专家以及西方媒体研究专家之间的观点也存在着细微的差别，他们将广播话语的语体定位细分为三种。

1. 融合语体

语体学家袁晖主张把广播语体纳入另辟出来的"融合语体"之中，他举例说，晚会主持人的语言，是诗一样的富于激情的语言，它融入了文艺语体的某些特征；体育比赛解说语言中有很多专业术语，它融入了科技语体的某些特征点；访谈类节目融入了政论语体的某些特征；还有像"今日说法"这类节目，它们与公文相结合，融入了公文语体的某些特征。③ 试图把广播传播文本统一纳入一个语体归属中，这是在电子媒体产生以前，以传播方式、传播途径（如口头语体、书面语体等）的方法来划分语体的惯例使然，针对广播媒体而言，这种传统的划分方法已经很难适用。特别是随着网络媒体的兴起，如果再以传播方式或者传播途径为依据来划分语体归属，相信网络媒体将会成为困扰语体学家更大的难题。因此袁晖教授又谈道："广播电视语言、法律语言、商业语言都是语言运用的领域，而不是语体。在这些语言运用领域的内部才有众多的语体。这里有新闻报道，有专题解说，有艺术鉴赏，有热点讨论，所运用的言语体系也是各不相同的，因而也就形成了这个领域中各种不同的语体。"④

2. 介于口头语体与书面语体之间

这是广播界普遍采用的代表观点。"广播工作者要克服轻视语言的偏见。广

---

① 李佐丰. 广播电视语言 [M]. 北京：北京广播学院出版社，1998：12.

② 赵雪. 关于广播电视语体的思考 [J]. 现代传播（北京广播学院学报），2000（3）：98.

③ 赵雪. 关于广播电视语体的思考 [J]. 现代传播（北京广播学院学报），2000（3）：98.

④ 郭龙生. 人大复印资料全文数据库：媒体语言研究刍议，2005：156.

播语言既不是生活语言的原版，也不是书面语言的翻版。广播语言既吸收了生活语言娓娓谈心的亲切感，又有文学语言的严密的逻辑性。"① 广播有声语言"是介于口头语言和书面语言之间，既要口头表达，又要严谨规范"②。"广播语言既不完全是口头语言，也不完全是书面语言，它是兼有两种语言各自部分特点的语言，或者可以更简单地说是介于口头语言和书面语言之间的一种特殊语言。"③

广播学者从广播媒体特性出发，试图发现广播话语区别于口头语言和书面语言的不同点，在研究中发现，那些具有书面语体特点的文本通过广播媒体进行传播，会适应广播传播的特点，有所改变。这些改变可能是播音员或者主持人在播讲中做出的修改；也有些改变是尽管没有做文字或者是内容表达上的调整，但通过声音的传播后，收到了与书面语体不同的传播效果。

西方学者也有类似的论述："广播与电视在使用语言上有类似之处，是一种口语与书面语的交叉，但电视与广播不同的是，电视使用语言符号进行表达的机会要少于广播，毕竟电视可以用画面表达，对于文字部分，经常以字幕的方式呈现。"④ "广播话语可以被看作是口头语言的应用，同时在某种程度上又有事先打好底稿的要求，因为毕竟传播者和接受者是分离的，相距遥远，彼此无法相见。"⑤ 早在1930年，广播从业人员就意识到广播话语的言说风格问题，并不完全等同于日常的谈话方式，同时比起正式的社会交往方式和书面传播而言至少具有亲密性和口语化的特点。⑥

3. 偏向于口头语体的交叉语体

近年来越来越多的广播界学者认为，虽然广播话语既不属于口头语体也不属于书面语体，但是广播话语更倾向于具有口头语体的特点。

"因为广播媒体无法使受众看到文字，仅仅通过听觉收听广播节目，因此广播听觉符号可以被理解为，更近似于演说语言（Speech），而不是印刷文字语言

① 曹璐. 一位优秀广播记者的人生轨迹：记上海电台高级记者蒋孙万［A］//曹璐. 解读广播：曹璐自选集［M］. 北京：北京广播学院出版社，2004：228.
② 饶立华，等. 电子媒介新闻教程：广播与电视［M］. 北京：中国人民大学出版社，2000：153-154.
③ 周小普. 广播新闻与音响报道［M］. 北京：中国人民大学出版社，2001：93.
④ FISKE J，HARTLEY J. Reading Television［M］. London：Methuen，1978：160.
⑤ CRISELL A. Unerstanding Radio［M］. 2nd ed. London：Routledge，1994：55.
⑥ AITCHISON J，LEWIS D M，HENDY D. Speaking to Middle English—Radio Four and its Listeners［M］. New media language London：Routledge，2003：67.

（writing）。"①

"广播话语不是我们通常意义上的口语，但是我们可以把它们定义为一种'接近性口语'（Secondary Orality）。"②

广播话语"处在有序变异的动态中"。③ 广播语言在两种语言之间的位置不是一成不变的，它常常会发生摇摆。在不同的节目形态中，在不同的媒介使用阶段中，有时更接近书面语言，有时则更接近口头语言，但总的倾向是在不断地向口头语言趋近。④

（四）广播语体归属的媒介实践

理论来源于实践，广播话语语体归属的理论争执也是广播话语实际发展情况的一种影射。广播话语实践，始终伴随着过度"口语化"与"书面语"化的偏向，往往这种偏向又是同时存在的。我们也不能忽视，随着社会的演进，广播传播技术的发展，新的话语环境不断出现，广播收听环境和收听方式也都在发生着变化，广播受众个体也都处于剧烈的变化中，关于广播话语的探索与论争仍将伴随着广播媒体的发展。

在广播发展初期，广播记者大多出身文字记者，习惯依赖广播稿件，但随着广播影响面的扩大，传播效果问题引起了普通听众和专家们的注意。

例如，叶圣陶写于 20 世纪 50 年代的《一些简单的意见》，就是一篇专门研究广播语言特点的论文。叶老谈到广播语言最基本的特点，是在通俗化、口语化的基础上，做到明晰动听，使人们一听就懂，一听就明白。"希望写广播新闻稿的，写完之后好好念一遍"，"自己先来检验一下，写下来的那些语言上不上口，顺不顺耳"。⑤ 再如曹璐教授写于 20 世纪 80 年代的文章《重视提高广播新闻的信息量》一文中说道：

> 每每总是出现这类现象：半文半白，倒装句、形容词连篇，空话、大话、套话，深奥费解的专有名词，以及技术性过强的经济和科技报道。我想，依这些同志的经验而论，这类现象完全可以避免。看来不是不能，而是不为，问题的根子还是个观念问题。汉字是象形文字，它不同于拼音文字，汉字的字音和字形之间没有必然的联系，多是社会公认，代代相传，

① CRISELL A. Unerstanding Radio ［M］. 2nd ed. London：Routledge，1994：55.

② ONG W. Orality and Literacy ［M］. London and New York：Methuen，1982：136.

③ 吴为章. 广播电视话语研究选集 ［M］. 北京：北京广播学院出版社，1997：16.

④ 部分观点参见周小普. 广播新闻与音响报道 ［M］. 北京：中国人民大学出版社，2001：93.

⑤ 叶圣陶. 一些简单的意见 ［J］. 中国语文，1953（1）.

约定俗成。值得重视的是我们的写作习惯。我们从小到大所受的教育和熏陶，可以说生活在书面语言的"包围"之中，长期形成的写作习惯强烈地烙上了书面语言的印记，不知不觉形成了这样一种写作状态：一拿起笔就"端"了起来，似乎离开那些半文半白的东西就显得没有文采，质朴的口头语言似乎不能登大雅之堂，出现了言文脱节的现象，即讲话是口语的，写作却是文字化的。怎样纠正这种言文脱节的现象？老舍先生写剧本的经验是："读出声写"，"试试嘴里怎么说就怎么写"，"从现成话里掏东西"。广播记者应该养成这样一种职业习惯：字面上的东西，看一看就能听出它的声音。"用大白话写作——这句话对任何形式的写作都是至关重要的。写后自己大声读一遍——任何作者都应照此办理，对广播电台记者来说，这应当是金科玉律。"①

类似的论述还包括："中国的广播新闻改革虽取得很大进展，总体上讲还未从报纸文体中完全摆脱出来。包括广播新闻教学至今拘泥于报纸的文体。广播新闻业务研究，特别是对语言和音响的研究，一定程度上还处于朦胧状态。深化广播改革应在广播的优势、声音等方面进一步争取'解放'。"②"'广播就是解放声音'。把声音从哪里解放出来？从文字模式的传统观念与表现手法中'解放'出来，进入开放时间版面所提供的听觉信息优化机制。因为媒介的潜力和优势往往是潜在的，而媒介的局限则往往是实在的，如果不能驾驭广播听觉传播规律，潜在的优势永远'潜在'，而其局限则会放大凸显。"③

直到 21 世纪，广播话语的书面语桎梏仍然没有得到彻底的解决。2002 年应天常发表了《论"废话"的语用功能》，把这种桎梏存在的原因追溯到我国"以文为本""重文轻语"的传统语言文化观的影响，认为要保证广播节目的鲜活还是要注重对加工过的口语的运用。

片面地强调"简洁精练、言简意丰"，追根溯源，是根深蒂固的传统语言文化观念和媒介语用观念造成的，那就是"重文轻语"和"以文为本"。

坚持"以文为本"必然轻视"真实的口语"，他们认为，一个人说起话来越是如"文章"那样"简洁精练、言简意丰"，就越显得有"水平"；如果是包含了一些冗余的成分，就会被斥之为"没品位"或不懂得"语言美学"。在这

---

① 曹璐. 重视提高广播新闻的信息量 [J]. 现代传播，1986 (4)：1-6.
② 曹璐. 一位优秀广播记者的人生轨迹：记上海电台高级记者蒋孙万 [A] //曹璐. 解读广播：曹璐自选集 [M]. 北京：北京广播学院出版社，2004：228.
③ 曹璐. 网络传播与现代广播的生存与发展 [J]. 中国广播，1999 (5)：4-6.

个坚挺"理论"指导下，人们当然习惯于用书面语的"简洁精练、言简意丰"来规范广播电视的媒介用语了，包括节目主持人的口头语言，几乎是"书面语的有声版"。①

我国传统文化认为有文化的人应该"敏于行，讷于言"，口语只是用来处理日常生活的琐碎之事，书面文字才承担着正式的、文雅的交往任务，人们要多做少说，这样的观念一定程度上造成了大多数中国人当众讲话的困难。这与西方素有演讲术训练的文化传统不同。

这种桎梏的原因也被广播学者追溯到我国长期以来对广播媒体功能的单一定位上。

我国广播历史上，广播媒体长期被用于传达政令和宣传教育，在广播新闻中已经形成了一种过于正式、严肃的文风，这本身也缩小了广播语言对口头语言容纳的阈限，所以在广播新闻的写作中也不可避免地存在着追求写文的倾向。②

口语化的话语并不意味着不正式。课堂上老师的讲课，尽管是一种口头语言的解释和讲授，但并不影响口语的庄重、严肃性。

当然，我们也不能忽略，广播话语的另一种倾向。20 世纪 80 年代后期以来，广播谈话节目的兴起，也带来了一些负面影响，一些广播工作者认为贴近受众就是要把广播话语等同为日常口语。

广播节目特别是广播谈话节目，当地领导和电台领导很少收听，主持人素质不高，权力却挺大，手里没稿件，节目时间又长，谈什么话题和请什么嘉宾没人管，问题就出来了。这就给广播节目主持人提出了一个问题，就是如何提高自身素质，确立正确的人生观和价值观，增强导向意识和把关意识，既要重视收听率，又不要被少数思想意识和情趣不健康的听众牵着鼻子走。③

当前部分广播电视节目主持人就有一种超限生成大量"废话"的"本领"，可能是为了掩饰自己素养的低下和思想的贫乏。那些"无限生成"的语句，一般是以极少的"语料"使言语生成无限扩张。他们依靠"有限的手段"：一是"散点式"，"东一榔头西一棒"地想到哪儿就说到哪儿；二是充分运用语言的"递归性"（recursiveness），其表达结构循环往复，说着说着就不由自主地又说

---

① 应天常. 论"废话"的语用功能［J］. 现代传播，2002（4）：70 - 73.

② 周小普. 广播新闻与音响报道［M］. 北京：中国人民大学出版社，2001：93.

③ 白谦诚. 写在第五届金话筒奖评选揭晓时［J］. 新闻战线，2002（4）：72 - 73.

回来，然后又在原有的起点顺着说下去。①

广播话语是思考后的成果，内储是外化的基础，对于广播工作者而言，既需要强调表达的技巧，更应该强调媒介传播理念和个人内储状况，二者均不可偏废。

广播话语问题远远不是用"介于口语和书面语之间的一种语体"这一定位就可以解决问题的，广播话语的实际情况要更为复杂。目前我们重要的使命是针对广播节目的不同，建立起符合广播节目特点的，在语体意义上的广播话语分类规律的系统研究。

广播语体研究无论属于上述哪一种类型，在边界之内的规则研究十分必要，有助于在媒体融合阶段，重新发现融合之后的话语表现类型和有效传播的规则。

三、广播口音之争

（一）广播诞生之初的标准化口音②

对于传统广播而言，广播工作者有着广播媒体独特的言说方式，以区别于日常琐碎的聊天谈话或者课堂上教师的宣讲。很明显，广播话语的言说方式与日常的讲话不同。我们以英国广播为例，比较热线电话的听众和主持人、播音员，可以发现他们话语方式的最大不同突出体现在口音上，主持人尽管显得自然、随意，但他们的口音仍然带有不可抹杀的权威性，这不可否认与其曾经推行英语标准口音有关。

20世纪20年代后期到1930年英国推出了"标准口音"，这是BBC第一任总裁Reith野心的一部分，他想建立超越地域和阶级的统一的全国播音标准。③他的理论是，听众需要权威性，广播同时也需要艺术的传达，为了便于听众的接受，表达又需要以自然和随意的方式来呈现，有一种途径就是利用声音美学。④但并不是每个人都认同这种方式是建立国家身份认同的最好的途径。因为这些标准的口音是以南部伦敦英语的口音为准的，南部以外的很多英国其他地区的人认为南部英语装腔作势，甚至有点娘娘腔，关于什么是标准口音问题

① 应天常. 论"废话"的语用功能 [J]. 现代传播，2002（4）：70-73.
② 李珍晖，孟伟. 媒体环境与广播新闻话语方式的演进：以英国广播为例 [J]. 新闻记者，2010（9）：74-77.
③ REITH J. Broadcast over Britain [M]. London：Hodder and Stoughton，1924：161.
④ DYSON F. The genealogy of the radio voice. In Augaitis, D. and Lander, D.（eds）Radio Rethink：art, sound and transmission. Canada：Walter Pillips Gallery 1994：179.

上没有达成一个统一的标准①。但这不能阻止英国早期的广播主要采用口音标准、严肃的话语风格来播报新闻，当然如今在电台里各种口音都能听到，但是这些标准口音仍然在关于国家新闻的播报等严肃的节目形式中被采用。

我国的广播一直强调使用标准的普通话播音，与英国推行的"标准口音"有类似之处，但有不同。最基本的一个原因在于我国方言众多，尽管文字相同，但彼此的口语表达甚至存在不能沟通的情况。"从真实性、客观性和可信性角度而言，社会主义国家的播音者一般要求建立相对统一的播音风格。"② 近年来，随着电台类型化、产业化进程的推进，电台的播音风格、主持风格呈现多元化发展。一些地方广播台也尝试用方言来播讲地方广播新闻或者是其他广播节目，这些探索在学界引起讨论。

（二）电视媒体兴起后广播的"日常"谈话风格

随着电视媒介的兴起，20 世纪后半期大众媒介研究逐渐显学化，对媒介功能的认识也越加深入。大众媒介在公共领域和私人领域的鸿沟间架起了桥梁，二者之间的界限也被重新建构，一种公共领域内的口语化风格随之形成，它更接近于日常的、非正式的谈话风格。

20 世纪八九十年代，英国广播过去古板僵化的节目风格也发生了一定程度的改观，逐渐深入的私人话题越来越多地成为广播节目内容，广播聊天式的话语风格也随之被采用，人们也越来越接受这种"日常"谈话呈现在广播媒体上。以英国公共广播的王牌频率 BBC 第四台为例，这一时期，BBC 第四台的广播话语风格有了新的变化，一个最直观的例子是，播音员或者主持人更多地使用"咱们"这样的称法来代替"你或者他"等对听众个体的称呼，拉近与受众的关系。话题的讨论内容也减少了抽象的成分，增加了经验性的内容。③ 1987 年 BBC 的听众调查曾经让听众以形容一个人的方式来评价 BBC 第四台，获得"严谨的、非常见多识广的、有趣的、幽默的、令人信赖的和专业的"等评价。而在 1977 年的听众来信和来电中，有 57% 是关于广播的，而不是电视，而在这 57% 中，绝大多数是关于 BBC 第四台的，主要的抱怨是：背景噪声太大，节目

---

① The Head of Talks Department, MATHESON H, MATHESON H. Broacasting [M]. London: Thornton Butterworth Ltd. , 1933: 65 - 67.

② 饶立华，杨钢元，钟新. 电子媒介新闻教程：广播与电视 [M]. 北京：中国人民大学出版社，2000：153.

③ FAIRCLOUGH N. Media Discourse [M]. London: Arnold, 1995: 128 - 149.

滑稽，语言粗糙，有时候甚至让人感到不道德或者语言粗鄙。① 当代 BBC 第四台仍然深受知识分子和中产阶级的喜欢，广播声誉的保证一部分得益于 BBC 对广播话语言说方式的研究，并据此对播音员和主持人实施科学的培训。

广播话语言说方式上的这种类似生活化倾向的变化，对广播主持人来说不是降低了要求，而是提出了更高的要求。当然对于广播新闻而言，尽管在整体话语风格上更加亲切自然了，在不同的电台也会采用不同的新闻播音风格。例如，国家级电台可能更强调严肃和庄重的风格，而一些地方电台，特别是一些轻松的音乐电台播讲新闻的风格呈现多元化风格；如 Heart 电台，作为商业电台其赢得了地方受众的青睐，2010 年数据显示，Heart 电台以 740 万受众位居商业电台之首②，电台新闻针对不同的地域提供不同的新闻内容，因此在播报风格上，也根据地域特点在语音上更接近于该地域的特点。对于电台主持人来说，更倾向于呈现出谈话式的播讲风格，不仅要求播音员或者主持人正确传递稿件中的内容信息，同时也要求播音员根据具体的传播环境和受众身份的特征，主动调整播讲的内容，强调在播讲的过程中要与受众建立起亲近的交流通道，模拟出现实谈话的交际语境，这无疑是对主持人提出了更高的要求。

在广播刚开始出现的时候，人们一直在努力探寻一种与日常谈话不同的表现风格，但是目前广播专业化频率程度增加，一些广播节目更多发挥的是娱乐功能，而非信息的使用功能，因此广播话语方式也随之改变。

20 世纪 80 年代末以来，我国广播整体的话语风格也发生了比较大的转变。20 世纪末，我国广播电视界掀起了围绕"说新闻"和"播新闻"孰优孰劣的一场争论。主张"播新闻"的学者认为，"说新闻"随意性太强，存在着信息掺水的问题，摒弃了我国广播电视的优良传统；主张"说新闻"的学者认为，"播新闻"只是"照本宣科"，缺少生气和说服力。当然这不仅仅是话语言说方式的争论，也是新闻观念的一种争论。而当前，广播电视界普遍认识到，要"把'播新闻'和'说新闻'和谐地融合在一起。该'说'则'说'，该'播'则'播'，完全依据新闻稿件的要求办事，这才是我国播报新闻的发展方向。说和播都是运用语言艺术的不同方式，任何一个播音员或者节目主持人应该两者都

①　AITCHISON J, LEWIS D M, HENDY D. Speaking to Middle English—Radio Four and its Listeners [M]. New media language London: Routledge, 2003: 67.

②　media. info: Worldwide radio industry contacts, jobs and news [EB/OL]. http://www. mediauk. com/radio, 2011 - 02 - 01.

能掌握"①。

（三）广播地方口音

对于国外广播而言，方言可以看作是广播具有地方性特征的一个标志。特别是 21 世纪初随着全球媒体化的发展，媒体的地方性获得了重视。

（四）广播口语与性别

西方广播谈话的源头可以追溯到演讲术，这个领域最初是排斥女性的；最初的广播话筒的设计也是专门针对男性声音的，虽然后来有所调整，但仍然在有些广播节目的领域里是排斥女性声音的②。

当时社会心理学也提供一些研究成果的佐证来证明在严肃的教育类节目、纪录片和新闻节目中适合使用音高较低的声音，如男性声音或有男性声音特点的女性声音，原因是音调较高的声音显得缺少自信、缺少权威性和可信度③。Frances Dyson 也提到音调较高的声音很容易让人联想到紧张和缺少自信，说话的人不仅对自身没有自信，对所说的内容也没有自信，同时拔高的声调常常让人联想到歇斯底里和失去理智。所以我们在电视或者是广播中会看到或者听到，当女性来播讲严肃的教育节目和新闻节目的时候，往往会有意压低嗓音，以单调而低沉的声音来播讲。④ 美国传播学分析学家 Carol Ann Valentine 和 Banisa Saint Damian 1980 年分析了墨西哥和北美电台的播音，分别找出两个不同地域的人所认为的最好听的男性声音和女性声音，结果发现对最好听的男性声音的判断标准，两个地区的人几乎没有什么差别，但女性声音的差别很大。由此，两个人证明，女性声音更容易受到文化因素的影响，而不仅仅是声音本身的因素。他们总结了最后的研究结果，两地对最好听的声音的评判可以归结为以下几点：

①最理想的声音应该比所选出的男性理想的声音稍高，低于他们所选出来的理想女性的声音，所谓的理想声音音高更接近于男性声音；

②最理想的声音要比所选出的理想的男性声音更柔和一些，比所选出的理想的女性声音要再响亮一些，也就是说最理想的声音从音量上讲更接近男性；

③理想的声音速度都要低于所选出的理想的男性和女性声音速度；

① 刘习良. 21 世纪：电视新闻改革走向初探 ［A］. //江欧利，张君昌，吴煜. 中国广播电视新闻奖 1999 年度新闻佳作赏析 ［C］. 北京：新华出版社，2001：13.

② DYSON F. The genealogy of the radio voice. In Augaitis, D. and Lander, D. (eds) Radio Rethink：art, sound and transmission ［M］. Canada：Walter Pillips Gallery, 1994：181.

③ GRADDOL D, SWANN J. Gerner Voices ［M］. Oxford：Basil Blackwell, 1989：31 - 35.

④ DYSON F. The genealogy of the radio voice. In Augaitis, D. and Lander, D. (eds) Radio Rethink：art, sound and transmission ［M］. Canada：Walter Pillips Gallery, 1994：181.

④理想的声音在清晰度上更接近所选出的女性而不是男性的理想声音。①

这一分析表明，理想的声音并不指所选出的理想的男性声音，只是男性声音比女性声音更接近理想的声音。

那么理想的广播声音应该是什么样的呢？Carol Ann Valentine 和 Banisa Saint Damian 通过这个研究实验认为：首先是精练的，大部分广播的声音不同于日常的说话声音，因为广播的声音是被编辑过的，是不断反复修改过的；其次是富有男性特征的。具备上述两点特征的广播声音可以更多地呈现出权威性、知识渊博、富有力量的特点，毕竟很多听众不仅仅希望听清广播在说什么，也需要广播给予听众自信和依赖的感觉。

当然，当今时代无论社会的情况，还是广播的情况都发生了很大的变化，随着社会发展对多元化的宽容度越来越大，对完美化的追求越来越多地被个性化追求所代替，广播话语言说也是同样的道理。但历史性追寻的价值在于，我们可以从根本上解释当下，并更好地实现未来的突破与发展。

真正成功地由女性来播讲新闻节目的实践，电视要比广播更早，成功的广播新闻播音员直到 1974 年才出现，② 广播被认为是比电视更严肃的一种电子媒体，这也是一个因素。经历了 20 世纪 70 年代"性别平等"运动后的英国，现在电台男女播音员或者主持人的比例基本协调一致，没有对女性播音员或者主持人刻意的回避或者排斥。

广播话语在性别角度的研究经验和成果，无疑是对广播话语更为深入的一种研究。我国广播从产生开始没有排斥过女性播音员。如果我们抛开性别的社会因素，关注男女声音生理特征上的不同，对深入研究广播话语问题也具有新的视角意义。

---

① VALENTINE C A, SAINT D B. Gender and Culture as Determinants of the "Ideal Voice" [J]. Semiotica, 1988, 71 (03 – 04).

② TRACY S was the first woman to read the news on Radio 4 (1974) STUARTM was the first black woman to read the news (1978). (DONOVAN P. The Radio Companion [M]. London: Grafton, 1992: 290.

第二节　广播话语符号①

一、广播话语的传播特征

（一）广播话语与听众的想象空间

构成话语的词语具有多义指向性，这一特征正是广播发挥想象性媒介功能的基础所在。

广播受众听到由词语组成的连续的声音流，因为缺少字形的中介，与阅读中对字形产生的联想不同，往往要根据个人的体验或者经验，在头脑中描画或者构筑起对应的事物形象或者情感体验，在头脑中完成一个由听觉到视觉的转换过程。在这一过程中，往往会引发听众与以往经验相关的其他联想，来丰富对当时捕捉到的声音意义的认知，同一档广播节目，会因为听众个人经验和当时情境的不同，收到具有一定差异的媒介传播效果，这也可以认为在广播节目的传播和接受过程中，受众情绪性和感受性的因素要比其他媒体丰富。②

（二）广播话语的认知信息附加

语言有声化表达要比书面文字表达包含更多附加的意义，在语气中可能透露着犹疑和快乐，反映着情绪的变化，心境的状况，甚至内心中隐藏着比语言表达更内在的意见和看法。文字化作声音要比文字本身具有更强的感染力。Rudolf Arnheim③ 是最早把广播作为艺术进行严肃研究的学者之一，他同样也认为：把文字转化为声音的表达，在客观上丰富了文字所传递的信息。广播中的话语，与书写或者印刷出版物上的词语表达不同，这是一种讲出来的语言。声音语言具有多个认知层面：第一层是说话者言说的内容认知；第二层是说话者本人个性特征的认知，如说话的人是一个直爽的人，还是具有神经质特征的敏感的人，等等；第三个层面是对整个节目或者整个电台的认知，对于国家台来说就是对整个国家的认知。后两者则是意义延伸的一个例证。④

就广播话语而言，一方面，词语对应着它所描述和表达的对应物；另一方

①　孟伟. 广播传播中的话语类别分析［J］. 语言文字应用，2006（12）：195－198.

②　CRISELL A. Unerstanding Radio［M］. 2nd ed. Routledge，1994：42－44.

③　ARNHEIM R. Radio. Salem，NH：Ayer Co［M］. Publications Ltd.，1936：39.

④　CRISELL A. Unerstanding Radio［M］. 2nd ed. Routledge，1994：42－44.

面我们所听到声音，与言说人之间又构成了某种参照和对应，可以使我们产生超过词语具体指向的其他认知，这部分认知可以理解为主要起到辅助作用。但有时这种辅助作用也会发生质的转向，换句简单的表达，广播中说话人的个人因素，如语气、情绪甚至是音色、音高等都可能会影响到对广播内容的传播，只是这种影响作用有大有小。这和印刷媒介中的文字语言不同，印刷媒介中的文字一经写出，意义就基本固定，作者个人化因素主要体现在词语选择和句段安排等物质形态上，个人化因素对文本的影响作用与当时写作情景有直接的关联性。但在广播传播中，特别是在热线电话节目中，不可预料的听众热线的介入，意味着不同的交际语境的转换。主持人的话语转化频繁，主持人个人化的因素也会在这一过程中随时调整和呈现。关于有声语言与说话者之间关系的研究在国外可以追溯到 20 世纪 30 年代，在 Tom Hatherley Pear 的 *Voice and Personality*（Chapman and Hall，Limited，1931）一书中有体现。

广播中意义的呈现不是固定不变的，它是一个高度流动和富有弹性的进程，它依赖于我们所建构起的上下文语境和个体先验的认知，来完成这样的变化或者转换过程。在这一点上我们的研究仍然是不充分的，仍然需要在符号学、语言学和认知心理学等领域展开综合研究。

（三）广播话语的适宜性

在人际传播中，没有其他器官辅助接受的话，耳朵的理解能力要弱于眼睛，耳朵缺少理解力的原因是什么呢？声音的存在形式很特别，它存在于它正在消失的那一时刻，不具有固定的形态，在它的形成和产生的进程中是不断消散的，当我们说出"他是谁"的时候，说到"是"的时候，"他"的声音已经消失了。

BBC 的受众研究部做过一项研究：找来一组测验对象，他们是非严肃类节目或者比较轻松的节目的一般听众，测试他们对一段谈话的理解程度。结果显示，关于谈话内容的提问，只有 28% 是正确的回答①。事实上在广播访谈中，既要提出问题，又要解决问题，有时候对于专家的相对复杂和专业的解答，主持人还要加以解释，便于广大的非专业听众能够理解。有些专家的解释是事先写好的，但必须足够简单和集中，能够被耳朵迅速捕捉，因此在某种程度上就有重复和冗余的成分。

就广播而言，对于那些需要预先写好的复杂陈述或者讨论、需要不断探寻引起思考的内容、需要复杂知识作为理解背景的内容都不适合于广播的传播。书面语的意义表达往往是复杂的，语法的呈现是严谨的，需要不断地能够回顾

---

① CRISELL A. Unerstanding Radio［M］. 2nd ed. Routledge，1994：59.

前文，能够有反复阅读的可能。而这些很难依靠耳朵来捕捉，只有句法相对简单，或者话题比较集中的时候，即便内容相对复杂，听众也可以理解。所以在广播传播中，除部分新闻稿件外，很多观点、论点或者看法，都倾向于以即兴语言或者类似即兴语言的方式来表达。

二、广播话语分析的模型

广播的内容、风格和播送方式取决于电台目标受众的特点，特定的语言风格和词汇的选用等决定了电台风格的差异性；广播语言的风格是多样的，可以是随意的、亲密的、自然的、唠唠叨叨的、富有权威性的、漫谈式的……①在广播传播的历史发展过程中，某一类节目内容已经形成了特定的语言表述风格。例如，新闻节目、音乐节目、烹饪节目等，对语调快慢，口音的特征、词汇的选用等都初步具有了固定的程式。

本节借用雅各布森（Jakobson）的传播六要素、六功能模型②来分析在不同的广播节目中，广播话语所呈现出的不同侧重点，以此进行广播话语的分类。雅各布森的理论认为，任何言语交流活动都包含六个要素：信息发出者、语境、信息、接触、代码和信息接收者。即：

$$语境（context）$$

$$信息（message）$$

信息发出者（sender）————————————信息接收者（receiver）

$$接触（contact）$$

$$代码（code）$$

对于广播传播的交流行为而言，起点是电台作为信息发出者，终点是受众作为信息接收者，广播信息通过电子形式的通道在电台（信息发出者）与受众（信息接收者）之间建立起接触。在接触过程中，广播信息以话语和一些音响构成物的代码形式出现。在整个广播传播信息的交流过程中，我们还不能忽略广播语境的存在，特定的语境参与了广播信息交流中意义的生成，在这个意义上，

① SHINGLER M，WIERINGA C. On air：methods and meanings of radio［M］. London：Arnold，1998：30.

② JAKOBSON R. Closing Statement：Linguistics and Poetics，in Sebeok，T. A. （ed.）Style in Language，Combridge，Mass：Massachusetts Institute of Technology Press，1960：350 – 357. 在雅各布森提出的著名的六要素及其六功能理论以前，亚里士多德曾提出过三要素："说话者—信息（演讲）—受话者"；拉斯韦尔也提出五要素："说话者—信息—接触（媒介）—受话者—效果"。雅各布森的理论是在这些研究成果基础上的进一步的发展。

广播语境具有意义的功能。事实上，交流意义的生成不仅限于"信息"和"语境"，也体现在参与传播的各种要素的综合作用上。在具体的广播传播行为中，各要素的地位不是相等的，发生不同程度的偏移或者侧重，有时候交流活动中的意义生成更依赖于"语境"，有时候更侧重"代码"本身，当然也可能偏重"接触"的因素，等等。因此，六要素在传播中，具有不同的指向性功能作用，这也是雅各布森提出的与传播六要素对应的六功能理论，即：

指称功能（referential）

情感功能　美学或诗学功能（aesthetic）　意动功能
（emotive）　　交际功能（phatic）　　（conative）

元语言功能（metalingual）

这六个功能一一对应六个要素，即：

情感功能——信息发出者

指称功能——语境

美学或诗学功能——信息

交际功能——接触

元语言功能——代码

意动功能——信息接收者

对于一般的信息传播而言，主要是传递信息的一般特征，也就是强调传播的"指称功能"。在这种情况下，交流就会偏向于传播者自身之外的交流"语境"，发挥"语境"的客观指称功能和具体呈现功能。例如，在广播新闻中，"教皇的葬礼定在2005年4月8日"，这是媒介对一个客观事实的交代。

尽管同样都是对事实的交代，如果传播意义的生成更偏向于"信息的发出者"，那么"情感功能"就会在传播行为中占支配地位，新闻的报道也就有了社会观点的参与和按照传播者意愿发生的偏向。例如，一些英国的媒介在报道教皇葬礼时间的时候，也会提到查尔斯王子和卡米拉的婚礼时间不得不因此而改变。婚礼和葬礼的重合，表明媒介的暗示态度，暗合那些对这段婚姻不看好的受众心理。这是对特定事件的情感反应，而不是纯粹指称性的描述。

同样，如果交流偏向于对"信息接收者"产生影响、支配的作用，也就是说，交流行为的目的是使"信息接收者"发生一定的思想、态度或者是情感方面的改变，这个时候传播则体现为"意动功能"。例如，在传播话语中会出现类似"现在看这里""我说"等表达，在实际的传播中，这种"意动功能"表现得更为隐秘和含蓄，特别是在广播节目中，广播主持人往往以商量的、温暖的语言对受众发生导向的作用。

首先，如果传播交流行为倾向于"接触"，那么"交际功能"就占据了传播过程中的支配地位。例如，广播节目的主持人在节目开始的时候，常常问候听众"早上好""你好"，这些交际语言的使用，不是为了提供信息或者是引导信息，而是为了使广播节目主持人和听众之间建立起"接触"。广播远距离音频传播的特性，决定了这种"接触"行为只能通过话语来实现，也就是说，这部分话语的功能是建构一种交际的关系，而不是传递信息内容。

其次，如果交流倾向于"代码"，那么，"元语言的功能"占据支配地位，也就是说，无论传播者还是信息接收者的注意力都集中在"代码"的发出和解码过程中。在广播传播中，涉及一些科学名词或者是专有知识的介绍时，主持人往往会在交流中增加类似"理解吗""领会吗""行吗"等插入语。

最后，如果交流倾向于"信息"本身，那么可以说"美学或诗学功能"就占据了支配地位。我们这里所说的"信息"，是指符号系统本身，只有当符号指向自身时，比如语言的音韵、措辞、句法等，其美学或诗性功能才会居于传播的主要地位，其他的实用交际和交流功能才能引退出去。① 在广播音频传播中，一些诗歌朗诵和讲故事节目都可以认为具有这样的传播倾向。

三、广播话语的功能

雅各布森的这一理论被认为是最简洁的解释传播行为的模式。在广播传播符号中，广播话语是传播意义的主要承担者，我们借用雅各布森的理论，根据传播行为中六要素的不同偏向特点，寻找不同广播节目中所呈现出不同的广播话语特点，对广播话语进行分类。

（一）广播话语——指称功能

广播新闻、广播纪实、对公共事件的解释性节目中的广播话语是具有指称功能的——指向真实世界的语境。例如，新闻节目、天气预报和交通信息通告服务、专家讲座和英语学习等教育型节目中的广播话语等。

这部分广播话语更多具有书面语的色彩，它们是经过深思熟虑的、清晰的、精确的、很少重复的，不是信口说出的，传播效果体现为有权威性，减少了传播中的失误和缺失。

这些广播话语往往事先有底稿。念读写好的稿子，播音员承担的是文本与听众之间的媒介作用，文本隔断了播音员与听众之间的联系，信息发出者与信

---

① 刘润清. 西方语言学流派［M］. 北京：外语教学与研究出版社，1995：83 - 86.

息接收者距离遥远，即时反馈困难。因此，主持人或者是播音员要精通写作和演说的技巧，即便对于已经写好的稿件，也要训练自然的表达技巧，使人听起来要亲切、自然；主持人或者是播音员在底稿基础上的自由发挥程度，取决于不同广播节目类型的需要。例如，中央人民广播电台的广播新闻节目，强调权威性和准确性；天气预报和交通信息的通告强调清晰和明了；教育节目需要逻辑性和系统性，所以此类广播节目往往更大程度上需要依赖底稿的文字语言。而一些具体的服务性的条例或者是通告的播放，更强调准确性，甚至需要原封不动地念读。我们以国家电台中的广播新闻话语为例，这一话语类型往往需要体现出信息的客观性和精确性，在新闻播出过程中，要使受众感觉到新闻事件是被自身所呈现的，是无作者出现的。实际上，新闻播音员的即席完成会影响这一传播目的的实现，新闻播音员因而需要努力减小自身的个人因素对新闻播报的影响，比如播音员往往使用标准的普通话，来表明他们只是代言人，不是新闻的写作者或者原创者①。

（二）广播话语——情感功能

广播的传送是由主持人或者其他人物、事件发出的声响来传递内容的，这些报道也因此带有主持人的态度和判断在其中，广播话语只能归结为是一种准客观的语言②，广播话语的情感倾向特征突出体现在音乐节目、谈话节目，或者是商业性特征显著的节目中，当然广播广告也包括其中。在此主要以音乐和谈话节目中的广播话语为例。

1. 音乐节目中的广播话语

音乐与主持人话语的结合是广播音乐节目的主要形态。对于音乐节目的主持人来说，对音乐的介入到底应该达到一个什么程度呢？普遍的观点认为，广播主持人不要对听众欣赏音乐构成限制。主持人可以谈他的经验和对生活的观察、体验，或者可以谈他在报纸上看到的相关的故事，这些个人的感性经验是沟通受众的关键和核心。谈话或主持人的话语要避免简单地被音乐节目所牵制，谈话可以是音乐的映衬，主持话语与音乐节目的相关性不一定表现得非常直接，可以像是回形针的样子，以迂回和含蓄的方式，使语言与音乐融合在一起。重要的不在于用语言直接解读了多少音乐，而在于语言和音乐可以构成彼此的相得益彰，广播音乐节目才能达到一种完美的融合。③ 这意味着由话语和音乐构

---

① CRISELL A. Unerstanding Radio［M］. 2nd ed. Routledge，1994：58.
② CRISELL A. Unerstanding Radio［M］. 2nd ed. Routledge，1994：98.
③ CRISELL A. Unerstanding Radio［M］. 2nd ed. Routledge，1994：65.

成的和谐氛围是理解音乐的基础，也是吸引受众的基础。

在广播中音乐不是持续不断的，经常被主持人或者广告打断，这种打断对广播传播本身的积极意义是什么？

广播音乐节目与 CD 播放具有很明显的不同功能。广播音乐伴随着主持人话语，广播音乐节目中的话语不是书面语的表达，而是一系列带有聊天或者其他交流倾向的日常口语化特征的语言，这是一种"活"的现场呈现，体现出人性化的亲近感。CD 播放是一种封闭的、固定化的传播过程，这些听音乐的人，要更多付出情感和经验上的主动，换句话说，选择什么样的 CD 音乐是有定向性的。有时在交通堵塞时，人们更需要广播音乐的陪伴，而不是个人播放 CD，现代社会空间和距离概念的改变，使人们依赖外来参照物确认自身存在状态的倾向越来越显著。广播音乐节目在这种情况下可以充当一种理想的参照依据。①

听众需要社会确认感，既有对未知的了解，也有对已知的确认，当然也隐含着潜在的群体收听的参与感。因为受众明确地知道，同样的歌曲或者音乐，在同样的时间里有很多其他沉默着的听众与他在一起分享。这种参与感是潜在和隐含的，不需要主动地发表意见，而是收听了就意味着参与了一种社会公共的活动，社会确认感也就得到了实现。没有积极介入的参与为受众提供了更大的活动空间和接受空间，但媒介对受众的干预程度也就相应地减弱。

2. 谈话节目中的广播话语

谈话节目（或者访谈类节目、热线电话节目），是广播以话语为传播内容的基本节目样式，这是一种具有情感性倾向的话语类型。话语交流的一个很重要的方面是进行情感的交流，信息的传递并不是唯一的内容。比如说，两个人见面要谈天气，事实上对信息的传达是次要的，重要的是以此为话题达到人际交流中的润滑作用；再比如，当相识的两个人见面的时候一个人对另一个人表示了问候，却没有收到对方类似的反应，两个人的关系可能会有一些微妙的变化。感情的传播有时候体现为程式化，以一些固定沿袭的方式进行。②

在广播谈话节目中，主持人和嘉宾之间的反馈是十分重要的。进行谈话交流不是简单地把信息传递给对方，同时还需要从对方处获得信息，以此来判断和衡量彼此在对话中的境遇。移情是反馈的重要组成部分，它指的是个体能够读懂另一个体的情感状态，并做出相应的反应。移情与同情的概念虽然类似但

---

① CRISELL A. Unerstanding Radio［M］. 2nd ed. Routledge，1994：65.

② NEIL T. Communication and language：a handbook of theory and practice［M］. Basingstoke：Palgrave Macmillan，2003：86–87.

也有区别，同情指的是我们体会到对方的情感状态，如当我们向丢失东西的人表示同情的时候，不仅表明我们的支持，也表明我们了解对方的情感，并且也相应地体会到那种情感；移情指的是我们意识到对方的情感或者情绪状态，不需要去体验它，而需要及时调整对话的状态。①

作为世界上最爱收听广播节目的国家之一，英国广播在20世纪五六十年代以前，广播以话语为基础的节目形式很普遍；随着此期电视的兴起，广播以话语为主的游戏节目、问题解答节目或者是戏剧节目等受到很大冲击，因为这类节目也同时在电视中播放。到了20世纪八九十年代，英国广播以话语为基础的这类节目又开始升温，以谈话节目为基础的节目和电台居多，主要体现为电话热线节目。②

广播热线节目使听众获得一种社区式的身份认同，使具有同样爱好的一部分人集结在一起。广播热线节目的参与者不仅代表着他们个人，也代表着其他正在收听的受众，使他们不感到收听的孤独，有人替他们说出心声，营造出一种积极的、互动的和富有言说权利的语境。广播因此被认为是比其他媒体更民主的媒介形式（Radio is much more democratic than the rest of the mass media）③。

对于热线节目而言，电台就像个接线总机，是听众感情和精神交流的平台。在英国有很多孤独的家庭主妇，她们往往成为热线节目忠实的收听受众。电台使用非正式的语气，让受众感到自己就是唯一的听众，主持人保持这种暧昧的"调情"关系，要让听众感觉到就像是他们的老朋友在他们的眼前说话一样。

在热线电话节目中，尽管看起来打进电话的听众谈论自己想谈的话题，而主持人也在扮演着倾听的角色，而实际上主持人仍然占据主动位置。④ 比如说，主持人对打进电话的听众进行补充、纠正或肯定，而这种补充、纠正或者肯定确立起主持人比听众更专业的地位优势；主持人也可以对听众谈到的细节提出疑问，要求听众提供更多的证据或者更明确的指称；主持人也可以采取打断听

① NEIL T. Communication and language: a handbook of theory and practice [M]. Basingstoke: Palgrave Macmillan, 2003: 88.

② SHINGLER M, WIERINGA C. On air: methods and meanings of radio [M]. London: Arnold, 1998: 30.

③ HAYES B. The role of the public voice in present–day radio. In Hargrave, A. M. (ed) 1994: Radio and Audience Attitudes: Annual Review, Broadcasting Standards Council: Public Opinion and Broadcasting Standards Series 5 [M]. London: John Libbey and Company Ltd., 1994: 40.

④ HUTCHBY L. The Organisation of Talk on Radio, in Paddy Scannell (ed.), Broadcast Talk [M]. London: Sage, 1991: 41.

众的方式，最后也是由主持人做总结性的发言，听众最后留下深刻印象的往往是主持人，而不是听众自己。广播谈话节目并不是都主张对抗的，也不都是讨论问题的，也有倾诉的类型。在倾诉的类型中，听众给予信任，相对应的，主持人也要给予信任。

（三）广播话语——意动功能（鼓动、说服、劝解）

在商业性节目、公共服务措施颁布以及一些政治宣传节目中，广播话语体现为意动功能，即鼓动、说服、劝解等特征。广播电台自身对节目的预告和电台形象的宣传也属于这一话语类型，当然也包括广播广告。

广播电台往往使用大量的意象化的话语来介绍电台或者是节目之间的串场和预告，这有利于召唤更多的听众。广播节目是线性传播的，受众对抽象的语言和句段的记忆是很困难的，需要时时挑战听众的注意力和记忆力，而对意象的记忆就相对比较容易一些。

目标受众不同，话语风格也就不同，也会产生不同的传播效果。例如，英国的 BBC 第三台和古典音乐电台（Classic FM）节目内容有很多类似之处，二者基本都是播放古典音乐的（尽管前者已经不全是古典音乐，后者是 24 小时不间断播放古典音乐）。但有些古典音乐电台（Classic FM）的忠实听众认为之所以选择该电台，是因为古典音乐电台（Classic FM）的主持人话语比起 BBC 第三台更加亲切、自然，充满了现场即兴演说的特点。正是这一原因使他们成为古典音乐电台（Classic FM）的忠实听众。

广播话语的辅助因素，如语速、音色、音响、音调和语调等促使广播话语意动功能的显著发挥。

1. 广播话语的辅助因素

广播话语的非语言成分的辅助因素很多，比如语速、音色、音响以及具体的语音语调的运用①等。"广播新闻报道中的人物话语，除了传递语义信息之外，音调、音质、语流、语感也能引发听众更丰富、更细腻的听觉感受。"②

广播话语的辅助因素主要包括以下几个方面。

①语速。我们讲话的速度可以附加另外的意义。快速的语速可能表示兴奋；而缓慢的语速可能表示表示心情平静、镇静，当然也可能表示很厌倦甚至沮丧。

---

① NEIL T. Communication and language: a handbook of theory and practice [M]. Basingstoke: Palgrave Macmillan, 2003: 96.
② 曹璐，张苹. 听觉信息的累积呈现与深度传播：关于 2000 年中国广播新闻奖连续（系列）报道评优的思考 [J]. 中国广播电视学刊, 2001 (10): 19-21.

②音色。讲话可以被看成是音乐的特殊形式。所以音色是很重要的一个附加意义形式，很容易被看作是发声者的个人风格的标志。

③音响。声音的响度也具有意义的附加因素。有些人是很有特点的大嗓门，有些人则习惯于轻声讲话。在连续的讲话中提高声音，可能意味着要听众注意。某些高声讲话也可能意味着带有侵略性或者是过分的激动；轻声的讲话也可能意味着害羞或者是深思熟虑。

④音调和语调。体现为语词发音的高低变化，是说话者个人情绪和心态的一种映射。

在广播中，口音和重音的强调等因素具有象征符号的作用。例如，一个四川口音的姑娘在广播中说话，很容易让人想到泼辣的川妹子，这些是四川姑娘给人们留下的总体社会印象。声音表达是一种很有力的可以呈现个人化特征的标志，这些声音的共同特征可以强化或者构建、印证听众对言说者的印象和理解。这些辅助因素参与着听众从声音接收到内在图像转化的进程和反应的速度。更进一步，对主持人来说，在时间的进程中通过持续不断的语流，构成了对自身特征的确立，或者说这也是为听众提供了理解广播内容的一个线索，也可以说为听众建立起对一档广播节目，甚至是对整个广播电台特征的认知，提供了一种线索。因此，广播电台通过对语调、风格的科学策划，在节目的整体包装上加以贯彻，可以建立起属于电台独特性的标志①。

2. 广播话语的语感

广播话语的附加色彩往往通过"语感"达到最直接的传达，在广播传播中，从传播者的角度要利用好"语感"的价值。

"语感是对于语言文字的灵敏的感觉，这种感觉通常叫作'语感'。"② "语感是人对语言直觉地感知、领悟、把握的能力，即对语言的敏感，是人于感知的刹那在不假思索的情况下有关的表象、联想、想象、理解、情感等主动自觉地联翩而至这样一种心理现象。"③ 这种直觉是指无须凭借有关的知识进行理性的思考，在一听一读之际就能理解语言文字的含义、正误、形象、情味以及在具体运用中的细微差别等，既不费时也不费力，似乎达到了自动化的程度。每一个使用母语的人都会在接受和传递话语的过程中凭借语感来获得语意的确认。

---

① KUMAR K. "Holding the Middle ground: the BBC, The public and the professional Broad-caster", in Curran, J., Gurevitch, M. and Woollacott, J. (eds) Mass Communication and Society [M]. London: Edward Arnold, 1977: 240 - 241.

② 叶圣陶. 叶圣陶语文教育论集 [M]. 北京: 教育科学出版社, 1980: 267.

③ 王尚文，燕芹. 语感: 一个理论与实践的热点 [J]. 语文学习, 1993 (3): 2 - 5.

也许我们不能明确地捕捉住说话人的每一个语音，但我们却可以基本正确地领会所传达的意义，这其中"语感"发挥了很重要的作用。

语感是感性的；从它深刻领悟、把握言语的能力看，语感又是理性的。语感其实是感性和理性相统一的一种悟性。它"感性中暗含着理性的认识和本质的理解；直觉中潜伏积淀着逻辑理智基础，这样就可以在感性直接关照里，同时了解到本质"①。

对于广播传播者而言，不仅要锤炼自身的言语能力，也要有意识地研究类型受众的言语特征，为受众的理解建立良好的语感环境，既使受众产生亲切的感受、收听节目的自由随意，同时也减少了广播信息的遗漏和误传。

（四）广播话语——美学或诗学功能

在广播的文学艺术类节目中，如诗歌朗诵、读故事等节目中，广播话语呈现为美学特点，电影录音剪辑既保持了电影声音的原汁原味，又拓展了受众无限想象的空间。

广播强调话语本身的美学意义，往往是对书面语声学意义上的发挥。广播评书在电视还不发达的年代成为那个时代人文学艺术浸染的源头，广播故事也成为那个时代小朋友们的最爱。汉语独特的声韵优势使朗诵成为一门艺术，广播则一度成为朗诵艺术所青睐的传播媒介。

在这些节目类型中，书面语材料本身仍然是重心。但不是因为尊重事实的缘故，而是这些书面语言材料本身是经典的审美对象，播讲者的个人语言是无法代替的，而这些书面语言材料也因此不构成播讲者与听众之间的障碍②。

以上所做的广播话语的分类不是绝对的。在教育性节目中，语言的突出功能是指称性的；但教育节目也可以利用话剧或者诗歌的方式来引导和教育，这时候语言就体现为美学或诗学功能的发挥了。在一个广播喜剧节目中，语言的通常功能是意动的，目的在于引起听众的大笑，但有时候它也强调了剧本本身的美学意义。

目前还没有专门适用于广播媒体的符号分析模型，雅各布森的模型更多应用于对书面语言符号或者是电视语言符号的分析③。因此本书尝试在广播话语分析中应用了这一分析模型，这是比较契合的一种模型，但仍有待进一步检验和试用。媒体融合背景下，广播语体研究作为基础性研究，将有助于音频媒体

① 杨炳辉. 语法教学必须与培养情感相结合［J］. 语文学习. 1993（4）.

② CRISELL A. Unerstanding Radio［M］. 2nd ed. Routledge，1994：58.

③ CRISELL A. Unerstanding Radio［M］. 2nd ed. Routledge，1994：60－62.

内容与风格的创新。

第三节　音频媒体的非语言符号①

广播话语是广播符号体系的主要组成部分，音乐、音响和无声也是构成广播符号体系的重要元素，它们不仅构成广播的内容部分，也营造广播的氛围，构成广播内容传播的上下文语境，这些非语言的声响为呼唤意义的再现和情感的生发起到重要的辅助作用。

任何一项传播行为活动，都有其所要传达的"信息"内容，并同时为听众所使用，广播音乐类节目虽然与广播新闻类节目不同，往往作为听众的伴随声音而存在，但它仍是一种"伴随性的信息"。信息传递过程中，传播行为需要进行系统的、有效的运作，才能保障传播行为的顺畅，广播中的音乐和音响等可以大大增加这种传播中的顺畅程度。

一、广播中的音乐符号

音乐在广播中是发挥广播媒体功能的主要媒介符号之一。音乐在广播节目内容中体现为符号性、暗示性和影像性三种作用的结合。广播音乐也具有强烈的情感色彩，它可以和广播话语结合在一起，赋予广播音乐之外更多的内容。汉语比拼音文字更讲究格律和声韵，对语音本身的选择和排列强调审美要求，这种语音上的美学规律与音乐所遵循的规律是一致的，所以恰当的广播话语与音乐传播具有天然的听众亲和力。当听众对一些音乐已经具有先验的理解和认识时，在节目中与传播内容进行配合和呼应，有助于辅助听众对内容的理解，起到引导传播的效果。听众对陌生的东西总是有抗拒感，对于熟悉或者已经有情感积淀的相关内容，则会减少障碍，易于接受。

广播音乐在节目中的应用既有现场音乐，也有录音音乐或者是唱片、CD的播放，后者更为普遍。不可否认，现场音乐更具感染力，但唱片、CD或者录音音乐是可以不断重复播放、无限次收听的，这些音乐素材也可以认为代表着音乐家最好的演奏水平。另外一个原因是，主持人可以更方便地对唱片、CD或者录音音乐进行灵活的组合，再伴以令人愉快的轻声解读或者是引导，创造出无

---

① 孟伟，梅琼林. 论广播非语言符号系统的传播价值［J］. 中国广播电视学刊，2011（12）：24－26.

限的想象中的音乐声音空间。此外唱片、CD 在广播音乐节目中的应用也与电台的广告播放需要有关，电台有规律地在音乐中恰当地插入广告，对音乐内容干扰尽量做到更为隐蔽；同时，对于新歌的发售而言，音乐片段的播放本身就具有广告宣传的作用。从这个意义上说，广告和广告宣传的产品是趋同的。20 世纪五六十年代，西方摇滚音乐与流行音乐大量联姻，对于商业电台来说是一个天赐良机，这些音乐的长度大体上差异不大，这意味着商业电台可以有规律地进行插播广告，对于容易消逝的广播声音媒介来说这是十分重要的，有规律的声音流可以培育有规律的听众收听习惯；同时相对于传统音乐来说，这些摇滚流行音乐一般都比较短，电台可以频繁地进行广告插播，对于商业电台运营来说又是一个关键性因素。①

广播音乐符号在广播节目中主要有以下几种形态。

①音乐作为分界线。音乐作为节目之间的分界标志，或者电台的标志，与节目或电台的风格紧密相连。虽然在电视和电影中也有这样的应用，但在广播中，作用更加独特，这是广播的听觉媒体特性所决定的。

虽然无声或者停顿也可以作为节目的分界线，但与电视和电影不同，广播缺乏影像性，音乐可以使节目多一点含蓄的因素，或者说增加情绪、情感因素的调节，使节目更加饱满、不单调，要比单纯的口语播讲更有吸引力和张力。我们注意到广播中应用音乐的类型不同，也会收到不同的暗示效果，我们也不能忘记音乐的作用是辅助的，要避免掩盖主要的言语类节目内容。

②音乐作为连接。一档广播节目会被分成一定的小节，或者在节目中需要插播广告，这个时候音乐的作用有点像话剧的幕，起到间隔和连接的作用。

③音乐作为情感衬托。节目进行中的音乐背景起到情感衬托的作用。特别是在一个带有戏剧场景的广播节目中，音乐作为衬托，当事人或者说节目中的主人公在事件或剧情中是听不见的，听众把这样的音乐作为一种情绪的铺垫或者是一种线索的提示，甚至是一种象征。在其他类型的广播节目中，音乐的情感背景衬托作用也是同样的。

④音乐作为引导。在真实生活中存在，与新闻事件相伴的现场音乐声，对人物、事件起到介引的作用。

⑤音乐作为节目标识。这是体现节目标志的音乐，是电台与竞争对手区分的标志。这些片花包括电台的名称和波段以及主持人的名字等，也是一个电台介绍的浓缩版，体现电台的特征和风格。音乐是一个电台的主要标志之一，也

---

① CRISELL A. Unerstanding Radio [M]. 2nd ed. Routledge, 1994: 71.

是商业上成功的关键性因素。① 一个电台要吸引听众，节目内容是一方面，另外如何利用这些片花在几秒钟之内吸引听众的注意力也是一个不容忽视的策略。在制作这些片花音乐时，可以配合使用节目主持人的声音，这些片花也要体现早晨、下午和晚上收听时间的差异。

⑥音乐作为节目的内容。以英国为例，很多电台都以音乐的播放为主，即便是谈话节目每周也要播放几个小时的音乐，电台播放什么风格的音乐，兼容性达到一个什么程度，有一个总体的判断标准，一般都会考虑以下三个原则。

首先，音乐是昂贵的。电台每播放一首歌，演出权益协会（Performing Right Society，PRS）都会有特定的记录仪器，电台需要支付版税给艺术家。所以音乐的选择是慎重的。

其次，音乐不是随便用来填充播出空间的。尽管听众对音乐风格具有一定的宽容度，但不适当的音乐就像谈话节目中以错误的方式播出了错误的话题一样，听众也会因为无法忍受而立刻转台或者是关机。

最后，音乐在电台节目中的作用也不能被误解。音乐不是简单的节目间的过渡，它必须和整体的节目风格一致。从听众的角度来看，这些音乐是电台所有节目完整的一部分。所以音乐只能强化观众对电台节目的完整印象。

广播音乐节目的受众涵盖面比较宽泛，但也需要确定自己的目标受众，所依赖的就是受众对不同风格音乐的宽容度。观众的宽容度如何确定是个复杂的问题。在英国有一个趋势，年龄较大的听众对音乐的宽容度也很大，经常会发现他们在收听当下流行的音乐，而他们往往不是电台特定的目标听众；年轻的听众则不是这样，他们往往有自己感兴趣的音乐，不愿意收听老音乐；而对于30～35岁的人群而言，他们在这个年龄阶段一般事业上有了一定的基础，对未来有了一定的铺垫，他们往往对社会、职业或者是所生活的社区问题负有责任感，他们愿意在谈话节目中与那些比自己年龄大的听众交流相关的问题，但随着年龄的增长，他们对音乐的包容性也在增强，口味变得广而杂。观众的宽容度没有绝对的界限，是一个弹性的范畴。

英国音乐听众与我国情况略有不同。英国每一类型的音乐背后都与文化、种族、阶层，甚至地域、年龄、教育程度、政治观点和工作领域有关，所以选择什么类型的音乐往往意味着会吸引什么类型的听众，当然也意味着会排斥另外的一些受众。

① BARNARD S. On the Radio：music radio in Britain ［M］. Milton Keynes and Philadelphia：Open University Press. 1989：113 – 134.

　　电台对音乐的使用非常重要，当一个商业电台收听率下滑的时候，首先考虑的就是要调整音乐，因为音乐是吸引听众的直接因素。在选择音乐上，英国的电台非常慎重，每周都会由电台的高层管理人员集体来讨论下一周音乐播放的目录，而不会把这种权利交给 DJ，因为这样就不能保证更客观的判断。

二、广播中的音响符号

　　话语是由人发出的，音响是现实世界具有自然存在意义的声音形式，一般音响不是单一的，而是由多个物体的综合作用产生的，往往意味着接下来要有事件发生或者出现，无论在广播中还是在现实的世界中，音响都有象征的意义，因而成为广播符号的主要组成部分之一。

　　在广播音响类新闻节目中，实况音响起到了很好的现实还原的效果，是广播节目中的优势节目类型；广播剧中存在着拟音，所模拟的声音成为事物真实声音的一种象征。我们也可以说广播中的录音音响相对于真实的世界而言，是对基本感觉元素的一种图标或者说图像式的影射，简单说也可以理解为是对真实世界的一种声音的映射。

　　那么我们不得不追问，什么是声音的意味，或者什么使声音产生了意义？虽然门铃响了，或者有钥匙开门的声音出现都代表着有人出现了，但这与我们要探讨的问题还相距甚远。

　　当我们闭上眼睛，认真感受，没有了视觉的帮助，我们开始对周围的声音世界产生敏锐的感受能力，就会发现我们过去忽略掉的一些东西。在晚饭时间，亲人在厨房中烹饪，我们感到饥饿，这时候会对厨房中的声响格外敏感，比如切菜的声音，煎东西时的吱吱声，锅铲的叮当声都会成为我们敏锐捕捉的对象，虽然此时电视的声音也许很大。

　　在广播中，对于听众而言，声音是无法根据自己的需要预先选择的。但我们注意到一点，广播中的声音是经过编辑了的，为了表现的需要，强化了一些声音，或者把一些不显著的声音推到了前面。这种声音的选择也意味着是对真实世界声音的一种片面性的节选，这意味着广播媒体为听众预先设定了注意的焦点或者说注意的重心。

　　我们会注意到广播节目中对音响的不同处理方式。广播对声音的编辑是模拟现实中人们的注意对焦点中心有强化功能的这一特点而设定的，例如，背景音响出现，表明这是会场休息的间隙，这里充满着众人交谈的声音，这与现实生活是一致的。这时候，环境声音会减弱，而一两个声音会变得突出和清晰起来——采访对象的声音。同样的道理，在街头采访中，记者为了录音的需要必须把环境噪音减小，这样被采访者的声音才能够突出出来；当然为了强调对报道内容的烘托，广播也会对环境声音进行或强或弱的编辑，使音响参与广播内容，或者如果音响与广播内容关联性不大，就减弱或者是消除音响声音。比如，都是在机场采访，一个是采访机场噪声污染问题，一个是采访对机场的建设和投资问题。很明显，前者的机场噪声与采访内容密切相关，所以噪声可以作为有用的环境音响保留下来；而后者，机场噪声与报道内容的相关性就比较弱，所以电台的编辑是可以忽略或者加强背景声音的，而广播录音室的作用就在于净化环境噪声。

三、广播中的无声符号

有个错误的认识，就是认为在广播电波的传送中，必须用话语、音乐或者其他音响填满，如果有空白，就意味着失败。广播是声音的媒介，但声音的缺失也可以听辨，所以我们不能忽略无声静默的意义形式和象征符号的作用，广播中的无声静默也是广播具有表现力的声音符号。

我们通常理解的无声，指的是在节目和节目的连接过渡中，会有很短暂的空白，作为间隔起到标明节目边界的作用。但这些间隔必须要短，否则就会引起误解，认为电台的节目中断了，这一类型只是无声最简单的表现方式。

还有一类无声是出现在节目进行中，比如在广播剧中，当一个演员的声音在讲话过程中突然停顿。这一间隔可能意味着悬念、氛围的渲染等，在这种情况下，无声甚至比有声收到更好的表达效果，它使听众充满了想象的好奇，产生继续收听下去的期待。对于听众而言，无声是最好的想象媒介，是听众进行二次创作的有效刺激物。

还有一类无声是特定的环境声的表现。① 比如，安静的田野、空荡荡的教室、平静的湖面、运动员屏住呼吸起跳的瞬间等，它们是这些环境或者氛围的标志特征。

无声有积极作用和消极作用之分。消极作用就是说明在那一时刻，象征没有事情发生，这时无声起到的是声音的作用；无声的积极作用是表明有事情发生。因为广播与电视和电影不同，没有影像的说明，广播中的无声起到的是一种刺激联想的作用，在无声与有声的鸿沟中，联想继续发生。无声对于听众来说，可以理解为既是现实发生的，又有抽象性意味的。广播通过在上下文、前

---

① SHINGLER M, WIERINGA C. On air: methods and meanings of radio [M]. London: Arnold, 1998: 55.

后语境中来确认无声的意义。①

四、广播非语言符号的传播价值

广播中的音乐和音响作为广播媒体的符号手段，因为缺少语意的直接支撑，比广播话语具有更多的弹性因素，因此有人提出，它们对现实世界的表现究竟体现了一种象征方式，还是一种模拟呈现的方式？这一问题的提出，如同在文学创作中，提出作者通过语言符号写作文学作品，是模拟生活好还是象征生活更好？这种争执最终体现为一种仁者见仁、智者见智的流派之争。

在广播媒体发展初期或者是发展过程中，认为"广播音乐和音响是对现实世界的象征"这样的观点更为普遍；而在广播媒体的发展成熟期，对媒介与现实世界关系的探讨也就更为活跃，更加多元化。我们可以从两个例子中得到一些启发。

一个例子是，20世纪70年代在西方广播界兴起了对非语言声音表现功能的实践。这主要是因为，尽管当时的英国很多广播节目形态都已经很成熟了，但仍然存在着对具有广播声音特点的独立程式建构的需求，与报纸、小说、戏剧等艺术形式的借鉴关系还没有结束。当时的广播剧创作还有一个陈旧的传统，在最初的很长的一段时间里，广播剧都是印刷读物的声音翻版。针对这种情况，1978年BBC制作了一部没有台词的广播短剧，来探索非语言声音在广播中的作用。

该剧由安德鲁·萨克斯（Andrew Sachs）写作和表演，名字叫《复仇》（*The Revenge*）。这部短剧写的是一个男人正在被追捕，他可能是从监狱中逃跑出来的。他偷了一辆摩托车，闯进偏僻乡村的一户人家，把一个男人浸在浴缸里。这部短剧完全用音响来创作，没有台词也没有音乐，仅仅通过环境声来叙事，例如鸟叫、水声、猫叫声、铺满砾石的小路上的声响，还有交通工具的声音等；物体的声音，例如门声、电话声、摩托车发动机声、警报声、打火机的声音、打碎玻璃的声音、敲钟的声音、钟表的滴答声等；人发出的声响，例如叹息声、喘气声、呼吸声、低声的嘟哝、衣服发出的摩擦声、脚步声、惊呼声、嗡嗡叫声、口齿不清的呼喊声等。

安德鲁·萨克斯试图通过这些声响来证明，一个故事可以不依赖于能够分

---

① CRISELL A. Unerstanding Radio ［M］. 2nd ed. Routledge，1994：52 – 53.

辨的话语来完成叙事，以此发现非语言音响的表现力度。① 这一实验证明，在广播媒体中非语言的声音符号可以独立作为媒介的内容，但对广播内容的表现仍然潜在地依赖话语的暗示作用。

首先，如果这个短剧不是在剧前或者剧后说明剧名为《复仇》，估计听众很难想象到这些剧情的发展和推动是在复仇的情绪下实施的。在《复仇》这一标题的暗示下，听众能够分辨出由这一动因所引发的行动，以及所发出的声响，进而在收听这个短剧的时候有一个经验性的场景预设：一个男人从警察局逃跑出来，在乡间遭到追捕，他偷了一辆摩托车，闯进一户人家，把另一个男人淹在浴缸中。

其次，我们也注意到，非语言的声响可以成功地传达给听众，什么样的故事、在什么地方、如何发生等信息。但听众却无法通过这些声音了解主要人物的性格特征，也无法了解人物之间的关系，复仇行为的内在动因是什么，等等。所以，非话语的声音给予我们的故事是不完整的。

在这一实验之后，英国广播界普遍认为：非语言的音响不是简单地充当装饰的作用，而是起到与言语表达部分的声音效果同样的甚至是更重要的听觉作用。因此，BBC 的另外一位广播剧编剧乔纳森·拉班（Jonathan Raban）提出，广播中的音乐和音响符号是对现实声音世界的象征性表现，而不是对现实世界声音的模拟式的呈现。他把《复仇》称作是"非话语的音响序列"，认为这些由听不清的嘟哝声、乒乒乓乓的声响、尖叫声和脚步声组成的序列充满了无序和令人困惑的表达。② 这也成为广播界普遍接受的观点，对广播非语言性声音的表现力持一定的保留态度。

另一个例子是 2002 年 5 月 1 日成立在伦敦的"共鸣"（Resonance）104.4FM电台。这是一个由伦敦的现代音乐艺术家、音乐爱好者、评论者建立的社团（Community Radio）广播，全天播音，是一家实验音乐电台。所以在声音的实验上更体现出现代艺术的追求，与现实世界的关系也呈现出现代艺术的特征。他们的节目注重探索声音表现现实的意义。

例如，他们常常青睐一些声音记录节目，比如原始森林中伐木的声音记录等。他们与此前安德鲁·萨克斯对广播剧非话语声音的探索在形式上有类通之

---

① SHINGLER M, WIERINGA C. On air: methods and meanings of radio [M]. London: Arnold, 1998: 52.

② RABAN J. Icon or Symbol: the writer and the "medium". In Lewis, P. (ed.) Radio Drama [M]. New York and London: Longman, 1981: 78–90.

处。只不过安德鲁·萨克斯侧重的是非话语声音在封闭的艺术作品中所体现的意义传达作用，声音是表现现实的。但在"共鸣"104.4FM电台的节目中，关于广播声音的实验被放在一个无限开放的空间里。例如，主持人带着萨克斯和手机在路上行走，吹一段音乐，然后访问路人，现场直播；也有主持人去大街小巷录制各种声音，利用互联网现场直播这些嘈杂的都市噪声。在这里声音的表现形式虽然是对现实世界声音的简单采集录制，但自由独立的创作精神，和非广播专业的其他艺术家以及爱好者、志愿者的参与制作，使这个广播电台更多地成为一个音频传播意义的实验场。听众由这些被我们日常忽略的声响，或者是想象不到的组合方式，以及错位的呈现场所等，逐渐开始关注声音本身的意义表达，这也是对现代生存意义发现和反思的一个新的途径。声音的表现也不再简单拘泥于实际的意义的考量，声音真正地还原了对人类生存所自然涵盖的意义的复现。

这些广播节目与现实世界的关系既不是模拟的，更不是象征的，而是一种直接呈现的方式，目的在于让正在忙于创造文明的人们，停下脚步，来关注文明对我们的基本生存环境所带来的影响，从而在这些被忽略的，但又如此与人们生活相伴的环境思考中，获得更本原的对自身和社会的思考。艺术不仅是为什么提供审美的享受，也在于使人们发现自我，发现本质。

由这一例子我们看到广播媒体在当代社会对艺术声音的传播贡献。当前的媒介环境与20年前有了很大的不同，那时广播面对的主要是与电视和印刷出版物的竞争，而当下广播面对的媒介环境更加多元，听觉和视觉媒介的深度开发，新的传播科技的推波助澜等，可以帮助广播在声音艺术的开发上走得更远，使其既不同于如何确立起呈现媒介特性的标志性产品，也不同于在意义表达上如何协调话语声音和非话语声音之间的关系，更多的是开发声音表达的质量，声音表达与其他媒介形式的结合。因此，广播声音符号既可以是象征生活，也可以是对现实生活的模拟，同样也可以是对生活有目的地原样节选和呈现，关键在于广播媒体在何种程度和层次上服务不同的人群。

第四节 音频媒体传播语境①

语境是语言环境的简称，指的是人们用语言进行交际时的具体环境。语境

---

① 孟伟. 数字化时代广播语境的建构［J］. 新闻记者，2012（3）：72－77.

有狭义和广义之分。狭义的语境是指书面语或者口语的上下文中一个语言单位出现的前后语音、词语或者短语等环境，即上下文；广义的语境指说话者或写作者使用语言进行交际时的具体场合及社会背景等，包括人的身份、社会历史环境等各种因素。①

一、广播语境与言语交际

广播节目制作者利用声音的不同反射效果，营造出广播话语、音响等发生的具体传播环境，这种传播语境体现出一种非现实的模拟特征，通过电波传递给广播受众；广播听众接收到在这一特定语境下发出的广播节目，因为个体自身的差异和个体当时收听情况、参与或介入节目的差异，又产生了富有个性特征的广播接收语境。针对广播传播不同于印刷媒介和电视等电子媒介的传播特点，我们把前者称为"广播节目语境"；把后者在广播节目与受众个体收听之间建立起联系的语境称为"广播接收语境"。

语境构成要素的分类有很多种，我们以修辞大家陈望道先生的分类为例，他谈到语境构成的基本要素为"何故、何事、何人、何地、何时、何如"，简称"六何"。"何故"是指表达的目的或意图；"何事"是指表达的内容；"何人"是指传受者及传受所建立起来的交往关系；"何地"是指话语被表达的地点；"何时"是指表达的时间或者时机；"何如"是指怎样表达。②

针对广播媒体而言，"何故"指的是"广播的传播目的"；"何事"指的是"广播具体的传播信息"；"何人"指的是"广播的传播者与传播对象，以及二者之间的关系"；"何地"指的是"电台传播的场所、传播对象的收听场所"。针对听众而言，收听环境是在移动的交通工具中，还是在家中，在公共场所中，不同收听环境影响着听众的注意力程度和关注的兴趣点。"何时"指的是"广播传播的时机"。一般电台的节目时间安排都是根据目标受众的作息时间特点来安排的，以英国为例，过去听众一般习惯早餐时间和工作的时候收听广播，电视黄金收看时间是下午5点到9点，深夜至临睡前的一段时间也是广播收听的黄金时间。随着社会生活渐趋多元化，广播在24小时的时间段内都能找到目标受众，只是更偏重小群体的受众收听，而非仅仅以大众为传播对象。在这个意义上，社会分工走向复杂化，也决定了广播节目时间编排的细化和复杂化。"何如"指的是"广播节目的具体编排和制作、传播对象的接收方式"等。广播音

---

①　岑运强. 语言学概论［M］. 北京：中国人民大学出版社，2004：103.
②　陈望道. 修辞学发凡［M］. 上海：上海教育出版社，1979：7－8.

频传播比电视媒体的进入门槛要低得多，收听的成本也低廉，对受众的文化程度没有限制，基本上全体社会成员都有可能成为广播的听众。当然每一个广播电台都有特定的目标听众，这是电台制定节目策略的主要依据。以上这些因素构成广播传播的语境。

　　广播语境与日常生活的其他交际语境不同，它是一种模拟语境。广播传播者通过发射装置发出信息，收音机或者其他接收终端是听众获得信息的装置，"听"和"说"之间不见面。没有表情和手势的辅助交际，广播的传播者与受众在设想的虚拟现实中进行交谈，模拟人际的交流，使说者与听者处在一个虚设的交谈环境中，营造对象感、亲切感、真实感与现场感。广播的语境不是单一的，而是多元的，主要有以下分类：采用节目主持人形式，模拟一对一或者一对多地同听众进行面对面交谈的语境；运用广播对话形式，模拟两个有特定身份、特定交际任务的人物对话的语境；现场介绍实况的语境，往往采用记者现场口播形式；模拟话剧、戏剧、地方戏等戏剧或者说唱的语言环境等。①

二、"声音透视"法则与节目语境建构

　　广播声音共振原理是声音透视法则的基础，贯穿在整个传播行为中。广播立足于音频传播的规律，依照声音透视法则，建立在个体受众日常声音经验基础上，建构起信息发出者与接收者密切关联的、远距离异时空传播的虚拟话语环境。

　　根据声音共振、反射的不同，广播中的声音类型分为四种：基本没有反射和共鸣的户外声音；有一些反射回声，回声持续时间略长，超过通常的反射回声0.2秒，这表明声音发生在空间较大，周围有一些物品和家具的房间里，如图书馆中等；充满反射回声，反射时间较短，比如说在摆放了东西的、空间狭小的室内；反射回声较多，反射持续的时间较长，如室内陈设较少的、空旷的房间，会议大厅等。②

　　这些回声不仅表明环境的状况，如空间的大小等，也表明了周围陈设的情况。这些环境状况在舞台、电影或者是电视上，我们只要看一下就会明白了，但在广播中，我们只有依赖回声反射来确认空间位置和环境陈设，进而才能发挥内视的能力和想象的能力。但通过回声来确定广播中的环境、方位和陈设还只是广播利用声音营造交际语境的开始。

---

①　林兴仁. 广播的语言艺术［M］. 北京：语文出版社，1994：51-55.

②　MCLEISH R. Radio Production［M］. 3rd ed. Oxford：Focal Press，1994：234.

（一）广播声音透视法则

广播的声音共振，可以帮助听众确认广播中的人物或者事物之间的物理距离和空间环境，就如同电视中的画面一样，只是这种交际环境的确立是通过声音的透视法来建立的。

从环境的反射声音，我们可以分辨出主体与环境距离的远近，建立起话语表现在时间链条上的空间感，音响正是构筑声音立体层次感的重要因素。

对于运动的物体，我们对其的认知来自两个途径：一个是说话者周围环境对声音的反射，如墙壁等，还有一个是不同的声音源之间的变化和差异。如果我们感觉不到环境的反射声音，那就意味着说话者所处的空间可能是在一个很小或者是开放的空间；如果感觉到明显的反射，那么可能在一个比较大的封闭的空间中，比如，会议室等。如果声音是从同一点发出的，我们就无法根据声音建立空间感，如果一个声音从众多的背景声中突出出来，那么空间的延展性也就呈现出来。从这些例子中，我们可以看到空间依赖声音确立了起来，声音在建立空间感的构成中，是建立在透视法则的基础上的①。

广播的声音共振、反射作用远远不仅仅只是帮助听众确认空间方位。演播室节目和直播节目有不同的呈现方式：如果我们在广播中听不到声音的共振，那么可能制作者制作广播节目的地点是在演播室中，这就使广播声音如同发生在收听者自己的家里一样。例如，新闻广播的评述、关于当前事件的报道和一些谈话节目等，在演播室中录制的节目，可以自然地融入听众的生活环境中，削减或者弱化物理距离带来的鸿沟，使广播者录制节目的语境适应听众收听的私人环境。虽然传受信息不在同一个语境中发生，但声音质量的类同，弱化了这种差异性，广播对声音反射的技术控制使听众产生了亲密接触的私人媒介的感受。相反，如果广播声音充满了共鸣和反射，听众一下子就会分辨出，这与家庭的、日常生活式的、现实环境下的声音有很大的不同，这也就使听众意识到这一节目是不同于当下自身处境的，瞬间唤起收听的注意。例如，对于广播剧来说，往往使用大量的共振或者是与日常生活不同的洪亮的声音来表现，以此来帮助听众暂时疏离世俗生活，进入广播剧的想象空间；对于记录现实的广播剧而言，则往往会弱化这种声音的共振，目的在于强调现实感；对于大量广播直播现场节目而言，则把听众带入一个不同于当下生活的他者的现实语境中，听众能否被成功带入，直接关系节目对听众的吸引力程度。

① SHINGLER M, WIERINGA C. On air: methods and meanings of radio ［M］. London: Arnold, 1998: 56.

（二）声音共振控制与传播效果

广播声音的共振方式也决定着听众的参与程度，换句话说，广播节目是以什么样的方式来影响听众的，影响听众确立节目与自身关系的方式和交流程度。简单地说，广播声音可以带领听众走入自己熟悉的生活环境，也可以使听众疏离自己日常的生活，如果广播声音利用不当，也很容易使听众排斥广播节目。广播节目的制作者要研究受众的收听心理，致力于总结不同的声音共振规律，利用共振方式与节目效果之间的呼应关系，满足听众不同的心理需要。

不同的声音效果对应或者暗示着不同的声音发生环境。比如，繁华商业街上的各种声响和图书馆里发出的声响是完全不同的，根据这些特定环境下才能发出的声响，我们可以判断环境的特点。比如，比较轻声的谈话，伴随着金属推车摩擦地面的声音，我们可能会想，这个场景可能发生在医院、高档餐厅或者是其他什么地方。声音的反射表明都是在比较空旷的大厅中发生的，但是我们如果加上杯盘相碰的声音，偶然发出的喝汤的声音，就会立刻判断出这是在餐厅中，而不是在医院中。所以声音的具体属性和特征，特别是在特定环境下声音的聚合，是营造一个个具体环境的标志性因素。每一个听众都有丰富的日常生活经验，广播声音的识别和还原不需要任何事先的专业培训。

三、广播接收语境的建构

广播独特的声音透视法则，使异时空的传受双方得以建构起独特的交际环境。在广播传播行为中，听众和主持人或者播音员是活跃的交际对象。受众个体的差异性较大，数字化时代，虽然反馈的通道比以往任何时代都更发达，但是仍有一定的限制；另一方面播音员或者主持人尽管是信息传递中是最积极的因素，但实际上仍然无法控制广播传播中的整个语境。

（一）影响"接收语境"的听众个体因素

听众个体自我身份认同、社会阶层隶属、文化根源、政治倾向和话语权利等因素，影响着广播交际的话语环境。针对听众的"接收语境"而言，一个被动收听的听众和一个主动参与热线交流、网络直播跟帖、短信互动等的听众，不同的"接收语境"有不同的传播效果发生，影响"接收语境"的听众个人因素主要包括以下几个方面。

1. 听众个体的社会背景

社会阶层的不同，在话题讨论和观点上有一定的差异，即便是同一社会阶层，职业的关系，也会成为影响的因素。节目制作者要充分考虑到听众的这些个体差异，避免误解的产生。

2. 听众个体接收广播的客观环境

广播的收听环境可以归类为：听众私人的固定空间（如家中）、私人的移动空间（如私人轿车中）；开放的公共场所（如商场、车站等）、封闭的公共场所（如办公室、公共交通工具中等）。某些特定的话题只能适合在特定的客观环境下收听。

3. 听众期望建立的话语关系

在日常的交际中，确定谈话双方的关系十分重要。在广播谈话中，特别是热线节目，有些听众渴望倾诉，希望建立倾诉者与精神导师之间的话语关系；有些听众彷徨无措，渴望听到一些安慰和建议，希望建立长者劝说式的话语关系……要尽量减少对话中相互关系的理解差异，建立无误解、顺畅的交际语境。

4. 听众的情绪和感受

对谈话双方情绪和感觉状态的了解也很重要，比如说一方心情很好，很轻松，这个时候也许希望谈论轻松的话题，严肃话题的讨论在接下来的谈话中，会受到情绪上的抵触。

话语容易引起情绪、情感的变化，人类的语言可以传递微妙的感情，话语也容易被感情塑形。在广播传播中往往根据讲话者的话语确立起对其认知，这在很大程度上与讲话者当时的情感状态有关，讲话者收到的反应也一定程度上被情感状态所左右。在交流中，情绪和情感的波动频率要受到关注。这是广播节目在制作中容易被忽视，却需要考虑到的关键性因素。

5. 听众的目的

要明确听众收听广播或者是参与互动节目的目的，特别是要理清一些交叉的目的，甚至是听众自身可能还没有意识到的深层目的。就受众而言，认知和理解是有一定限制的，具体而言，无论是从意识形态还是从认识范畴上讲，听众都有一定的可接受范围，新闻传播只有符合受众预设的满意程度和可包容的范畴，才能够达到传播中的预期效果。①

（二）电台传播者的专业作为影响广播"接收语境"的建构

人类学家 Gregory Bateson 指出：每一个传播行为都是在传播两层信息，表层基本信息和隐含信息。表层基本信息是我们所熟悉的，隐含信息指的是依赖于（附着在）表层信息上，传达着我们进行传播行为的深层社会含义，或者说表明或暗示信息与个人之间的复杂关系，举例说明，当我们在逗小狗的时候，

---

① FOGER F. Language in the news：discourse and ideology in the press ［M］. London：Routledge，1991：66.

狗假装咬我们，我们会传达出一个信息"狗在咬我"，这是表层基本信息，隐含信息指的是"狗十分温柔地在咬，同时还在摇着尾巴呢"。①

也就是说，传播行为并不是一个把信息从一个人传递到另一个人的机械性行为，而是在多个层面发生影响的活动。Gregory Bateson 还指出"传播是一种关系的传播"。有时候信息的传递和接收是不为人们所注意的，比如当我们特定的声音腔调加上缺少动词的、偏简略名词的表达，可能会传递出紧张不安的气氛，尽管我们并不想这样做，可是却因此传递出了紧张和不安。

传播也需要减少隔阂和障碍。例如，从媒体功能角度讲，增加沟通的途径，热线电话、短信互动、网络互动，听众被请为嘉宾，开展社区活动等有助于传播活动的顺利开展；从具体的节目制作者而言，在语言、语调、节目选题与编排上增加或者扩展交流途径也可以增加与受众的沟通。

就广播话语而言，所能够做的是要尽量贴近日常人际交往中的人与人面对面的交流语境，语言要带有亲切感，以此来还原日常生活的交际氛围，在电波传递中营造出一个虚拟的、听众个体所熟悉的日常生活空间，在这个交际的空间中，来展开对话，而这种对话实际上又是在异时空下进行的。这就特别需要广播主持人对语言的驾驭能力。② 电台传播者的主动性发挥体现在两个途径：一个是加强互动反馈机制；另一个是弱化传播者的强势地位。

1. 反馈

反馈的重要作用是可以帮助传播者判断信息接收者的需要程度和反映状态。反馈也有辅助交际的作用，它帮助信息的接收者感受到身处于传播活动之中，注意到信息的发出者正在关注收听者的反映；如果不能获得有效反馈，就会引起困惑。虽然反馈在信息的出发点和目的地之间建立起一个环形的机制，但并没有破坏传播中的线性模式。移情是反馈的重要组成部分。我们要了解交际对方的情感或者情绪状态，虽然不需要去体验它，但要据此及时调整对话的状态。③

2. 倾听

如果传播者不能有效地倾听，就可能导致传播行为的失误。研究证明有12

---

① BATESON G. Steps to an Ecology of Mind［M］. New York：Ballantine, 1992.

② SCANELL P. Broadcast Talk［M］. London：Sage, 1991：2 - 4.

③ NEIL T. Communication and language：a handbook of theory and practice［M］. Basingstoke：Palgrave Macmillan, 2003：88.

点阻碍倾听的因素。①

①"比较"。当广播节目主持人在倾听的时候，会不自觉地比较这一听众和前面听众之间的差异，他在个人性格上的特征等，这些不被我们察觉的比较行为，往往很容易使主持人的注意力分散。

②"猜测"。主持人在倾听的时候，试图去猜测听众头脑中的真正想法和感情，猜测听众正在说话的真实目的是什么，而不是仔细倾听现在正在说的内容。

③"揣度"。指的是反复揣度听众的某一段话，不注意倾听接下来的讲话，甚至在听众讲话的时候考虑自己接下来要怎样答复，而不是付出更多的注意力在倾听上。最后的结果可能是倾听得越少，不恰当的反应也就越多。

④"过滤"。指的是过滤掉听众谈话的一些内容，仅仅听到那些自己想听到、愿意听到的内容。

⑤"成见"。预先对某类人有成见，因此漠视他们，事先对他们进行归类，不愿意去倾听。

⑥"走神"。这一点并不常见，指的是从正在进行的谈话当中，主持人转移注意力，陷入自己的个人想法或者是白日梦当中，这可能是因为谈话触动了主持人个人的一些想法和记忆，也有可能是因为谈话太过枯燥了，而造成倾听的人滑入自己的白日梦当中。

⑦"自我"。简单按照自己的感情或者经验去理解别人的话，并且把这种理解反馈回去，而不是倾听听众正在谈论的个体经验。例如，当别人在讲一个话题的时候，主持人可能会讲一些自己经历的事情，打断听众的讲话，讲述主持人自己在这些问题上的一些经历，也就是说只要与主持人自己有关系的，事情才显得重要。这无疑向听众传达出：听众的经验是不重要的，主持人的才是重要的。

⑧"建议"。主持人往往试图去帮助一些听众找到解决具体问题的途径，认为这就是听众所需要的。事实上，听众除了要获得解决问题的建议和方法，还需要找到一个情感倾诉的途径，而这些真实的需要往往为主持人所忽略。在这个意义上，主持人投入地、认真地去倾听本身就是在解决听众的困难。

⑨"抨击"。有两种表现形式，一种是主持人更倾向于辩论和讨论，而不是在倾听，有这种倾向的主持人对证明一个观点表现出很大的兴趣，而不是和听众进行交流，常常以贬低或者讽刺的口吻来评论；第二种是，当听众表示好感

---

① NEIL T. Communication and language：a handbook of theory and practice［M］. Basingstoke：Palgrave Macmillan，2003：93－95.

或者是友好态度的时候，主持人不领情。

⑩"绝对正确"。绝对自信和不情愿接受批评结合在一起就产生了这样的状态。结果是，无论怎么证明都感觉主持人自己是对的，不愿意听受众在说什么，固执地坚守自己刀枪不入的看法。

⑪"偏离轨道"。有两种情况：一种是主持人突然改变话题；另一种是对正在谈论的状况进行开玩笑，或者对对方正在说的话开玩笑，这就传达出一个信息：主持人对听众说的内容不感兴趣。

⑫"过度安抚"。所谓的"过度安抚"指的是，有时候主持人为了表现出自己的仁慈和有教养，对不感兴趣的话题试图早早结束对话，采用很刻意的方法来平息对方，而不是集中注意力倾听受众在讲的什么。一旦受众觉察到这一点，就会感到很沮丧，因为主持人只是在做安抚活动，而不是尊重受众。

广播节目内容的传播效果发生在广播语境中，广播语境的复杂性决定了传播者既要营造广播"节目语境"，也要通过"节目语境"本身的辐射、牵引能力来影响听众，并发展有效地与听众沟通的多种途径，来达到对受众个体"接收语境"的潜在控制，实现广播节目的有效传播。

四、建构音频媒体的"交际语境"

从"读新闻"到"说新闻"，广播独有的"交际"语境规则也逐渐完善和建立起来。随着英国电视在战后的崛起，特别是在 20 世纪五六十年代，广播的收听率一直在下滑，广播的媒介地位在这一时期，也变成了一种背景媒介，或者是退居为一种次要媒介。媒介的属性有两个方向上的变化，一个是私人的、亲密的伴随媒介特征强化，原来的承担主要媒介的社会功能被电视所替代，广播媒体私人化的属性更加强烈；另一个是在具体生活信息的传达上，广播比电视等其他媒介形式更灵活而迅速。正是这两种变化，使广播更加重视与受众之间的互动，注重建立起新的传受关系，相关的研究也不断得到重视。其中一个比较突出的研究成果是，强调广播话语要营造并模拟交际语境，即要求播音员或者主持人"和那些并不在场的对象做真正的谈话"①。

然而怎么能够在这种几乎是单向的传播活动中表现得像是传受双方都在场的谈话？Evans 具有丰富的培训 BBC 广播播音员（主持人）的经验，提出了一些基本的建议："在句子的结尾不要提高你的声调；不要采用一种表演的或者是

---

① EVANS E. Radio：A Guide to Broadcasting Technique［M］. London：Barrie and Jenkins，1977：16.

其他特殊的腔调。在讲话中不要比平时的谈话更快、更慢、更大声、更低声。简单说，说话的时候不要把表演的成分加入进去，平常你最习惯的通常谈话方式就是最恰当的方式。如果做不到这些你最好还是不要做广播员了。"① 这段话可能与我们平时的理解有出入，有人也许会问，如果和平常的人讲话一样，那不是任何人都可以做播音员了？专业要求何在？也许有人会说，播音员就是要和平常的说话不一样，才能成为播音员。播音员作为一种职业，在音色、音调和对语言文字的把握上都是精挑细选出来的，这一点是毋庸置疑的。

模拟交际语境在广播有稿主持或者播音中难度比较大。Evans 的培训经验和研究经验也为我们提供了一些借鉴的线索。Evans 认为②当播音员在播讲稿件的时候，要假设在写作稿件时所确定下来的对象现在就在你的眼前，你要想象你真的在和他（她）面对面地讲话，甚至可以做手势给他（她）。也许有人会认为这是白费力气，因为听众是看不见的。实际上，每个受众都有丰富的谈话经验，一些在特定的语气或者是语言段落之后的停顿有什么样特殊的意味，有什么样相应的表情和语气，都成为一种约定俗成的固定搭配。所以尽管模拟你在真正的日常谈话中所有的表情和手势，相信听众是可以看到的，每个听众所模拟的谈话场景中会再现这些。所以这些附加的语言辅助手段在广播播讲中是不可省略的。播音员首先要模拟出逼真的谈话氛围——不同的听众再把播音员营造的氛围作为媒介内容的介引：一方面播音员的话语传递信息是媒介的内容，另一方面播音员的话语所营造出的氛围又作为一种形象化的媒介介引，听众会根据自己的日常经验，对播音员通过电波所传递来的谈话信息和谈话氛围进行二次修补。为什么会出现修补的环节？因为部分信息在传递中，因为客观或者是主观的影响，会有所遗漏或者误传，而经过听众个人的弥补和还原后，才能最终复现出属于听众个体的谈话语境。因此，播音员所传递的信息是主要的内容，同时所传递出的谈话或者是交流气氛也是影响信息传播效果的重要参数，有时甚至不比信息传递的内容的重要程度低。

虽然我们的播讲稿件也许是经过反复修改的，但在播讲的时候一定要建立起即时谈话的情绪来，忘记稿件曾经是经过很多次改写的这一事实，就如同第一次发生一样。有时候播讲中一些小范围的临时修改也不应该被禁止，即便是

---

① EVANS E. Radio：A Guide to Broadcasting Technique ［M］. London：Barrie and Jenkins，1977：20.

② 这部分是针对原文进行的二次解读，原文请参见 SHINGLER M，WIERINGA C. On air：methods and meanings of radio ［M］. London：Arnold，1998：41.

段落的调整，因为这在一定程度上也体现了谈话的随意性和自由性，也会留给听众一个接受心理的缓冲地带。如果广播谈话变成完全的念读，那么广播谈话也就变成了媒介的中介，听众需要自己解码，这时交流是封闭的，听众听广播就像面对一本书，或者是听一场官方的演讲一样。

BBC 在培训新的广播播音员时，其中有一项技能是：要在事先写好的稿件中加入即兴的成分，并且在衔接处做到天衣无缝，使听众无法察觉，这些添加的即兴成分有助于听众产生广播语言是随意性播送的这样的联想①。对于专业的、成熟的广播播音员来说，即兴的编辑是为了减少录制好的磁带所带来的干扰痕迹，吸引听众更直接地接近所要传递的信息，消除人为加工的痕迹，那些事先录制好的录音资料带或者是节目片断在加工中已经带有了明显的人为加工的工业化痕迹，有自己独特的属性，所以需要播音员的整合和串联，进行再编辑。②

数字化时代，尽管受众与广播的互动方式得到空前扩展，电台节目不仅可以容纳更多的热线听众打进电话，同时听众也可以通过网络留言和讨论扩展对节目的关注。有些业余记者也被邀请参与广播节目的制作，但是一些优质核心的电台节目仍需要秉承建构广播独有的"交际"语境。BBC 第六台音乐频道，作为 BBC 最新的全数字广播节目，针对的听众是年轻人，主要以流行音乐为主，主持人的话语较一般谈话节目要稀少，但是却需要依赖这些话语吸引听众与电台节目建立亲密联系。

随着延迟收听广播系统的发展，也随着部分数字接收终端的发展，在网络上播出的广播节目允许被受众整合打包检索，这意味着除一些广播剧，广播新闻，广播谈话等节目之外的音乐节目，可能面临着被听众重新编辑的可能，如果主持人的谈话不够吸引人，或者是被听众认为是对节目内容的干扰，他们就会去除掉这部分内容③，因此主持人的话语方式或者话语习惯也面临着新的挑战。

---

① WILBY P, CONROY A. The Radio Handbook［M］. London and New York：Routledge，1994：122.
② WILBY P, CONROY A. The Radio Handbook［M］. London and New York：Routledge，1994：171.
③ 泰晤士报，2008 年 3 月 3 日.

第四章

如何理解广播融媒体理论

　　媒体融合的要义在于加强传统媒体的生存力，重塑新型主流媒体，不断提高媒体传播力、引导力、影响力、公信力，占领网络舆论阵地，把握主动权。

　　媒体融合时代，声音、文字、影像等单一介质成为传播内容入门级别的一种呈现，更多的媒介形态依从于"场景"进行任意的融合与混搭，目标是受众的便利和传播效果最大化。我们尝试回到音频传播的本源，目的在于发现单一介质形态被遮蔽的传播优势和传播特性，以期达成更为深度有效的媒体融合和媒介独具个性的认知。

第一节　媒体融合背景下的广播发展现状①

　　广播下一步发展的趋势是什么？广播作为一类媒体会在不久的将来消失吗？这些疑虑恐怕是当前很多广播人的困扰。近期关于媒体理论创新的提法很多，各种概念林立；业界实践领域更是异彩纷呈，不缺乏各种解读和总结。这些新的现象和新的提法，需要从广播本体角度解读其背后深意，厘清误读。这些问题可以集中在："广播用户"与"广播互动"的关系是什么？"广播高质量节目"和"广播创优"的深意是什么？广播对于 UGC 的理解是否存在误读？"广播场景化收听"如何实施？广播盈利模式与付费广播的前景？广播人才流失与人才引进……

　　本节尝试从广播媒体属性层面谈谈媒体融合以及与之相关的基本概念，助力当前和未来广播的创新之路。

---

① 微信公众号"ARC 受众研究中心"2017 年 3 月 11 日文章。孟伟：转身与颠覆：解读最新广播融媒体理念。

一、流失的广播受众群

当代媒体发展环境发生很大的变化已是不争的事实，信息资源过剩成为一种普遍状态。听觉信息已经不是广播媒体内容所独具的形态，而是变为很多互联网产品的内容呈现方式，且在互联网平台上有更多选择和互动。现在的用户大多知道自己要听什么，互联网平台造就的多样化选择与听众"痛点"之间匹配程度更高。

有一部分传统广播过去的半收听状态人群，可能源自他们没有找到自己必须去听去看的内容，就顺应了一种半收听状态，受制于有限的媒介内容供给。那么，当代持有此种需求的这部分人群，实际上已经从广播这里被夺走了，成为其他平台半收听状态的刚性需求人群，并带有明确的商业转化特征。

长久以来广播媒体的内容制作和编排，一直都会考虑听众集中注意力收听和半收听状态的平衡，当下也不例外。但是目前音频内容表达的多样方式和多渠道、多平台的高效分发能力，一定程度上缓解了音频媒体的这种焦虑，促使内容与个性化对象需求之间更为匹配。因此广播独具的半收听优势消退了，但音频媒体本身独具的价值属性也凸显出来了，这也为广播媒体带来了新的生机。"失之东隅，收之桑榆"的启示在于：换一个视角，音频传播新的机会是留给能看到未来，不放弃、有准备的广播人，或者对音频传播敏感的互联网人。

二、"参与+围观"成为受众信息消费的主流模式

广播媒体的盈利问题一直是业界最为关心的核心点，其次关心的才是广播媒体长久发展下去的能力，这是一个业务发展的现实。当前不仅仅是市场变了、产品变了，关键是用户变了。媒介生态就像是人的一生：婴儿需要大人照料，成人决定着婴儿吃什么，类似大众媒体早期发展阶段；然后是少年时期，想吃但是吃不着，可以提要求，但因为缺乏动手能力或者经济不独立，不能完全地被满足，这是互联网之前的大众媒体兴盛时代的现状；成年以后，拥有独立思维判断，经济自主，目前的媒体用户已经到了这个发展程度。这是一种社会发展的必然，要尊重、要承认和面对，找准新的位置，在新的媒体生态环境中获取新的生存空间。

作为社会主导人群的"70后""80后"是伴随着被给予信息成长的一代，一般而言习惯于接纳和吸收信息。但是"90后""00后"的年轻人，更偏好于自己制造信息，秉承"无制造无属性"的信念。在这个意义上，"参与+围观"成为一种显在的社会交往和媒体信息消费的互动模式，甚至成为今天推动媒体

参与和价值变现的原动力。

社会治理实际上也面临着这样的变化。我国媒体属性和功能与国家对媒体的要求密切相关。因此传统大众媒体首先应审视的是自己的互动性怎么样？不是仅指对互动技术层面的掌握，而是探究媒体属性上的互动性怎么样？这是广播媒体内容和技术创新的原点所在，并非简单地对于声音价值的表层回归，而是回归到音频传播与人发生互动的层面和深度。"互动"的本质是尊重每一个人的每一个要求，至于满足要求的水平和程度，与媒体的成熟度和国家当前阶段的发展任务密切相关。

三、媒体内容生产的新流程、新法则

业界和学界都愿意用"用户"概念替代"受众"概念，是为了强调对于媒体使用者的尊重，或者说是把使用者当作是纯粹的"消费者"。

受众或者用户很重要，有人听、有人用了，这个产品才能够变现，广播媒体才会有品牌和广告的价值。但"用户中心"的概念不是用户唯一重要，而是用户的作用发生变化了，他们把产品的成本降低了，用户自身参与或者间接参与内容生产和呈现，在这个过程中用户的个性化需求正式确立起来。生产者的位置发生转变，过去生产者要通过一个流程、一个质量标准或管控把关标准等，建立一个生产者垄断的位置，而现在这个位置被消解了。

在这个意义上单纯地站在生产者的立场上，按照传统的优质产品标准去生产声音产品，是无法纳入互联网产品的生态圈中，可能会叫好不叫座。

对于受众的尊重是永恒的，受众并非一定需要去引导。商业上的引导是具体行为层面的，理念层面的不是谁大和谁重要，而是权利关系发生变化。这与互联网本质上的"去中心化"密切相关。互联网是变动发展的，"去中心化"去的是当下之结构，未来的结构被解构后需要重建，重建的过程又会产生权利不平衡。

四、音频内容质量考量的复杂标准

高品质的产品质量，不仅指的是高品质的内容，也指高品质的形式，还指承载内容的渠道质量。针对广播媒体，互联网高速发展下的高质量声音节目，一般理解是内容质量高，其实还有一个不可忽视的是高清音质的理解。

针对音乐收听而言，互联网音频媒体按照用户的收听状态可以简单分为两类：半收听状态和注意力集中收听状态。前者以QQ音乐为代表的，往往是吸引音乐初级爱好者；虾米音乐的受众往往是专心致志地收听，目标人群与QQ不

同，或者说比 QQ 的目标人群要窄。虾米音乐在选择员工时往往强调懂乐器、自身是音乐爱好者等因素。另外虾米音乐也十分注重评论的功能，一首歌甚至可以达到上万条评论。"网易云"的目标人群则又窄化了，往往是音乐重度发烧友，按照传统的思路理解，窄化的人群如何孵化？如何带动整个收听走向？但是网易云抓住了"音质"这个特性。同样的耳机，不用买会员，音质更好，对音质要求高的音乐发烧友很快从竞争对手那里搬过来了，因为有被满足的强烈需求在其中。网易云通过占领"高质量音质"阵地，由高到低收获了自己的核心用户，在一个特别狭窄的点上爆发了。这意味着音频内容的音质效果在音乐收听中甚至起到了比内容还重要的作用，这与音频媒体内容的类别特征有关。因此对于"高质量"音频内容的解读需要分类细致地进行实际的考量，不可"一刀切"。

互联网音频媒体，除音乐外，还有语言类节目，这类内容对于"高质量"的定位与音乐类内容不同。语言类节目可以把谈话、评论和知识教育结合在一起，也可以把相声、段子、心灵鸡汤等内容糅合，还可以把调查性新闻与广播剧类内容结合。这些内容就当前的发展而言，除广播剧比较弱外，互联网音频平台抢占了上述几类内容生产的先机。

高质量的语言类节目，有几个衡量的指标：一个是制作技术精良，一个是内容本身触及用户痛点，再有是内容节奏的高度故事化，以及在叙述和呈现技巧上的突破探索，最后一个是内容推送上的技巧。关于最后一点，以短音频为例，可能 3 分钟独立推送的音频点击率比较高，但是听完的人比较少，而如果只有 60 秒的内容，那 10 秒内是必须要吸引到人的。

若技术上不过关，没有突破，内容上版权没有控制，没有产品经理，用户的痛点挖不到，广播在内容上想翻身则比较困难。

五、用户自制内容作为一种实用的"鸡肋"

什么是"UGC"？估计不需要解释。对于媒体理论研究和媒体实践领域工作者而言，可能概念中被忽视的其他部分，恰好对于一个行业而言是其核心环节。

说起 UGC，很多广播行业内的人可能会说，"UGC 多数都是没法听的音频内容，成不了气候"。的确，十几年前英国、美国在播客刚刚崛起时，都曾经对用户自发生产的内容充满了期待，甚至在电台专门开辟了栏目给播客，但后来多不了了之。

随着互联网成熟度的提高，UGC 的意义体现为用户补充丰富音频内容，如为播出的乐曲贡献歌词；按照千万个收听场景打包某类音乐专辑，如睡前音乐专辑等，这种场景化的收听习惯和收听需求，不是靠哪个专业编辑就可以实现的，因为收听场景太庞杂和海量了，但恰好可以发挥万千社会个体的优势，每个人都有可能可以成为某一点上的专家。这意味着，不是强调用户生产内容，而是用户参与了对于内容的二次选择和二次编辑，这可能是目前广播 UGC 发挥作用的所在。

六、被误读的"广播场景化"

"场景化"在信息传播的层面，有三个理解上的核心点：其一，媒体边界消失，无处不媒体；其二，信息内容是紧紧围绕个体的需求生产的；其三，信息内容与个体需求之间没有间隙，以人工智能为技术基础，并具有信息使用和消费的唯一匹配性。

回到广播媒体。媒体内容要满足用户的"刚需"，过去的理解是"平面化"的，也就是说满足用户的需求；现在的理解要更加"立体化"，也就是说用户的需求是特定的场景中的需求，或者说在某一个场景下与广播节目收听建立唯一匹配性。在这个时间段、这个情景下接触广播媒体被培养成一种必然的需求，而且内容一定是为用户"定制"的。因此，当前在发展广播高质量内容的同时，还需要去探索、摸索新的用户习惯是怎么建立的。在这个过程中，我们探究广播在什么场景下可以占据唯一性，或者可以发挥出最独特的价值。

七、内容付费是否成为广播发展的下一个风口

互联网刚兴起之时是靠流量收费的，一个小时差不多十几块，和现今相比算是比较高的收费。那时候的用户因此默认在互联网上看到的内容已经是付费的了。但是，当代信息社会中，互联网的流量越来越便宜，用户接入宽带和 Wi－Fi 的费用也几乎默认为与交水电费一样，成为生活的必需品。

针对互联网上的内容，广告收费越来越艰难，商家和用户双方都不太买账。海量的信息检索和匹配个人越来越需要成本。在这种情况下，"内容收费"横空出世，助推当前用户愿意为"高质量的内容付出等额的价值"。在这个理解层面上看，未来广播的商业模式除广告外，还要把"收费"纳入议程。

过去广告靠时段，现在广告与时段中具体的节目内容连接更为紧密。用户的分层需要也十分重要。当代大数据已经成长为最直接的一种支持力量。例如，特朗普数字策略的负责人亚历山大，通过大数据的支持，把美国成年人分成了32 种不同的性格，然后针对 32 种性格在 Facebook 上发布了 17.5 万个与选民个体直接贴近的宣传特朗普观点的广告。大数据支持下广告标题、颜色、字体都

精心对应每一类型的人群，甚至具体对应到个人。我们的媒体内容，如果能借助大数据的支持，在内容质量和用户个体需求之间实现直接对应，则高质量内容也就落到了实处。而这意味着单独一件媒体内容质量本身的提高意义不大，需要借助大数据等新型技术，与受众的具体需求、个体需求之间建立关联，媒体内容质量提升才会落到实处。

八、广播整合突围的时间很珍贵

近年来广播人才流失，其中有些人才流动到互联网媒体工作。这是一个好现象，促进了人才层面的一种流动和融合。对于电台而言，主流媒体的架构和品牌价值还在，如何借助媒体机构优势，挖掘和吸引多元的技术人才、艺术人才和大项目管理人才等，实现体制内的一种突围和交融，成为当前一种理想化的发展愿望。人才战略已经上升到与传统媒体机制体制突破同等重要的地位。

未来一段时期，广播和互联网音频媒体都会处在寻找商业模式的阶段。当前最大的问题是人才和机制的问题，人才流动将是未来几年的常态。

音频市场不是一个大市场，但是当前音频市场符合新用户习惯的领地还有很多空白，新技术拓展出的新领域还没有被及时占有。在这种情况下，很多自媒体的实践和探索的一手经验，对于传统广播发展而言很珍贵，要争取时间抓住机会，进行整合突围。

第二节　当代广播音频媒体内容开发策略转向①

对于大众媒体而言，基于自救和发展愿望的媒体融合趋势正深入发展。广播与其他传统大众媒体的处境类似，面临着内容、传播和接收方式、用户培养、经营管理模式、媒体功能等领域近乎转向的大变革。过去广播频率是唯一一类声音的大众传播渠道，而当前内容本身可以自带渠道，与用户达成一种交往，甚至更为个性化、更为密切的交往。

一、从数量增长到质量引导的转向

数量、覆盖、广告份额等这些从"数量"角度对于传统媒体的判断由来已久。这些基于"数量增长"的衡量标准应该要转变，至少衡量标准要更为多元，

---

① 孟伟. 当代广播音频媒体转向的基本理念［J］. 中州学刊，2017（11）：167－172.

更适合当前新的媒体传播语境和用户使用媒体的习惯。衡量的具体指标，需要扩展到基于"质量"的衡量标准。

媒体在当前的评价标准还是以数量增长为主，数量为导引与质量作为导引的评价指标是有本质区别的。互联网的增量发展是其优势，互联网带动下的用户媒体使用习惯已经颠覆了当前传统媒体的习惯评价方式。过去是电视台、电台、报纸等传统大众传媒一家独大，如今不是这种情况了，新兴媒体和 UGC 内容的普及已经有了发言权和主动权；广告主选择媒体发布方式更为灵活。对于互联网 UGC 发展现状而言，若用互联网点赞和阅读量来判定，基本是必死无疑。互联网对于媒体指标的衡量已经被"用户选择"的"适者生存"现状，锤炼得转向"质量"衡量标准。由此，传统媒体在融合发展中是不能停留在刷粉和抢用户的层面。传统媒体存在着用传统思维检测自己的新媒体开发的现象，其实很多自媒体也在用过去传统媒体的标准在判断新媒体产品，原因是没有其他更好的参照系。

二、深度优质内容的开发趋势

当代人们获取信息的途径有很多种，如 Facebook、Twitter、博客、彭博社、谷歌、维基解密、各类数字新闻和信息网站、YouTube，以及全球 20 亿人的个人即时发布工具等，新闻和消息来源获得呈现爆发式的增长，这意味着新闻业过去的内容创优和创新标准也面临着根本性的变化。

对于新闻业而言，未加工和未被确认的新闻、模糊的消息来源、漫天乱飞的谣言消解冲淡了大众传媒的专业话语地位。媒体专业属性是一个基本的保障，在信息过剩的今天，新闻从业者需要以极其专注的精神、极其精致的方式、极其便捷的形式，把凝聚媒体精神和个性品格的内容，推送给用户。新内容生产理念建立在对目标人群极致化的追踪分析，对广播竞品和仿品的时时数据分析上；对互联网音频内容传播趋势的时时监测上，对互联网朋友圈、公众号、论坛等最新热点数据的比对和关注的基础之上。

在新的媒体竞争语境下，对于广播节目而言，在日常报道上，不能被网络媒体的热点牵着走，或者被动地把网络热点夹生地掺杂进来，要建立广播主流媒体精挑细选的新原则，引导新媒体舆论的深度和趋势。

三、场景化主导下的媒体用户体验

随着媒体竞争的加剧，一些微小的收听习惯上的不适应，听众就会转台，移动手机用户就会卸载一个 App；用户一接触内容，从感觉上觉得不好，就不会再给听下去的机会了。新媒体传播不是按照信息匮乏时期的重要程度来进行度量的，媒体间的竞争越加体现在微妙、细节的优势上。因此，对于技术的强调，不是技术决定论，而是过去技术不受重视，而当前的技术不仅仅是基础性的要求，更发挥一种关键性的作用。对于广播主持人、编辑记者在未来的发展而言，首先考虑更多的不应是仅仅留住永久听众，或者使其受到怎样的内在影响，而应是如何在3秒钟之内不会被听众淘汰，失去影响听众的机会。

在这样惨烈的竞争状态下，"场景化"对于高质量内容而言是一剂良药。场景化必然催生听众立体化需求。

四、无处不媒介的内容解构力量

当今时代，是一个互相学习、互相渗透的时代。"无处不媒介"不是说大众媒体就此消失了，而是大众媒体的领地发生了变化。企业都在走"媒体化"趋势，没有媒体能力的企业很难生存。

企业媒体化源于媒体的去中心化。比如市场，每天出新东西，摊贩的流动性比较大，积极性也比较大，具有足够的创新精神。同理，为什么淘宝好玩，价格便宜、什么东西都可以淘到是表层的理解，新陈代谢的流动性强是其根本。凭借这一点淘宝就可以击败原来的百货大楼和大商场。

大数据的普遍应用会强化个人已有的信息记录，强化历史痕迹和朋友圈的活动。而微信促进个人群组在对话中进行协作，这是微信步入人工智能的关键性步骤。未来的人工智能是内化到我们的行为中来，内化到我们的社会关系中来。这是从本质上进行突破的，然后才是形式上理解的机器智慧。二维码的流行，使我们在国内出门可以不用带钱包，这可以看作是万物互联的前奏。广播音频媒体参与到这个大潮中是改革的必然方向。

对于今天所谓的"媒体资源"而言，从技术的角度可以实现"无限供给"，只要能搭载信息的均可以作为媒介。传统的媒介理论面临重新定义，未来广播音频产品的定义和供给也面临着颠覆性的变革。

五、媒体核心的、基本要素的融合

传统媒体如何进行互联网化改造？互联网媒体与传统大众媒体是否可以做整体意义上的整合？如果具有可行性，这种改造、融合、整合的途径是什么？

我们举两个例子作为思考的起点：第一个例子，CrossFit① 作为美国流行的热门健身方式，不只是健身技术的创新，更是以社区为基础，进行分组训练，用游戏作为对抗方式，进行体能训练，变身为"健身 + 社区组织 + 游戏社群参与 + 分组对抗"。这一商业模式使 CrassFit 从几千万美金发展为十几个亿的产业，成为从个体到全国层面的体育狂欢热潮。第二个例子是近年来兴起的社区公路自行车实验室，选手在骑行的时候看的是数字画面，但是回放的时候要有 VR 带入，有 3D 效果，有炫酷的音乐，要有英雄气概，同时转发朋友圈，这就是"自己演给朋友看，边演边看"的模式。表演者和观赏者在这个意义上融合在一起了。

由这两个例子我们是否可以推及，体育产业发展如此旺盛，那么辉煌的 NBA 为什么没有进行类似的转型——转型为全新的体育产业？其深层原因是什么？这一思考的角度，或许为传统媒体与互联网媒体的融合发展之路提供一种借鉴性思考。

当前，对于媒体发展的格局而言，技术是一种先导。有了技术的推动然后才有了全新的产品，有了新的管理体制，有了社会结构层面的变化，然后最终又回到人的变革。因此，技术是一种推动的力量，但技术不是源起。媒体的变革、融合仍然需要回到媒体本身。

六、未来广播音频媒体内容创优创新的三个阵地

未来广播音频媒体内容的创优创新主要体现在三个阵地。

首先，FM 的音频流阵地。音频流强调广播节目的实时播出，内容核心特征为新闻性、故事性、戏剧性、互动性、即时性、语轮节奏快速、场景化突出……对于听众而言，可以根据需要随时参与节目的直播收听。

其次，音频内容点播阵地。对于音频流中的部分节目内容，尤其是经典和权威的节目内容，作为网络点播应用；也可以对节目进行二次分包，或者专门为点播平台制作不同于线上内容的节目。

最后，收听场景化阵地。广播的"场景化"传播理念代替的是当前"频率"的功能。前文也提及较多。对于听众而言，日常的生活场景有很多，如处于位置移动场景，处于高铁、地铁、汽车、自行车等场景，处于电子游戏场景，处于休假场景，等等。依据场景需求对广播内容进行重新分类，整合分发，更

---

① CrossFit 健身训练体系起源于美国，由 Greg Glassman 教练于 2000 年创立，发展至今已是一套十分成熟的健身体系。

适宜张扬广播媒体属性层面的优势，或许会成为未来广播频率整体改革的一个方向。

发掘音频媒体的传播价值、社会价值，将是一个长久的命题，深具研究的价值。未来媒体的发展不可预估，唯有"变化"是"不变"的。

第三节　传媒技术与音频媒体布局①

基于互联网、移动互联网的新技术平台是媒体发展的未来领地，这是不争的事实。

当前，新一轮信息技术革命正在向智能化方向发展，大数据、云计算、物联网、移动支付和人工智能技术引发的"智慧浪潮"，深刻地改变了人们的工作生活方式。音频媒体在新技术研发和引入层面，与人工智能技术拥抱，既是时代所需，也是推动行业变革的路径之一。对于广播媒体而言，智能化的核心并非仅应用智能技术本身，而是借此进行行业的系统改造和升级。

一、5G 环境对于音频媒体而言是机会不是危机②

从目前来看，5G 时代到来对视频行业和互联网产品的冲击应该更大，广播或者音频媒体领域不是当前媒体产品竞争的主战场，承受的冲击也会相对较小。

（一）被分散的受众注意力

5G 时代给当前整个媒体行业带来的根本冲击是什么？——应该是更大程度上对大众注意力的分散。会有更多的竞争者涌入，媒体内容的提供者和提供的方式和渠道，都会随着 5G 环境的改变而重塑受众对于媒体内容的各种需求。这种分散相对于过去广播电视行业主导传媒市场而言，将产生更为巨大的落差。当前受众大量的分流，是所有传统媒体行业及其周边面临的最大挑战。

（二）视觉内容的"听觉化"趋势

视频业有一个趋势是需要注意的，很多视频内容在发生着"听觉化"的趋

---

① 本节主要内容除特别注明外，均改写自：智慧化趋势下广播发展路径探究：基于对湖南、贵州、福建、江苏等地广电媒体的调研［J］. 中国广播，2018（11）：5 - 17.

② 2018 年 10 月 16 日"尼尔森网联 2018 广播行业峰会"：跨步 5G，"声"驰千里（云南文山），孟伟主题发言《5G 时代声音内容的传播价值》。

势，视频内容的音频化是为受众增加了单频道获取信息的附加值。5G 时代随着传输速度的大幅度提高，对于受众的多元选择的把握，十分重要。因此对纯做音频内容的领域将是一个很大的冲击。对于各类媒体而言，补齐音频产品的生产线需求很普遍。这对于电台的内容生产环境来说，是好事情。

（三）人工智能引导下的媒体内容批量生产

不仅仅是专业的媒体机构在生产内容，自媒体经过近 20 年的发展，已经在赢取大规模受众和系列产业化的进程中不断摸索到出路。当前，还有一些新的内容生产值得关注：一些互联网技术公司做内容比过去有些专业媒体机构做得还要好——批量生产、降低成本、保障节目质量，随时更新等需求，正在被人工智能的媒体内容生产实现。未来可能用不了多久，人工智能将在更大范围内参与到媒体内容的批量生产中，包括文字、影像和声音内容。

（四）被分割的传统媒体疆域

对于国内媒体而言，其特点和优势在于与政府保持良好的关系，包括独家信息来源。但近几年也发生了一些变化：目前的媒体是三分天下，一个是媒体机构，一个是政务发布，最后是自媒体。"三分天下"的局面，意味着以前传统媒体独占的"盘子"，目前其只占了一部分。

（五）广播区域发展特点被挑战

对于广播行业而言，很多认知也要改变。电台过去从全国范围来看是没有特别明显的区域竞争关系的，电台更多呈现为本地化媒体的特征。随着 5G 时代的到来，媒体的区域界限将进一步被消解，在这个更大的舞台上，电台将如何守住本地市场，或者重新调整细分市场，甚至突破区域发展的边界？这是一个当下比较现实和比较大的问题。

（六）互联网是所有媒体竞争的主舞台

当前广播遇到的本质问题，不是 5G 的问题。5G 问题只是一个所有媒体面临的问题。我们不能用一个普遍的问题淡化当前广播本身的问题，回避掉电台目前可以做并能做的目标和任务。对于广播人而言，可能是"感觉"更需要调整，因为 5G 之前以及之后，传统媒体都不再可能像是过去一样，主要依赖于政府和国家资源主导下实现社会"聚焦"。当前和以后的"聚焦"将更多来自互联网、移动互联网这个主导舞台，以及各类媒体自身发展的成熟度和适应新变化转向能力的竞争。

（七）互联网与传统媒体一样，都在寻找内容生产模式

实际上互联网媒体的内容生产也面临着同样的挑战，基于这个挑战，对于"什么样的内容是受众喜欢的"——受众喜欢的一定程度上也意味着市场的前景

好，在缺少经验借鉴的前提下大家都在不断摸索中。

（八）高浓度的内容消费趋势

如前所述，所有类型的内容生产者都面临着受众注意力分散的问题。受众注意力集中的时间在大幅度缩短，受众越来越没有耐心了，越没有耐心，媒体内容就会越倾向于抓"刺激点"。各类"短"视频和"短"音频类内容发展迅速，甚至出现 3 秒、5 秒的高度浓缩内容。这种内容的高度浓缩，消费的是内容生产领域的"核心"，对于正常社会的新闻生产而言，这种高度浓缩的内容消费趋势，是对整个行业前景的一种提前消费。

二、新技术与音频媒体内容发展的关键点

所有媒体都在新媒体化。从社会进化的角度而言，如同语言是人类的言说能力一样，新媒体正成为人类认知能力的延伸。新技术发展对于媒体业而言，增强了存储能力、检索能力、分发能力、互动能力……

广播电台是内容生产机构。"智能化"只是广播改造的外部工程，"智能化"的广播内部改造，突出体现在"智能化"内容的生产策略上。广播"智能化"的核心并非应用"智能"技术本身，而是借此进行行业的系统改造和升级。智能化的长足发展对内容本身的鲜活度、个性化等提出了新的要求。

（一）从大众、小众到个性化、私人化的媒体内容需求

从互联网爆品来看，仍然是"互联网化"的"大众化"。未来新技术发展，特别是 5G 及其未来技术支持的是对受众私人化需求的一一满足。个性化只是私人化的一部分概念。短视频是一种宽泛意义上的"大众"，是在类别上的一种爆发，并非仅仅是技术上造就的碎片化，而是人的需求对于媒介内容供给类别匮乏的一种反应。

智能化家居与垂直智能领域对于内容的需求，如前文所述，不是养老行业，不是过去老年频率、老年节目、老年频道等传统广播电视意义上的理解。而是老年音频的智能化、私人化的服务性系统内容的开发，这是媒体融合的要义所在。以此为基准，基于人群和类别、场景化的需求服务才能建立起来。媒体内容布局未来考察的将是筛选内容选题的能力以及内容与受众的一一匹配能力。

（二）推进技术公司和专业媒体内容生产机构之间合作研发

过去节目内容与大众媒体之媒介属性匹配，并形成限制。随着互联网技术的发展，媒体内容与受众个体需求之间将更为契合，这意味着内容的服务性落到了实处。

智慧化促使受众一一对应的需求成为可能。互联网化的音频内容生产思路

将突破旧有频率的限制，依照新的内容分层，如年龄性别、心理生理、非视觉化的所有场景、城市声音和行业声音识别等，将成为音频内容专业化生产新的聚合原则。

从智能技术到智能音频内容传播之间尚有较长一段路要走。智能化音频检索、智能化音频聚合分发、智能化音频生产原则、智能音频版权等智能音频内容底层技术开发，尚需要在技术公司和专业媒体内容生产机构之间合作研发。

三、新技术改造音频内容生产的新趋势

（一）新技术提升音频内容生产效率，降低生产成本

目前，人工智能对广播发展的直接意义是：一是提高广播的生产效率，二是降低生产成本，三是高度保证安全播出的准确性，四是促进个性化交互的大面积实现。[①] 对于任何有盈利诉求的机构而言，提升效率、降低成本是保障产品优势的不二法则。

1. 改造传统音频生产形态

在当前媒体格局下重新定位广播生产，寻求与互联网对接的途径。将技术基因与广播基因融合在一起，变革传统广播的生产形态。未来，在技术迭代、竞争加剧的情况下充分挖掘广播的核心优势和独特价值。

2. 人工智能实现声音产品最低成本的批量化生产

通过人工智能等最新技术成果，实现文字与声音的自由切换和转化，提升内容生产效率，满足互联网时代最低成本的批量化生产需求。坚持以内容为主，将智能音箱、车载智能终端、智能家居等新发展出来的音频出口作为广播推送的渠道，挖掘音频媒体的 IP 价值。[②] 在内容端口进行规模化生产，建立联盟台以形成模式圈层。

3. 新技术赋能的运营创新

在维持广播媒体事业单位稳定性前提下，成立独立的商业公司，探索运营的多种形式与实现途径，或许是一条可探索的路径。如以技术架构为基础成立合资公司，联合研发拥有知识产权的新产品。

4. 音频节目许可证颁发的紧迫性

目前新媒体经营许可证是视听合一，但广播或者音频传播具有鲜明的独特

---

① 2018 年 8 月 30 日笔者在微软（亚洲）互联网工程院调研，人工智能创造事业部总经理徐元春观点。

② 2018 年 5 月 16 日"智慧广播"湖南台调研中，何良璋谈及上述内容。

性，亟需作为独立的市场主体参与竞争，而不是淹没在视频媒体之下，这将不利于音频媒体的正常发展，或将禁锢广播媒体融合发展前景。互联网音频节目许可证的设立和资质审议，或将推动音频市场的发展甚至爆发，促进广播媒体转场到更为广阔的市场空间，并反向促进广播媒体公信力、影响力、传播力的提升。

（二）广播语音文本智能编辑系统探索

湖南广播智能化技术应用，率先开启人工智能改造节目生产流程的探索，成立了"据说"融媒体实验室，建立 AI＋新广播技术联合实验室——听说，试水虚拟主播和微软小冰等。

2017 年 7 月湖南广播与科大讯飞股份有限公司达成合作协议，建立 AI＋新广播技术联合实验室——听说。这一实验室的目标在于提升声音文本编辑的质量和效率。运用 AI 语音自动翻译以及语义识别技术，研发专属于广播的中文语音文本智能编辑系统。该系统应用精准时间戳技术、语音转换技术、语义识别技术等实现对语音的编辑，同时利用上下文已有的声纹情感信息对剪辑处进行智能修饰，达到语气语义过渡自然的目的,① 实现了音频稿的同步文字编辑，为后期审稿省去了大量监听、剪辑、听写同期声素材的时间，大大提高了音频编辑的工作效率和新闻发布的时效性。

广播语音文本智能编辑系统的研发，有助于音频产品的规模化、标准化、流程化和多样化生产。这一系统开发具有开创性意义，目前系统稳定性尚待改进。

（三）新闻播报中的零差错虚拟主播

广播新闻的优势就在于"快"，互联网的发展使广播"快"的优势被弱化。广播新闻如何与互联网新闻拼"快"？零差错的虚拟主播则从新闻播报的播音环节通过智能语音系统改造，大大提升了新闻出品的效率。

对于电台而言，采集主持人原声让机器系统学习，机器掌握主持人的音色、音质，从而建立起主持人个性化的语料包、语速包。在具体操作中，处理完采集来的音频同期声，编辑记者即可以把写好的稿件导入虚拟主播系统，选择虚拟主播、语速、语气等，一键回车，立即生成与文稿对应的个性化音频。这一技术可实现全年 365 天、每天 24 小时不间断录音，且不受录音场地、设备限制，随时随地将文稿转化为音频。

---

① 牛嵩峰，唐炜. 基于人工智能的中文语音文本智能编辑系统设计［J］. 广播与电视技术，2018，45（4）：56 – 61.

这一技术在突发事件、自然灾害等应急报道中，优势突出。记者奔赴新闻现场，现场写稿，现场剪辑，现场可以借助虚拟主播生成广播新闻作品，可以大大提升新闻报道的时效性，实现广播内容生产环节较大程度的智能化。

（四）娱乐类节目中人格化的虚拟主持人

湖南台音乐广播频率为了增加节目元素，在节目播出过程中借助发音软件为听众发红包，以制造热烈效果，在取得良好的反馈后，湖南广播与商业公司合作打造出国内首个真正意义上的虚拟主播"嘻芮"。

"嘻芮"从广播到电视再到新媒体，只用了不到 5 个月的时间就走过了普通主持人 10 年都难以走完的路，初步形成了"广播＋视频网站＋音频网站＋电视＋微博＋微信＋H5"的 IP 模式，并将渗透到更多的真实生活场景中。①

虚拟主持人的意义在于：就音频的娱乐性而言，其音频作品、音频主持人的个性锻造，更为自由和灵活，尤其是商用的过程。这是新技术发展过程中，在主持人层面音频创作的一个未来的爆发点。

即便如此，"嘻芮"现象尚无法大面积普及。笔者在与"嘻芮"制作人座谈中，发现"虚拟主持人"的技术可以推广，但其背后需要付出大量的时间和精力，对工作人员的工作能力实际上提出了更高的要求。"嘻芮"的个性附着在工作人员的身上，工作人员也要把自己当作是"嘻芮"，达成技术的"人格化"转化。湖南台对"嘻芮"及其节目样态和节目风格的贡献，为未来智能音频内容传播做了初步的探索。

（五）智能化语音生成节目内容

如果说虚拟主持人"嘻芮"在节目中还是被动的角色，到了微软"小冰"第六代，对于广播媒体而言，则意味着智能化语音生成节目内容的可能，意味着虚拟主持人打破了人的局限，可以全天 24 小时与受众互动，实现了提供无限个性化的线下互动工作。

2018 年 7 月，第六代"小冰"发布，"小冰"可以自创回应，无须从已有的对话语料库中检索而得。也就是说，"小冰"可以通过自创回应，来牵引对话朝它所希望的方向发展。这就意味着一档广播节目，可以借助"小冰"实现与每一位听众的个性化对话，使广播在最大范围传播推广的同时，兼顾每一个听众的需求，实现"专属"互动的对话机制。

出于安全播出的考虑，目前只是使用了微软"小冰"的声音外壳，还不能

---

① 赵权，黄荣，启华，吴宏勋．"广播＋互联网＋N"用连接创造更紧密的受众社交关系［J］．中国广播，2016（1）：45 - 47．

做到真正的人机互动。

四、电台基于新技术开发的智能终端试水

福建台交通广播频率对广电车盒子项目的探索，是电台问鼎新媒体硬件市场的敢为之举。广电车盒子与其他智能后视镜不同的是，广电车盒子售卖的不仅仅是硬件，更为关键的是与广电媒体的互动以及在此基础上提供的一系列服务。

广电车盒子与广电的便捷交互是车媒通网络科技有限公司自主研发的，这也是广电车盒子的核心优势。需要强调的是，这不仅仅是广播的另一个出口，更是广播的另一种形态：调频广播的所有交互模式都汇聚在这个车盒子上面，包括点赞、打赏等功能都已经开发出来，可以具体到某个节目、某个主持人。

新技术对主流媒体商业模式的冲击和改造日渐清晰。广电车盒子理想的商业模式是：合作方可以自由掌控硬件设施的研发、销售，但内容则完全由福建交通广播掌控。福建广播将更多精力集中于内容开发领域，根据场景变化制作定制化内容——突破内容与广告的边界，以信息流做内容包装，将资金流与信息流打通。

广电车盒子的增值服务目标体现在对于整个社会资源的聚合与再应用：福州台已与汽车销售公司、汽车养护美容店、机场停车服务系统等达成战略合作，为车友提供涵盖用车、养车、停车等汽车产业相关服务。为了更快速地拓展市场，福建台也在探索与保险公司、金融机构、高速公路等领域合作，以降低成本，并逐步向其他省市拓展市场。这意味着广播电台的跨区域发展将是产业和资本推动下的本能举措。

五、新技术与音频媒体的新商业模式

（一）新技术激发广播电台新商业模式的探索

新技术激发广播电台新商业模式的探索主要体现为以下几个方面。

①以"独家内容"建立起音频媒体行业壁垒。

②做垂直产业链的服务聚合。在推广上打通产业链，针对垂直领域，以传统广播电台作为背书，提供聚合服务。

③逐步建立广告＋产业的多种盈利模式。探索跨行业、跨地域合作机制，打造商家提供资源→电台精准营销→体验式消费的闭环。

④物联网音频是广播未来趋势之一。车载智能终端是初步的尝试。物联网音频是未来发展的一个趋势，也是音频信息的一大出口。

⑤用户数据的精准投放。未来将走向精准传播，也是个性化的传播。随着车联网的发展，用户数据会越来越大、越来越精准，能够为智慧交通、智慧城市建设提供客观、准确的决策依据。

⑥亟需改进的电台管理模式。在具体的操作层面，电台员工的考核标准亟待跟上新形势的发展。同时，新媒体产业需要大量的资金投入，特别是在前期市场培育阶段，一旦资金跟不上，股权就会被稀释，这就需要政策上的支持和保护。

（二）音频媒体可复制的商业模式

传统主流媒体的硬广告下滑是一个不争的事实，且逐年清晰。尽管广播媒体呈现逆势上扬的态势，但大趋势下"焉有完卵"？支撑广播等传统主流媒体硬广告的企业，期待媒体提供的不仅仅是产品介绍、价格、折扣点等要素，更期望借助媒体影响力和宣传推广能力直接与客户对接其主营业务，实现与客户积极沟通、探索基于平台数据结果的营销方案合作。这意味着广播媒体需要转变与企业之间的关系，由甲方乙方变为合作伙伴，发展新型合作关系。

上述现状和问题是传统广播行业突围的关键点，一旦"关键点"被"攻破"，则全国可复制的广播新型主营模式有望建立。当前广播媒体首要欠缺的是基于新兴技术的系统解决方案，以及成系统、规模化的执行、营销团队。就目前的改革成果而言，"在南京"客户端①或可值得关注。

"在南京"客户端组建的"媒体人＋工程师＋市场人员"两百余人的团队，经过60多次的技术迭代研发，形成了一套技术迭代、策划、宣传、执行、总结的完整媒体融合工作体系及流程，可以有针对性地为地方广电媒体、合作伙伴提供软件、硬件、营销等方面的定向支持。

最新版本的"在南京"技术上的特点是：兼具媒体属性（广播电视在线收听收看、资讯发布、用户互动）、服务属性（精准帮扶、公益便民等公共服务）和商业属性（吃住行、游购娱等时尚、实用、实惠的产品和服务）。平台上，地方政府机构、商业企业、广大消费者聚合，充分调动了各方需求，实现了多方共赢。通过"母平台＋本地团队"的方式打造了广播城市台的"可复制模式"，这是广电特有基因建立的转型平台。其意义在于：一方面，"可复制性"使基于新技术的新媒体平台具有存在的可能性，可以营造平台的规模效益；另一方面，基于广播电台整体改革的运营方案，可以营造全国广播电台"齐头并进"的局面，形成一种产业上的发展氛围，而并非哪一家电台做统领、其他电台跟从的

---

① 南京台与民营企业南京摩尔猫猫文化发展有限公司联合开发的"在南京"客户端。

发展关系。

当前，国内传统电台的商业模式还是条块割据的特征，新兴技术有望解构这一产业现状，电台的生存既要有本地市场思维，又要有全国一盘棋的视野，而"破局"十分困难。

六、基于电台建立互联网音频新经济业态

2010 年以来，贵州台交通广播频率在全国广播行业表现突出。在贵州省经济发展速度和国内生产总值（GDP）水平不及国内发达省份的情况下，贵州交通广播经营创收和事业发展以突飞猛进的速度冲进全国交通类广播的第一阵营。

这一案例的启示在于：未来广播媒体既可以作为声音内容或者专业媒体内容的提供者，也可以作为一个地区、一个行业内，互联网新经济业态的搅动者、引领者，充分发挥广播从内容生产者到"媒介"的"平台"连接和服务功能的过渡。

（一）以互联网思维解构传统媒体的运营架构

1. 以用户思维带动流量

以受众为中心是贵州交通广播节目生产和频率运营的逻辑起点。贵州交通广播深谙互联网"网红""吸睛"的本质，成功把贵州交通广播打造为地区内"媒体明星"，让贵州交通广播成为城市文化中"温暖""阳光"的代言。

2. 以大数据思维增强竞争力

随着用户数量的增长，路况云平台可以实行商业化运作，用户可通过包月、包年等方式进行订阅。路况云平台还可以根据后台数据分析出贵阳车主的消费习惯，有针对性地推送产品和消费项目，如保险服务、餐饮门店等。这些数据为广播赋能，加上聚合的社会资源，搭建广播新经济业态成为一种可能。运营奇迹的出现，永远不是一个因素促成的，一定是众多要素集聚，机会到来，一举成功。

如果说贵州交通广播的路况云平台只是解决了行车一族在路上一段时间内的单一"刚需"，那么停车场系统则建构起城市个体、社会、政府等复杂网络中各种社会关系的"刚需"，并搭建起基于"刚需"的商业闭环，使稳定的受众"圈层"建构成功。

贵州交通广播依托广播平台，将社会各方资源有效盘活，不但为受众（用户）提供了更优质的服务，同时扶植了商家，助力了城市管理，进一步壮大了广播自身。

（二）新技术助力建构社会"信任机制"：媒体公信力发挥到极致

公信力是媒体自身内在品质和外在形象在社会公众心目中所占据的位置，是衡量媒体权威性、信誉度和社会影响力的标尺，也是媒体赢得受众信赖的基础。

广播帮扶类栏目早在20世纪80年代就曾经掀起正向社会风气营造的热潮。贵州交通广播则"复燃"了帮扶类广播栏目的媒体威力，在互联网时代作为电台"热点"打造的重要途径。

"爱心车队"，国内多数省市电台均有尝试。贵州交通广播的"爱心车队"重在制度化、常态化，客观上以媒体做后盾，支撑出租车司机等社会驾车群体承担起城市文化、城市文明的传播者角色。在这一过程中，贵州交通广播树立起电台的社会品牌形象。

媒体品牌是"媒体所提供的精神产品在受众心目中的品质评价以及这种品质评价所具有的潜在商业价值"①，在新媒体时代，塑造媒体品牌需要更优质的内容、自带流量的人格魅力以及自己的产业生态。

贵州交通广播的微剧，贡献的不仅仅是广播内容，更为重要的是增加了整个频率的辨识度。这是贵州微剧的本质——你可以没听过广播，但必须要知道有一个"贵州交通广播"。这一频率的品牌化效果，使广播在与其他媒体的竞争中胜出，电台才有可能聚合、连接当地有价值的资源，搭建大平台。

总之，贵州交通广播以公信力和媒介品牌为背书，以技术为手段，以资本为推动力，用互联网思维重塑传统媒体，通过内容、网络和服务三个层面，与政务、金融、商务、应急、生活消费等领域深度融合，为广播频率带来新的价值与增长点，也由此促进城市"智慧化"发展。

七、智慧化广播之路

（一）新技术改造传统广播的生产流程、运营业态、工作模式

不进行改造，就无法与当代受众接收习惯对接，新技术改造事关广播的生死存亡。湖南台改造音频生产流程即在此层面上发力。

（二）借助人工智能助推音频内容生产

广播媒体完全有实力、有时机占领智能音频内容生产这一广阔市场。未来智能家居、智能养老、智慧城市等均需要海量的音频内容，企业尚不具有大批量专业媒体内容的生产能力。电台布局未来智能音频的专业化内容市场，事关

---

① 黄开民，喻民. 电视媒体进入品牌竞争时代 [J]. 现代广告，2004（4）：10.

新广播新命运的战略考虑。湖南台借助人工智能在电台节目生产中积累的基本经验，可以看作是正朝着这个方向前行。

（三）广播媒体链接社会资源，构建圈层经济生态

广播媒体作为专业媒体内容提供者之外，电台也可以做"平台"，链接社会资源，构建圈层的经济生态。与媒体融合前半场的"平台"模式不同，此阶段更多集中体现在：广播区域化、行业垂直领域的平台化运作。

当前的音频产业版图包括：互联网原生音频平台、不断涌现的自媒体；电视、纸媒、出版业的音频；广播的全媒体运营；人工智能的音频入口等。[①] 网生的音频内容更多发展的是"信息的音频表达"，偏向于知识、资讯和娱乐内容等声音形式的表达，避开了广播电台新闻传播的主流功能，[②] 是差异化策略发展的结果，也是广播音频媒体的优势所在——"你不可以做我的领域，我却可以做你的领域"。

针对音频媒体内容生产领域，广播电台仍然是最具实力的，电台当务之急是催动音频市场的高占有率策略，在战略布局上主动出击，以音频优势参与到全社会相关行业的产业分成中。

（四）技术抹平区域差异，跨区域发展蓄势待发

过去电台基于条块分割的状态，不同地域电台之间一般没有竞争压力。互联网时代，大连接建立起最广泛的社会联系，广播媒体也不例外。

江苏台的"大蓝鲸"从"互动、直播、用户画像"等角度出发，促进本地电台跨区域发展。南京台的"在南京"，从一般电台新媒体技术、互联网化营销的普遍短板出发，深谙主流媒体的政策和功能，围绕电台的职责使命，为政府、社会和社会个体提供媒体内容和服务，其强大的城市电台"复制"功能，有望推进城市电台在商业模式上的全国普及。以新技术为先导的商业模式将抹平区域间的差异，这不同于强势电台的跨区域发展，而是基于本地电台参与到普泛式的商业模式上，形成全国音频内容可以议价的市场，从而在实质上推进音频内容的质量评估和市场化交易，真正建立起电台音频内容生产者的权威地位。

湖南电台呼吁建立"音频节目许可证"的初衷也正在于此。没有行业标准、没有一个全国的音频内容市场和音频作品的议价能力，音频内容的真正爆发便没有可能。

福建的广电车盒子从智能硬件＋服务的层面抹平区域差异，推进跨区域的

---

① 孟伟. 竞合、智媒：2017 新广播新征程［J］. 中国广播电视学刊，2018（3）：11－17.
② 孟伟. 当代广播音频媒体转向的基本理念［J］. 中州学刊，2017（11）：167－172.

广播电台同步改革步伐；贵州交通广播的社会资源大链接探索，看似深耕"本地"，实质上是以深耕"本地"资源为基础和前提，在模式上亦具有全国可推广的价值。广播的区域化、封闭发展的态势，将在新技术的推动下，加速被打破。

当然，广播在生产和运营领域尚需强调尊重真正的产业属性。比较互联网原生媒体，广播等传统媒体的软肋在于：政策机制制约下的产业不成熟。产业化是互联网媒体内容生产的本质，也是广播新媒体内容彻底改造的先决条件。

八、智慧化的本质：广播媒体融合的助手

广播智慧化趋势不是因为广播"老"了，广播"过时"了。国家赋予的媒体资源，用好了，都是"金饭碗"，都是服务国家和社会的"利器"。

从互联网发展的短暂历史来看，新技术改造了供需关系，重建了商业模式，打破了垄断和行业壁垒，在一定程度上是对社会资源的一个重组。广播的智慧化发展是传统主流媒体互联网化的一个步骤。新技术用好了，就是"助手"；无法驾驭，则会成为行业的颠覆者。

广播的智慧化发展或许是传统广播"破局"的一个路径：从颠覆广播内容生产环节到颠覆音频内容的输出终端，从构建新技术支持的"商业模式"到搭建"平台"化的区域经济秩序，广播所应做的事情，已经不是传统电台的"本分"了，而是要在全社会领域重新发声，确立音频媒体的新形象、新品牌。

第四节　主流音频媒体与主流价值观

习近平总书记指出："读者在哪里，受众在哪里，宣传报道的触角就要伸向哪里，宣传思想工作的着力点和落脚点就要放在哪里。要顺应互联网发展大势，勇于创新、勇于变革，利用互联网特点和优势，推进理念、内容、手段、体制机制等全方位创新。"党的十九大报告明确提出，要提高新闻舆论传播力、引导力、影响力、公信力。在任务、使命和挑战面前，广电主流媒体的融媒体转型势在必行。2018 年 3 月，中央广播电视总台成立，成为国际上规模最大的主流媒体机构之一。

主流媒体特别是广电媒体在融合进展中，有不少成功的案例，但也存在着部分认识和理念上的误区。本节提出了主流媒体承担主流价值观传播，与国外商业媒体机构有本质上的区别，与互联网的治理问题密切相关，总结广播媒体融合发展中容易出现的几个问题，以及问题存在的根源。

一、"融媒体"不等于所有媒体形态的"全媒体化"

当下有一种认识：如果音频不做视频，视频不做文字，如果不补齐所有媒介样态，就不是融媒体。实际上，媒体融合产品并非以全媒体产品为最终的竞争形态，而是在媒介形态打通的前提下，借力某种或者某几种媒介形态、媒介理念融合的优势，让形式为内容服务，打通渠道，改造管理机制，最终在移动互联网端打造出老百姓认可的传媒力作。至于在内容层面是汇聚哪几种媒介形态实现融合，不是问题的根本，不能以此为标准来判断其是不是融媒体创新。适"销"对路，才是我们进行融媒体改革的努力方向。厘清这一认识，可以避免出现为了"媒体融合"而"融合"的半截子"形象工程"。

因此，融媒体的视角、互联网理念、全球视野的本地化表达等理念层面的认知，十分重要，其次是媒体机构的产品战略发展布局。主流媒体缺少对互联网竞品的科学描述和系统研究，也缺少对自身"优势"的数据化衡量，数据化认知还仅停留在市场化程度上的受众数据使用，亟需在"理念更新""战略布局"以及"科学化的自身处境研判"三个层面有新的突破性认识。

媒体融合是一场主流媒体认识思想上的深刻革命。

二、不要模仿互联网"爆品"，要超越"爆品"的表象

互联网"爆款"产品的生命力持久性一般不强，这与互联网的弱点有关，需要在极短时间内集聚海量的受众，方可以争取到一席之地。因此，"爆款"的首要价值在于如何"瞬间聚人"，而非其他。传统主流媒体对于产品、作品层面的开发，若因袭互联网的此类经验，则会出现照猫画虎、似是而非的局面，且效果不佳。并非主流媒体没有实力，或者互联网化程度不够，而是发力点错位。

一些发达国家的媒体格局一般不会给互联网这样大的空间。今天国内互联网发展的格局，对于主流媒体而言，可能最初在一定程度上低估了商业的力量，低估了互联网"野蛮"生长的力量，低估了社会个体的创作力和接受力。

传统主流媒体亟待研发适宜互联网土壤，整合、延续主流媒体的专业实力，同时承载起主流价值观传播使命的内容表现新方式和新途径。这一点将是未来主流媒体发展的重任之一。

三、寻找移动互联时代新的"国家声音"表达

主流媒体特别是广电媒体，作为老百姓心目中权威话语的习惯仍然存在。尽管互联网各类社会"新闻"纷杂，但在社会突发和重大事件中，老百姓会不

由自主地寻找主流媒体的信源。基于互联网语境下主流媒体新闻力作的开发将是接下来发展的重中之重。

例如，2018 年 6 月中央广播电视总台央广开发的手机端早新闻产品《嗨！七点出发》，2018 年 11 月 23 日的点击量在 10 万以上。那天的重要新闻是"葫芦岛小学门前驾车冲撞致 5 死 19 伤案"，这意味着在关键的重大社会新闻面前，大众本能地去找国家级主流媒体的新闻，而非市场上任何有号召力的大 V 号。

互联网聚集了海量受众，而国家的声音必须在那里。移动互联网时代的"国家声音表达"，不仅是老百姓眼中的"国家声音表达"，更是新闻记者的国家站位、百姓站位的互联网化表达。要让"国家声音表达"的"10 万＋"新闻读取成为一种常态，承担起正能量价值观传递的重任，这才是主流媒体转型、媒体融合探索的方向所在。

四、渠道或者平台不是主流媒体的唯一救星

当前有一种流传范围比较广的认识：传播力基本等同于渠道的畅通与否。意思是：传统主流媒体的渠道不够畅通，互联网平台规则大大限制了主流媒体的互联网阵地优势，因此传播弱化了。持有此观点的人多为沿用了传统主流媒体的渠道优势思路，简化了主流媒体面对挑战的复杂性。这会造成主流媒体虽下大力气开发渠道建设，却并非把渠道建设放在整体战略方阵中去考虑的局面。

依照上面这一被误导的思路捋下来，逻辑上是：给了我们渠道，我们就可以彰显传播力。但是，互联网制胜远不是渠道的制胜。**互联网是渠道与内容形态的双重颠覆，而以内容颠覆为灵魂，渠道是技术和物质层面的，服务理念是灵魂。**陈旧的内容形态与互联网新渠道之间有天然的排斥力，无法共生。因此在花大价钱畅通渠道的时候，更应该反思内容是否到位，进而反思理念是否适位？

这里还有一个悖论：真正得利者是商业平台，真正做内容的做不出好平台。这需要有一套国家媒体发展的平衡机制和平衡策略。

五、优质内容的误区，被忽略和遮蔽的媒体内容逻辑

碎片化趋势和短视频的潮流，是自媒体战胜专业媒体的法宝。为什么互联网产品以"短"为流行？"抖音"是用"短"来做流量，聚集海量内容，在几秒或者十几秒的时间容量下，自动筛选出高质量的内容。这是互联网从流量到

内容质量的一种独特的自我追求和成长道路。

对于主流媒体而言，不像是互联网一样从无到有，我们有自己的平台、渠道和内容规律的丰富储备。因此，沿着互联网"短"和"碎片化"的整体内容特色迁移，并非传统主流媒体内容转型的内核。

就互联网而言，对优质内容价值的回归，是以知识付费为起点展开；而广电等主流媒体拿出的多为计划经济时代或是互联网发展兴盛之前的内容规划和内容质量标准，在互联网大潮冲击之下，这些处于媒体相对"封闭"发展语境下的"规则制定"已经在失效之中。**无论是互联网还是互联网影响下的主流媒体，锻造优质内容之前，作品内容得符合"逻辑"——从生活的逻辑到作品内容组织的逻辑，到受众的逻辑，再到媒介属性自带的逻辑。**

生活的逻辑在哪里？对于媒体人而言，是"沉下去"+"思想内涵"。生活本身的逻辑很精彩，背后一定可以找到无懈可击的合理性，但是媒体作品是再构造的，就像是人工智能设计的程序一样虽然接近完美，但一定存在某些漏洞，我们需要把这个漏洞降到最小。不要想着去驾驭生活，要去发现生活。真正花时间沉进去，才会发现更多真实。要舍得拿出时间去与人耐心相处，才可以真正认识生活和朋友——因为交往中他们愿意向你展现出最多的真实。新闻作品应是时代的作品，也是适时的产品。主流媒体必须找到一种方式切入进去。就像是一个陌生人到一个新的环境，得想办法让这个氛围接纳你。

六、大数据是表层，不是核心

数据化是一种工具或一个助手，也是全球媒体发展的一个趋势，数据化使受众与媒体机构或自媒体传播者之间的交流和反馈更为直接和高效。对数据的重视是对于新工具的尊重。

技术是中性的。**对于内容而言，技术所能带来的，实际上是"提速"，却不能改变根本。对于媒体内容的生产者而言，能够改变根本的——永远都是写好每一个字、每一个词、每一个句子，这个是最基础和根本的东西。我们现在的情况是为了表面的东西而忘记了根本的东西。实际是表里都需要，缺一不可。**

传统主流媒体内容审核逐渐依赖使用人工智能技术。对于人工审核而言，增加层级不一定更安全，重要的是提高审核的效率，以及增加审核的科学性。

七、覆盖的本质不是停留在一人一屏，争取最大范围的受众仍是首要任务

个性化、定制式传播不等于缩小了大众传播的覆盖范围。数据画像可以直接找到受众，这是一个技术问题，不是一个传播理念问题。互联网时代主流媒体的"大众"传播大有可为，是主流价值对于人群宣传效果的确立。例如，中央广播电视总台《嗨！七点出发》，听起来针对的是仍在城市中打拼的奋斗者，节目抓准这一类人群，做垂直化的服务式新闻传播。"一人一屏"是站在受众角度上的福利，目前互联网成功的范例也多在于其产品抓住了某一类人群，但仍然需要有一个受众的量的累积。

对于传统主流媒体而言，定位应还是"大众媒体"，只是更新为"移动互联时代的主流大众媒体"，依然需要搭建最广大范围内对于受众范围覆盖的阵地，只是方法可能是"化整为零"了。

八、大众需要什么就给什么，往严重里说，是参与着更隐蔽意义上的文化殖民

互联网蓬勃发展之时，也应是我们反思之时。

互联网发展之前的媒体舆论控制各国均有自己的经验。当前传播渠道的界限被消解、被抹平，受众也是灵活的、不加限制的受众，这种情况下，媒体的引导性十分重要："受众爱听爱看的"和"要给受众爱听爱看的"是两个概念。当然"给"的方式是"呈现给受众"不是"硬塞给受众"。当代的受众看似是一个个的个体，其实是存在着一定的"类属"关系，这是与互联网的社交性特征密切相关的。

用"分类"去定位受众，对于传播者而言，不是从"量"的角度考虑问题，而是去做好对这一类人群的"社会性"定位的读取。媒体内容与这一群体中个体的社会性、社交性需求密切相关，体现个体在社会中的自我定位、价值呈现和社会交往等社会性需求，这是个体对环境监测的一种本能需求。通过关系，建立交互，交互也是为了关系的维护。

上述需求是商业机构无法全部给予社会个体的，商业性机构会择取商业价值高、易于掌控的部分去迎合受众，而非对于社会个体完整社会需求的积极反馈，这与商业机构的逐利性特征相契合。社会性建构必然要考虑到系统性和结构性设计。主流媒体机构理应是这种系统性和结构性的体现。

九、"商业模式"不是追求的终点，不能成为未来媒体价值判断的首要标准

商业模式的推动力和影响力众所周知。但商业模式引导一切的概念，或者"符合商业价值的才是好作品"的判断，不能成为主流媒体内容价值判断的首要标准。因为一部分符合传播规律的内容恰好也符合商业价值，就一定恰好获得好的传播效果。在这个意义上说，商业力量是可以"驾驭"传播规律的。

传播规律是中性概念。**互联网时代，不尊重传播规律的内容，在大众那里是没有任何说服力的。因为大众在互联网的沃土上有太多的选择，太多的信源渠道彼此印证，数不清的小道消息也在扰乱真相……所有这一切都在检测主流媒体的新闻逻辑和新闻表述，检验着主流媒体的传播站位是否为大众所乐于接受。这是所有主流媒体面对的真实传播语境。**

每一个社会个体都有最基本的"社会性"需求——体现个体的社会存在感、价值感，这正是传统主流媒体的强项。既然"商业目标"可以驾驭"传播规律"，我们有新闻理想，有为了"老百姓过上更为幸福美好生活"的愿望，我们便更可以驾驭这些"传播规律"！这是新闻事业践行社会价值优先的可行举措。

对于移动互联语境下转型的传统主流媒体而言，在业务操作和执行层面，对于传播规律的认知、对于新媒体条件下的传播知识的认知、对于新闻规律的把握和认识，对于主流媒体所承担的责任等层面，要更为严格，更为专业。主流媒体的使命就是生产有生命的、深入人心的、正面观点的新内容。

主流媒体仍然是国家传播的主阵地。传统主流媒体要力争前行，成为探索新规则并制定新规则的积极一员。

2019年是中华人民共和国成立70周年。70年沧海桑田，中国在政治、经济、文化等各个领域探索着发展中国家的新路径、新模式、新经验，在传媒领域亦然。马克思主义新闻思想在媒体、舆论、宣传、组织传播等领域的实践探索，在我国取得一些卓然的成绩。这得益于互联网对于中国传媒领域的革命——全面组织架构、业务流程、平台渠道和管理机制的重塑，大数据、云计算、媒体智慧化的席卷渗透等。媒体融合事实上消解了媒介形态之间的传统媒体渠道界限，也抹平了传统媒体机构与互联网企业之间的界限，这一切构成的是近年来我国媒体在业务领域颠覆性的变革。而变革时间之短、进展之迅速、范围之广泛是世界媒体发展史上前所未有的。

十、社群与社区建设是传播主流核心价值观的关键点①

（一）"社区建设"是国家治理最基层的组织建设领域

正向价值观传播进社区、街道，优秀内容进社区，强化社区治理是一种趋势。随着新时代中国特色社会主义建设的推进，社区、街道作为政府最基层的管理单位，与社会个体联系最为密切，也是价值观传播的直接路径。

"社区"是"必须坚持以人民为中心的发展思想"的基层政府组织工作的落点。习近平新时代中国特色社会主义思想核心内容是党的十九大报告概括的"八个明确"。"八个明确"的落实与社会个体、社区社群密切相关。

（二）媒体融合时代的社区建设深刻依赖于媒介、媒体

互联网时代，社会个体对于信息的使用能力增强，个体传播更为便捷。社区管理中要借助微信、微博、宣传册、邮件、电话等媒介手段，也需要通过广播电视、报纸和网站进行宣传，更需要成为社区内个人信息获取的主要提供者。媒体应用能力成为基层政府组织功能发挥的重要手段之一。

（三）把人群注意焦点从网络迁移到生活社区，是降低舆情治理成本的重要路径

当代社会，互联网的社交媒体，特别是微信成为老中青三代人的注意焦点。2019 年笔者在英国访学，发现欧洲对于互联网的应用要比较谨慎，无论老人孩子，还是社会中坚力量十分依赖于社区、街道提供的信息。这不仅仅便于政府治理，也有利于基于真实的社区生活建立起良性的人与人之间的社会关系，有助于每一个社会个体参与社会和国家建设并获取红利，客观上形成社会正向价值观的传播。

对于互联网的发展来说，除了政府各级机构和各类传统主流媒体学习互联网传播的渠道，更需要强化一种观点：**把网民从网络中迁移回现实社会中，形成网络与真实社区的良性互动，这对于社会未来的建构极其重要。目前社区发展已经到了这一阶段。**

微信等自媒体的社群传播已成为社会一种潮流，互联网社交群或者社交圈的社会管控十分困难。各种小道消息，各种不实新闻的传播，各种不利于社会稳定、团结和负面价值观的内容，在自媒体环境下更有利于传播并获得部分群众的轻信，一定程度对于主流价值观的传播构成了"阻塞"的现状。

---

① 《首都社区建设作为传播主流核心价值观的重要通道研究：基于英国社区媒体的新视角》笔者申报的 2019 年基层立项课题申请书。

　　对于基层政府而言，主流价值观的传播依赖于各项治理措施，其效果与自媒体、互联网舆论环境治理顺畅与否密切相关。针对这一情况，国家在互联网管控、传统主流媒体融媒体加强"四力"，基层党建等多个层面积极改革。已经初见成效。

　　真实社会的社区建设是唯一可以抵消这种网络传播大潮流负面影响的利器。

　　（四）发达国家社区建设目前最具可行性的借鉴领域，是社区与媒体关系的建设成果

　　中国与西方国家国情不同，社会发展目标不同。但是随着全球化进程的发展，我国建设中国特色社会主义，推进中国梦的建设实现，社会主义核心价值观和中华优秀传统文化的传播和弘扬成为首要任务。国内主流思想舆论不断巩固壮大，文化自信彰显，国家文化软实力传播等，不得不依赖国际发展语境。

　　借鉴发达国家社区建设的成果，有助于我们在国际参照下，讨论社区与媒体应用之间的关联，在媒体融合大背景下，为传统主流媒体助力国家发展探索新路径。西方发达国家社区如何借助媒体传播政策、价值观和社会信息能力的成果，可以为国内城市社区媒体发展提供一些参考。

　　（五）以广播为纽带建立的社区媒体应用成为政府有效聚集民心民意的重要路径

　　互联网再美丽，终归要回到现实，回到人们起居饮食最密切的社区。社区应用媒体传播效果增强后，将是传播主流核心价值观的重要阵地。

　　广播媒体的社区性和社群性特征显著，在发达国家的社区建设和社群服务中发挥重要作用。研究媒体社群传播和社区传播应成为舆情传播研究、组织传播研究的重要内容。同时对于当前落实宣传报道任务，加强网络的国家管控，服务老百姓的日常生活，建立老百姓的个人身份认同感，社团集体和社会身份认同感具有重要的意义。

　　西方发达国家紧紧抓住了"真实需求""真实社交"这两个核心特征，建设社区文化、社区媒体，基层政府牢牢把控每一个社会个体的实际需求、行为动向和各种社交需求。通过政府可控、可看的路径，汇聚民意，集中讨论。社交媒体等自媒体形态，在引导基层政府舆论上不成气候，多作为个人社交的一种补充，或者政府选举的一种造势补充工具。

　　因此，强化社区建设，借鉴国外社区媒体、社区文化的新经验新成果，促使从基层出发，使民意、民心回归到社区，对于主流核心价值观的传播，将是一条有力的路径和通道。

（六）互联网和社交媒体在中国的发展，已经奠定了个体民意、个体价值、个体诉求的广泛传播和交流的基础，这为政府出面，引导社会个体到真实的线下生活中，提供了机会和舞台

基于基层政府组织引导下的社区建设，便于政府管控和主流价值观的传播。

互联网的发展促进了社会个体需求表达的意愿，这是一个好的引导的时机。过去社会个体的自我表达能力和表达需求没有目前旺盛，各种社会需求和社会问题的社会讨论也没有当前这样明晰。

可以看到，社区建设和社区文化成为国外社会个体日常生活需求的重要保障，很多基于生活和社交需求的个人要求往往会引发对于社会和政府的不满，进而影响到主流价值观的认同。因此，把社会问题、社会需求解决在基层，有助于国家主流价值观的传播。

第五章

什么是音频媒体的内容质量

第一节　音频媒体内容质量的困境①

一、媒体内容开始直接面对受众

当我们称呼"产品"的时候，实际上带有了"商业"意味。对于中国广播而言，"产品"的叫法被提出来，是为了强调内容生产者对于内容消费者的重视，也侧面说明我国广播的生存依赖于广告的程度。一直以来，倡导电台的多元化收入，这个命题实际上不是个别电台盈利途径创新的问题，本质上是一个整体上媒体体制选择和调整的问题。广播同样面临这样的问题，媒体融合的深入发展，新技术的推动与挑战，单一电台已经无力面对全局性的问题。

无论何种机制和体制，从全球范围来讲，媒体融合把媒体内容推到了最前台。

近年来国内音频媒体内容付费迎来了互联网领域的一个爆发期，甚至很多视频内容也转战音频市场，发展点播的垂直市场。对于广播电台而言，面临着媒体融合的压力，如何胜出？广播内容要借鉴一些互联网产品特征，同时要区别于 UGC 或 PUGC 内容，最便捷的路径是强调内容的专业属性与受众需求的对位。这一专业属性，要凸显内容本身与音频媒体属性的高度契合点，在此基础上达成高品质要求，适应全渠道传播要求。

一件精品广播内容的诞生，一个互联网音频产品或者一个 IP 的大热，可能都不是行业发展最终的愿望。稳定的系列内容产品，持续的内容生产和创新能

---

① 孟伟. 移动互联时代的中国广播影响力［M］. 北京：中国广播影视出版社，2015：227－235.

力是行业追求的目标，这很大程度上依赖于建构起完备的生产体系和监测体系，这是基于现代企业产品质量管理的基本认识。

什么是高质量的音频媒体内容产品（作品）？这个问题很难回答，随着互联网的深入发展，融媒体发展趋势的深入，音频媒体的质量标准处于一个变化和建设的过程中，既与我国媒体承担的国家任务有关，也与媒体融合背景下电台生产流程的重新建构有关，还与全国电台是否建立了一个共识性的质量检测指标有关，毕竟广告不是衡量电台内容质量的唯一标准。同时，作为大众媒体的广播也不能不考虑听众的需求和感受。

国内广播或者音频媒体的节目内容质量标准，存在一些现实的情况：央媒与地方媒体对于节目质量未能建立一个业务层面共同的标准，这与已经存在的各类新闻评奖促进内容生产机制不同。各地电台受制于广告压力和体制问题，难于制定长久的、细致的质量标准并贯彻执行，且电台的业务发展区域性明显，对于一档节目的质量优劣可评价的指标和角度多种多样。

国外不同体制下的广播有自己的节目质量标准，具体电台有不同节目的制作手册，对高质量节目基本形成一个公认的评价标准。尤其是随着大数据、人工智能技术的发展，从技术助力角度而言，对于节目质量检测和评估较之以前都更为便捷。

二、媒体内容质量管理要义

什么是质量管理？21世纪的"质量管理"定义为"各类组织，如企业、机构、大学或者医院等，用以设计、持续改进并确保所有的产品、服务和过程满足顾客和利益相关者的需要，从而实现优异结果的一套普遍的方法"。"产品"在这里既指有形产品也包括某种服务和信息。① 据此分析，"质量"的核心含义是产品具有"适目的性（fitness for use）"②，终极目标指向的是满足用户需要，用户满意产品和服务特征的好坏程度直接关涉企业质量的判定，进而引发不同程度上企业效益的波动。

"产品质量"不等于"质量完美"，因为质量完美意味着增加了成本却没有增加价值。质量满足了顾客的需求但不符合利益相关者的需求，这不是一个好

---

① 约瑟夫·M·朱兰，约瑟夫·A·德费欧. 朱兰质量手册［M］. 中国质量协会和卓越国际质量科学研究院，译. 北京：中国人民大学出版社，2013：76.
② 约瑟夫·M·朱兰，约瑟夫·A·德费欧. 朱兰质量手册［M］. 中国质量协会和卓越国际质量科学研究院，译. 北京：中国人民大学出版社，2013：78.

的企业应该做的。真正质量型的企业，生产产品和服务的成本必须是生产者和利益相关者都能够负担得起的，必须明确质量、成本和收益之间的关系，质量提高能够带来足够的收入，可以弥补新增加的成本。媒体产品与一般的文化产品是有区别的，多数媒体产品的实效性高于一般的文化产品，也十分注重与媒体用户需求之间的对应性，在此基础上讲求极致内容的效果。

"质量"不仅仅是质量管理部门的职责，也是贯穿整个组织的责任，质量管理实际上是管理整个组织的核心环节，是企业战略驱动力的体现。符合广播行业特色的企业化质量管理理念，可以促使电台内容生产顺利达成社会效益和经济效益的双丰收，具有可持续发展的动力。

媒体融合是一个手段，"互联网＋"是一种路径，具体如何实施？可能思路要有前瞻性，而实现的道路应当传统而基础。

三、音频内容质量与电台盈利之关联

从用户的角度考量，"质量"意味着更大程度上满足用户的需求；从电台的角度考量，则意味着广播内容减少出错，广播内容产品质量与盈利在这个意义上建立起关联，参见表 5 – 1。广播"质量"的含义是成本导向的，即"质量提高成本降低"。

表 5 – 1　广播内容产品质量与盈利的关联①

从满足听众需要角度考量	从电台内容产品减少出错的角度考量
提高内容产品质量意味着：	提高内容产品质量意味着：
<ul><li>提升听众满意度</li><li>满足社会实际和潜在的需要</li><li>使广播节目美誉度提高</li><li>有效应对竞争台</li><li>增加市场份额</li><li>提高电台的传播力和影响力</li><li>市场份额加大</li></ul>	<ul><li>降低差错率</li><li>减少节目的不良社会影响</li><li>减少对电台形象的修复成本</li><li>减少听众不满和投诉</li><li>减少监听和纠错成本</li><li>缩短新节目面世时间</li><li>提高电台吸纳广告的能力</li></ul>
提高销售收入：质量越高收入越高	降低成本：质量越高成本越低

---

① 本表格为笔者制作。参照了约瑟夫·M·朱兰，约瑟夫·A·德费欧主编，中国质量协会和卓越国际质量科学研究院主持翻译，《朱兰质量手册》中，"质量的涵义"，原始资料来源：Juran Institute, Inc., 2009. 中国人民大学出版社，2013：78.

电台内容质量如果成为同行之最，实现最高标准的质量，提供最高的顾客满意度，可以促成电台经济效益方面的成功，以及电台内部文化的变革和最大程度上听众的满意度。

四、电台内容质量的复杂理解与实施①

内容质量不是由电台单方面来决定的，也不是依照电台生产制作历史性沿革发展的单方面传承，而是必须依赖于与当代受众需求，特别是基于场景性、社群性需求建立起的内容需求结合起来，因为大众媒体提供的内容必将是直接作用于这个时代的，是按照当代受众的传播效果来评价电台内容生产能力。

这里面就有一个悖论，是单纯依赖于受众需求？还是电台或者大众媒体机构来主导媒体接受趋势？看似清晰的问题，以及这两者之间看似清晰的不可调和的矛盾，实际上简化了媒体融合背景下，作为大众媒体生产机构与受众之间供需的复杂性。因为当前的媒体评价标准，既依赖于广告，也依赖于政府，更依赖于受众，同时受制于互联网传播对于媒体内容更灵活的生产机制和更自由的版权使用，以及对于渠道使用的娴熟程度。互联网的内容传播渠道多样，可以没有统一的流程和统一的目标，甚至不会考虑更为长期的传播效果，这些都成为传统主流媒体面对的更为复杂的传播语境。对于受众而言，也同样如此，被打破的传播版图，已经不存在长效的"忠诚"的节目追随者，受众可以随时调转去竞争对手那里。

但是有一点应该是稳定的，就是一个媒体应该承担的社会责任和秉承的价值观。一个有人格特色，并具有稳定的价值观追求，有操守和行业准则的机构，都是受到信赖的，因为它为社会大多数的群体在不稳定的社会中提供了稳定的精神和价值支柱。这将是媒体机构长久可以依赖的底牌。

这意味着考察当代的传媒机构或者大众媒体机构，既需要建立媒体的持久品牌和长期效应，也需要与当前的传播效果密切结合。需要一个负责的平衡和持久统一的判断标准作为支撑。这对于当前的中国媒体而言，十分迫切。是建立媒体品格的重要体现。

五、电台内容质量目标路径

电台通过对内容产品质量进行标准化设计，在播前、播出和播后环节加以品质监控，并持续不断地进行改进，电台即可以步入"质量型组织"的行列。

---

① 本部分内容为新撰写内容。

电台质量管理目标的设定意味着，提供优于竞争对手的产品和服务过程，并转化为优势市场份额，且形成可持续发展的组织文化。电台质量管理目标设计的具体步骤有以下几个方面。

①建立标准：电台从听众的角度出发，强化产品和服务的开发能力，建立节目品质标准，也包括频率改版和节目创新的标准。

②执行保证：电台建设有力的质量控制和系统的质量改进流程。必须以制度化的要求来保证广播内容产品符合电台的质量要求和听众的最新需求。

③突破系统：建立持续改进或实现突破系统的方法，保障质量监控和内容产品创新之间的平衡。

④设立部门：电台的质量工作办公室确保上述三大任务的持续进行。

六、电台用户价值再开发

如何对用户实现精准的测量？数据挖掘中所使用的数据是事后发生，在时间维度上具有滞后性，这也是数据挖掘自身方法的局限性所在。同时，有些数据是量化的，而有些数据如网络评论、图片、声音等，甚至是一些物理情境的因素，都很难进行数据转化。因此学者谈及大数据营销虽然能够追踪到消费者的行为，但却抓不住消费者的心。

当然也可以在以下几点进行深挖：其一是数据营销与人格心理分析，其二是数据营销与人际情境心理分析，其三是数据营销与物理情境心理分析，其四是数据营销与文化背景心理分析。①

（一）听众个体反馈的价值

广播听众的个体反馈十分重要，电台需要考虑是否广播节目在以下五个方面满足了用户深层社会需求：

①是否对社会政治管理发挥作用，如监督公共政策、讨论公共议题、公民新闻学的实践等；

②对社会生活的影响力如何，即节目的议题设定所带来的社会影响程度；

③听众的信任度如何，即听众对于广播服务的信任程度；

④呈现给听众的需要度如何，即公众认为各频率存在的必要性或其付费意愿；

⑤大众参与程度如何，即广播节目确定选题的过程是否广泛征集和参考听

---

① 王新刚. 微信公众号"清华管理评论"2017年4月19日文章：大数据营销：追踪到行为，却抓不住心。

众意见，广播媒体是否通过多种渠道与听众互动，新闻报道采访过程中是否广泛收集大众的观点等。

（二）听众的电台印象与商业价值

广播用户对于电台节目或频率印象的判断，一定程度上直接影响到电台的收入。

表5-2　广播用户印象与电台的商业前景①

从广播用户角度看节目	电台的商业前景
• 不具有适目的性 • 具有一定适目的性，但明显劣于其他广播服务 • 适目的且具有竞争力 • 明显优于其他电台的节目	• 没有收益，或陷入危机 • 因市场份额小导致收益下降或必须降低广告价格 • 符合市场价格 • 因市场份额扩大或者广告价格提高，影响力提高等获得高额利润

（三）听众的全方位解读

广播用户往往使用自己的语言，站在自己的视角上来表述诉求，电台需要了解这些表述背后的真实需求。这就需要去了解广播用户的两个核心问题：

为什么收听这一节目或者选择这一电台？希望从中获得怎样的服务？

1. 重视听众的心理需要

听众的需要不同于节目设计的技术特征或者专业特征。听众需要具体的新闻信息、路况信息和娱乐节目等，实际上这些需求中还包含着一些心理因素，因此节目给予听众除了"耳听为实"的内容外，还有更多的附加服务或者增值服务。实践证明，起到争夺广播听众关键的可能是"感觉"在发生作用，多数听众是按照显在或者隐在的感觉在行动。比如，在一般的消费活动中，"理发馆"和"个人工作室"对于需要美发的女性而言，可能发型效果差不多的情况下，后者费用是前者的几倍，但是满足了女性某种特定的感觉需要，仍会有人去选择后者的服务。

2. 重视听众的感觉需要

广播的多数听众并不完全了解产品或服务的技术性质，当然也不需要了解，但听众会对节目"适用性"的某些方面有一些感性的认识，如节目听起来"耳

---

① 笔者制作，参考约瑟夫·M·朱兰，约瑟夫·A·德费欧. 朱兰质量手册［M］. 中国质量协会和卓越国际质量科学研究院，译. 北京：中国人民大学出版社，2013：22.

目一新""有很多伴随音响"等。广播听众对广播节目的判断经验一部分也来自对其他广播电台或者是电视媒体等综合比较的判断，当然还有来自朋友、同事等的推介，以及电台的推介等。

3. 重视听众的文化需要

听众文化需要的满足是一个基础课题，也是一个新的课题，不仅仅是提供给听众具有文化品位的节目，而且是要体现出对听众文化习惯的维护和延续等。文化需要大多是以隐含的方式加以表达的。

4. 重视对投诉和不满的处理

美国消费者事务署委托进行的研究项目发现，对于产品或者服务不满的顾客，有70%不会投诉。不投诉的原因主要有：为投诉而付出的努力并不值得；认为投诉没用；缺乏投诉所需要的知识等。实际上对投诉的应对措施会极大影响到产品的销售情况和对品牌的忠诚度。合理的处理投诉的方法主要有以下几种①。

①每周7天每天24小时服务的服务中心；

②免费的电话号码；

③庞大的计算机数据库；

④电话应答雇员的专门训练；

⑤主动征求投诉，以把未来的顾客流失降低到最少。

5. 发掘潜在的听众

事实上，用户本身可能是最后意识到自己有什么需要的人，广播媒体的听众也不例外。一般的商业用户不会在 Apple 系列产品问世之前表达过有这种需求。一旦产品问世了，用户发现自己就会有这样的需要。在媒介竞争空前激烈的情况下，引导听众和观众的需求，是广电媒体人着重需要去开发的。我们也不得不注意到，用户的需求往往反复无常，因为消费主义驱动着今天的生活方式。

（四）听众关注趋势预测

电台对听众的评估，主要包括三个方面。首先是频率满意度，包括内容满意度（时效性、情感性、丰富性、评论深度、信息总量……）和时段满意度（便利性、稳定性、周期性、差异性……）；其次是频率忠诚度，包括日平均收听时长，主收听时段，主打栏目调整时段后继续收听的可能性；最后是听众价

---

① 约瑟夫·M·朱兰，约瑟夫·A·德费欧. 朱兰质量手册［M］. 中国质量协会和卓越国际质量科学研究院，译. 北京：中国人民大学出版社，2013：26.

值，包括目标听众收听率，以及听众学历、收入、职业、年龄等。

事实上，广播对听众调查的重视，可以在两个方向上发展：一个是前面谈到的对听众表层和深层收听因素的个体考量，另一个就是听众注意力趋势的预测式评测。

电台若能真正以听众为中心，制作听众喜欢的高质量的节目，听众就会乐于去收听，收听率将会提高。广告商购买时段的动力也就增强。

但是这里有几个疑问：什么是听众"喜闻乐见"的节目？社会现时流行的话题固然是关注的焦点，但是这种风潮会过去的，下一个受众关注的焦点又是什么？社会大众的注意焦点是否可以被引导？当前制造"话题"的媒体越来越多，媒介策划也变成了某种对受众的操纵，甚至在新闻节目中也存在这样的问题，如果以单纯的商业目的来策划受众的注意力焦点，固然可以在短期内赢得全社会关注，但是听众是智慧的，在这种反复操练中，自觉判断的力量就会出现。况且各类商家和媒体的这类引导社会注意力潮流的"策划"越多，听众越容易疲惫，反而对策划者而言是一场恶性竞争，也是对听众资源的一种肆意践踏。

在这种传播语境下，广播对听众的监测范围，至少要逐层扩大到以下几个方面。

①听众对节目的反馈情况；

②听众对社会热点的反馈情况；

③听众接下来可能关注的热点和趋势。

传统的企业管理必须以顾客的需要和顾客所寻求的益处为基础。广播电台对听众需求的满足，首先需要尊重用户，发掘用户的需求，满足用户潜在需求，并引导需求，促使听众参与到广播内容的生产过程中。随着新技术的发展，各类广播互动的技术手段推陈出现，用户需求与电台的质量管理紧密结合，显得尤为重要。

七、无法回避的行业发展问题

（一）电台体制

电台的日常运营，一方面享受了来自体制内的行业保障、政策倾斜和配合，另一方面也肩负地方政府、上级广电局的管理和任务落实等，其重要程度优先于电台作为企业的运营，优先于基于经济规律的发展大计。经营成本的考量和长远运营策略均服从于此。

（二）电台管理者处境

对电台管理者的激励和肯定，在契合当前我国广播体制政策下，需要一个体系性的保障，以保障电台作为一个事业，可持续地良性地发展，使不同的管理者可以继承并发展一个"成熟"的"事业性质"的"广播企业"。企业发展的风险处处皆在，风险往往与发展和突围相伴。如果电台管理者所承担的风险国家系统和机制无法进行周详、科学的考量，电台管理者的积极性和创造力将会被漠视和伤害，这对于掌舵"事业性质"的"广播企业"而言，也将是"阉割"一样的伤害。

（三）产品质量不是设想

质量管理理念和措施应用于现代化企业，已经发展成熟并成为社会共识。广播行业沿用、借鉴企业质量管理有其选择的适用性。这种转化和探索是一种电台管理和运营理念的基础性改革，见效慢又存在较大的改革风险，比照频率运营方式改革和节目创新改革均有较大难度。

质量管理意识因此并未在当前我国广播业流行。事业性质企业化经营的中国广播电台在质量管理上遇到的瓶颈随处可见。

（四）长效机制与长效的经典内容

什么是"长效机制"？首先，"长效"意味着需要有一个稳定的机制，保证产品的延续性和基本的稳定性，而这一机制又不是一劳永逸、一成不变的，它必须随着时间、条件的变化而不断丰富、发展和完善；其次，"机制"是使制度能够正常运行并发挥预期功能的配套制度，它既需要有比较规范、稳定、配套的制度体系，还要有推动制度正常运行的"动力"。

在 ISO9001 标准中，规定企业或者组织应当把持续改进总体业绩当成组织的一个永恒的目标。越来越多的企业和组织已经认识到持续改进的重要性，无论是对硬件产品的质量，还是服务的水平，永远是"只有更好，没有最好"。

电台作为提供信息和娱乐等服务的媒介组织，应该谋求在电台内使用某种一致的方法推行持续改进，同时应认识到持续改进的主体是电台员工，电台需要为员工提供有关持续改进的方法和手段的培训，这是持续改进得以实施的重要保证。只有员工积极参与，发挥其主观能动性，体系有效性和效率的持续改进才能实现。

综上所述，互联网媒体产品激烈竞争的语境下，电台的竞争力源自音频媒体的独特属性；也源自企业对于内容产品质量的尊重。当然精神产品的生产具有独特属性，与一般的工业产品有本质的差异。同时，社会主义文化产品，特别是具有新闻属性的文化产品又有其特殊性。

广播的媒体融合之路，广播系列产品的推出，应始于对内容产品的系统性改造和探索。

第二节　音频媒体的主流价值观传播①

一、融媒体音频作品的主流价值观传播

2018 年 10 月 18 日，中央广播电视总台制作的《党史·声音地图》被称为"广播化党史简版"。该节目精选了党的发展历程中最具典型意义的 11 个地标，由多种音响元素（经典的、时尚的）与记者现场连线构成，历史与现实结合，带着听众用十来分钟走过了中国共产党 90 多年风雨历程，从上海"一大"会址，一直到走进"十九大"会场。创意策划独到，编辑制作精良，角度新颖，能够让正等着收听"十九大"开幕会直播的听众，深入了解党的历史，并能黏住听众，收听效果佳。②

（一）宏大层面的新闻叙事与布大局、抢占报道先机

作品《党史·声音地图》在 2017 年十九大当天 12：30 结束后，14：00 即开始把最具新闻性的习总书记的 30 秒会议发言录音，作为最有分量的新闻要素，天衣无缝熔铸到已经事先做好的声音作品中，抢占实效先机，作为一个整体新闻作品播出！

整部作品是以时间点为历史的线性陈述特征，历史事件被赋予清晰的革命浪漫主义和革命英雄主义，情绪积累直达十九大报告结束后的空档，抓住了新闻报道的最佳黄金时段。同时以"此时此刻"的新闻性来反思历史，让广大受众直观地看到、感受到历史在当代的意义。最具新闻性的习总书记的 30 秒讲话，在恰当的时机播出，激发了作品的全部新闻意义。

这部作品的创作和播出经验值得推广，即历史一定要讲，但需要站在现在和未来看历史。当下的新闻性也是历史的一部分，当年中国共产党缔造的伟大事业，多为深具轰动性的新闻。古与今的"新闻性"汇聚到一起，完成了一个更广大意义上的"新闻性叙事。

---

① 本节内容为新撰写内容。
② 内部资料：摘自《央广专家听评简报（十九大专刊）》2017 年 10 月 20 日，第 23 期。

（二）媒体融合时代，从单一节目的新闻性，到整时段节目的新闻性，再扩展到整频率的新闻性体现，这是传统新闻类媒体机构完胜、决胜互联网的核心所在

这一点涉及媒体机构的新闻性整体策划问题，涉及重塑新闻品牌价值的意义。这也是传统媒体应对新媒体冲击，高度专业性的实际体现和应用。《党史·声音地图》可以说从实际播出的节目环境出发，是对传统媒体专业性、融合性、新闻性突破的一种崭新的节目理念。对当前互联网时代的媒体新闻定义和受众新闻消费都是一种突破性的认识。

互联网的爆款内容多为深刻策划而来，甚至抓住受众基于生物学意义上的入迷和上瘾要素，社会责任和义务退居其次，调动消费者去消费那些本来不需要但为了消费制造需求而创造出来的"新闻故事"。

《党史·声音地图》可以看作是一个态度和宣言：主流媒体是否愿意殚精竭虑地去做整体的规划和设计：从宏观设计到微观的一个音符，真正做到愿意俯首遵从受众对于新闻接受的真实需求。这将是主流媒体迎接最严峻的互联网挑战的核心。

这部作品很大胆，不求自身在硬新闻表现上的显在与否，而是把整体的十九大新闻传播看作是一个大语境，基于此在探讨如何做出一个不同的内容效果来。这意味着可能会有人质疑这部作品的新闻性效果不明显。但如果整频率的效果出来了，这个作品也就出来了。"新闻性"是作为一个最为基本的评价标准，要在这个基本的标准之上强调传播效果。只要传播效果有了，作品的新闻性也就体现出来了。

声音收听本身是极为敏感的，是要走到人的心里去。一个微妙的声音完全可以引起受众关于一个世界的联想和各种走神。只是平时我们把受众的这种敏感钝化和忽略了。而《党史·声音地图》高度尊重了这份敏感。这源自主创及其团队对于音频媒体作品的深刻领悟，尊重媒体的专业性、尊重受众最基本需求，以及高度自觉的传播责任感。

（三）新闻工作者熔铸自身进入作品的精神铸就了一个新闻宣传作品的新高度

熔铸自身进入作品需要一种奉献精神，可能比工匠精神更多一些自觉意识。互联网时代，包括广播主流媒体在内的国家赋予的主流媒体平台，如何"去宣传化"？《党史·声音地图》是一个代表作。作品承载了主流新闻媒体的价值所在，主要有以下几个方面。

①准确地对新闻内核进行把握。

②宣传理念和宣传目标与内容表达完美结合。

③该节目制作者内心与作品铸就在一起，从海量的历史资料、声音资料中寻找主流价值观的灵魂所在。主创人员从几十年的新闻作品策划经验出发，以高度的艺术直觉、理论宣传直觉，对声音艺术极品的追求，成就了这一作品。

同时，这部作品不是偶然现象，是主创一以贯之的态度和方式。建立在多年作品稳定质量的基础上，不是为了评奖的一时之作，而是基于几十年追求的经典巅峰之作。

（四）一部作品，一个可能的广播媒体融合的目标和标准

《党史·声音地图》是以年轻态的形式呈现的。接触到这个作品，以及此作品营造的全媒体方案，没有人会辨别它属于新媒体还是传统广播，而就是四个字："好听""耐看"。

这应该是传统主流媒体融合发展追求的一个目标和标准——不仅仅是摆脱了为新媒体所拘囿，进行新媒体元素添加的初级形态，而更是探索出来了一条——超越新旧媒体之差别，以听众或者受众效果为终极目标的路子。这看似简单，深入其中可以体察到：当代令人无限彷徨的主流媒体如何改革的总方向，可能就在这条路上。

这部作品的主创在创作的时候，是以声音为创作的入口，调动的是所有影视的画面感，社会的文化记忆，声音切口小，承载深，是一个自足的表达小世界。中国人口多，无数个体只要接触到这部作品，均可以找到自己的泪点和感染点。过去常说做精品，实际精品不仅仅简单是艺术上的完美，而是作品在内容上给了受众多少种可能？给的是不是像是一个如精彩纷呈的世界般丰富和复杂的情境。

这部作品，很多听众包括一些年轻的学习媒体的学生都说，看过这部作品，再也不羡慕腾讯和爱奇艺。因为不是没有方向，是没有过范本。大家不知道可以做到什么程度。这部作品的意义不是大家都去模仿作品的外在形式，而是一种做新闻、做广播、做音频媒体的理念和态度。有了这个基础，音频媒体创作完全可以"百花齐放"。

（五）新闻宣传理念的实操范本

国家宣传任务，是一个大工程，除去硬新闻的强势推出，更多还是新闻类作品的矩阵理念，重要的是新闻要素，新闻宣传思想灌注到作品中。用新闻的理念去讲文化，讲个人体验等。这部作品做了一个示范，开辟了一个路径。

新闻讲求真实性。《党史·声音地图》对于真实的追求达到某种极致。作品

中有一句孩子讲出来的很感人的话，只有几秒。为了这个"几秒"，记者住在村头，与孩子生活在一起打成一片，用一个星期的时间，换回孩子对记者的信任，说出对朋友说的话，然后在广播中传递给每一个人，感动良久。

对音效的实录甚至到了苛刻地步，因为实录的音效自带情景，尽管不完美，却绝对真实。每一个半秒，都要真实还原现场。一秒一秒构筑起的作品，才会说真实的话，带出真实的感情，才经得住几十遍的收听。

主创和记者要隐在作品的身后，一切都是为了把舞台留给报道的对象，引导报道对象在真实的自觉中，展现出最真最深的思想和情感，最终的效果是引导受众处于一个共情的状态中，去还原真实。真实是什么？作品告诉我们，真实就是让事实在那里盛开，静悄悄的。

如此细腻和深沉的对于音频创作的爱，如何不让新闻中呈现的宣传理念被受众毫无保留地接受？

（六）融媒体时代国家级媒体传播主流核心价值观的路径

如果宏观看国家台的广播发展，拉远这个视野距离，远到只把它的发展当作一个"事"来看，无外乎两件事情。

1. 新广播的新"传播"之法

即解决广播的媒体存在价值、意义、媒体公信力影响力的问题。传统的渠道没有过去垄断的效果了。但新广播改革的核心，不是再造渠道那么单一，而是要做完一整套动作：广播错过了渠道发展的大潮，在内容领域的突围本就更为艰难。

传播到达后，要实现有效传播和传播致效。传播到达：是搭建各种渠道，包括新媒体渠道。有效传播：找到人群，找到准确到达人群的通路，与人群匹配。传播致效："致"是极致的"致"，与特定人群契合，与人群特定场合特定需求匹配。

这里面实际上就给广播带来了巨大的增量市场。存量市场实际是在萎缩，但增量市场，广播与新媒体面对的是同样的增量市场，互联网打通了网络，这个福利是大家共享的。

2. 建构国家音频传播的品格

国家音频传播的品格应在以下六类内容战略中发展：

①国家宣传作品；

②国家音频文艺作品；

③媒体专业主义作品；

④百姓生活；

⑤舆论监督；

⑥前卫内容探索。

3. 电台再创新绩的三个步骤——声音本色

①声音符号的质量；

②声音作品的艺术化表现；

③音频媒体的专业精神：调查报道的犀利程度，内容生产的含金量等。从目前电台内容来看，感觉是没有用尽全部的力气去做，这里面可能有各种日常事务牵绊的原因，也可能是对各种发展前景的不信任。

二、主流媒体互联网作品传播主流价值观路径

以《嗨！七点出发》为例，该作品是中央广播电视总台央广网 2018 年 6 月推出的融媒体新闻新作。我们把这档节目放在当前媒体融合的大环境下，放在主流媒体转型探索的大语境中评析，探讨央广这一全新互联网力作的经验、成果与发展策略。

近年来随着大众对于知识付费认知的普及，音频形态的知识消费呈现了令人刮目相看的市场价值和传播价值，大众也看到了音频传播独具的力量。尽管知识付费的浪潮在衰退，但是社会对于音频媒介形态新的认知和新的需求期待正在旺盛成长中。无论是央视、新华社、人民日报，还是今日头条（字节跳动）等均在融媒体产品开发中，先后增加了音频项目，特别是开发音频的新闻产品，并且还投注了专门的团队，甚或创作了如自媒体大号"冯站长之家"以音频为主打的内容形态，做音频的互联网新闻产品，取得了不俗的战绩。

主流媒体的融媒体趋势正在深入发展，已经触及业务底层以及管理机制层面。媒体融合产品并非以全媒体产品为最终的竞争形态，而是在媒介形态打通的前提下，借力某种或者某几种媒介形态的优势，形式为内容服务，渠道通畅，打造在传播效果上为老百姓喜爱的力作。中央广播电视总台在发掘自身媒介特性基础上，从融媒体的视角、融媒体理念、互联网理念开发出新的产品，在互联网媒体深入发展、传统主流媒体转型的激烈竞争语境下，是稳妥而又深具优势的一个战略策略。

《嗨！七点出发》从音频独具的特性出发，更以音频作品传承下的优秀制作思维，打下了融媒体产品的独特印记。互联网时代，最担心的是媒体作品没有特点和特色。《嗨！七点出发》深具声音独具的特色——定制式＋入耳入心。

（一）年轻态的国家声音表达

音频领域出了一些爆款的付费产品，也出了十万以上的音频新闻 App，但《嗨！七点出发》已经建立自身"品格"——注重"国家级媒体视角"（权威性＋价值观立场＋全国视野）＋"年轻化语态表达"的有机结合。例如，前文提到的《嗨！七点出发》2018 年 11 月 23 日发布的"葫芦岛小学门前驾车冲撞致 5 死 19 伤案"，点击量在 10 万以上。前后一周的《嗨！七点出发》点击一般是刚过万。为什么突然在 2018 年 11 月 23 日这一天突破平时点击率的十倍?！事实是，在最关键的重大社会新闻上，人们本能地去找国家级媒体的新闻去接触，而并非任何市场上有号召力的大号。因为市场的自媒体大号相比主流媒体渠道，不权威！就算是有独特的观点、思想，也是民间的。在重大社会新闻、重大社会事件上，大众需要听到国家的声音。互联网聚集了海量受众，而国家的声音必须在那里，必须在互联网上，必须在社会个体方便找寻的地方。

因此，如何更好体现"国家新闻的声音表达"应该是《嗨！七点出发》接下来努力探索的要点和目标——如何让"10 万＋"的新闻读取成为一种常态。

当然，"国家声音表达"，也是老百姓眼中的"国家声音表达"，是新闻记者的国家站位、百姓站位的互联网化表达，是价值观的传递。

（二）《嗨！七点出发》定位城市准中产人群，独具重大社会舆情和社会维稳的意义

在大城市中 20 ~ 35 岁的人群有一定话语权，同时最有活力，是朝向中产阶级进程中的一个社会群体，无论是个人、家庭，还是事业、爱情等均处于高速发展中，活力中饱含着不稳定因素。这一人群初尝社会职场辛酸、打拼爬坡的艰难。他们也处在生命力旺盛的阶段，有发言的欲望，但发言权少，对于个人实际而言甚至是没有时间和精力去"维权""参政议政"。

但是，目前没有给这一人群定制的新闻。他们在早上上班路上，可能在挤地铁、挤公交，开着新买的小汽车。这个时候《嗨！七点出发》正好填补了他们于繁忙中仍关心国家大事、渴望发言的空白，从节目内容中可以感受到《嗨！七点出发》对于这部分人群的深情厚爱。

央广融媒体新闻产品不仅仅要抓住中产人群，更要比同类竞品早走一步，更要抓住"准中产"人群，积攒人气，为后续的跟进式央广融媒体新闻大作开发打下基础。尽管从整体作品来看，是在朝着这个方向走，仍处于过程中，但是如果能抓住这部分人群的真正痛点，与此类人群的社交性平台对接，与其社交性需求对接，继续深挖，假以时日，一定能在受众中形成一定的口碑、黏性，获得广阔天地。

三、公益节目的主流价值观传播①②

当前广播的生存和发展一方面取决于经济效益，另一方面也取决于社会效益，这既是节目保持长效生命力的基础，也是节目内容创新的原动力。

2009 年开播的《京城帮帮团》，是一档直播互动信息服务类节目，栏目定位为：我帮人人，人人帮我，让大家帮助大家。该节目收听目标人群为 60 岁以上老人，最大的听众 96 岁，最小的听众 14 岁③。2009 年开播的第一年比 2008 年同时间段的节目提高了 214%。截至 2012 年 12 月，收听率和市场占有率保持着领先的上升位置。

《京城帮帮团》内容以及表现方式并不具有流行特质，目标人群也并非占据社会主导力量的中青年主流阶层，为什么在媒体竞争如此激烈的环境下，取得傲人的收听效果？一档城市公益广播节目内容创新的核心究竟是什么？

（一）真实为"王"

当真实不是成为媒体猎奇的要素，当真实不是窥探隐私的借口，当真实得以还原、浓缩为普通老百姓生活的一种必须，广播媒体的传播力也就凸显出来了。有电视台同行道出了该节目成功的核心：这档节目展现的是"百姓的真实生活，人物的真实情感，生活的真实面貌"，"这是一幅百姓生活图"④。

《京城帮帮团》的节目形态比较简单，其范围包括衣食住行、吃喝玩乐、寻医问药、交友征婚、求购转让、寻人寻物、道歉感谢等，同类内容在过去的广播服务性节目中也常常涉及，但它为什么会成功？在北京这个有着 1961.2 万人的都市里，65 岁及以上的人口为 170.9 万人⑤，现代大都市中人与人的关系逐渐淡漠，网络上有几乎我们未知的一切答案，日常生活中似乎没有什么人或者什么事情是不可以被替代的，我们还需要他人为我们做什么？有句俗语"一分钱憋倒英雄汉"。讲的是最微不足道的一些生活小事却会让我们束手无策。《京城帮帮团》正提供了这样的帮助，如一位听众所言：

---

① 孟伟. 成音. "京城帮帮团"：公益广播节目创新探析 ［J］. 中国记者，2013（7）：114 – 115.

② 部分内容也可以参见笔者主笔的英文论文 Changes in the Pattern of Programmes in Contemporary Chinese Radio. Helping Each Other in Beijing: a Case Study（《中国广播节目的变迁:京城帮帮团节目案例研究》），The Radio Journal: International Studies in Broadcast & Audio Media（英国）2013.11（2）.

③ 2011 年 9 月 5 日笔者访问该节目主持人成音。

④ 成音博客，2011 – 06 – 26.

⑤ 北京市 2010 年第六次全国人口普查数据。

　　我作为一名退休人员，为什么我的眼里总含着泪水？因为我被《京城帮帮团》节目中的故事所感动，作为一名普通听众，为什么我总是怀有一颗感恩的心？因为百姓最底层的那些弱势群体得到了重视和帮助。①

　　《京城帮帮团》周一到周五为信息发布的平台，播出听众实实在在的求助信息。不去费尽心力寻找社会热点，或者是为了收听率去人为制造收听的热点。例如，手机充值给充到别人的手机上；中年母亲经济上不宽裕，充值时把96元充成了69元，怎么办；明日女儿出嫁，母亲亲手缝制被子，针缝到被子中找不到了……这些事情都真实地存在着。人海茫茫，这些忙却不是亲人和朋友可以帮上的，《京城帮帮团》却可以帮助个体搭建与社会连接的舞台，"有情有趣有悬念"的真实的事情正在发生，引着听众惦记着，成为真实生活的一个延续。

　　这些节目内容凸显了广播媒体的优势："一说就可以懂，一听就明白，一说就可以解决，一动手就见效"，把广播的"特点做足了，做到极致"，媒介本身的不可替代性造就了节目的成功。

　　（二）社区文化与社交平台为"精髓"

　　数字化时代，年轻人的社交平台扩展到网络社交服务。从整个社会而言，随着城镇化进程的推进，人口流动的加剧，传统的邻里交往关系发生了变化，基于固定的地理区域范围内的社会成员的交往需要一个新的平台进行整合。《京城帮帮团》以全新的传受关系，辅之以手机、网络等多种新媒体手段，为北京地方老年听众营造了一个崭新的社区化交往的平台和"圈子"。

　　城市广播如何为建构社区文化提供新的思路？总结该节目经验，体现在以下几点：听众与节目新的创制关系；广播节目制作者的身份转换；听众间、听众与主持人间新的互动关系；节目传播效果的新延伸等。

　　2009年，《京城帮帮团》创办之初缺人手，招募志愿者直接参与到编导的工作中。从每次节目策划开始，老年听众志愿者就开始介入进来，保障了节目选题直接来自生活。

　　事实上，我国的电视并没有真正做到受众是主体，虽然有现场观众，但往往处于节目编导的被动安排中。《京城帮帮团》则不同，受众完全是主体，听众是带着问题通过热线电话或者短信等在直播节目中求助的，现场提供了听众之间互帮互助、沟通交流的话语平台，集合大众的智慧。主持人更多起到的是引导和潜在掌控的作用，在家长里短的问答背后体现了社会、媒介对听众群体，

---

① http：//club. rbc. cn/thread－724061－1－1. html，2011－09－03.

尤其是老年和弱势群体所蕴藏智慧与潜能的尊重。当听众实实在在地成为节目主体，每天的节目无论对主持人，还是对听众而言，都会有意外的惊喜和收获。

"京城帮帮团"节目以直播音频节目为主体，在音频内容基础上拓展了适度视觉化的优势，为听众增加了多样化的选择。网络点播也使听众变被动的同步收听为灵活自主的选择性收听，打破了广播时间线性传播的局限。节目最初的听众互动方式是信件、热线电话，现在充分运用短信、QQ、论坛等多种互动方式，为听众提供多样化的参与互动手段，实现了多媒体互动传播。主持人在北京广播网上开办了"老年论坛"，并且借助博客和微博与听众建立信息联系，体现了新技术支持下广播节目形态的新空间。

广播节目的播出时间是有限的，节目时长内的互动方式也是有限的。《京城帮帮团》编导花费大量的时间和精力组织听众参与各类社会活动，把有限的节目空间和节目信息在生活中放大、延伸，实现了节目与听众生活的对接。节目组为听众提供了交友和接触社会的平台，客观上也使节目更多参与到听众的生活中，在听众的生活中、心中生了根。

（三）主流价值观传播为"魂"

当代社会我国社会成员思想活动的独立性、选择性、多变性、差异性明显增强，从道德方面、制度方面解决现代社会诚信缺失问题，是当前一个重要而又迫切的问题。为使社会主义核心价值真正内化为人们的理念和规范，必须改革其宣传的方式。《京城帮帮团》在平凡、实在、朴素之中传递出和谐社会文化的价值观与志愿者精神，体现出"小中见大，平中见深"的效果。以其独特的方式调动群众参与到慈善公益行动中来。

《京城帮帮团》的魅力突出体现在周日播出的"回访"中：

> 在追访中我们展开思路，延展话题，与听众谈天说地聊生活、聊热点，谈看法，如此这般之后，你可以听到老年人对自己一生的回顾，可以听到当事人对目前保健品的看法，可以听到年轻人的婚姻观价值观，可以听到退休人员的生活追求，可以听到和睦家庭的欢乐，也可以听到家庭中的不和谐声音……总之通过追访以听众之口展示百姓的生活，节目自然更好听了，更充满了情趣，也更加有可听性。用听众的话讲"在追访中我们听到了"。①

节目回顾一周出现的求助信息，落实求助的结果，在这些求助信息的背后

---

① 摘自"京城帮帮团"节目组编辑芳华手记。

发现富有"故事"的人和事，呈现这些生活背后的生活态度和价值观。《京城帮帮团》的编辑芳华讲到这样一个例子：

> 一个叫小魏的年轻听众打进热线电话，为他久病在床的父亲寻求治疗尿失禁的方子。这看似与其他寻求偏方的电话没有什么区别，但是芳华却从这位听众焦急的语气中，感觉到背后一定有故事。节目播出后，芳华通过电话交流得知，小魏的父亲年轻时曾是工厂的技术骨干，20多年前，在一次抢修中，因工伤导致下肢瘫痪，卧床不起。他的父亲非常坚强，在多次手术中从来没有喊过疼，而且每次手术过后，都会唱歌给他的母亲和家人听，反过来安慰家人别为他担心。他的母亲也是一位非常坚强的女性，当年他父亲受伤时，他和姐姐只有八九岁，生活的重担全压在母亲一个人身上，但是她的母亲从来没有埋怨过任何人。他和姐姐也很懂事，从小就知道照顾父亲，替母亲分忧。长大后的姐弟俩也非常孝顺父母。芳华意识到这是一个乐观、积极向上、值得尊敬的家庭。于是，小魏家的故事在《京城帮帮团》周日版"温暖快乐故事"中播出了。

《京城帮帮团》选取的多为温暖快乐的故事，在中国飞速发展的进程中，经历了复杂的现代化代价，如贫富差异的鸿沟、道德和价值观的失落、中国文化传统在全球化进程中的冲击，等等，普通老百姓更多的是被动接受或者承受这些变化，缺乏反思的话语权，规避冲击和变化的能力较弱。广播通过朴实的生活故事则可以疏导那些潜在的百姓心声。

电视媒介是当前社会的主流强势媒介，广播相对弱势，却反而在承担社会公益方面发挥更为灵活的作用。在这一规律作用下，市场、政策和听众都给了《京城帮帮团》探索的机会和时间。

（四）文化传承为"根"

广播是作用于心灵的媒介。社会价值观的建构需要一个长期的过程，城市广播节目的长效社会作用在于其背后文化力量的支持作用[1]。这是在广播体制的改革、节目主持人的高素质、广播技术手段发展之后，更高的一个追求，是广播真正有生命力的部分。如此广播才可以真正发挥长效的社会动员的力量。

《京城帮帮团》立足于老百姓的生活，弘扬的是中国传统文化中"滴水之恩涌泉相报"的传统价值观，在节目中稍微一激发就泛开了。在与听众的对话和追访中，把这些社会责任感的内容都放入进去，用广播人的影响力去传递这个

---

[1] 孟伟. 声音传播 [M]. 北京：中国传媒大学出版社，2006：12-15.

理念。但是，如果节目仅仅停留在对表层好人好事的歌颂，相信不会长久。此外，主持人还另辟蹊径，探究"乐于助人"背后深层的文化心理。

例如，70多岁的听众崔师傅自2010年年底一直在《帮帮团》里义务修理半导体等家用小电器。2010年的春节，电台主持人去崔师傅家拜访，看到了这位乐于助人的崔师傅家境并不富裕，而且还有一个四十岁的智障闺女且生活不能自理，了解到他的心愿就是能带着女儿去公园晒晒太阳。节目播出后，很多听众自发找到电台希望帮助崔师傅做点事情，王女士就是其中的一位。王女士告诉主持人，第一次帮助崔师傅的女儿洗澡，崔师傅的女儿有些不乐意，但第二次再去时，她就一直盼着王女士了。"我帮她洗澡，剪指甲，给她按摩，和她聊天和她玩，后来我们挺好的。"当主持人问道"为什么去帮助'陌生人'崔师傅"，王女士回答："我也不知道为什么，那天我到崔师傅家一看就特感动，我就觉得帮助崔师傅是我应该做的事情。"主持人又追问："和崔师傅无亲无故，为什么帮助崔师傅就成了自己应该做的事情?"王女士说："崔师傅说'我之所以帮助别人就是因为节目和主持人感动了我'，实际上我是被他（崔师傅）感动的。"

节目至此告诉我们：在复杂和浮躁的中国大城市中，存在着简单而直击心灵的一份感动——互相感动，互相感恩，互相报答，互相带动，这就是人与人之间的真情，这就是人间的温暖。"寻找热心人，发现热心人，带动影响更多的人"体现着《京城帮帮团》的精神和灵魂。这成为一种"帮帮团文化"，建构起老年人及其他社会个体之间的互助机制。这种互助机制主要体现在以下方面。

1. "大家帮助大家"

《京城帮帮团》将"大家帮助大家"落实在每一次节目中，有问必答，有求必应。一位听众的半导体收音机坏了，听不了节目很着急，打来求助电话。当听众想要回报这位修好收音机的师傅时，他说"要谢我就去帮助更多的人吧"。这就是"帮帮团文化"："发现热心人，汇集热心人，影响更多人!"

2. "热心大循环"

一位听众留言说："京城帮帮团，热心大循环，团员找团员，真情接力传。"节目中的提问，有些可以即时回答解决，更多的问题需要经过主持人的概括与提炼，传递给众多的热心听众。例如，有一位出租车司机因为爷爷要过九十岁生日了，想订一个寿桃，可是不知道哪里可以订到，很多听众都给他提供了信息。有一位听众小赵得知这位出租车司机没时间去，还主动帮他订好了。这位爷爷过生日那天，节目组把电话打到了他的家里，向老爷爷祝贺生日。这件事让这位司机感触很多，他说以后他也要去帮助别人的。结果没多久，节目中就有一位老先生求助：有人向他提供了他急需的录音磁带，可是因为在沙河太远了，他不便出门，希望大家能帮忙，有顺路的替他捎回来。这位司机得到后，马上打进电话说："这件事我替他办了，因为我曾经是帮帮团的受益者。"他利用自己出车的时候，专门跑了一趟沙河，无偿替这位老先生把磁带取回来了，完成一次"热心大循环"。

3. 从广播现象到社会现象

《京城帮帮团》为了在节目中营造"帮帮团文化"，推出了听众的一些"闪光语言"或是"名言警句"，以短句子的形式折射出普通人在生活小事中展现的崇高品质，以此影响继而带动更多的人参与到助人为乐的行动中来。这些普通人的"名言警句"包括："要谢我你就去帮助别人吧！""帮人一个忙结交一个朋友""小事做好了就成了大事"。

"帮帮团"成为一种令人关注的社会现象。传媒界、慈善公益届、有关专家学者高度评价这一动向，认为这是一项以人为本，体现科学发展观的传媒创举。该节目被北京市委宣传部、市民政局、首都公益慈善协会联合举办的"公益慈善明星评选"活动评为唯一一项"公益明星项目"。

以《京城帮帮团》为代表的广播节目，尽管不是十全十美的，也处于成长发展中，但却是我国广播人在激烈竞争的新媒体时代，对广播理念的创新和对新型传受关系的反映。

四、媒体融合背景下广播新闻内容传播的变革与突围①

媒体融合背景下广播新闻如何改革？本部分为笔者基于 2012 年 8 月对江浙沪等地电台实地调研的成果，选取广播新闻类节目为例，探讨媒体融合背景下广播内容传播的几点新趋势。

（一）广播新闻即时编辑

随着网络媒体越来越趋向于去中心化和去控制化，传统媒体内容也发生转向，趋向于实时化与碎片化。面对新的社会传播语境的变化，广播新闻在即时传播、有效传播上都提出了更高要求。

广播媒体的优势之一在于新闻传递速度快，比电视媒体更为灵活地切入本地化的突发新闻内容。从城市新闻广播的层面上讲，做贴近性强、针对性强、即时的新闻才能够吸引更多听众的注意力。2012 年 8 月 16 日，笔者在浙江广播

---

① 孟伟，董朗. 新媒体影响下广播新闻内容传播的变革与突围 [J]. 中国广播电视学刊，2013（7）：57－59.

电视台调研，FM89 杭州新闻广播总监谈道："下一小时的广播新闻节目会有什么内容，在上直播前谁也无法预测。"这正体现了当代广播新闻内容传播的一个专向——源于网络媒体的即时新闻编辑，在传统媒体中逐渐被认可、采纳。城市发展瞬息万变，每小时都会有新的事件发生，这些新近发生的事实都可能成为本地节目中播出的新闻内容。杭州新闻广播积极实践"即时新闻编辑"理念，以往直播间只有主持人和导播，现在直播间设置了 4～6 位新闻专业编辑，对刚刚发生的新闻事件进行即时新闻编辑，前方记者即时采访，导播间内的人员即时编辑，一旦完稿迅速递入直播间，成为这一时刻新闻节目的播出内容，事件的发生与新闻的播报进行同步，将广播音频传播快速及时的优势发挥到极致。

（二）广播新闻内容碎片化

信息碎片化时代，受众注意力更加分散。随着现代化、城市化进程、都市生活的节奏加快，人们"在路上"的时间增加，个体听众在收听过程中的出入频次加大，同时注意力集中在节目上的时间在缩短。广播新闻节目呈现明显的碎片化趋势。如何吸引住不断被各种媒介环境分散着的当代听众的注意力？

从 2011 年 1 月起，中央人民广播电台中国之声推出《此时此刻》栏目，于每小时的整点和半点播出。《此时此刻》强调新闻的进行时态，充分利用网络资源将本时段最新新闻资讯呈献给听众，每次播出时长 3 分钟左右，包含 15 条左右的最新消息。从整体时段角度来考察，《此时此刻》的设置扩充了每小时的新闻数量和新闻饱满度，听众随时进入都可以即时获取新鲜的新闻资讯。

广播业界称这类内容为"插件"类节目。小插件节目在传递信息的基础上注意增强收听的趣味性。目前很多频率都会在时段整点更新即时天气资讯，浙江女主播电台别出心裁推出了"星座气象站"小插件单元，将天气资讯与星座运程有机地结合在一起，收听过程中的趣味性大增，特别是能够有效地吸引都市女性这类关注星座的收听群体。以 2012 年 9 月 8 日上午 9 点时段的"星座气象站"为例，在提供阴雨天气的同时，还特别向听众介绍了不同星座在雨天的注意事项，听起来十分有意思。

2010 年，FM89 杭州新闻广播推出一档原创性的评论栏目《连线快评》。与传统的新闻评论不同，突出体现"快"的特色。首先，评论的篇幅大多短小精悍，只有 2 分钟，可以很好地适应听众的收听习惯，随进随出、灵活自如；其次，"快"则体现在即时点评上，寥寥数语，契合社会生活节奏的加快，"缘事而发，即事而评，一事一议，快速反应"①。《连线快评》所关注的问题涵盖社

---

① 金波. 观点强台：城市新闻台发展的新引擎［J］. 新闻实践，2011（5）：11.

会各个领域，包括政治经济、社会民生、法律法规等内容。凡是群众关心关注的都是"连线快评"的评论对象，紧跟时代潮流、抓住新闻热点、突出强烈的时效性。

（三）广播新闻编排本土化、本地化

轮盘式广播新闻编排一直以来作为广播新闻专业频率的标准编排模式，2012 年 8 月笔者调研北京、上海、浙江、江苏等地的新闻专业频率，源于西方的"轮盘式"编排模式逐渐呈现出本土化、本地化改装趋势。

1."大轮盘＋板块"模式

这种模式以中央人民广播电台中国之声和上海东广新闻台为代表。轮盘式滚动更新新闻资讯占据了全天播出内容的主要部分，以东广新闻台为例，全天直播 18 个小时，"早间 6 点至 9 点为《东广早新闻》。考虑到上海听众十多年来形成的收听习惯，《东广早新闻》在格局上没有做出大的调整"。3 个小时中，6：00—7：00 为《东广早新闻 6 点档》，7：00—8：00 为《东广早新闻 7 点档》，8：00—9：00 为《7 点档东广早新闻》①。9：00—22：00，一个小时分成3 个 20 分钟，线性化编排播出，即时滚动播出最新最快的新闻资讯。

2."小轮盘＋重点栏目"模式

第一种模式的运行是在频率机构强大实力的基础上建立起来的，但并非所有广播新闻频率都拥有如此庞大的采编机构、人员配置和经济实力。因此其他新闻频率在准确判断自身能力之后，采取了一种有限的新闻专业化编排方式，即"小轮盘＋重点栏目"模式，一定程度上减少滚动轮盘的播出时间，将这部分资源用于重点栏目的打造，发挥自身特长，与本地市场更紧密地结合。

以 FM89 杭州新闻广播为例，纵观其节目设置，主要是由各个独立节目组成，如《89 早新闻》《资讯佳点亮》《博闻天下》《微博荡漾》《第一车市》《第一房产》等，其中不乏在听众中有广泛影响力的品牌栏目。除此之外频率根据杭州城市听众需求设置了这种类型的新闻资讯单元在每小时滚动播出，如每半点播出的"89 新先报"、每个整点播出的"连线快评"以及"财经刷新"和"微博刷新"在全天的交叉播出，这种不完全的"小轮盘"播出模式由于适应杭州地区听众的收听习惯从而同样获得了认可与成功。

（四）微博新闻主持人

自 2010 年以来，微博成为互联网领域最受关注的新媒体形式，新华社相关

---

① 路军. 类型化电台：迎来广播的春天 ［J］. 市场观察，2005（2）：92.

报道称"微博的发展给传播领域带来了颠覆式变化"①。微博的兴起改变了传统媒介的传播路径和传播模式，实现了社交媒体和传统媒体优势最大化融合。微博的个性表达放大了公民话语权，成为公民参政议政平等维权的有效渠道。随之推出的微电台使听众在收听节目的同时，还能够浏览微博、参与互动。当节目设置互动话题后，听众都可以在这个开放的平台上看到所有听众留言，微博用户也会获得与广播人同样的兴奋体验。广播人和听众，大家在相同时间内看到相同的内容，可以平等参与、讨论互动、评论解读，构筑起一个公共空间，继而"形成批评和批判力量，公共领域也才能发挥其应有职能"②。

很多广播新闻节目都与微博有着比较密切的联系，通常采取的方法是在播出前1小时左右发布本期节目的讨论话题，供听众提前发表留言，当节目开始时就能够积累一定数量的互动，主持人对听众留言进行筛选播读，同时在节目播出进程中不断刷新留言，形成良好的互动循环。

上海人民广播电台品牌节目《市民与社会》创办于1992年，是我国广播史上第一个有听众参与直播讨论的谈话节目，话题的贴近性以及听众的认可度使每期节目都有大量的听众参与其中，发表自己的观点和看法。微博出现后，节目很快利用这个平台，为听众拓宽了与节目更全面的互动。但值得注意的是，节目中设置了"微博主持人"来专门播读微博听众的留言，使节目主持人解放出来从而能够将注意力完全集中在节目本身以及与嘉宾和听众的交流中。这样在直播间内，"节目主持人—微博主持人—节目嘉宾"三位一体默契配合的格局也就形成了。

（五）广播新闻融媒体趋势

广播积极寻求与其他媒体的联动，2011年6月7日起，中国广播网新闻中心主编以上人员进驻中国之声《新闻纵横》节目组，广播与网络第一时间同步发稿，实现广播与网络传播策划、采访、编辑、发稿、互动等环节一体化高效运行。

广播、电视和网络不断推出强强联合。2009年浙江FM93交通之声引全国广播之先，邀请凤凰卫视新闻评论员曹景行推出新闻评论节目《曹景行有话说》，第一年评论针对性很强，由频率提出命题，曹景行进行针对性的评论。为拓展评论的丰富性和多样性，2012年FM93交通之声推出了系列评论节目《曹

---

① 新华网：微博开启民意表达新方式，2010 – 12 – 21.
② 李佃来．公共领域与生活世界：哈贝马斯市民社会理论研究［M］．北京：人民出版社，2009：97.

景行"非常 6 + 1"》，除曹景行领衔外，更邀请了童大焕、水皮、李成言、曹保印、五岳散人、盛大林等中国顶级评论员。其中童大焕正是"7·23"动车事故后"中国哟，请你慢些走，停下飞奔的脚步，等一等你的人民，等一等你的灵魂"著名评论的作者。这 6 位评论员司职不同的地域和不同的领域，构建起评论的团队，为广大听众提供更加权威性和专业性的新闻评论。

（六）广播新闻营销新趋势

一个收听率较高的新闻节目不仅自身带来巨大的社会效益和经济效益，而且也会带动节目所在频率甚至整个电台收听率的提高和美誉度的上升。① 2012年 8 月 16 日，笔者对浙江广播电视台进行调研，在对交通之声的市场调研中发现，在听众的收听需求中，排在第一位的是时政新闻，第二位的是新闻点评，接下来才是民生、经济等内容。听众对新闻的强烈需求也使广播从业者不断思考如何对新闻节目进行营销，

"浙江之声"的前身是浙江人民广播电台，"浙江之声"是浙江 50 多个省级部门政务信息和重要新闻的指定发布媒体。据央视索福瑞收听率数据显示，2010 年全年以及 2011 年 9—11 月，浙江之声在杭城所有 14 个频率中，收听率和市场份额、收听忠实度均排名第一。央视索福瑞数据表明，浙江之声听众数量极其庞大，2010 年浙江之声全年杭州市场达到 4500 多万人次，全年到达公务员、事业、商务人士 700 多万。2010 年，在公务员、事业、商务人士中，浙江之声收听率达到 1.0%，位居省台第一②。浙江之声在取得这样的成绩背后主要存在以下几方面的经验。

第一，定位准确。浙江省内听众对新闻需求大，新闻发展空间比较广阔，因此准确的新闻频率定位也就十分必要。浙江之声长期秉承以公务员、事业、商务人士为核心的听众定位和"新闻立台"的内容定位，逐步形成了稳定的、有购买力、有影响力的优质听众群。浙江之声的收听率稳居全省各广播媒体之首，月收入 3000 元以上人群收听更是稳居第一。此外浙江之声握有的资源也是其频率具备的优势之一。作为新闻频率其重要任务就是完成政府的宣传导向工作，过去广播人通常会认为新闻宣传与受众需求是一对矛盾，但浙江之声则改变看问题的视角，积极寻求受众需求和政府要求的有机融合，将新闻资源转化为电台发展的动力，将两个舆论场统一起来形成合力，共同推动浙江之声的良性发展。

---

① 汪迎忠. 城市电视台的新闻节目营销策略［J］. 视听纵横，2008（5）：114.
② 注释数据引自浙江之声宣传手册。

第二，听众调查和节目研究。浙江广电集团聘请央视索福瑞和赛立信等第三方机构进行调查，专注于听众对节目的收听反应，迅速做出调整。另外在节目研究上，集团总编室还设有研究院，研究国际国内前沿的节目，将研究信息提供给各频率。此外还进行了全国的广播节目调研，派出节目主持人参与调研活动，促进主持人对节目的再认识和再创新。

第三，广播活动。浙江之声通过举办公益服务活动、商业经营活动和新闻策划等活动，进行频率品牌推广，获得了更大的社会认可度和信赖感。例如，浙江之声自 2011 年开始每年 3 月 5 号学雷锋日，都会进行"万朵鲜花送雷锋"的大型公益活动，这是由浙江省文明办与浙江广电集团主办，浙江之声承办，全省 80 家市县电台协办。通过广播热线、短信平台和微博等多种方式，面向全省征集群众身边助人为乐的"活雷锋"，并在 3 月 5 日专程向他们赠送鲜花和证书，表达敬意和谢意。活动启动之后，热线电话接到烫手。浙江之声的工作人员记录了一个个感人肺腑的"雷锋"事迹，仅一天征集到的好人好事就超过了一千人次。3 月 5 日当天，普通的哥、年轻护士、社区的工作人员等 500 多位"百姓心中的雷锋"获得了来自浙江之声的鲜花和证书。以往浙江之声举办的学雷锋活动主要是进入社区为老年人服务，但参与者主要是老年人，青年志愿者较少，而且参与的年轻人也多属于被动参与，因此将学雷锋活动"时尚化"也成了活动的改进方向。"万朵鲜花学雷锋"活动推出后，很多年轻人积极响应号召，自发组织车队发送鲜花。而浙江之声与全省各级广播电台的合作，影响力波及范围更加广泛，社会效益和经济效益实现了双赢。

广播媒体近年来在数字化、媒介融合、资本运营等诸多技术上、体制上变革的浪潮中，积极进行内容传播的改革，以满足不断变化着的听众需求，焕发新的媒体传播语境下广播新闻的生命活力。

五、全国听众聚焦，广播主流媒体实力之作

2019 年央广《中国声音中国年》于大年三十中午 12 点开播，持续 6 个小时，是一档陪伴全国人民过年，体现国家级电台水准的春节大型综合节目。

（一）节目抓住了广播音频传播的大好时机

这个大时段的广播"过年"节目创意好。做好了，每年都总结，然后摸索出一个规律来，就是一个提高广播声望，在全国人民面前体现广播价值的好机会，同时是体现广播新时代服务老百姓功能提升的机会，也是展现广播媒体不可替代功能的机会。

大年三十中午 12 点到下午 6 点，《中国声音中国年》抓住的这个时段，非

常好，6 个小时的大时段也给足广播空间施展魅力，抓住全国最海量的听众。

中午 12 点至下午 6 点的时段恰好与电视岔开，大年三十当天，对于准备过年的人们，广播基本应该是在"移动"中忙碌着，不是在回家过年的路上，就是在买年货的路上，或者是为过年做各种准备工作，或者是在准备年夜饭的厨房中……这个时间段基本没有时间看电视的，广播的伴随性，实际是很适合的，音频媒体独一无二的优势可以被开发。且全国人民基本都在"过年"，受众具有举国基本一致的某种需求和某种"氛围"，对于传播者而言是"天赐良机"。

（二）节目体现了国家意识，凝聚人心

对于广播媒体而言，最近几年，相对于其他媒体而言，在"服务百姓""舆论监督""搭建政府与百姓桥梁"等方面作用很突出。与互联网充满"娱乐""不实信息"等媒体印象区分开，这一点对于广播很珍贵。加之音频媒体的特性是动人心、动人情，从细节入手，凝聚人心，充满主人翁责任感，潜移默化中在重大节日中通过激发民族和国家自豪感，体现了国家意识。

对于媒体而言，特别是国家级媒体，体现了国家意识，尤其是在过年期间，传播国家的荣誉感、团结、凝聚等要素，这是一个好时机。很多发达国家的广播十分重视重大节日的传播策划。广播争取人心，温暖人心，鼓舞人心，团结凝聚的功能一直未变。

《中国声音中国年》从习近平总书记的讲话、登月到核潜艇、辽宁舰、歼10B 等，体现了全年国家重大成果巡礼的新闻性；节目也从 5000 米高原上边防战士过年和戍卫情况，到贵州偏远山区孩子与父母的团聚等，把"感恩""崇敬""人情"与"年味"结合起来，具有"时代声音纪录片"的特点，弘扬了主旋律的正气。

（三）节目彰显了文化要素的音频传播优势

祖国各地，文化习俗不同，但基本都过一个中国年。文化要素既有"年"的文化传统追溯，也有人工智能主持人"央小广"的数据统计，更有各地不同的过年风俗的展现，实时连线各地记者，体现了央广驻站记者的优势，彰显了节目的厚重，增加了耐听性。

（四）节目具有国际视野

节目也呈现了全球和外国人对于中国过年的感受，富有国际视野。一般而言，因为语言的差异，声音符号缺少影像不利于国际交流，但当前节目多媒体呈现不成问题，同时声音节目的国际交流也越加普遍。

近年来国外对于中国新年的各类报道比以前多了很多，包括互联网、社交媒体等对于中国新年的解读节目很多。国外很多普通人说起中国的过年习俗，甚至如数家珍，这也证明中国国际地位的提升，受到全球的瞩目。

春晚的一个环节，是看看全世界各地华人过节的情况，这个广播节目也可以借用。只是广播要更具体更注意细节和生活化，照顾到采访者的个人情感的表述与交流，体现温馨的人情与中国最重要的节日之间的关联，与电视区分开。甚至以后也可以采访国外媒体同行，看看他们对于中国新年的报道和感受。

（五）节目突出了总台合并后的优势，扩大了传播影响力

中央广播电视总台主持人一起主持，节目确实感觉非常好。电视广播的主持人优势资源被综合调动起来。总台的传播渠道也更为丰富，与电视春晚是一种很好的互补和互动。

（六）节目注意到了明星引导收听的效果

节目中有影视明星贺年，对于增加收听率效果会好。

节目组也可以趁着这个机会，请全年对国家有贡献的人，如天文、地理、化学、物理等基础学科的科学家或者做了重大贡献的人在广播中给大家说句话，拜个年，讲点体会，也可以讲点过年的小知识。这会更增加老百姓的"国家感""自豪感"，增加类似的环节，自然彰显了国家媒体凝聚国家与人民的任务。不需要主持人的主持串词，也会入心入耳。

（七）人工智能主持人"央小广"令人耳目一新

"央小广"的出现，体现了人工智能在广播领域国家级媒体层面的一种探索。

笔者认为，"央小广"目前还在继续研发中。其声音与其他主持人的声音之间没有什么辨识度，与其他主持人的功能和任务也看不出有什么差别。毕竟是第一次出现在央广节目中，又是这样重头的节目，可以理解稳妥是第一位的。但建议今后可以开发此"央小广"更有特色的表达方式和呈现方式。

（八）节目分时段表达，富有层次

节目长达6个小时，基本上是分成三个时段，富有层次。笔者感觉最后两个小时相对好一点。但总体结构上还应该更清晰。感觉这6个小时可以更加具体地进行策划，要有一个总的线索。同时在主题呈现上，也应该更凝聚和富有层次。现在看"喜庆""大气""正能量""团结鼓劲，凝聚信心，催人奋进"都做到了，但如果往高标准里要求，目前感觉还是比较零散，虽有"结构"在那里，但感觉不到有一个"魂"贯穿整6个小时的节目。收听起来感觉好像是主持人很用劲地"拽着"节目往前走。

目前社交媒体抓取受众注意力情况很突出。什么是"贴近群众"，什么是"走心"不需要社交媒体说，老百姓有比较，心知肚明。因此，广播节目比以前

要做得更为"细致"、更为"贴近"、更为"走心"，加强节目的策划是核心，这一点要多向自媒体和电视媒体学习。

6个小时的节目，可否随着时间推移，渐次呈现与真实生活中逼近大年三十庆祝活动、年夜饭的现实感，每1.5小时、每1小时地往前推。离年夜饭近，就是离除夕近了，这个时间点要特别贴近普通人的生活，才能让广播融入年夜前几个小时全国人的生活中。当前节目中这个"时间性"的体现不足。

（九）《中国声音中国年》的价值与反思

《中国声音中国年》是目前独一无二的广播大型综合节目，体现了媒体融合的成果，突出了广播"声音记录"的新闻性、文化性和艺术性，彰显了广播音频媒体"凝聚人心"，深入个体生活，伴随时代的传播特性。

广播的价值源自贴近老百姓的生活，源自对于日常生活的伴随性，源自由心而发的真实细节，源自服务百姓生活的实用性。这些是广播的"根"和"起点"，有了这个根和起点，广播才能彰显国家情怀，才能更好服务国家媒体宣传的大政方针。这两者之间的关系，是所有广播人明白的普遍道理，但是在具体创作中，往往会迷失。《中国声音中国年》既要展现大国成就，又要兼顾文化习俗，还要展现百姓过年热闹气氛，人民的幸福生活……凡此种种，造成线索多、主题多，左右兼顾，难以分出主次，整体节目会被四处牵扯。

广播的价值要比想象中还要大。2019《中国声音中国年》播出时间跨度大，整体策划任务重，对主持人和记者专业能力要求高。在长达6个小时的直播中，体现了央广人的高水平音频传播能力，体现了国家广播可以做到的高级水准，展现了我们广播媒体为国家、为人民服务的专业高度。大年三十下午的这个时段，抓得特别好，全世界找不到这么大的一个人口基数，在同一个时间里，几乎在为一个庆祝活动努力和全国迁徙。而央广的《中国声音中国年》抓住了，体现出了广播独特的传播价值，在全国人民面前展示了一个漂亮的亮相。广播需要挖掘一个又一个这样的传播机会。

六、宣传以"真实"为第一要务

不是表层的温暖，表面的歌功颂德和奉献。媒体报道的是真实生活中的温暖和坚强，这些是真实存在的；然后有思考，这是国家表达的自我转化。

生活展示本来就是千百面，我们要找到生活中有力量的部分，赋予它更大的力量，实际上是对个体的支持。这是媒体的责任，尤其是发展中国家媒体的责任。

真实表达促进思考，促成未来改变：2018年《中国声音中国年》中选取了外出打工的父母与子女团聚作为内容表现主体。展示自我表达为什么分离，怎么理解这个分离，分离带来的牵挂和表达出彼此的爱，孩子接受了爸爸妈妈的爱。这个就是真实的一个思考，只有在节目中才能进行的思考。

（一）从生活逻辑到作品逻辑

如前文所述，生活本身的逻辑很精彩，一定能找到无懈可击的合理性。但是作品是再构造的，就像是人工智能的程序设计一样，一定是有漏洞，我们要把这个漏洞降低到最小。不要想着去驾驭生活，要去发现生活，真正花时间沉进去，才会发现更多真实。

（二）从作品逻辑到受众逻辑

英雄是时代的英雄。作品是时代作品，也是适时的作品。这是新闻作品与文学作品的本质区别，新闻的主体要求就是为现实服务的，是快消品。

当代的受众特点是什么？竖屏阅读；没有耐心的 3 秒钟；喜欢娱乐大过沉重思考。顺着他，引导他，影响他，你必须用这种方式去切入。就像是一个陌生人，如何让一个氛围接纳，这就是他的传播能力了。

（三）从作品逻辑到声音真实

不要错过和放弃生活的真实，因为萃取的生活更为高级和适合表现。而音频媒体是还原，是典型声音的萃取。典型的声音是标志性的，这是专业性的一个呈现。

第三节　大数据与广播内容评估[①]

“大数据”一度成为年度高频词，泛信息化的大数据与持续被分流的受众使媒体人不得不重视大数据背后的“大价值”。大数据与媒体受众、媒体内容、媒体经营密切相关，尽管大数据更多集中在商业领域，但已经开始波及广播电视的评估体系改革。2011 年下半年中央电视台推行的新的节目评估体系，提出了引导力、影响力、传播力和专业性四维度评价模型；2012 年原国家广电总局颁布 76 号文，在央视评价模型上，增加了电视对新媒体发展融合能力方面的评判。当前我国广播电视评估主要采用的是样本取样方式，电视的样本数据来源

---

① 孟伟，杨青. 新的媒介格局下广播质量系统的建构：以广西人民广播电台改革为例[J]. 现代传播（中国传媒大学学报），2014，36（7）：112 – 116. 2015 年广西新闻工作者协会、广西新闻学会颁发的广西新闻奖一等奖。”

于机顶盒，而广播则来源于调查卡，在精准性方面广播评估远不如电视。随着广播产业的崛起和发展，广播媒体改革创新的压力更大。本节以广西人民广播电台（以下简称"广西电台"）的频率改革为例，探讨大数据背景下当前广播评估体系的创新问题。

一、大数据对广播行业潜在的影响

（一）大数据的影响力

2011 年 5 月麦肯锡全球研究所发表专门研究报告《大数据：下一个创新、竞争和生产率的前沿》之后，该概念在业内火爆。早在 2010 年，美国总统科技顾问委员会在给奥巴马总统和国会的《规划数字化的未来》报告中，首次从国家发展层面提出了大数据战略，随后 2012 年 3 月美国政府在国家层面发布《大数据研究与发展倡议》。2012 年 2 月，《纽约时报》发表《大数据时代》（The Age of Big Data）一文，声称大数据将对多个行业领域产生影响，但未谈及传媒业，更未涉及广播业。

根据国际数据资讯（IDC）预测，2020 年全球将拥有 35ZB 的数据量，大数据将切实渗透在我们工作和生活中，甚至决定国家经济和社会的发展。毋庸置疑，随着互联网和数字化进程的深化，当代社会的数据来源已然极大丰富，不仅有来自各类企业的生产销售和管理数据，也有来自政府各部门的统计数据；传统媒体的网络化生存，催生了全媒体的潮流，而基于互联网、社交媒体产生的海量数据，普通人浏览网页的记录数据，个人和家庭的文字及音像数据的记录等，印证着媒体数据呈现出爆发性的增长态势；同时物联网、各种社会监测摄像头数据、传感器数据等，这些信息内容使传统媒体生产的内容数据反而显得微不足道了。

数字经济和知识经济是大数据成长为产业的直接推动力。数据采集在当代企业决策、商业营销、产品研发创意等领域成为必需的客观依据。大众媒体的经营属性，使得量化和数据相关性直接影响到未来媒体的发展方向，同时大数据潮流为媒体经营的横向跨界、生产与消费的合一创造了客观的条件。

（二）大数据的核心

大数据技术不是简单的数据分析软件，要从大体量、多类别的数据中快速提取价值，需要重构整个数据库技术体系。

大数据的核心意义之一在于，可以让我们接近以往可能被忽略的事物多种关联性，多层级地揭示信息内涵。对于广播媒体而言，意味着通过挖掘以往各种没有凸显出的事物相关性，判断节目播出效果发生的概率，从而达到预测节目播出与受众互动之间变化走向的特点。其中的关键点在于"将信号转化为数据，将数据分析为信息，将信息提炼为知识，以知识促成决策和行动的过程"。大数据时代的决策行为将日益依赖于数据和分析，而并非基于经验和直觉。以电商为例，只有把这些大数据资源转化为数据资产、把大数据分析转化为智慧决策，才能盘活数据资产，以可视化的网络关系图谱、意向图谱、消费图谱、兴趣图谱和移动图谱协助电商制定发展策略。

大数据的核心意义还在于，可以呈现出数据客观统计中的灵活性、跨界性、即时性、交互性以及综合的动态过程等，理想中的信息分析在瞬间即可完成，实现即时数据图谱化，这与当前广播行业的全媒体、媒体融合发展策略密切相关。

当今时代，关于个体人的信息越来越多，移动化是媒体发展的重中之重。个体在社会上的位置和行为轨迹等信息，特别是人与人关系的建构等，需要强大的数据分析能力作支撑从而实现对信息的梳理。对网络上的社会人行为数据进行整理和挖掘，可以更准确地发现用户的需求，为用户提供更具个人化和人本的信息服务。

（三）大数据与广播媒体的改革

1. 广播听众分析

受众分析是媒体发展的基础性工作，在大数据时代，抽样调查的有限性越来越多地被注意到，因为大规模的受众的整体分析、个性化分析将成为可能，个性化信息服务也变得易于实现，个体社会人接收到适合个人的专属信息已经成为一种发展趋势。大数据的个性化分析甚至可以包括对个体人的行为、位置、喜好，甚至心理、生理数据等的分析，这又将引发数据安全的问题。

大数据时代媒体数据统计分析更应体现社会解读者和分析预测者的身份，深度解读和去伪存真是媒体的重要职责之一，而大数据赋予广播评估人才具有的全面深刻的洞察能力可以帮助媒体强化这一职责。大数据需要广播评估人才具备三种能力：数学运算与建模的能力、网络工程与分析能力、能够洞见事物本质的能力。

2. 广播内容生产

大数据分析可以直接驱动媒体内容的生产，这是大数据时代传媒核心竞争力提升的源头之一。整个内容生产过程首先是收集数据，其次是信息过滤，接着是内容产品形态设计，最后融合成系列内容作品。广播事前评估，内容生产与内容营销紧密配合，将是广播内容生产未来努力的方向。

数据驱动内容传播的实质在于，使内容成品定制化、精准化、个性化，并规范化。广播节目的公共性与个人化信息推送服务密切结合，在最短时间内，最有效率、最具针对性地满足大众的个性化需求。大数据技术建立在 WEB2.0 背景下数据挖掘的基础上，核心是对以关系为纽带的社会网络的识别、发掘和利用，一定时间内的大范围数据采集、挖掘和分析，可以形成清晰的"内容生产要素模型"，然后系统根据这一模型，自动抓取听众个体关注的信息，向每个广播订阅者推送信息内容。

3. 广播营销

传统媒体的营销一般是依靠"专业化产品（新闻、评论等）＋媒体声誉＋覆盖率＋广告类型"的赢利模式，大数据时代广播硬广告与其他媒体类似，受到了冲击，那么当前广播媒体的媒体影响力和媒体盈利模式该何去何从？

广播媒体要有强烈的数据意识，善于收集数据、分析数据、使用数据。媒体业本身是信息产业，更是信息产业的前沿，在大数据时代拥有得天独厚的优势。麦肯锡全球研究所曾对美国 17 个行业的数据量做了估算，离散式制造业居首位，拥有 966PB 数据总量；美国政府居第二位，拥有 848PB 的数据总量；传播与媒体业居第三位，共有 715PB 数据量。可见，媒体在大数据时代是有数据优势的。

（四）当前大数据在广播电视领域的应用

大数据影响下企业的核心竞争力不但取决于它拥有的数据规模，也取决于其分析数据和应用数据的能力。对于我国传统媒体而言，大数据应用还处于起步阶段。对于电视媒体，大数据当前的应用一般指跨媒体或全媒体数据，如电视机顶盒的回路数据、电脑或移动终端收看视频的数据、社交媒体上对所收看节目的相关评论等。

我国的市场经济体系还不够完善，数据市场的发育不够成熟，对数据市场的规范管理还有待提高，广播电视数据的准确性、公信度还有待进一步提升。数据大量涌现之后，分析的素材丰富了，分析的手段若跟不上，广播等传统大众媒体的评估统计可能会被淹没在分析材料中。广播等专业媒体需要重新寻找自身的位置和自身的价值，而新的定位、新的价值必将通过新的业务形态变革来体现。

过去笼统的"量化管理"的历史时代可能一去不返，大数据背景下，需要广播媒体人保持清醒的头脑，坚持质和量的统一、定性分析和定量分析的结合，目前大数据带给我们的最主要的挑战，是对我们的思维和工作方式带来的挑战。

二、广播评估定制式创新服务体系

2009 年广西电台开始搭建评估体系，建立起以节目要素和市场要素双效考核目标的评估体系。2012 年，广西电台根据节目评估体系的运行实际，提出了将承载节目、面向市场的频率纳入评估体系，并完成了对频率市场价值、发展空间、个性定位等指标的设置及评估办法，建立起对各个频率的定制式服务体系，成为截至现在全国为数不多的对频率实施考评的电台。

（一）频率综合竞争力的评估

频率的综合竞争力主要从频率在收听市场的收听率排位、市场份额增长幅度、频率个性定位评估三个纬度进行综合评价。评估部把这三项指标的总分值设为 20 分。其中，收听率指标占 9 分，市场份额占 5 分，频率个性评估占 6 分。三项指标的权重分值总和，可以体现频率在整体市场的竞争力和持续发展力。

整体竞争力评估在收听率排位基础上，让频率了解自己的位置。评估部每个月进行综合评估时都会把该频率在一个月里同时段所有节目中排名前 3 位的列出来。广西 970 女主播电台从 2013 年 1 月到 9 月有 58 个节目在同时段节目中进入前 3 名，这个数据做出来之后，马上成为宣传的重要诉求点，并在该频率的节目里做宣传，这有助于频率做营销。

整体竞争力的评估要进行细化处理。评估部把全天的节目以半小时为单元进行划分，然后将某个频率某半个小时的节目放置在这个时段全南宁市所有频率的节目中进行比较，主要比较其收听率是否进入前三位。

（二）"频率成长性"评估的创举

广西台推出频率评估改革源自频率改革的实际需要。广西人民广播电台教育广播私家车 930（以下简称私家车 930）频率从 2010 年 10 月开始改版，改版前是教育广播，位居南宁市收听率的最后一位。改版后经过半年多的发展，收听率排名仍然没有变化，但从当时频率开展的活动看，听众、广告商对私家车 930 的反应已经很强烈。私家车 930 的频率总监对收听率数据提出了质疑，评估部细化调查数据，发现虽然该频率收听率排位没有变化，但收听率的数字在不断上升，就对私家车 930 频率改版以来的收听率走势进行分析，并绘制了走势图。从私家车 930 收听曲线可以看出，该频率的收听率表现出明显的成长性，这一举措巩固了频率改革的成果，更坚定了频率改革的信心，印证了频率的定位是正确的。实际发展印证了数据信息，2011 年 6 月，私家车 930 频率的收听率就从南宁市的第 9 位跃至第 7 位；2012 年，频率相对稳定在南宁市的第 4—6

位；2013 年 2 月，首次进入南宁市第 1 位之后相对保持在前 3 位；2013 年 5 月至 11 月，连续位居南宁市第 1 位，成为南宁广播市场的领跑者。

在与各个频率改革的磨合的过程中，广西电台评估部用成长性指标鼓励频率持续发展。作为纵向考评指标，将被评价频率本月市场份额与上月进行比较，按上升或下降的不同幅度，计算出频率成长性评估分值。频率从此跳出收听率排位，洞悉自身的发展趋势。

通过与各个频率改革的磨合，广西电台评估部根据央视索福瑞、赛立信等专业调查机构提供的数据，按照频率评估的需要深挖数据，包括对每个频率的收听走势都做了具体详细的图表，帮助频率进行横向比较、纵向比较。评估部建立起每周为频率提供排位和频率一周的走势图的服务系统。节目排位的目的是为频率改版或者日常微调提供数据支持，因此不是简单地通过数据比较来刺激频率之间的盲目排异或者竞争。排位数据是第三方数据公司提供的，电台所做的是对数据本身进行再加工。

（三）个性化数据的挖掘

每个广播频率都有自己的定位，在没有对频率实施个性定位评估之前，这样的定位多少有些凭感觉决策的因素。广西电台评估部在推出个性定位评估后，让每个频率根据自己的市场定位和发展方向等，提出自己的定位指标，评估部每月将这些指标分别与南宁市所有频率的同类指标进行比对。数据评估的初衷是让电台从传统的运营模式转变到市场运营的模式，市场表现显得尤为重要。广西电台最初的评估体系相对比较侧重市场的份额，达到 60%。通过考察市场运营的模式，根据不同的频率特色和主打人群，逐渐建立起个性化定制式评估体系。

1. 特色人群数据挖掘

广西台私家车 930 频率最初改革的时候，目标听众是车上人群，主打的是高收入群体，评估部在给该频率提供数据的时候，除了提供排位还要挖掘频率特色的要素。例如，频率在收听市场的排位可能是第八，但它车上收听排在第三，甚至第二或者第一，这样就可以为客户提供更有说服力的数据，进行营销。

广西台 950 音乐频率是广西最早推出音乐类型化节目的频率，2010 年、2011 年、2012 年，连续三年蝉联广西广播收听率、广告营收双料冠军。在其刚推出时，频率的定位比较低调，目标人群锁定在普通收入人群。评估部通过分析数据发现，实际上该频率的高收入人群占比一直优于普通收入人群，频率根据这个情况，就调整节目结构，在播出的内容上向这一类人群倾斜。

2. 收听时段数据挖掘

广西电台 910 新闻频率主要侧重早间新闻时段，评估部给新闻频率的重点数据是早上 7 点到 8 点这个时段，这个时段收听率表现特别好，统计数据也是和频率的定位相适宜的。通过这样的办法，各频率的营销就有方向了，能够很明确地了解和印证自己的收听人群。缺少数据的佐证，频率定位和收听人群的概念会停留在模糊的状态。

3. 频率变化的数据挖掘

广西电台 970 女主播频率在 2011 年刚推出的时候，人群的年龄定位偏高，考核的定位主要集中于工作学习场所。2013 年频率改版后，听众的群体发生了很大的改变。自 2013 年 7 月份开始，听众人群慢慢向 25～45 岁这个阶段的听众群体集中，这个阶段的人群在年龄、收入、工作构成方面比较好，属于社会上的"三高"人群。发现这一变化之后，评估部立即和频率总监沟通，评估部把这部分数据挖掘出来，对频率的节目策划、营销策略发挥了很大的作用。

（四）频率核心要素评估

黄金时段定位是每个频率在制定节目单时必须考虑的问题，称为频率的核心要素。处于峰值时段的节目理应成为频率的节目品牌和营销卖点。在时间的设置上，必须把整个收听市场的黄金时段、竞争频率的黄金时段、频率本身的黄金时段综合来考虑。因为每个频率的受众出行高峰是不一样的，比如，广西新闻 910 的出行高峰是早上 7：00 到 8：00；而私家车 930 的出行高峰是早上 7：30 到 8：30，较新闻 910 出行高峰推后半小时，私家车 930 不需要和新闻 910 抢 7：00 的新闻高早峰，它把目光锁定在上班路上的时段。广西交通广播的出行高峰是 7：30 到 9：00，同样避开新闻早高峰，把目光锁定在出行的人群。评估部把整体收听市场和各频率的全天收听情况制作成收听曲线图，提供给频率。有了评估数据的参考，各个频率在规划节目时，就会根据这个曲线来定制自己的黄金时段峰值，避免了频率盲目的、模糊的界定。比如，现在一说早高峰就普遍认为是早上 7 点到 8 点，但对于各频率来说实际情况不是这样的，得根据频率自身的定位和整个南宁市出行高峰的情况来定位自己频率的高峰，这也为频率做准确的定位提供了参考。

（五）单一节目竞争力的评估

对单一节目的竞争力评价，需要从横向和纵向两个纬度来进行综合考量。评估之初，仅仅按收听率来评估节目的方式是有缺陷的。处于黄金时段的节目肯定有优势，但在深夜听众减少的时候，节目的收听率一般会很低，但并不代表听众对它的黏性就低。例如，私家车 930 频率有一档节目《930Club》，播放一些非常激越的音乐，夸张点说就是能把车掀翻的音乐，但有些听众反馈，每次开车回到家，听到这个节目，都是听完了才肯上楼。这也就是该档节目的特点，它全天的收听率通常排在频率的 10 ~ 13 位，并不是很高，但通过同时段横向比较，发现该节目占有了收听市场的 21% 的份额，这意味着在这个时段，南宁市 10 个频率中有 1/5 的听众是在收听这个频率，凸显了这个节目的强势。评估部和频率沟通后，频率就知道这个节目在这一时段具有绝对的竞争力，并可以通过这个节目拉动其他的节目。

（六）播前评估

一般来说，节目评估都是播后评估，广西电台逐渐尝试"播前"评估，对节目播出进行科学预判。虽说这种预测不能明确断定在某个时间段节目收听率会有什么变化，但对走势、趋势的判断通常是准确的。比如，某个频率可能一直排在末尾，但对连续数据追踪，就可以发现它的变化趋势，从而判断它的成长方向。当然，也可以预测到一些节目收听率的下滑。一旦发现下降趋势或者节目的波动变化，就会加强监听检测，跟进节目的变化。评估部一般不做判断，而是将数据、监听结果呈现出来：数据在什么时间段发生了变化，如何变化，谁抢占了频率的份额，竞争频率的节目形态是什么，突出的优劣势是什么，各种评估指标的变化等。这让频率看到自身收听率的变化趋势，是哪些频率抢占了该频率的听众，竞争对手的趋势是什么样的。频率根据评估部的报告，可以及时发现问题所在。

三、多元听评组、监听组的针对性考核

广西电台评估体系除对调查公司的数据进行深度挖掘，力求在听众分析、个性服务、私人定制等方面更加契合听众和频率的需求，另一方面，广西电台也组建了系统、完备的对节目质量要素进行日常考核的机制，即由台内听评专家组、台内专职监听组、台外专家组三个不同层级的专家组建立的多元考核机制。

（一）台内听评专家组

广西电台评估部组建了一个由 86 名来自不同频率具有中级以上职称的台内专家组，专家评估通过广西电台节目评估专家听评系统对节目质量要素进行听评打分。办公自动化系统是专家测评的必备软件，各频率把自办的节目归到这个系统，每个月由评估部将听评的节目分配给专家。每位专家每月要听 5 个小时的节目，听过之后对节目的思想性、节目内容、节目编排以及主持人的表现、声音质量、播出气氛等方面进行评价。专家不只对这几项指标分别打分，还要

对节目提出意见。这些意见由评估部进行汇总，在台内刊《声音》杂志上刊登出来。

（二）台内专职监听组

专职监听组负责全天播出节目的实时监听。把握导向，将节目中存在的问题及时记录并反馈给频率。这些专职监听人员拥有一线工作经验，了解频率、节目的运作，在节目质量把关方面发挥了很好的作用。监听组在做好日常节目监听、记录的同时，还根据频率的需要开展各种专题监听。如对节目完整性、整点报时、版宣播放是否规范等进行监听；开展"纠错日"专题监听，召开分析会，对"纠错日"存在的问题进行点评、分析；当节目形态发生改变、收听率数据出现波动时，结合节目内容展开监听。

（三）台外专家组

台外专家组由上级宣传部门和主管部门领导，平面媒体、电视、高等院校等相关专家组成。台外专家组成员从宏观角度对电台节目的舆论导向、整体运行状况、市场定位、节目制作水平等进行听评，并提出指导性、策略性建议。广西广播电影电视局组建了全区的广播电视专家听评组，对广西各地的广播、电视节目进行监听、点评，以《视听评议》报告的形式，每半个月向全区的广播电台、电视台通报。广西电台充分利用这一监控网，对每期的《视听评议》进行研究，对本台表现好的节目进行鼓励表扬，对不足的地方进行整改批评；并组织讨论会，对一些典型的案例、存在的问题展开分析讨论。

台内听评专家组、台内专职监听组、台外专家组建立起了广西电台的多元节目质量监测机制，为广西电台的节目质量把关。

大数据背景下，更多是一种思维的转变，广播评估部为频率提供数据的目的，是让频率科学地了解频率所处的位置、竞争状态、发展趋势等，在促进频率提升的同时也起到预警的作用。评估部再细化分析发生上升或者下降趋势的原因，受众构成、受众集中度等，最后帮助频率判断其定位是否准确，有没有在哪个地方滑坡，帮助频率纠正定位。

广西电台自 2009 年开始进行评估体系的改革，顺应了频率改革的潮流，助推了频率的发展，引起中共中央宣传部（简称中宣部）、中共中央对外宣传办公室（简称中央外宣办）、国家新闻出版广电总局的关注，慕名前来学习的兄弟省市台的同行对"广西广播现象"产生了极大兴趣。

广播评估体系创新与节目内容的开发互动，仍需要不断调整。例如，每个节目都需要有系统化的部分，包括所占比重的标准，需要对节目要素进行完善，这意味着对每个节目都要进行规范，要达到一个什么样的标准，需要有更细的参数，使节目评估要做到体系化、科学化、制度化。在新媒体竞争环境下，广西电台的频率改革借力评估体系，探索出一条广播发展的创新路径。

第四节　内容质量与整频率联动策划[①]

在媒体激烈竞争的环境下，广西电台私家车 930 通过对内容传播理念的创新，3 年时间完成广告收入 10 倍的飞跃，实现经济效益和社会效益的双赢，充分体现了内容质量与整频率联动策划的重要性。

一、聚合社会中坚阶层的广播内容转向路径

广播内容传播的转向，突出体现在整频率的内容定位创新上，在方向和基调上直接反映在内容生产和内容经营领域，是传播者市场洞察力、敏锐的媒介理念的呈现，决定其对基于人口统计学意义上的年龄、收入、学历、社会身份、收听场所等基础统计数据做出何种深度的解读。

广西电台私家车 930 不是把其听众做"有没有私家车"这一表层信息的划分，而是就"私家车主"这一概念深入挖掘，以此作为其内容转向的切入点，其特征在于用"社会阶层"定位概念代替了"人口学意义上"的定位，以高质量密集信息内容为特征，实现最小发射功率的覆盖赢得了最大可能性的听众和市场影响力。该频率紧紧围绕"私家车主"这一社会群体衣食住行的全部需要，甚至是文化和价值观的需要，制作综合性广播内容。稳定的社会阶层的概念，在我国当前是一个有待商榷的概念，各个地区和城市的发展阶段对于社会阶层的定位差异较大。但是处于发展中的社会中坚阶层，需要一个匹配的电台发挥引导和聚合的功能。

广西电台私家车 930 借家庭购买私人使用的"私家车"概念，实际上是对交通驾驶人群的一个细分，从经济和社会属性两个层面锁定私家车主及其家庭这一特定的社会群体，这一群体与社会中坚阶层契合度最高，其接触信息需求旺盛，对信息的鉴别解读能力高，有一定的话语权。由于中国社会的城市阶层仍处于成长中，城市广播媒体所对应的这部分人群的社会身份是多样的，需求也是多样化的，如何在多样化的社会身份中找到共同点？私家车 930 把这一群

---

① 孟伟，郑葵. 融媒时代的广播传播路径转向：以广西电台教育广播"私家车 930"为例 [J]. 新闻记者，2015（3）：90－92.

体定义为"是有一定文化追求，强调城市生活的存在感和认同感，营造城市生活的文明和文化情境有一定责任感的志同道合的一类人"①。

在城市化过程中、在发展中国家社会阶层稳定形成的过程中，广播可以承担起对社会中坚阶层的关键性聚合功能，成为促进中坚社会阶层文化氛围塑造的电台，这是该频率作为广播媒体所体现出的深层社会价值和意义。

二、挖掘社会个体强需求的广播内容转向路径

（一）民间互助平台搭建

广西电台私家车930改版初期，面临交警部门官方路况信息汇聚不利的局面。该频率变劣势为优势，借力听众参与的民间力量，搭建起社会个体基于强需求建构的互助平台。该频率的社会号召力和聚合听众的传播力，源自娱乐节目带动了听众的参与度。

最初的娱乐节目《八颗牙齿晒太阳》带动了频率的收听率，经常会有听众打入电话询问路况，于是主持人在节目中发起呼吁，没想到提问一发出，就得到群众的积极反馈，慢慢形成群众自发报路况"大家帮助大家"的模式。从最初的"无心插柳"到今天的"柳树成荫"——现在路况信息渠道已经非常畅通，并且为私家车主搭建一个相互帮忙、服务、沟通的平台。这个概念是在做广播中慢慢清晰起来的。加强与听众的互动，包括私家车主的衣食住行，我们做私家车主的服务员，跳出了路况信息，涉及娱乐、购物、饮食、旅游等各方面。②

社会个体持久自发的交通信息汇聚，首先，需要电台在内容质量上强化与听众的内在匹配度，增加内容的黏性，广西电台私家车930首先开展系列线下活动，延展频率与听众的接触途径；其次，整个频率贯彻服务的理念和思想，即从节目架构到活动，听众需要什么就做什么，并体现一定的媒介引导力；最后，为了保证节目质量，早晚高峰的节目内容，往往采用的是主持人每周提出7~8个选题后，与编辑部共同讨论筛选，确定报道的角度和方向，记者完成前期采访报道后，于节目中开通热线、采用多方通话方式完成话题讨论，丰富节目的形式，提升内容质量。

（二）市民听众群体的黏性

私家车主这部分城市人群，与市民群体不同，但有一定重合，电台的影响

---

① 2014年8月7日广西私家车广播郑葵总监访问。
② 2013年11月7日广西私家车广播郑葵总监访问。

力也需要立足于这一群体。广西电台私家车930最初推出《马达总动员》这档节目时，喜欢的人很喜欢，认为接地气体现城市老百姓的真实生活；不喜欢的人则认为不够高端大气上档次。但频率没有一下子就撤掉节目，而是给出一段时间进行观察，私家车主各种情况都有，且社会个体可能有多面需求，甚至偶尔会超越这个阶层的常规习惯。这档节目主持人与老百姓的沟通能力和其本土化的语言表达能力很强，一段时间后就开始拥有稳定的收听群体，填补了该频率市民收听群体的空白。

（三）不断颠覆的持续创新性

社会阶层在形成过程中，其阶层气质是不稳定的，而广播作为与听众生活最为密切的一种媒介内容形态，需要对这种变化的气质有所反映，而非简单地追随流行的广播模式，这就对媒体人监测新动向、把握新趋势的能力，以及承担节目创新的风险等提出了比较高的要求。广西电台私家车930一直坚持一个看似简单、实则根本的原则：不是只做媒体人自己喜欢的节目，而是由市场和听众来决定内容选择。这就意味着，频率需要及时捕捉最新的社会流行风尚和热点趋势，随时加入新的元素和改版内容，实现持续创新性的颠覆。

三、萃取专业化元素的广播内容转向路径

娱乐和休闲渐趋成为城市人口媒体内容消费的主流。广西电台私家车930抓住新闻资讯、娱乐和服务三大基础元素，其内容转向为：缓解目标人群开车的疲劳，增加路途趣味，增加环境监测，增长社会知识等；内容架构为：整点有新闻，半点有资讯，中间穿插小版块和固定栏目，把衣、食、住、行、娱乐、游等信息打碎，做成线性节目有规律地安排在全天节目中。

（一）新闻资讯元素与品质电台

新闻类节目体现在全天4档节目中：早晨+中午+下午+傍晚，分别为《私家车上班路上》（7：30到9：00）；《知道分子》（12：00到12：30）；《绿灯了没》（16：00到17：00）；《私家车下班路上》（17：30到19：30）。

《私家车上班路上》包括资讯、读报和微博天下，信息量大，每条新闻资讯限制在80～200字左右，提供新闻快餐，增加点评成分。在保障一定量的国际国内新闻基础上，强调本地新闻的自采能力，这是地方广播媒体展现实力的空间，以此打造本地频率的话语权、增加公信力和可信度。其中子栏目《930快评》除在《上班路上》对当天的新闻调查话题进行评论之外，还增加3位评论员对近期热点话题进行评论，在全天4个节点上播出。子栏目《930新闻眼》时长8分钟，上午7：50播出，主要为舆论监督类的本地事件性新闻，进行全天分时段的规律性跟进播出，体现电台引领话题的能力。《930新闻眼》从两个层面进行评论内容的强化：从单位节目编排来看，8分钟新闻眼热点话题之前为常规的新闻资讯节目，后加设2分钟的《930快评》；从全天节目编排来看：实现《930新闻眼》在全天10个点段滚动播出，确保动态管理。其他不同时段的《930新闻眼》是对早间《930新闻眼》未播出内容的一个延续，全天针对该事件性新闻的进展程度进行跟踪递进式播出，随时更新。

（二）娱乐元素与人气聚拢

娱乐类内容做得短期出彩相对容易些，但是要避免低俗化，成就长久恒定品质，就需要转换思维下功夫。广西电台私家车930对脱口秀等节目也实行报题制，如《八颗牙齿晒太阳》和《大表哥与小表妹》，都需要播前审稿，纸质版的内容需要主管的总监签字。对于这些精品娱乐节目，该频率实现多媒体化开发，邀约国内知名网络作家，配合新媒体运作，以两位当红主持人紫悦、乐乐为原型，每年60集，以边招商、边录制、边播出的方式，生产制作大型广播都市情景喜剧《悦来悦乐》、国内首部广播微电影《相亲》等，创下优酷高点击率，实现了广播产品的全媒体突围。目前商业赞助和广告植入不断取得成果。

（三）服务元素与赢得关注

新的媒体环境下，媒体内容与媒体服务理念关联更深入。广西电台私家车930的服务类节目《我的汽车有话说》赢得了听众广泛认可，围绕这档汽车服务类节目，设立了《超级试驾会》节目和网络上的虚拟车库《930车库》。2014年9月广西壮族自治区商业厅设立一个二手车协会，提出由广西电台私家车930牵头，为市民提供优质服务。频率如果获得听众的高度信任，就会赢取媒体的影响力，媒体影响力有了，电台就可以选择和引导不同的商业力量，主流媒体的主导地位不断得到稳固。

四、链状节目编排的广播内容转向路径

"碎片化"是目前流行的一种广播内容处理方法，但是单纯的"碎片化"很容易导致媒体内容传播效果的"碎片化"，因此广西电台私家车930在节目编排方式上，用节目的链状整合，一定程度上弥补了"碎片化"带来的对媒体内容分散传播的风险。

（一）"碎片化"与"链状"编排的互补

有效的节目编排主要考虑了两个因素：一个是听众收听高峰的情况；另一个是作为独立媒体，广播从媒体功能最大发挥的角度如何为听众提供专业化节目？两个结合就对广播的节目编排提出了要求：既要以听众的收听习惯和需求为广播设计节目的第一要务，又需要从另一个角度去营造媒体自身的影响力，但二者并不矛盾。后者是专业媒体的重要体现，也是针对目前唯市场、唯听众论局面的一个积极探索。

对于私家车主而言，每天路上随时进入随时离开，单位收听的时间与其出行的拥堵状况和平均路程里数密切相关，很难保证完整收听一档广播节目；另外，从社会信息接收模式的角度上看，丰富的社交网络的资讯推送与多元媒体信息资讯的高度竞争，使听众对信息的获取进入了一个新的情景——碎片化中。听众注意力的抓取和持久都成了问题，"一心多用"获取信息习惯渐趋养成等，这都决定了听众媒介接触行为的"碎片化"特征。广播陪伴性的媒介属性在当代又将有新的阐释，即要求呈现的信息内容不可或缺；具有独特视角；呈现方式的不干扰听众等，伴随性特征就要在这其中找到平衡点。

广西电台私家车 930 全天节目以"资讯＋娱乐＋音乐＋服务"的思路进行编排，以"轮盘＋板块"的碎片化小单元节目方式进行架构，节目内容打破专业化的界限，以私家车主的全部信息需求为目标，涵盖其衣、食、住、行、娱乐、旅游等各个方面的信息需求。尽管这一综合型的广播方案内容复杂、个性不够鲜明，与类型化的广播大潮相违背，但与车载听众细分相一致，以听众的需要为出发点得以真正实现媒体服务的理念。

（二）信息规划与"一盘棋"节目编排法则

广西电台私家车 930 编排呈现出"一盘棋"的编排特点，即在与听众出行需要高度契合的基础上，对私家车群体三个高峰期的收听进行深层挖掘，把整频率影响力的完整打造作为另外一条重要的主线：在新闻资讯类节目的设置上，体现为早上的新闻节目重视拳头产品的营造，增加评论的元素；中午新闻节目增加娱乐的色彩；晚上新闻节目以"杂文"的方式呈现，讲究新闻呈现方式和要素的多元和多样性；同时周末又对一周的新闻要素进行扫描，对于忠实听众而言，强化了对一周收听内容的一个总的了解，是对忠实听众的一个主动信息规划，强化听众的忠诚度和圈子感觉。

从早中晚新闻资讯类节目的设置上，可以看出该频率对一天新闻资讯类节目的分层递升设置理念，也是对节目完整概念的一个阐释。广西电台私家车 930 把专业化程度看作第一位的要求，经过一年的努力，该频率在 2013 年建立起了新闻资讯信息和新闻舆论监督的联动和合作，从新闻线索、互动平台到媒体专业内容的呈现形成了一个内容生产的科学流程。这种编排模式，保障了节目可以时时改版更新，又可以让听众形成规律性收听习惯。

（三）内容传播的"联动"的模式

广西电台私家车930在新闻类节目的编排和制作中实现了多元联动，体现在以下几个方面。

首先，节目内容的联动。全天与新闻有关的节目之间建立起关联性，板块新闻节目首播后，有些会被切分为小插件在全天滚动播出；节目之间在内容上要进行呼应，如从新闻事件中找到新闻评论，用新闻评论强化和引导新闻趋向，发酵对新闻的关注。《绿灯了没》作为一档热线类节目，其中对于听众反映的问题，记者会进行后续调查并及时在节目中反馈；对于重要事件，将采制成《930新闻眼》专题节目，在《私家车上班路上》播出，同时《知道分子》也会邀请记者讲述采访感受，及时进行话题讨论。

其次，在工作方式上进行联动。例如，《930新闻眼》的制作，七位编辑记者随时结成项目组：一个人为主，其他人为辅助，提供自己的信息源和线索，这对于促进团队成员的均衡发展是有积极意义的。为了强化这种均衡发展，每月召开评稿会，拿出自己的作品，进行评析解读。

最后，私家车930也十分注重与新媒体的联动。利用微信和微博平台，在晚上推送白天重点内容，白天没有时间听节目的人群以此作为一种视觉的补充。微信后台也有爆料的线索，为了促进听众关注，也设立了《新闻周考》回答问题、颁发奖品等。

（四）最新收听模式的适应与引导

地方电台需要重视对本地听众的调研，随时进行时长和节目内容比例的调整，确定在科学设置原则的基础上，保证持久的创新性和更新的功能。《私家车上班路上》90分钟时长内设置了音响、本地新闻、对播节目、广告、节目预告、新闻评论、国内国际新闻资讯元素，其中综合快讯、自采本地内容、路况信息的频次等具体条数和各个时长的比例分配，均根据形势的变化有严格的控制和调整。

广西电台私家车930的打板频次很高，每一次打板都是总监和编辑团队集体决策并定向收听和调研的结果，改版后要持续监听一段时间后，再稳定播出。媒体的影响力和公信力不仅仅在于传递何种媒体内容上做出的努力，也在于对传播对象和媒体环境随时随地的监测，实现最新收听模式的适应和引导，频率具有勇于自我更新和颠覆的精神。

电台参与，见证中国城市化建设中的一个社会阶层群体的凝聚和塑造过程，是与这一阶层的人群在成长和定性中同呼吸共成长的。赢取了这部分社会中坚阶层力量的最大程度、最稳固的信任，就能在此基础上实现媒体影响力。未来广西电台私家车 930 如何发展？随着社会阶层的成熟和分层稳定，某种程度上早晚高峰的收听可能是以家人为单位的家庭性收听，这对于以社会阶层来定位的私家车频率而言，又将是一个新的挑战。无论媒介环境如何变化，"质优价低"的产品畅销原则，同样适用于广播文化产品。

第六章

广播音频媒体产业运营的基本规律是什么

第一节　广播音频媒体创新商业模式核心要素①

当前媒体环境甚至是社会产业环境，在整体上向互联网倾斜，而传统广播电台在网络建设和网络整合、支撑广播新媒体业态的技术开发等方面仍有较大提升空间。而对于当前电台而言，最大的压力则来自如何维持收支平衡，以及每年必须实现的广告增量任务，在此基础上才可以谈到可持续性发展。那么，当前广播新媒体业态的商业模式应该是什么样的？由此一问，引发更多追问媒体的一般性商业模式是什么？我国广电已有的商业模式发展完善吗？媒体商业模式的全球前沿范例是什么？媒体商业模式与一般的企业商业模式有什么不同？新媒体业态的商业模式都有哪些？这些商业模式可以为广播媒体所借鉴吗？广播新媒体业态的商业模式支撑的根本点是什么，当前的广播媒体具备吗？如何在广播现有商业模式基础上与新媒体商业模式实现对接？在这个过程中，广播有没有核心竞争力或者独有的优势？

欲解决上述广播产业运营层面的系统问题，本文借鉴国外《商业模式新生代》② 一书中提出的全新商业模式中的核心要素，探讨从广播到音频媒体商业模式建立的七大核心要素，即用户关系、合作者关系、价值定位、内容形式、核心资源、关键业务、收入来源、成本支出。

---

① 本节主要内容和观点详见孟伟及其团队撰写的《互联网＋时代音频媒体产业重构原理》一书，中国广播影视出版社，2015：216－222.

② ［瑞士］亚历山大·奥斯特瓦德，［比利时］伊夫·皮尼厄. 商业模式新生代［M］. 北京：机械工业出版社，2011：8－9.

一、用户关系

用户是整个广播内容生产模式的核心。成熟的用户分群和成熟的广播与用户的关系将成为一种丰富且极具潜力的媒体资源，为广播音频产业注入无法预估的巨大活力。

广播媒体需要与用户之间建立紧密的信任关系，并要为升级这种关系不断革新自身生产和服务体系，与用户进行更密切、长效、实时的双向联系和互动，挖掘广播"粉丝经济"和"社群经济"的潜力。为了更好地吸引用户，需要对用户属性、需求和行为进行科学分析。以提供优质服务，以及高附加值的服务为特点，核心目标是在满足用户收听广播媒体表层需要的同时，帮助听众发展其社会关系网络。

这意味着当前或者未来的广播内容生产，不仅简单是做内容的提供，而且也是建立在信息内容服务基础上的多元化社会服务、文化服务和价值服务。

二、合作者关系

合作者是让广播内容生产系统有效运转所需要的各类合作行业的集合，也是促使广播产业增值的重要主题。移动互联时代广播的合作者关系建立，更多体现在广播媒体所展现的平台功能。

传统广播的合作者一般为广告主。当代广播的合作者是多元的，每一类合作关系都是广播新商业模式拓展的机遇，至少体现在三个层面。

第一个层面的合作者是传统意义上的广告主。广告主过去与电台的关系比较单一，一般是在电台投放硬广告和软广告。传统意义上的大众媒体对于广告的营销效果是比较难以进行量化评估的；随着广播新技术支持的不断完善，一部分广告主会与电台发展合作分成关系，例如，共同发起从产品研发到销售的闭合环路，或者开展类型繁多的线下促销活动，或者直接建立电商关联等，其利润关系也会由原来的广告费转为利润分成，与广播媒体共同创造商品价值和商品附加的社会价值。在当下移动互联技术浪潮中，电子商务、大数据、互联网金融、现金流的价值已经在催生广播音频媒体与广告主崭新多元合作的条件。用户的行为信息、收听习惯、消费需求等都可以被记录与分析，形成广播媒体的潜在数据富矿。

第二个层面广播的合作者关系体现为一种广泛的"合作者"聚合，即广播媒体的平台聚合功能。广播依赖精准的广播用户定位和频率的品牌价值，聚合广播用户某一类需求相关的多头关联商家，建立起需求与被需求之间的一种共赢的平台规则。这与前文广播的数据富矿的二次开发，以及广播频率的品牌价值密切相关。互联网经济模式中的"平台"效应正是广播媒体未来经济增长的一个有待开垦的领域。例如，通过建立实际贯通的全国范围内的广播合作平台，实现具有地域性媒体特点的广播电台之间的一种聚合，扩大电台的平台功能。全国交通广播协作网和全国农村广播协作网等都呈现为这一思路。这些协作网从建立到真正发挥作用，不仅仅是业务层面的一种联合报道，也不仅仅是某一次活动的临时性合作，而是具有一定商业模式支撑的、稳定的、持久性的地方电台的聚合。无论是广电新技术还是经济模式，都有望促使这一领域的行业突围。

第三个层面的广播合作者关系，来自广播用户和其他自媒体用户的商业价值开掘。如何把广播用户发展为广播内容生产的合作者，进而成为广播产业开发的合作者，是互联网经济模式启发下，广播媒体迫切需要探讨的课题。

一些富有互联网思维特质的企业把用户发展为生产的合作者，目的在于把忠实用户深度卷入到产业体系中，通过对用户参与价值的肯定，用户自觉成为生产者的一员，不仅对于内容开发创意多有贡献，同时也使产品和用户之间的关系变得更为直接。当代经济模式核心争夺的是"用户"，谁聚合了最有价值的用户，并实现对用户价值最大化开发，谁就成为产业的赢家。

三、价值定位

价值是指广播媒体建立和传递内容和服务的观念、主张。对媒体价值的定位决定了媒体的品牌、影响力以及所服务的用户群体和合作者。它是一个价值集合，包含了一系列媒体对用户、合作者的价值认知与需要探求，构成广播内容的内核。

广播音频媒体在深入了解用户、合作企业、政府及同行媒体的价值取向后，要注意平衡与分配各方所占位置和比重，以确定自我价值定位。广播音频媒体除了需要承担原有的社会责任和自身经济职能外，还需要赋予广播互联网思维下的合作共赢、分享、民主等价值定位，这是广播纳入互联网经济体系的重要一环。

对于广播用户（也是移动互联时代的消费者）而言，媒体在满足听众信息和娱乐等媒体所提供的基本需求外，也可以发展广播用户的个性化、定制式的消费需要，包括在这一过程中媒体发挥引导正确的价值观和消费观的作用。

对合作企业而言，广播媒体将其纳入内容生产环节，可以更好地使其与目标用户和目标市场相契合，商品与服务也更容易为用户所接受。同时媒体的社会职能会在潜移默化中对合作企业发展影响，引导其建立与社会需求、消费者需求、媒体内容需求相融合的营销定位。媒体在这个意义上发挥更大的社会引导平台的功能。

对政府而言，广播媒体借助其伴随性、碎片化等优势，一方面为政府信息的社区和社群推广提供渠道，另一方面通过成本低廉、渗透力强的广播媒体可以实现与广播节目政府工作具体环节的对接，为政府的办公信息化提供助力。同时，广播媒体承担起政府形象和政府政策推广的代言人，这要比一般的社会商业公司更为专业和可靠。

在这个意义上，广播媒体新的商业模式的价值定位应为广播以大众媒体渠道为安身立命之所，但不应止步于传统媒体的信息和娱乐提供。可以更多发挥广播平台的独特聚合功能，深入到企业和政府部门工作推广的环节，与具体的项目进行深度参与式的合作，在提供媒体内容的同时，开发媒体服务功能，更为重要的是提供价值观的引导。

四、内容形式

内容需要一定的载体来传递，它决定了广播媒体以怎样的形态为内容传递赋之形态特征，以及用怎样的途径与用户、合作者建立联系，包括如何沟通、传递价值主张。所呈现出的内容形式，可以帮助用户、合作者理解媒体形象和服务。

广播除音频内容形式之外，整合视频、图片和文字等形式已经成为全球广播业在内容拓展上的一种常规性的探索。

传统广播只能通过收音机频率进行收听，而信息时代以智能手机为代表的移动终端大大拓展了音频到达用户的渠道，并形成了海量的分享式、爆发性、去中心化渠道通路。

H5（即 Html5 页面）作为新一代媒体内容呈现形式，为下一代互联网提供了全新的框架和平台，包括提供免插件的音视频、图像动画、本体存储等功能，并使这些应用标准化和开放化。[①] H5 页面的社会化传播，使广播音频媒体内容聚合的渠道更加便捷和丰富。随着下一代协议标准 H5 的推出与普及，基于浏览器的 WebApp 将与 App 客户端形成新的竞争局面，成为移动广播音频媒体内容的重要应用模式。

因此，当前广播媒体在内容形态上已经整装待发，具备全媒体和互联网信

---

① 搜狐：风靡全网的 H5 究竟是什么？2015－03－02.

息传播的所有"武器"，迫切需要借助新技术整合和细化与产业发展方向相符的融合方案，从而得到最贴合节目内容、宣传效果和市场收益的改革途径。

五、核心资源

核心资源是进行内容生产和相关业务拓展的必要因素，也是广播媒体的核心竞争力所在。核心资源包括具体的经济资产、实体资产等，也包括无形的关系资源、人力资源、信息资源、品牌资源等。广播的核心资源体现在一般核心资源，以及具体核心资源。

广播的一般核心资源，本文观点为广播源于音频媒体特性所具有的媒体优势，如广播的伴随性、亲密性、地域性、碎片化、应急性、融合性等特征。这些广播媒体特性正是广播的核心资源，要把它们纳入互联网经济模式的开发视域中，进行重新洗牌和重组，才会焕发其精彩的新价值，然后纳入广播节目创意和运营的细节中，发挥广播内容的优势。

这也是当下互联网音频媒体正在做的工作，如对于声音内容的聚合和细分，鼓励音频内容的原创与分享等，以此找到新媒体经济的增长点。广播媒体应密切关注音频媒体的产业特征和走向，进行创造性的借鉴，必要时候进行深度合作，实现整个音频媒体的合作共赢。

具体而言，广播的核心资源包括：传统电台拥有几十年的办台经验，大量品牌节目，知名主持人，以及娴熟的运营经验，广泛的听众支持，成熟的线下活动商业模式，以及与政府和企业密切的合作关系，等等。比较互联网音频业，这些正是传统广播的核心资源优势。

互联网音频媒体的发展轨迹目前正避开传统广播的这些核心资源优势，走的是"短平快"的差异化运营路径。但是一旦其实力增强，也会争夺甚至整合广播过去的核心资源优势，为其所用。

六、关键业务

广播媒体运营需要开展一系列业务合作，这也是所有企业必须执行的市场化动作，直接影响着其经济收益。对于广播媒体，关键业务不仅关乎实际收益，也是发展关系、传递价值、拓展资源的重要途径。

一般而言，广播具体的关键业务包括三个层面：一是提升广播传播力的信息、娱乐等服务性业务；二是广播的纯粹商务性业务，很多电台已经严格区分了事业性运营平台和产业性运营平台；三是广播的政府宣传服务性业务。

广播媒体与一般的企业不同，一般企业的关键性业务往往是指向直接盈利的主要业务类型，对于广播媒体而言则略有不同：广播首先是作为媒体的身份而存在，其次才是在媒体的基础上发展延伸性的商务功能。对于后者而言，与企业或者互联网经济模式可以直接对接；对于前者而言，虽可以间接实现盈利，但是更多的目标是提升媒体的影响力，聚合人群。过去可以理解为，前者是后者实现的先决条件，没有前者就无法奢谈后者。当然这句话今天仍然适用，但是在互联网经济模式作用下，前者却同样可以产生商业利润点，甚至爆发式的利润点，这在近年来的互联网创业故事中，一点都不缺乏示范案例。

广播电台的问题是，不是没有意识到这一点，而是没有认清两者之间的逻辑关联，或者疏于基于企业层面考虑的总体性规划。

七、收入来源

收入来源是指广播媒体从用户和合作者及其他群体、市场中获取的除成本外的现金收入，左右一个企业最终是否能够实现盈利，也是广播媒体正常运转的大动脉。

对于广播媒体而言，除保留广播内容产品版权出售与广告代理等传统的收入来源外，目前广播产业的触角已经触及一些实体行业，甚至是演艺行业、影视业等，当然广播媒体也可以进一步拓展营销渠道，开掘潜在资源。

比较稳妥的方式是广播媒体发展互联网时代的"订阅费"模式。如在广播新技术平台上增添付费点播、预约等功能，可以为好友点播音乐、节目、送祝福等，定时为目标用户推送点播内容，形成"广播＋社交平台"的盈利模式。

LBS 付费运营也可以开发成为一种广播音频增值服务，实现位置服务与日常生活的深度融合。通过对 LBS 技术的应用，让广播与移动互联网用户的空间位置结合，可以成为广播的一个新业务增长点。

会员制运营模式也可以帮助提高广播广告到达率、节目影响力、反馈成功率等。广播会员信息对于广播电台来说是极其宝贵的财富，是实现数据二次开发的基础。

如前所述，广播媒体也可以发展互联网时代的商务分成合作模式。例如，通过搭建"广播＋电商"的线上线下商业服务平台，能有效发挥媒体宣传力、社会公信力、用户引导力等优势，将用户聚集到媒体平台，在线结算交易，再引流线下消费。

八、成本支出

广播的成本意识是伴随着规范化、成熟的广播商业运营模式的探索而得到强化的。这部分包含内容生产过程中所产生的所有花费。成本在确立了核心资源、关键业务和重要合作后可以相对系统地进行计算和统计。保证质量的前提下最大限度地降低成本，是广播产业增值和收益的重要方式。

广播媒体在引入新的技术，建立新的内容生产体系，发展新型商业模式之后，需要建立完善的成本核算后台系统，并与媒体收入、部门人员绩效相结合，最大限度地释放媒体、部门和人员的价值和能力，提高工作效率。

当前我国广播电台的成本核算意识还不强烈，往往频率和总台之间难以分得那么开，线下活动的开展有时出现不计成本的情况，举办大型活动成本核算粗放，在人员成本利润上还无法做到体制灵活等。成熟的商业模式意味着拥有成熟的成本核算机制，否则将是一种危险的没有结果的产业实验。

以上八点可以作为衡量当前广播媒体产业模式创新的核心要素。广播产业模式创新，意味着突破过去广播的封闭链条式的盈利方式。在新的内容生产模式下，广播媒体的运营概念正从广告渠道迁移为一个媒体内容和互联网情境交织的商用平台。

第二节　社会化媒体与广播内容运营新理念①

我国微信及其衍生、后续发展的诸多新兴媒体，之于当前中国社会生活、之于传统媒体而言，引发着深刻的变革。其典型的社会化媒体传播特性直接影响着包括广播在内的传统媒体融合理念的探索。兼具消费者、传播者、制作者为一体的微信使用者，越来越成为重塑国内媒介发展环境的重要力量。

广播节目的生产方式直观上已经发生了变化，这是从媒体运营端对广播内容制作方式提出新要求的结果，其直接动因是当前大众信息获取和社会交往需求的变化。当前广播内容制作机制的中心任务，是激发广播内容生产中对于"社会关系"元素的重视。

一、基于"交流"关系的广播"社会性"

以微博、微信等为代表的自媒体，更加注重媒介环境中人的社会属性。目

---

① 本节主要观点源自孟伟教授主持的 2013 年国家新闻出版广电总局国重点项目"媒介发展新态势下广播节目模式创新研究"的阶段性成果，项目编号 GD1209。孟伟，万穗. 社会化媒体的视角：广播内容生产与运营的新理念［J］. 河南社会科学，2016，24（8）：88－96，124.

前国外传统媒体的记者开始借助 Facebook Live 或 Periscope 等工具开展社交直播。2016 年 7 月，法国尼斯恐袭击事件中，今日俄罗斯（RT）就利用 Periscope 进行实时直播。① 相较视频对于"在现场"或"颜值高"等要求，音频节目讲究的则是靠声音"出位"。②

交流是关系建立的最基本的方式，通过交流信息，听众自身也开始发展起自己的社交关系。早期广播向本地听众传递各类新闻信息和生活信息，提供以音乐为主的各类娱乐节目，甚至为公众人物提供知识讲座和公开演讲的机会，与大众进行知识的分享和情感的交流，听众个体情感和生活开始逐渐与广播产生关联。

以热线电话为开端，广播即步入了电子媒体的即时互动传播时代。③ 从这个意义上说，广播媒体是电子媒体中最早进行"社会性"建构探索的传统大众媒体。当前我们生存在深受新兴媒体挟裹的"泛在"④ 时代，即时互动传播已经成为当代社会触手可及的资源。当前广播利用微博、微信或者节目组独立的公众号等，实现了广播节目主持人与特定的粉丝在节目中或节目之外进行更广泛的互动交往。大众传播、小众传播与人际传播之间的边界模糊。

突破传统广播的边界，现代音频媒体建构社会性关系的能力更为强大。2015 年，蜻蜓 FM 开始发力 P/UGC 养成计划，启动"全球播主竞技大赛"等，数亿资金投入培育主播，签约＋挖掘并重，整体业务开始"以人为导向"。同为移动电台的喜马拉雅 FM，将"所有玩声音的人"聚合在一个平台之上，建立一整套"发掘、培养、孵化、商业化"的服务体系。2016 年 6 月 6 日，喜马拉雅 FM 联合马东与《奇葩说》的明星辩手一同打造的付费音频课程《好好说话》上线，当天便售出了 25731 套，销售额突破 500 万。⑤

在这个意义上，广播以及新生代音频媒体的公信力和主持人的号召力更紧密地结合在一起。主持人借助媒体赋予的力量，可以进行有效的政治宣传、社会治理，包括广告信息的推广。

---

① 全媒派：社交媒体如何改变冲突事件传播，2016 – 07 – 19.
② 全媒派：移动电台如何玩转网红＋直播？2016 – 06 – 27.
③ 孟伟. 广播传播学［M］. 北京：中国广播电视出版社，2013：95.
④ "泛在"的概念由美国科学家马克·威瑟（Mark Weiser）博士 1991 年首先提出，借用拉丁文 ubiquitous（"神无处不在"的意思），来比拟通信网络和传播需求的无所不在。泛在传播的特点是"无所不在"，而"泛在社会"则指沉浸传播所形成的与一切相连的社会。
⑤ 微信公众号"娱乐独角兽"2016 年 6 月 12 日文章：独家专访｜马东：死乞白赖地跟 90 后玩儿，"好好说话"上线一天销售额破 500 万。

二、"场景化"广播建构社会个体日常生活

社会心理学家 Stanley Milgram 的小世界实验证明了大型社会网络中人们的社交关系以及行动路径。① **下一代广播发展的关键，是必须将广播做成"渗入生活的广播"，将广播内容本身纳入或嵌入当代听众的深度社会交往和日常生活中去。** 如此才能够使得广播在当前媒体竞争中占据优势地位。②

当代广播内容的革新步伐从没有停止，从满足基于人的本质特性的需求到满足人的社交圈子，广播内容总体上的发展趋势是更加注重广播听众的生活化、圈子化，帮助听众个体建构起在社会中的存在感。不同于新兴媒体的社交功能，广播所拥有的媒体公信力可以帮助听众突破普遍意义上的"泛泛之交"的关系，这也是为什么各地电台组织的"自驾游""车友会"，甚至"二手车"平台等，能够广泛获得听众的认可和商业效益。

"场景化"不仅是移动互联网的专利，在移动环境中，人眼是被高度占用的，而这时候声音就有了它的独特使用场景③。通过贴合听众的日常生活场景，实现广播场景化，让听众获得更多的实用性信息。不少交通频率推出的路况随时听等广播伴随式服务，与听众的现实生活结合在一起。此外，欧洲一家电台通过与旅游景区合作，在景区为游客配备广播终端，根据游客的地理位置推送广播内容和服务，采用虚拟现实导航定位、数字地图和推送等技术构建声音场景④，线性的广播呈现出空间化、移动化、场景化。

三、广播"圈子"的社会分层

基于对同一节目的认可，广播聚合了具有一定社会价值观认同的社群。对于社会治理而言，这是牢固的社会管理的基石；对于特定的广告主而言，这意味着广播可以带来新兴媒体所无法企及的稳固的目标人群。

对于新兴媒体而言，社交网络与通过超文本链接的互联网架构几乎完全一样，经济活动中的商业联系网络、生态系统中的食物链，甚至人类脑神经元，

---

①　[美] 大卫·伊斯利，乔恩·克莱因伯格. 网络、群体与市场：揭示高度互联世界的行为原理与效应机制 [M]. 李晓明，王卫红，杨韫利，译. 北京：清华大学出版社，2011：378.

②　孟伟. 广播传播学 [M]. 北京：中国广播电视出版社，2013：112.

③　微信公众号"传媒圈" 2014 年 10 月 5 日文章：网络电台：如何颠覆广播业。

④　童云. "互联网＋"时代广播电台运营模式探析 [J]. 现代传播（中国传媒大学学报），2016，38（2）：162 – 163.

以及细胞内的分子交互作用网络，有着完全相同的组织结构。①

基于广播特定节目建立起的"圈子"或者群落，可以建立更为牢固的社交关系，社群的个体之间存在有共同的价值观与归属感，会形成近乎同一的行动轨迹。例如，河北电台交通广播的《992 大家帮》以热线互动为依托，发起公益活动，反响强烈。② 广播忠实粉丝的社会性活动，可以呈现在城市治理、爱心志愿服务等多种社会动员活动中。广播社群的商业价值也被很多品牌商家注意到。

还有部分用户能够自发结合起来或独自参与节目制作，他们由于具有一定的能力和水平，对电台节目可以起到正面的推动作用，被认为是广播电台的"种子用户"。这些种子用户本身就有一定的铁杆粉丝，由于其对电台有较强的价值共同感，种子用户的粉丝也会变现成广播电台的粉丝。越来越多的粉丝可以收听到更多的节目，也带动越来越多的人进行节目创作。这就打破了传统电台中专人专做的节目生产模式，形成了社会化生产，从生产层面聚合起稳定而具有黏性的"听众圈子"。

第三节　社会化媒体理念在广播内容生产中的呈现③

新生代的互联网音频媒体在发展社会化媒体理念上频繁发力，对传统广播音频媒体提出了挑战。本节尝试从广播内容生产的发展历程中发现、挖掘与当代社会化媒体理念契合的线索。目的是尊重广播历史和发展规律前提下，借鉴新兴媒体理念，实现媒体长远的良性发展。

广播与传播对象的互动关系演进，一定程度上推动着广播内容生产模式不断革新。广播内容生产模式又决定着广播内容特色和质量，以及影响到广播的运营模式，二者之间互为因果相互促进。下述几类广播内容生产模式的出现，虽有时间先后之分，但以并行或者混合的方式存在，从中可以窥见广播社会化媒体理念的演进脉络。

---

① 尹春丽. 科学学引文网络的结构研究 [D]. 大连理工大学，2006：5.

② 中国广播资讯网：《992 大家帮》："受众生成节目"的广播传奇，2015.01.21.

③ 本节内容参见孟伟，等. 互联网＋时代：音频媒体产业重构原理 [M]. 北京：中国广播电视出版社，2015：109 – 122.

一、明星主持人聚合听众

我国早期广播所承载的功能以传播信息为主，宣传色彩较浓，因此以编辑为中心的内容制作模式成为早期广播电台内容生产的主要方式。但是这种模式并不灵活，各部门之间相互独立，编辑编排的内容与节目主持人的个性可能存在并不贴合的现象，一定程度上束缚了主持人优势的发挥。①

进入 20 世纪八九十年代，随着市场化经济的推动，广播电台的主持风格和对内容模式的改革进入一个探索期，主持人队伍是与听众接触最为直接的一个群体，也能较为直接感受到听众需求的变化风向。如果说八九十年代明星主持人的出现还只是个别现象，到了 2000 年之后，随着电视节目改革的深入和电视传播观念的变革，主持人明星化已经成为一种成功的经验率先在电视媒体中逐渐推广，并影响波及广播媒体。②

主持人明星制应用于广播传媒并大获成功的，应首推 FM103.9 北京交通台。北京交通台对其主持人的支持力度非常大，运用交通台在国内的广播电台中的深远影响和推介能力，面向全国的广播电台营销主持人的品牌节目，甚至鼓励明星主持人成立自己的制作公司。③

二、现代编辑团队聚合精品内容，再聚合听众

随着媒体竞争的加剧，听众文化品位不断提高，精品意识强化，某一种类型和风格的主持人已经很难长期独立支撑起一档节目的创新和延续。节目从红火到衰落往往经历 4～5 年，听众对于主持人的忠实程度也会随着时间的推移而变淡，从主持人风格为特色和支撑的内容生产模式已经捉襟见肘。

由主持人一个人包揽一档节目采编播的整个过程，运作中显出其弊端：④过多依赖主持人的能动性，助长主持人的水话。节目运作全由主持人一人大包大揽，节目素材与资源越来越单一，难以深入挖掘，一定程度上与主持人年轻化、创意和底蕴不足、素质和阅历有限有关。

基于主持人中心制存在的问题，以现代编辑团队的协作为中心的内容制作

---

① 白谦诚. 节目主持人：历史的昭示·现状的扫描·未来的走向 [J]. 中国广播电视学刊，1994（5）：13－17.
② 新浪博客：看主持人明星化，2009－08－06. 对原文略有删改.
③ 史历峰. 由 FM103.9 看电台明星主持人现象 [J]. 新闻记者，2006（5）：77－78.
④ 张群. 互动中的"主持人中心制"和"编辑中心制" [J]. 声屏世界，2003（10）：36. 对原文略有删改.

模式逐渐出现，即强调编辑部对整个内容制作过程的策划和指挥，编辑团队处于指挥、决策的地位。或者编辑与主持人共同研发节目内容，或者主持人专注于主持，内容选题和方向等交由编辑团队具体负责。目的是通过编辑团队的集体智慧，保障一档节目的丰富性、前瞻性和厚重的基础，延缓节目的衰退期，创办精品广播栏目。

这与早期的以"编辑"为核心的内容生产是有本质上的不同的，是广播媒体内容制作适应媒体高度竞争节奏、广播内容制作更趋于科学化和专业化的一种体现。

三、制作人制（主持人工作室）借鉴社会化媒体生产流程

随着我国广电系统制播分离的不断探索，在广播领域也汲取"制作人制"的一些优势，目的是进一步调动起一线主持人和编辑的积极性。电台鼓励优秀的节目制作人员建立工作室，让工作室成为市场主体，以自身鲜明的个性特色，面向电台内外播出平台，以工作室为平台带动和探索用人机制、激励机制和营销模式的市场化改革。[1]

广播内容生产领域的"制作人制"表现形态很多，其中一种比较可行的方式是"主持人工作室"。往往以一位具有一定节目影响力和号召力的主持人挑大梁，成立工作室，重点扶持以该节目为核心的市场化运作体系。主持人既要带领团队负责节目内容的创意，又要进行市场化运作的推广。这样把节目制作和运营推广直接结合在一起，围绕一档节目进行立体化的市场运营，减少了中间环节和沟通的障碍。但是对主持人及其团队的素质要求极高，团队需要兼具内容生产的前卫专业化素质，也要拥有强大的市场推广能力，其工作量之大和艰辛可想而知。

截至目前，国内大部分广播节目工作室以生产制作节目为主，也有工作室初涉市场运作，呈现出以下几个特点[2]：初涉节目销售，尝试广播节目市场化运作；全方位打造品牌节目，举办线上线下活动开发衍生产品；依托名牌栏目，成为责、权、利相对统一的独立运作实体。截至2015年，吉林人民广播电台已经拥有了"青雪工作室""钟晓工作室""雷鸣工作室"等多个类型化节目工作

---

① 汪良. 广播改革三十年［M］. 北京：中国广播电视出版社，2013：143 – 144.

② 顾楠楠. 广播节目工作室生存现状分析［J］. 中国广播，2014（1）：56.

室，节目产品在频率内自主运营，负责人可以直接参加电台副处级的内部通报会。①

近年来，"工作室"制度已成为各广播电台和频率竞相采纳的一种管理手段。它赋予工作室成员更大的自由度，不但能激发小团队作战的内在活力，而且可以优化节目生产流水线的资源配置，力争在节目制作和经营方面均取得良好的效果。

但实际上很多电台工作室在发展的过程中也流于形式，存在一些问题②：受电台政策所限，责、权、利分配不明确；以节目生产为主，市场化观念不强；缺乏对品牌统一规划的专业人才。由于电台主持人工作室存在上述问题，往往后期可能存在后劲不足的状况。但是比较早期的明星主持人中心制的节目生产方式，已经是一大进步，加入了更多专业化和市场化的因素在其中；比较编辑中心和现代编辑团队中心制的内容生产模式，则减少了中间的沟通环节，增加了节目与听众和市场直接面对的机会。

四、"中央厨房式"整合与媒体资源共享

2010 年起国家新闻出版广电总局要求规范广播电台电视台合并工作③。广播电台电视台的合并为资源整合提供了支撑。北京、上海、广东、浙江等广播受众市场比较活跃的地区，在新闻类节目的制作中，出现了"中央厨房式"的内容制作模式。

"中央厨房式"的制作模式至少有三种理解：第一，独立的广播节目制作公司，类似一家中央厨房，以制播分离的模式为支撑，为协议电台提供个性化的节目内容，或者节目内容的粗加工原材料等；第二，也可以指在某一家电台内部，整合电视和广播新闻中心，实现新闻资源共享和通稿制，统一由新闻中心——中央厨房，提供通稿，电台电视台的各个节目再根据媒介特点和节目风格进行一定程度的改写；第三，也可以指电台联盟之间的一种节目共享和合作。无论哪一种方式，"中央厨房式"的最终追求目标都是通过团队合作和资源共享的方式，促使广播节目内容的制作更加专业化、生产效率更高、广播节目质量更高、成本更低。

---

①　微信公众号"赛立信媒介研究"2015 年 2 月 27 日文章：盘点全国各电台人才管理与节目运营之道，广播人必看！

②　顾楠楠. 广播节目工作室生存现状分析 [J]. 中国广播，2014（1）：56.

③　陈若愚. 2014 中国广播收听年鉴 [M]. 北京：中国传媒大学出版社，2015：3.

自北京人民广播电台试行制播分离以来，北京电台节目制作中心完成了从单纯的内部"订单式生产"，转向订单与自创相结合的节目生产方式。① 两年多来，实现成品节目批量销售，销售信息到达的电台近 100 家。2014 年 6 月，上海东方传媒集团有限公司 SMG 整合 12 个广播频率，组建东方广播中心，后又启动"全媒体制作中心"项目，搭建全媒体采集与分发技术系统，是一次广播体制的整合，也是广播向新媒体转型的顶层战略设计的迈进。2016 年两会期间，浙江广电集团正式启用全国两会全媒体演播室，联合浙江之声、新蓝网，搭建全媒体平台，通过台网融合、全媒体互动的创新形态报道两会，实现内容优势和影响力多终端传播。②

中央厨房式的运作方式可以有效地调用广播资源，各频率之间的交流与共享增多，鼓励听众线下活动或平台的交流，形成广播系统化运作、内容整合式播出、听众全方位互动等优势。

五、项目团队负责制，聚合优质团队"作战"理念

中央厨房式一般集中在北京、上海等一线城市和广播媒体发达地区，要求广播媒体能够发挥集群式的内容生产优势。随着广播内容生产机制的不断革新，一些广播内部激励机制比较活跃的电台，开始尝试推广"项目团队负责制"。

项目团队负责制的核心，是把广播内容生产和运营作为一类文化产品而进行的系统开发，整体上进行符合市场规律的运作，频率本身的资源优势就需要被调配起来。因此在这个意义上，它既是广播内容生产机制上的革新，更是广播电台内部管理机制的革新。

我国广播电台未来的大发展，根本的问题还是存在于机制和体制的革新上。这一内容生产机制的推行，其意义重大，是电台根据媒体竞争的新环境，实现真正的媒体融合之路铺下的基石，是一种基于内容制作的体制上的革新，目标是在电台整体上充分激发人员优势，是电台内部改革的一项成果。这也意味着项目随时聚合并以最优方式来运作，如此来激发全台的经济创收活力和人事活力。

项目团队负责制是广播实现现代企业化管理的一个具体环节和步骤，与企

---

① 孙超. 广播产业化新模式探索 [J]. 现代广告，2009（10）：59.
② 微信公众号"广电猎酷"2016 年 3 月 14 日文章：浙江广电："中央厨房"呈上融合大餐。

业的"目标管理"制类似，① 核心在于"集体智慧"的调动和统筹管理。通过统一目标的项目聚合能力，实现团队负责制，频率资源中的工作者能够将自身优势最大化，共同为整个频率资源出力。例如，广西人民广播电台整合全台资源，在广播外宣活动中，以项目为中心聚合各频率的优势，实现短期内的项目攻关，取得节目精品化效果、政治宣传效果和经济效益的多元共赢；吉林人民广播电台策划中心将现有的隶属于频率的"工作室"统一起来管理，在电台内部形成完整的商业化模式，采取"项目负责人制"，由"工作室"负责节目的初步立项，在选材的过程中，实现对项目基本运营成本、未来市场前景的调研和预测等工作。②

上海广电内部机制创新，建立类似互联网创业公司的项目团队，其中《直通990》项目团队，既包括节目编播人员，也包括技术总监、产品经理、市场推广人员，每位成员都参与到新媒体产品的开发运营和维护中。2014 年该节目收听率屡创新高，移动用户注册突破 3 万，仅产品的社交板块半年来就产生超过 33 万条互动问答。③

社会化媒体是一种建立于开放式技术之上，由用户直接参与其中进行内容生产和传播互动的信息知识生产平台，它们为用户提供了参与内容生产和传播的机会，为信息传播与社交方式提供了新的可能性。④ 不论是明星主持人制还是项目负责制，都能够看出广播媒体在内容生产中，运营的核心越来越注重于分享，运营逐渐从个人演变成团队的协作，广播电台也逐渐将电台听众的互动作为电台运营中的一个重要部分。

用户直接参与是社会化媒体的一大特点，在用户直接参与的基础上，提升产品质量的途径则是加强 PGC 与 UGC 的合作。"PUGC"需要由一个完整的团队来进行长期构建，以保证节目从内容、策划、包装等方面均具备或接近专业化水准，同时能够让节目具有一定的草根特色。⑤ 不论是传统广播媒体还是网络移动电台，PUGC 都成了不少电台社会化运营的一个不可或缺的环节。

---

① 美国管理大师彼得·德鲁克（Peter Drucker）于 1954 年在其名著《管理实践》中最先提出了"目标管理"的概念，其后他又提出"目标管理和自我控制"的主张。德鲁克认为，并不是有了工作才有目标，而是相反，有了目标才能确定每个人的工作。
② 微信公众号"赛立信媒介研究"2015 年 2 月 27 日文章：盘点全国各电台人才管理与节目运营之道，广播人必看！
③ 孙向彤. 中国广播资讯网：新闻广播媒体转型突围之路，2014 - 12 - 15.
④ 叶姝. 社会化媒体传播中存在的问题与对策分析 [J]. 科技传播，2016（6）：42.
⑤ 人民网：多玩游戏. "PUGC"概念或将开启网络直播行业新纪元，2016 - 05 - 04.

第四节　广播社会化媒体技术应用

广播 App 应用已逐渐成为电台进入移动互联网的重要入口。线下实体、网页、App 应用，用户到达内容（服务）的方式变迁所产生的效果并不是简单的渠道更迭，背后深层推动力是行业系统性变迁的趋势。广播并非特例，对于多数行业而言，在 App 使用率和重要程度日益提升之际，如何重构系统使其适应这一新端口要求，已成为各领域内容（服务）提供者普遍面对的课题。① 广播媒体的社会化软件技术应用，主要分为自主开发和借用外部平台两种。

一、广播与听众互动的自有平台开发

社交媒体的出现带给了传统广播新的契机。传统广播的收听率、到达率和覆盖率的定义都已经发生了一定的改变。广播自主开发的 App 可以实现多平台效果叠加；抓住年轻听众碎片式收听方式；整合资源优势；优质用户体验的优势等。② 截至 2014 年 3 月，在 App Store 里搜索关键词"广播""收音机""Radio"所得到的 App 应用程序，其中适用于 iPhone 的有 500 个，适用于 iPad 的有 427 个；以匹配安卓系统来搜索同样关键字，显示结果为 431 个。③

传统广播电台自有平台的开发大致分为三类④：①依托全台所有频率资源开发的 App，主要是为听众提供节目收听，如"北京广播在线"整合了北京人民广播电台的节目单，用户能够自主选择收听电台节目；②以频率资源为核心开发的 App，这类电台以交通类、经济类等频率为主，如 1039 交通广播，将交通路况、社交、便民服务等功能聚合在一起，旨在实现电台与听众之间的深层互动；③细分优质资源开发的 App，如中央人民广播电台将视频、新闻、有声音频分别开发为央广视频、央广新闻和阅耳听书三个 App，将优质资源的优势最大化。

不仅如此，不少电台也在尝试拓展电台业务范围，通过互联网电商平台直接面对消费者，开启电台传统收益模式的全新尝试。例如，北京人民广播电台

---

① 周宇博. 广播与 App 融合发展的思考 [J]. 视听界，2014（5）：51.

② 陈若愚. 2014 中国广播收听年鉴 [M]. 北京：中国传媒大学出版社，2015：218. 对原文略有删改.

③ 陈若愚. 2014 中国广播收听年鉴 [M]. 北京：中国传媒大学出版社，2015：3.

④ 周宇博. 广播与 App 融合发展的思考 [J]. 视听界，2014（5）：53. 对原文略有删改.

确立了"以新媒体发展为龙头，资本运作为助推器，版权、新技术、广播购物等音频产业链项目为核心"的产业发展思路。① 2014 年，广东广播电台首发"双十一"超长融媒传播，利用 RTC 模式（Radio to Consumer）②，将电台实时广播融合网络音视频展示、多渠道电商入口进行下单购物相结合。2015 年，湖南电台新闻综合频道 FM102.8 将传统广播与电商相结合，全新打造"芒果健康馆"。③ 2015 年 6 月，山东经济广播将亲子节目《妈咪好宝贝》升级为《爱贝果妈咪好宝贝》，并开设"爱贝果母婴商城"，实现了传统广播节目内容与电商的融合。④

　　电台自主开发的 App 应用，好处是促进电台自身技术研发的动力，电台技术部可以根据节目特点进行定制式设计；缺点是不具备现有的社交网络已经拥有的人气；一家电台的互联网推广力度毕竟薄弱。我们有理由说，立足于传统电台的新兴技术开发，与互联网原生媒体的技术开发存在出发点上的本质不同。

　　例如，2015 年湖南 975 音乐电台通过与技术部门合作，结合音乐台的特殊风格以及受众定位，推出全国第一档虚拟主持人脱口秀节目《嘻芮秀》，并启用嘻芮播报路况。虚拟主持人"嘻芮"不仅拥有青年人喜爱的幽默段子，还参与了音乐粉丝们热衷的美国公告牌大奖、欧洲电视歌唱大赛的直播。⑤ 此外，在新媒体环境下，广播电台的运营安全同样离不开技术的支持。2015 年 5 月，江苏广播电台新媒体中心与"阿里云"深度合作，以保障产品全线稳定、安全运行。⑥

二、广播借力外部社会化媒体技术

　　电台入驻互联网音频媒体的内容集成平台，或者互动平台，成为很多电台

---

① 崔忠芳. 微信公众号"广电独家"2015 年 3 月 29 日文章：广播如何应战 2015？

② 电台融媒体购物模式（RTC）。RTC（Radio to Consumer）电台融媒体购物模式是专门针对移动人群及广播听众的电商新模式，其特点在于将电台实时广播融合网络音视频展示、多渠道电商入口进行下单购物相结合。详见广东广播在线：双十一电商节广播电台融媒体购物模式（RTC）欢乐开启，2014 - 10 - 31. 对原文略有删改。

③ 冯钧，谭艳娟. 湖南频道：新疆湖南牵手做健康电商 手机可订库尔勒原产香梨，2015 - 12 - 08.

④ 齐鲁网：山东经济广播《妈咪好宝贝》改版升级全媒体节目《爱贝果妈咪好宝贝》，2015 - 05 - 27.

⑤ 微信公众号"湖南广播电视台办公室"2015 年 6 月 9 日文章：芒果日志丨975 摩登音乐台"嘻芮"诞生记。

⑥ 郝丽婷，王菁，覃继红，邓炘炘. 国内部分传统广播电台"互联网＋广播"现状调研［J］. 中国广播. 2016（1）：1

最初的首选。因为这不仅可以短时间内在无须加大投资的情况下，延展广播内容的传播渠道，而且可以增加社会化媒体互动的渠道，有助于电台主持人吸引年轻的听众。例如，自2011年起进入移动端市场的蜻蜓FM现已聚合了3000多个国内外电台以及自媒体音频①，不仅如此蜻蜓FM还以其庞大的下载量和覆盖面，吸引了不少传统广播频率与其合作，并入驻到蜻蜓中，如河北音乐广播、天津音乐广播等频率。

但是广播媒体借力互联网的社会化媒体技术，一方面可能造成优秀主持人的流失，另一方面电台无法留驻属于自己的粉丝数据，无法奢谈下一步进行社会化媒体的商业运营。借力外部技术应用的误区主要有：

①简单入驻蜻蜓、喜马拉雅等外部平台，广播节目内容基本未发生变化，节目商业性推广难以实现，"入驻"实质上是传统媒体内容的平移；

②采用入驻平台提供的互动渠道，但广播媒体主持人与听众往往存在收听的时间差，主持人无法实现时时在线，达不到与节目即时和个性化的互动；

③互动步骤繁复，平台间跳转多，未能在平台内实现强互动；

④广播主持人难以有效收集频率收听数据；

⑤用户资料流失，缺少自有平台留存听众信息，并无法实现听众数据的二次开发与销售；

⑥广播电台新媒体平台运营出现"万能模式"，未能根据电台自身特点制定个性化的运营方案，平台端口打不通，无法真正为听众服务。

三、广播内容社交化的运营探索

移动互联网环境中，由于听众的收听方式、社交方式、获取信息的途径等的变化，广播需要及时调整思路，与听众建立新型的"社会化交往"关系。当前流行的"电台+微信"的互动方式能够实现听众与电台间的即时互动，并借助微信这类社交工具，与听众或者忠实粉丝建立起社交圈子。

但是，广播内容社交化的理念远非如此简单。广播节目内容社交化是其实现社会化媒体营销的根本。例如，"无线苏州"App将公众服务、广播资讯以及媒体活动相结合，丰富了广播的内容，通过公共服务黏住了App的用户。这意味着广播媒体传统的服务理念需要革新，不仅仅是站在传播者的角度制作精品节目，更需要站在听众心理需求的角度，为广播用户提供刚性的需求内容，甚至是超越广播用户预估的一些服务内容，以此建立起节目的"产品"意识，以

---

① 　人人都是产品经理网：蜻蜓FM App体验报告及产品建议，2014 - 10 - 13.

及针对听众的"用户"意识。

四、社会化媒体理念应用与电台的宏观把控

社会化媒体的内容运营模式中 UGC（用户生产内容）占有一定的比重，但同时这种运营模式也存有一些问题。不少学者已经指出，UGC（用户生产内容）模式是一个非常敏感的地带。由于相关的法律法规还不健全，广电版权管理相对滞后，对侵权行为的处理不及时、不全面，以至于不少移动音频类应用在节目集成上钻了版权的空子。① 此外，电台社会化媒体运营中对社交媒体的运用上，不能一味地通过猎奇、刺激等内容迎合听众的胃口，电台需要对社交媒体内容进行严格把关，通过优质内容吸引听众。2015 年 2 月 20 日，某电台的微信公众平台推送了一则《甬台温高速多车追尾！肇事司机竟然对受伤小孩做了这种事!》的新闻，内容实质是多车追尾的几位车主互相体谅与关心孩子的暖心事件。② 但这并不符合新闻标准的信息，实则会损害频率的形象。

（一）播出安全是电台生存发展的根基

电台节目的播出安全是所有电台生存发展的根基。对于听众主动性的调动，对于广播听众社会关系的商业化运营等，都促使对广播播出安全提出了更高的要求。

一般而言，对于一个电台完整的安全策略包含有三个因素：人员组织、管理机制以及技术措施。③ 广播电台通过人员的聘任合同、竞聘上岗等来保证电台内部人员高素质水平；在管理机制上，通过编辑和总监的数次审稿和把关来保证广播节目内容安全；在技术措施上，从早期的延时播出系统、纠错系统，到当下不断更新的节目质量评估标准，都可以看出电台安全播出的重要性。例如，河北电台《阳光热线》栏目采取了双导播制、双延时制以及同步监听机制，以确保杜绝政治事故和技术差错。由于这几项创新机制的运行，《阳光热线》播出 5 年多，从未出现过一次政治事故、责任事故和技术差错，确保了热线直播类节目的绝对安全。④ 北京人民广播电台 2002 年建立了节目考评机制，对全台

---

① 阮晓东. 移动互联网电台市场：内容和模式之争 [J]. 新经济导刊，2016（1 - 2）：78.
② 刘立军. 对广播电台微信公众平台内容生产的冷思考：以浙江省广播媒体为例 [J]. 中国记者，2016（8）：61.
③ 杨立培. 构建网络音视频广播的安全平台：关注信息安全 [R]. 第四届全国因特网与音视频广播发展研讨会（NWC2004），2004：85.
④ 郭晓瑜. 河北电台《阳光热线》节目研究 [D]. 河北大学，2008：24.

节目质量进行考评，促进了全台节目质量整体水平的提高。2003 年，北京人民广播电台在国内广播系统中首家通过了"ISO9001（2000 版）质量管理体系"认证，使全台管理步入了科学轨道。①

"安全播出"是电台工作永恒的主题。尤其在科学技术日益发展的今天，如何将先进的科学技术合理正确地利用到播出中，为安全播出保驾护航，是所有电台面临的重要课题。②

（二）社会化媒体影响下的广播节目安全运营

新兴媒体背景下的广播节目安全运营不仅是要求节目的播出安全，同时要求节目生产过程、制作内容、制作流程安全。在节目的播出安全上，广播电台自身对节目播出进行了同步监听，减少播出环节上出现的问题；同时也有广播电台针对节目内容进行严格考评，降低节目出错的概率。

广播的跨媒体运营要求广播的制作、播出更加移动化、高效化，因此广播电台自身内部就需要拥有一整套符合新媒体运作规律的电台运营工具。例如，北京交通广播自主研发了一套"新广播运营管理平台"，这一平台包括主持人系统、音视频流媒体系统、微博系统、短信系统、网站系统、OA 系统、路况编辑系统等在内的内容制作与管理体系，将数字化、网络化的技术手段与工作理念引入到广播内容的生产模式中来，从广播内容生产模式上对广播内容进行移动化审核，确保了广播的运营安全。

（三）社会化媒体影响下的电台安全管理

与传统媒体相比，新兴媒体打破了时间和空间的限制，用户 24 小时畅游新兴媒体成为现实。广播媒体需要越来越借助社会化媒体吸引听众参与到广播制作中。社交化的方式让广播媒体的内容制作呈现出开放、优质、聚合、多样的特点，以改变过去广播节目同质化、节目内容创意随意化等弊端。但社交化的内容制作模式也给广播内容的安全传输与维护带来了风险，实时参与会加大广播直播中的不可控性。新兴媒体环境下，广播电台想要借助社交媒体为其带来流量与丰富的节目制作元素时，必须首先将广播的安全放至关重要的位置。

尽管传统广播的制作、播出、传输、发射等环节都掌握在电台手中，但是随着网络内容引入到广播节目中，电台需要做到对视听节目传播源头、传播过程、传播终端三个环节监管并重，才能确保媒体内容安全。因此广播内容生产中在纳入互动化元素、社交性元素的同时，特别需要在宏观管理上建立新型的

---

① 百度百科：北京人民广播电台.
② 潘攀. 广播电台安全播出事故分析［J］. 广播与电视技术，2008（11）：95.

播出安全意识。

电台所有的节目审核、内容发布、商家管理等等信息都可以在 App 内部完成，这就大大降低了跳转平台可能会带来的网络病毒、木马等隐患，保证了商家、听众的信息安全，同时也为电台尚未播出的节目内容提供了安全保障。

新兴媒体影响下，广播电台节目的安全播出、广播内容的安全维护甚至广播听众数据的安全保护都是十分重要的，电台需要借助新兴技术手段，辅助电台进入社会化生产的社交媒体入口，同时又为电台提供安全把控的保护，将电台的风险降到最低点。

新的传媒发展语境，要求广播内容生产一定程度上借鉴社会化媒体传播理念，并直接与社群经济模式建立密切的关联。

第七章

国外音频媒体研究

第一节　英国高质量广播新闻类节目成因探析[①]

新技术、全球化和市场自由主义建构了 21 世纪的传媒大环境。高质量的专业节目内容是传统媒体应对用户自制内容、社交网络等冲击的重要路径之一。英国广播强调媒体的专业性和自治，其系统的编辑原则和稳定的价值观，引导制作出了很多享有世界声誉的高品质广播节目。这一广播传统与编辑记者、制作人、管理体系、规制体系、传媒体制，甚至与政治、经济、文化传统有着怎样的内在动因？本节以 BBC 第四台《今日》节目为例，探讨英国高质量广播新闻节目的成因。

一、英国高质量广播新闻节目的成因

（一）公共利益不是市场的副产品

自 20 世纪末开始，英国进入多媒介、数字化和全球化时代，布莱尔政府推行吉登斯的"第三条道路"，将国家权力下放给地方、社区和公民。对于英国而言，公共利益不是市场的副产品。英国广播推行的是公共与商业体制并行的双轨制模式。英国广播发端于 BBC，广播媒体的价值理念也以 BBC 为蓝本。英国的公共服务广播是历史上政治、商业和社会利益平衡的结果。

BBC 塑造的共同价值理论是一种超越单纯商品价值、以公民利益为基础的共同利益观。而"第三条道路"力图打破意识形态领域二元对立的观念，寻求

---

① 孟伟，李嘉源. 英国高质量广播新闻类节目成因探析：以 BBC 第四台《今日》节目为例 [J]. 中国广播，2013（8）：16 – 21. 全文收入《新闻与传播》人大复印资料第 12 期。

在国家干预和自由市场，兼顾效率与平等、发展与正义、权利和义务、个人责任与集体责任，建构新的个人与社会关系。①

欧洲媒介自20世纪以来首先被视为社会公共机构，其次才是私人企业。欧洲的政治传统体现为民众期待国家进行媒介市场干预，以达到从政治多元主义来提高民主生活的质量。J. S. 密尔（J. S. Mill）曾经说，英国人的性格是由两种主要的影响塑造的——"商业上的赚钱买卖和宗教上的清教主义"②。这是英国广播或者其他媒体背后的主要推手。

（二）商业化促使媒体成为一种独立社会力量

19世纪70—90年代是英国新闻媒体商业化的一个契机。当时美国的趋势是把新闻业改造成高度资本化和高额盈利的商业。而英国媒体的商业化进展是缓慢且保守的，英国新闻媒体在商业化进展中部分摆脱了与政党的联系，成为独立的"政治玩家"。换言之，"独立新闻业标志着主编作为政治博弈中羽翼丰满的玩家，而不是政治家的工具出现了"③。这意味着新闻业在政党、商业、媒体这三种力量的博弈中，逐步建立了独立的行业属性。第二次世界大战后，英国媒体"不大追随政治领袖设置的议题了，不大聚焦于政党政治的修辞了"④。

商业性媒体的一个积极贡献，在于表达公意的自由。**商业性媒体的特征是反对受客观报道的约束，替普通公民和社会共识代言，赋予"普通公民"观点以特权的趋向。商业领域所倡导的自由选择可能是某种更隐蔽、更有传播艺术的"强权"**，正如汉密尔顿（Walter Hale Hamilton）所说："商家和国家都强迫个人受到约束，商业之所以做得更好，在于它以选择的方式掩盖其命令的实质。"⑤ **商业性媒体的本质在于视受众为消费者，而不是权利主体的公民。**

当代BBC越来越需要平衡公共广播与商业化趋势之间的困境。在政治和社会秩序的衰落中，传统公共机构面临着被更为碎片化的、个人化的社会所取代。

① GIDDENS A. The Third Way：the Renewel of Social Democracy [M]. Cambridge：Polity, 1998.

② AITICK R C. The English Common Reader：A Social History of the Mass Reading Public, 1800—1900 [M]. Columbus：Ohio State University Press. 1957：24.

③ [美] 丹尼尔·C·哈林，[意] 保罗·曼奇尼. 比较媒介体制：媒介与政治的三种模式 [M]. 陈娟，展江，等，译. 北京：中国人民大学出版社，2012：204，211，263-264，35.

④ [美] 丹尼尔·C·哈林，[意] 保罗·曼奇尼. 比较媒介体制：媒介与政治的三种模式 [M]. 陈娟，展江，等，译. 北京：中国人民大学出版社，2012：204，211，263-264，35.

⑤ [美] 爱德华·赫尔曼. 全球媒体：全球资本主义的新传教士 [M]. 甄春亮，译. 天津：天津人民出版社，2001：244.

随着政党、公会、教会以及类似公共机构的总体性衰落，大众媒介以及许多其他社会化中介机构变得越来越自主，并开始接管传统公共机构所行使的许多功能。①

（三）英国广播的专业化传统

英国高质量的广播新闻直接依赖于英国新闻界以 BBC 为核心的价值观念的建立，以及新闻专业主义的完善。从本质上说，高质量新闻是英国权力制衡和民主的微观表现，高质量新闻表征为新闻从业者高度的责任感和纯熟的职业技巧，从而促进社会良性发展。英国公共广播在很大程度上摆脱了政治控制，由专业人士运作，并成为一种强大的传统。在本节中，新闻专业主义毋宁用广播行业专业化来代替。

具体而言，广播行业的专业化程度由三个维度决定：首先是从业者的自治，其次是行业独有的专业规范，最后是公共服务取向。新闻工作者对自主性和权威性的主张，在特别大程度上依赖于他们服务公共利益的主张。②

BBC 首任总裁瑞斯的运营理念为：BBC 提供公民应该需要的，而非其想要的，把人类最优秀的知识、创造和成就传播给尽可能多的英国公民。③ 他的媒体理想是"下决心创建一个道德高尚和具有教化功能的高效率全国广播服务体系"④。自 1939 年起，BBC 的新闻节目迅速成长，出现了"即时插播""现场目击""现场直播"等崭新的节目形式。到 1944 年年底，广播报道小组一直跟随着英军在法国和远东作战，评论员也发展成一种在前线报道的新方式。⑤

英国"新闻事业的专业化始于新兴的商业性报纸雇用全薪记者之际"。专业性的特征在于新闻界有自己的一套"选择和呈现新闻的标准"⑥。英国广播界长

① ［美］丹尼尔·C·哈林，［意］保罗·曼奇尼. 比较媒介体制：媒介与政治的三种模式［M］. 陈娟，展江，等，译. 北京：中国人民大学出版社，2012：204，211，263 - 264，35.
② ［美］丹尼尔·C·哈林，［意］保罗·曼奇尼. 比较媒介体制：媒介与政治的三种模式［M］. 陈娟，展江，等，译. 北京：中国人民大学出版社，2012：204，211，263 - 264，35.
③ REITH J. Broadcast over Britain［M］. London：Hodder，1924：34.
④ 李书藏. 冲突、妥协于均衡：英国公共广播电视体制的生成探源［M］. 北京：中国社会科学出版社，2011：71.
⑤ ［英］詹姆斯·卡瑞，珍·辛顿. 英国新闻史［M］. 6版. 栾轶玫，译. 北京：清华大学出版社，2005：117.
⑥ ［美］丹尼尔·C·哈林，［意］保罗·曼奇尼. 比较媒介体制：媒介与政治的三种模式［M］. 陈娟，展江，等，译. 北京：中国人民大学出版社，2012：204，211，263 - 264，35.

期发展建立起独有的行业规则，包括新闻伦理原则，如新闻价值的尺度、保护匿名消息来源、广告与编辑内容的本质区别、判断专业实践和声望的标尺等。这意味着新闻工作者无论是为公共广播服务还是为商业广播服务，都有一致的新闻价值尺度，新闻工作者的立场理论上不受政党或者商业力量左右，新闻工作的立场由这个行业来界定。英国公共广播认为，媒体的职业定位是"一种公共服务"，发挥着"公共信托"的作用，既不是"纯粹的意识形态"，也不应该作为一种纯粹的利他主义。①

（四）体系性保障

BBC 的治理呈现专业化模式，其机构无异于政府控制体制或议会体制：由女王—实际上由首相—任命台长或者理事会，并且按照惯例要得到反对派的同意。被选中的 BBC 领导者不是作为政党而是作为社会整体的代表，愿意抵御政治压力而恪守英国广播电视的独立性。BBC 的记者、编导、制作人以及其他媒体创意和服务岗位都以类似的方式选择，以缩小政党瓜葛。② 英国广播新闻工作者的独立性，来自对负责任的专业精神的秉持。

进入 21 世纪，英国政府对于广播领域的管理主要有两个机构：一个是针对公共广播部分的 BBC 信托理事会（BBC Trust）；另一个是针对商业广播的英国通信管理局（Office of Communication, Ofcom），BBC 的一些经营性活动也隶属于这个部门管理。2003 年，英国通信管理局基于英国媒体融合的现实要求而成立，它对所有的商业性媒体活动进行管理和规制，不仅仅是广播电视，也包括手机等新媒体领域的经营活动。英国通信管理局的基本任务是通过建立有利竞争的管理体系，推动竞争，保护消费者不受有害内容侵害，进一步提升消费者和全体公民的利益。在新自由主义意识形态影响下，英国有关通信管理局作为监管机构的法规，更侧重体现在"去监管"的承诺上。它强调"以充分的市场竞争"来代替"监管"，对监管如何维护公共利益则有所削弱。这是因为"不断地竞争只会将重点放在市场的经济监管和将用户作为消费者而不是公民。其后果是只有需求与供应、支付能力等才是重要议题而且愈加突出"③。为了防止

---

① ［美］丹尼尔·C·哈林，［意］保罗·曼奇尼. 比较媒介体制：媒介与政治的三种模式［M］. 陈娟，展江，等，译. 北京：中国人民大学出版社，2012：204，211，263 - 264，35.

② ［美］丹尼尔·C·哈林，［意］保罗·曼奇尼. 比较媒介体制：媒介与政治的三种模式［M］. 陈娟，展江，等，译. 北京：中国人民大学出版社，2012：204，211，263 - 264，35.

③ 石力月. 媒介融合背景下英国广电业"公共服务"理念之嬗变［J］. 新闻大学，2010（3）：100 - 104.

过度"去监管化"倾向，通信管理局试图专门成立一个内容委员会（Content Board）来保证"能够维护那些竞争与市场无法达成的公共利益"。① 并强调对商业广播电视公共服务方面的特别要求。新媒体时代英国广播嬗变的路径，始终围绕着"公共服务"与"市场竞争"的博弈进行。

二、《今日》节目案例分析②

世界范围内的放松管制，带来了媒体间的激烈竞争，预算缩减也引发了内容生产投入和收听率的大战。以 BBC 第四台为例，2011—2012 年度内容生产投入为 8810 万英镑，居于 BBC 所有电台第二位，但比上一年度减少了 5.1%。

BBC 在新闻报道上秉承严格的要求和系统的工作规章，制定了最为详尽的节目制作人准则手册，对编辑和采访业务的各方面提出了极为详细的要求。BBC 第四台的早间新闻栏目《今日》（Today）是英国王牌新闻节目。在电视诞生初期，人们就担心电视的早间新闻节目会取代《今日》，但时至今日，它仍然是多数英国中产阶级早晨必听的广播新闻节目。这与 BBC 投注大量制作经费，恪守高质量广播内容制作原则有直接关系。

（一）高投入、权威的主持团队

《今日》是一档新闻综合性栏目（新闻 + 时事话题 + 文化、军事综合），中间穿插财经、体育各两档滚动新闻，播出时长为 2 ~ 3 个小时，周一至周五的 6：00—9：00、周六的 7：00—9：00 播出，每星期有 600 万听众。该节目于 1957 年 10 月 28 日开播，英国历史上最负盛名的广播主持人杰克·德·马尼奥（Jack de Manio）奠定了这一节目的基础。20 世纪 70 年代，约翰·廷普森（John Timpson）和布莱恩·雷德赫德（Brian Redhead）以组合主持的方式为该节目赢得更多声誉。截至目前，该节目一直以团队主持的方式播出，团队由五位拥有超过 20 年新闻从业经验，而且是政治、经济等领域的权威报道专家组成：

约翰·汉弗莱斯（John Humphrys）从 1987 年 1 月开始成为《今日》节目的主持人，他曾作为驻外记者在美洲和非洲工作多年，《每日邮报》（Daily Mail）称其为"全国最杰出的记者之一"。詹姆斯·诺蒂（James Naughtie）1994 年 2 月加入《今日》节目组，他曾先后供职于多家报社和杂志社，出任过《卫报》首席政治记者。莎拉·蒙塔古（Sarah Montague）是《今日》节目中唯一的女性

---

① 石力月. 媒介融合背景下英国广电业"公共服务"理念之嬗变［J］. 新闻大学，2010（3）：100 – 104.

② 孟伟. 广播传播学［M］. 北京：中国广播电视出版社，2013：85 – 92.

主持人，做过股票经纪人、电视记者和财经主持人。2008 年加入了《今日》的埃文·戴维斯（Evan Davis）有着牛津大学和哈佛大学的教育背景，在 BBC 做过六年半的财经编辑，编写了许多著作。贾斯汀·韦伯（Justin Webb）1984 年以实习生的身份加入 BBC，之后曾在英美两地做主持人。

与《今日》节目超强主持团队配合的，是 BBC 强大的全球记者资源。该节目充分利用这些资源，在事件发生的第一时间直接触及新闻源头，在坚持英国本地化视野的前提下，以全球化视野报道新闻信息。在具体节目中，与各个渠道的专业记者连线是节目的重中之重。如 2010 年 7 月 5 日，《今日》节目主持人在 6：01—6：06 的 5 分钟内，先后与 4 位记者连线。这是英国制作经费最高的新闻类广播节目。

（二）高端政治访谈

《今日》节目的最大特色体现在高端政治访谈上。每天固定播出的《8 点 10 分大事件》（*Big 8：10*），是一档政治新闻访谈的子栏目。这一栏目掌握着英国最高端的政治新闻资源，成为英国人了解国家政务最权威的渠道之一，英国政界权威信息和重要话题的发布探讨都往往选择这一平台。

英国首相卡梅伦等历任政府要员常常是《今日》的座上客，而英国前首相玛格丽特·撒切尔、托尼·布莱尔等都是《今日》的忠实听众。《今日》的听众也基本都是英国作为社会主流力量的中产阶级。

（三）按照内容节奏设置的节目框架

大众媒体为了和非专业媒体区分开，需要在权威性和专业性上凸显出来。其专业性的体现不是停留在语气本身的权威性上，而是在于内容和呈现的方式。发达国家广播节目内容编排的奥妙，不仅在于外在模式，更在于对具体节目内容衔接规律的研究，特别是对节目制作规范的研究，以及对节目制作理念的研究。

《今日》节目内容主要分为：焦点新闻（也可称为头条新闻，这部分内容通过快讯与深入解读两种形式展开）、经济新闻、体育新闻、每日读报、天气预报等。每一部分之间主持人都会做简短的过渡，保证各个部分之间仍然有较为清晰的分界线，编排节奏快，信息量大。《今日》节目的时长为 3 个小时，可分成 3 个时段来解读。3 个时段中，每个小时的节目内容架构基本一致，重复比例大约为 70% ~ 80%。但重复不是简单的重复，而是根据时间的推进，更新其中的报道内容。构成框架的信息内容包括头条新闻、商业新闻、体育新闻与天气预报等内容；除去每个小时都会出现的重复性内容，其他添加的内容主要关于宗教、文化或是其他国家的事务等。

在每一个小时的节目时段中，头条新闻的内容都占据着大量时间，并多以主播播报、记者连线的形式播出。头条新闻被视为是《今日》节目的线索，或是内容的基石。一方面，头条新闻不仅将3个小时完整地串联在一起；另一方面，头条新闻是整档节目的核心，无论听众在6：00—9：00点的哪个时段打开收音机，都会在该节目构架的帮助下，迅速了解到当天英国以及世界上发生的大事。在海量信息社会，媒体的责任首先是对新闻的选择能力，其次是解读能力，而新闻的选择体现在对受众生活的干预程度和深度上。在这个意义上，头条新闻是该节目的重头戏，它决定了英国当日新闻的风向，也直接影响着当日英国中产阶级收听新闻的方向。

《今日》节目编排特点与英国听众的分布有直接关联。英国总体受众人数为52352000①；而我国总人口为1339724852②。对于中国全国听众而言，什么是一天中最重要的新闻，在每日广播信息筛选中，很难确定这个唯一的标准。英国亦如此，即便是忠实听众众多，但《今日》节目也一直被英国北部地区的人所诟病，认为该节目是为英国南部白人中产阶级准备的新闻大餐，不具有多样关照性③。

《今日》节目的编排结构是一个有稳定内容框架的、弹性的循环结构，其结构框架有三种方式：一个是以头条新闻的重复出现为框架；另一个是以新闻、体育等听众共同感兴趣的基本信息为框架；最后一个是以主持人和记者的回顾、之间穿插部分软性文化新闻和一些社会新现象为框架。以节目内容作为板块框架，可能更符合听众的收听心理。

（四）环环相扣的内部细节

2010年7月5日《今日》节目的头条新闻是英国政府要削减公务员团队，解决人员冗余的问题。6：40的每日读报环节中，莎拉与约翰便就这一主题搜集了《卫报》《每日电讯报》《独立报》《泰晤士报》《每日邮报》等多家英国知名报纸的相关报道和评论，使每日读报环节为头条新闻服务。这意味着《今日》节目捕捉到当日中产阶级听众最关心的议题后，再以纸媒和其他媒介信息来源进行印证和解读，实际上发挥了媒体精选信息平台的作用，确保了该节目的权威性。

①　RAJAR：http：//www. rajar. co. uk/listening/quarterly_ listening. php，2013 – 03 – 28.

②　2010 年第六次全国人口普查分地区的常住人口统计数据［EB/OL］. 国家统计局网站，2013 – 03 – 28.

③　STARKEY G，CRISELL A. Radio Journalism ［M］. London：Sage. 2009.

（五）广泛的分类听众

《今日》节目的核心目标听众为英国中产阶级，但实际上该节目吸引了社会各阶层最大范围的听众。这与节目每小时循环更新的编排方法密切相关。因为英国蓝领阶层上班时间是早晨 6：00—7：00，中下层办公室人员上班时间是7：00—8：00，中产阶级和中上阶层 9：00 左右；即便是中产阶级，如果家有上学的孩子，也需要早起在驾驶中收听该节目。《今日》节目的时间安排照顾到了多个层面听众的分层收听需要。同时，每小时循环更新的编排方法，也确保了听众在不同时段都可以全面、及时地收听新闻。

广播如何留住听众？单纯的信息量是一方面，节目的伴随性和亲和力也很重要，这就需要处理好信息的排列和解读，时时考虑听众可能的需要，并用最舒服的方式给予听众这些信息内容，让听众觉得在特定的时间段内没有和广播一起度过就没有趣味和意义，那广播就满足了听众一种深层的需要，而不只是简单地提供信息使用功能。实际上广播听众更在意节目在何种程度上填充了他的生活，如何成为他的生活中必不可少的一部分。

（六）端庄严肃又富有交流感的主持风格

在报道关乎国计民生的"硬新闻"时，《今日》节目主持人的语气都是较为严肃的，使用了字正腔圆的标准播音语调来播报。每一条单独的"硬新闻"都由一位主持人来完成播报，以确保其严肃性。《今日》节目严肃之余也不失轻松活泼，主持人除了分别播报新闻与记者连线之外，还不时会交流对某个新闻事件的看法，或开个轻松的小玩笑。早间节目往往是上班族出门前或在汽车上收听的节目，对刚刚睡醒的人们来说，声调单一、语速不变会显得乏味。

媒体激烈竞争时代，广播需要挖掘音频传播的独有潜力，特别是在内容传播质量方面积聚的团队制作、媒体渠道资源、媒体累积权威性等优势，提供高质量节目内容，避免广播节目的同质化和过度商业化，拓展激发广播的活力。

第二节 中英消费维权类广播节目模式对比研究①

一、研究背景概述

（一）案例节目介绍

针对全球多个不同地区的研究表明，广播作为消费维权类节目的媒介载体，具有其独特的优势，这类广播专题节目中也不乏成功的案例。本节以对比研究的视角微观层面分析中国和英国的此类节目。本节选取的中央人民广播电台经济之声的《天天3·15》节目，在全国范围内拥有广泛的听众基础，并因为其在推动国内消费者维权领域的杰出贡献，获得了 2015 年度中国新闻奖一等奖。BBC 第四台的 *You and Yours* 每周播出 5 期，是该频率拥有 40 余年历史的王牌节目。

《天天3·15》作为日播节目，周一至周五的播出时间为中午 12：15—13：00，周六、周日为 12：00—13：00，节目命名意在体现保护消费者权益每天都在进行的特点。节目设立的初衷是央广作为一家全国性的广播媒体，有责任为消费者权益维护做出媒体自身的贡献。消费者维权应该是一项常态化的工作，而并非集中体现于 3 月 15 日这一天。

You and Yours 也作为日播节目，周一至周五的播出时间为中午 12：15—13：00，这是 BBC 广播第四台的一档全国性节目，覆盖英国全境。*You and Yours* 的意思是"你和你的家庭成员"，节目的命名直接指向的是事关每一个基于家庭单位的社会个体以及与此牵连的家庭成员。节目侧重展示消费维权的影响以及对这类事情的解决方式和途径。

（二）中英经济发展语境比对

中国经济近年来经历了飞速发展，国民消费行为不断增长也带来了日益增多的消费者权益受到侵害的事例。《天天3·15》以对这类事务的关注为节目之本，在节目中对市场管理者、商户和消费者之间的权益纠纷进行深入探究。在此基础上，尝试给出纠纷可能的解决方案，并最终促进实现更公平更透明的市

---

① 孟伟，史德凯，于颖，李运. 中英消费维权类广播节目模式对比研究：以中央人民广播电台《天天3·15》和英国广播公司第四台 *You and Yours* 为例 [J]. 中国广播，2017（4）：40-47.

场环境。这样的节目导向，也代表了中国当前处理消费者事务纠纷的一种普遍思路：以发生纠纷后的问题解决和处理为主。相比而言，在防微杜渐方面则略显不足。

身处英国社会的消费者所面临的经济和市场环境则与中国不同。英国社会整体已进入后工业时代，重工业等传统行业自 20 世纪 70 年代起便不断衰落。服务业和金融业占比日益增长。对于当前英国社会，不能忽视的是英国脱欧对其商业环境带来的影响。尽管这样的影响效应尚未完全凸显，但已经引发了市场和消费者的高度关注。*You and Yours* 近年来关于消费者权益方面的选题多集中在医疗领域。

（三）中英媒体维权比对

回到媒体层面，英国电视和广播媒体都曾出现过一些固定栏目播出的消费维权专题节目，这些节目广受用户欢迎，所以也都有较长的播出历史。此外，英国各种全国或者区域性的报纸上也不时出现消费者维权的相关内容。两者的区别在于，电视和广播媒体通常会将这类节目安排在其收视收听高峰的时段播出，而报纸上常态化的消费者事务报道则通常不会出现在头版头条（临时性重大新闻除外）。

例如，*That's Life* 作为 BBC 一档消费者维权类电视节目，在其播出周期内（1973—1994 年）就曾一直占据 BBC 第一台（英国收视份额最高的电视台）周日晚间档的黄金时段。该节目广受用户好评，共计制作了 442 期，其最成功之处在于将消费者事务以一种娱乐化的方式呈现出来，在一些特点鲜明的主持人的带动下，在严肃议题和轻松话题间保持了良好平衡。另一个在英国广受欢迎的这类节目是 *Watchdog*，该节目于 1980 年创立，至今仍在 BBC 第一台播出。这档节目相比 *That's Life* 更为严肃，形式和风格也更为多元化，既有在演播室录制的节目，也有外景制作。但不管节目如何变化，其消费者维权的主题一以贯之。在广播节目方面，影响力最大的消费者维权专题节目正是本节选取的 *You and Yours*。该节目在全英范围内拥有广泛的收听基础。该节目自 1970 年首播以来几乎从未间断，目前由位于英国曼彻斯特的 BBC 北部制作中心制作。随着影响力的日益扩大，该节目还于 1977 年发展出了一档专注于消费者金融事务的平行节目 *Moneybox*，该节目每周六早间时间播出，节目以听众来电—专家解答的方式进行，关注金融领域的退休金、存贷款、利率、投资收益和金融诈骗等问题。

再如，中央电视台新闻频道的《每周质量报告》创办于 2003 年，每周日12：35—12：55 播出，时长 20 分钟，主要是关于产品质量和食品安全领域的调查报道，以打假除劣扶优，推动质量进步，是中国电视新闻界质量新闻领域的旗帜性节目。中央电视台财经频道从 1991 年开始举办作为消费者专题晚会的《3·15 晚会》，20：00—22：00 播出，每年一次，时长 2 小时。主要内容是揭穿骗局、陷阱和黑幕，维护公平公正。另外，中央电视台财经频道的《经济与法》栏目，是一档日播节目，20：00—20：30，时长 30 分钟，创办于 2003 年 2 月。以每天一个典型案例的方式，用 30 分钟展示案例背后的法理和规章制度，挖掘中国市场经济活动中存在的法律缺失，传播法律法规，关注社会个体在经济活动中的有关法律的疑惑，推动市场经济的规范化和法制化。这一节目主要讨论的往往是大案和复杂、有争议的案件。就广播媒体而言，除《天天 3·15》外，辽宁广播电视台经济广播也有一档维权节目《你的利益我维权》，坚持"百姓利益无小事"宗旨，切实帮助社会普通个体维权，包括经济维权、消费维权、劳动维权、家庭维权等，节目采用直播间即时连线方式，通过主持人与投诉人、职能部门的"三方通话"，现场受理群众投诉咨询，成为当地有影响力的媒体维权楷模。温州经济生活广播的《消费维权面对面》，是与温州市工商局、消保委于 2007 年 11 月共建的一档纯公益性普及消法知识；2011 年 9 月，安徽经济广播在午间黄金时段也新办了消费维权类节目《维权先锋》，节目为日播，每天中午 12：00 直播，时长 60 分钟。

二、中英节目制作人访问比对

本节为《天天 3·15》和 *You and Yours* 的节目制作人准备了同样的 10 个问题，从节目基本情况、节目制作理念、节目选题、播出内容、节目的影响力和效果等角度进行比对。2016 年 8 月份访问《天天 3·15》的王纪春和 *You and Yours* 节目制作人 Chas Watkin，内容如下：

《天天 3·15》

1. 节目团队有多少人？

节目监制 1 人（兼任主持人），主持人 1 人，专职记者 1 人，兼职记者 3 人。

《天天 3·15》和经济之声的另外两档节目《央广财经评论》《交易实况》都归经济之声的"证券节目部"负责运营。"证券节目部"共 20 余人。

2. 《天天 3·15》节目有多少听众？

从全国覆盖来说，在 2 亿左右。2016 年在北京市场，经济之声的市场份额和收听率分别是 3.37% 和 0.13%，市场份额排名第 9 名。

225

3. 听众从人口统计学上主要是哪些群体？

从经济之声的听众群体来看，成年男性、中高收入群体占比较大，但感觉女性听众也很爱听这个节目。在北京和上海地区，经济之声的男性听众略高于女性，55～64 岁是收听主力，35～54 岁的中青年群体也占较大比例；高中以上的中高学历的听众累计占比86.71%，其中有24.29%的听众拥有大学本科及以上的高等学历；个人月收入方面，以3000～10000 元收入者为主，3000 元以下收入者及10000 元以上收入者占比均较少；职业方面，退休人群占比最大，但在职人员占比也相对较高。

4. 你们通常在每期节目中设置多少个环节？

周一至周五节目的构成为：消费者投诉、爆料＋记者调查＋电话连线专家分析案例、支招，一般一期节目涉及一个问题，偶尔是两个，如果是两个，一般有一定共性。周六日节目构成：将嘉宾请进直播间，现场讨论两至三个大话题。

5. 你们会涉及哪些消费者领域的议题？

节目制作人主要选择关于消费、投资类等比较热门、具有代表性的话题在节目中发布，围绕民生热点设置议题。在平时节目中主要针对消费者投诉，投诉来源于节目的微信平台或电台的新闻爆料平台。周末的选题主要针对消费热点、难点。现在收集听众信息的来源主要有三个：（1）节目微信；（2）400－800－0088 央广新闻热线；（3）节目邮箱。其中，微信和热线电话是主要沟通方式。每天的微信反馈有几十条，遇到热点话题互动时可达上百条。

6. 在你们做过的节目中，哪些消费者议题在听众中反响最热烈？

具有普遍性的、涉及知名企业的节目，消费者更为关注。

7. 你们的节目播出后有什么效果吗？比如促进了法律的完善？

节目确实起到了下情上传的桥梁作用。节目主要反映基层社会矛盾，反映社会热点，运用媒体间接呼吁渠道，从而反作用于国家监管层，改善百姓话语环境、消费环境。节目中播出的问题，解决比例高达60%～70%。节目促进国家部委和主管部门与报道的企业进行反复沟通。节目开播 7 年来，感觉节目越来越好做，和社会各个环节的沟通越来越顺了。

8. 如果一家公司在你们节目中被点名了，通常他们会如何回应呢？

被曝光的问题大都能够得到解决，企业一般都会回应。也有少数企业反馈不积极。

9. 如果是政府部门在你们节目中被点名了，通常他们会如何回应呢？

比较重视，会按照程序逐步解决。

10. 有什么选题是你们不会做的吗？为什么？

对于比较复杂的问题，要调查清楚，全面掌握证据后再报道。报道力求客观、公正。在较多涉及个人隐私的问题方面，会更加慎重。此外，未来希望节目像 BBC 第四台的同类节目学习，添加像"消费时尚"话题类节目，不能让节目每天像"战士"一样光顾着打击问题，也要关注社会消费热点，多推出"时尚达人"，引领消费风尚。

（二）*You and Yours*

You and Yours 开播于 1970 年 10 月，1998 年 4 月起由 25 分钟的节目扩展到 55 分钟；2008 年 10 月 14 日开始由原来的一个主持人增加到两个。报道选题涉及全球范围，不仅仅关注英国国内的消费者投诉。该节目每个工作日的 12：15 开始播音，往期节目可以在 BBC 官网的播客频道中点击收听。*You and Yours* 是 BBC 第四台的王牌节目之一，多年来深受听众喜爱。

1. *You and Yours* 节目团队大概有多少人？

我们有一名编辑，两名主持人，其中一人负责每周 4 天的节目，另一人负责其余 2 天（包括平行节目 *Moneybox*）。此外我们还有 6 名制作人和 6 名助理制作人，4 名记者和 2 名制作统筹人员。当然这里提及的人员也并非全职为这一个栏目工作，有时候会与其他栏目的工作并行。

2. *You and Yours* 节目有多少听众？

我们估计有 350 万人每周收听我们的节目。节目在每季度的听众打分中名列前茅。在我们的评价系统中，70 分以上被认为是一档好节目，80 分以上则是相当优秀的成绩。*You and Yours* 的得分维持在 83 分左右。我们是整个 BBC 第四台中最受欢迎的节目之一。这一点也会从每周的节目评分中看出，在这套体系中我们通常排名 BBC 第四台第一。这也使得我们更有决心做好这档栏目。

3. *You and Yours* 听众从人口统计学上主要是哪些群体呢？

我们听众的平均年龄大概 60 岁，其中女性略多，占 56%。但其实各个年龄层和背景的人中都不乏我们的听众。

4. 你们通常在每期节目中设置多少个环节？

通常是 6 个，但偶尔会设置 5 个或者 7 个，也有时候我们就一个议题制作一期特别节目。另外每逢周二，我们会采取接听听众来电的方式。大家的来电内容并不局限于消费者领域，也有可能是时事新闻。

5. 你们会涉及哪些消费者领域的议题？

任何议题都会涉及。例如，倾听消费者对他们的保险公司的抱怨，请求政府部长对能源政策做出说明等等。我们也会涉及残疾人士的事务，其中温情故事是最为核心的部分。

6. 在你们做过的节目中，哪些消费者议题在听众中反响最热烈？

今年我们曝光的一系列慈善机构的欺诈行为在听众中引发了强烈的反响。另外关爱护理（专门针对老年和残障人士的护理）也是一个热门话题，因为对于老年人群体来说，不管是居住在养老院还是在家寻求护理的费用都居高不下。此外过去一段时间中，能源企业曾是我们节目中经常涉及的话题，但是最近随着他们的一些经营行为改善，这个话题的热度在下降。

7. 你们的节目播出后有什么效果吗？比如促进了法律的完善？

倒是没有哪条法律条文曾经因为我们节目的播出而修改，但是政策层面的促进是有的。比如，我们曾经曝光过政府在推动绿色能源计划中的一系列不当行为；我们还曝光过养老金欺诈，这种欺诈行为使得大量民众的养老金受到了损失；此外我们节目中多次提到的老年人护理费用居高不下的问题，也在议会得到了讨论；在如何避免网络诈骗方面我们编纂了一份在线指南，其中包括大量网络欺诈的案例和我们的独家数据。

8. 如果一家公司在你们节目中被点名了，通常他们会如何回应呢？

各种回应的方式都有。有的公司会直接上节目对于其不恰当行为进行道歉，也有的会上节目就其行为进行辩护。除了直接上节目回应外，有的公司会就事件发表声明。也有较为极端的甚至会恐吓我们节目，或者直接忽略掉（这种做法在美国的大公司身上尤其常见）。有一家公司曾经直接致信BBC第四台的主管，控诉BBC，表示对其积怨已久，尽管除了我们的制作人曾经为该期节目联系过他们以外，我本人与该公司并未有任何接触。这是一类比较极端的回应。他们控告我们的节目违反了BBC的准则，并且恶意诽谤了BBC。但是，通过沟通，最终这家公司决定上我们的节目来讨论此事，尽管他们也没有在节目中对自己的行为做出合理的解释。

9. 如果是政府部门在你们节目中被点名了，通常他们会如何回应呢？

首先我想说的是，在两党联合执政的情况下，邀请政府部长上我们的节目会更容易些。反过来，在当前的一党执政模式下，邀请政府官员就会更困难。尽管如此，我们节目也曾经做过大量质询政府官员的访问，如我前面提到的绿色能源方案事件。他们的回应与企业一样都是各不相同的，有的政府职员在我们的节目中表现得咄咄逼人，有的则态度更温和地处理我们抛给他们的问题。

10. 有什么议题是你们不会做的吗？为什么？

没有，我们不会给自己设置禁忌。有的话题我们选择它是因为其有趣并有新闻价值，有的话题也许新闻价值不足，但我们也会进行报道。例如，我们曾经就保暖隔热墙体的安装做过大量报道，也对涉及的当事人进行了长篇采访。这个议题的起因是有消费者指出安装公司并未尽到其安装责任，同时出于提高销量的考虑，这些公司甚至会向那些本不需要隔热墙的家庭推销这些设备。此外，这些隔热墙的安装也普遍存在粗制滥造的情况。上述行为会直接导致房屋潮湿和发霉，所以我们认为这个问题事关消费者健康，又在全英范围内广泛存在，因此对此进行了大量报道。其实我们了解到这一议题曾经在议会被讨论过数次，但是由于其新闻价值有限，我们很少看到相关媒体报道。我们认为自己有义务让更多消费者知悉此事，由此也对安装公司进行了大量的采访，并推动了这个行业的消费者维权行动。这些都是我们曾经做过的议题，所以确实没有什么议题是我们不会做的。

三、基于定量分析的节目样本比较研究

为了从定量角度更好地理解本节所选择的样本，尤其是两个节目的典型结构和其组织内容的特点，选取了两个栏目各 5 期节目作为分析对象，日期为 2017 年 1 月 9 日—13 日，周一到周五。

对于这些被选择的节目，按照节目中涉及的话题将其分解为几个部分，并对每个部分的内容进行编码，编码表如表 7-1 所示。在编码规则方面，如果编码表中有多项符合，则内容会被打上多个符合的标签，否则为每段内容对应一个标签。这样的编码方式主要是考虑到《天天 3·15》和 *You and Yours* 两个节目都存在一期节目对应一个话题或一期节目对应多个话题的情况，其结构并不固定。

表 7-1　内容分析编码表标签

A	主持人或记者朗读节目稿
B	主持人进行采访
C	主持人与演播室内的记者交流
D	主持人与其他演播室的记者交流
E	记者外景主持
F	记者外景采访
G	事先预录内容（即录播采访内容，包括被访者话语和主持人的言语片段）
H	演播室内两人讨论

I	演播室内两人以上讨论
J	电话采访
K	Skype 或微信等网络工具采访
L	听众来电
M	听众通过 Skype 或微信等网络工具与现场互动
N	本部分内容大部分为事先预录
O	本部分内容大部分为现场直播

上述编码表的大部分标签对应的是该部分内容，但最后两个标签是对这部分节目是否直播进行区分。编码表来源于对过去大量广播节目的总结，包括各种直播和录播节目中常用的节目形式。此外，对于 N 和 O 两个标签，我们将"大部分"而不是"全部"作为判别标准，因为两个节目中都存在事先录音与现场直播在一段内容中交替出现的结构。例如，有的时候节目会先播放一段消费者的投诉录音，以便引出接下来对现场嘉宾的采访，这种情况下我们仍将这段内容视为大部分直播。以下是两档节目 5 期样本内容分析结果。

《天天 3·15》主要聚焦的是消费者在购物或者经营过程中遇到的具体问题，此外一些一般性的与消费问题有关的内容也会少量出现在节目中。《天天 3·15》的新闻线索主要是以听众电话、邮件以及社交媒体留言的方式向节目组提供的。在我们选取的样本中，每一期节目均为 45 分钟左右，并且绝大部分是以每期一个话题的形式制作的。该节目通常以主持人对本期话题的简介开场，接下来通过主持人来串联消费者的采访，以呈现本期所关注的问题。这部分以"阐明问题"为主要内容，通常占据 15 分钟左右的时间。在该部分，节目主持人以直播的形式出现，而其串联的采访部分则全部为提前录制，无一例外。接下来在一小段广告之后，节目会进入下半时段。在这个部分，《天天 3·15》通常会采访上述问题涉及领域的专家或者律师，以便向听众呈现更客观中立的评价。而这些采访都是以直播的形式进行的。以上两个部分是针对当天主要话题展开的讨论，这部分结束后，《天天 3·15》会有一个固定的专家回答听众问题的环节。本环节的问题事先筛选过，但是专家回答也是以直播形式进行的。

以 2017 年 1 月 9 日的节目为例。这期节目的主线议题是消费者投诉迅雷公司的"赚钱宝"项目存在无法正常提现的情况，认为迅雷公司未对此做出告示，存在欺诈嫌疑。主持人在第一部分节目中，对上述内容进行了详细介绍，并播出了涉事消费者的采访录音和迅雷公司对此事进行回应的采访录音。通过主持人的讲解和双方的陈词，在听众对此事的来龙去脉有了感知后，节目第二部分，主持人照例采访了一位律师和一位互联网行业的专家。两位嘉宾就这起纠纷给出自己的意见后，主持人又围绕该议题与两位嘉宾进行了讨论。主线节目最后以主持人的总结收场，并进入下一个回答听众提问的环节。在本期节目中，最后一个环节仅耗时 2 分 35 秒。表 7 - 2 是对《天天 3·15》三期节目的内容分析，此外我们也对每个部分的时长进行了统计。

表 7 - 2 　《天天 3·15》2017 年 1 月 9 日—11 日节目内容编码分析

星期一（2017.1.9）	星期二（2017.1.10）	星期三（2017.1.11）
节目导听 45″	节目导听 40″	节目导听 110″
AO 迅雷赚钱宝纠纷 1′30″	AO 赶集网广告纠纷 2′01″	AO 艺术品网上交易市场 2′06″
GN 赚钱宝用户 1&2 5′44″	GN 赶集网用户 4′05″	GN 网上交易者 2′25″
GN 迅雷工作人员 4′35″	GN 赶集网工作人员 3′10″	AO 主持人介绍 4′02″
AO 广告 1′25″	BO 律师观点 3′30″	GN 交易市场工作人员 1 3′53″
BO 专家观点 6′10″	AO 听众评论 1′01″	GN 交易市场工作人员 2 3′40″
BO 律师观点 4′00″	BO 另一位律师观点 2′40″	AO 听众评论 55″
IO 赚钱宝纠纷讨论 6′35″	AO 听众评论 50″	BO 律师观点 7′10″
BO 听众询问：房屋租赁合同 2′35″	BO 律师采访 5′30″	BO 另一位律师观点 2′20″
	IO 赶集网广告纠纷讨论 6′30″	IO 节目讨论 1′30″
	BO 听众询问：房产权益议题 3′30″	BO 听众询问：房产权益议题 3′30″

　　2017 年 1 月 10 日—12 日的节目结构与上表类似。然而 1 月 13 日的节目却是一个例外。当天的节目代表了《天天 3·15》另一种较为常见的安排，即以一类话题而不是某一消费者遇到的具体问题作为主要内容。以 13 日的节目为例，当天的节目是对 2016 年中国在社会公共服务领域的消费者事务进行总结盘点。除了与前几天类似的两段式结构外，当天的节目省去了第三个观众提问回

答环节。在第一部分，主持人采访了一位政府工作人员，并由他介绍了一些
2016 年发生在社会公共服务领域的侵害消费者权益的事件，包括电力、天然气
和公共交通领域。在接下来的第二部分，由主持人带领节目嘉宾就这些事件展
开讨论。表 7 – 3 是 1 月 12 日—13 日，即周四周五两期节目的内容分析表。

表 7 – 3 《天天 3·15》2017 年 1 月 12 日—13 日节目内容编码分析

星期四（2017.1.12）	星期五（2017.1.13）
节目导听 40″	节目导听 40″
AO 苹果 MacBook 电脑召回 1′25″	AO 2016 社会公共服务领域消费者事务总结 1′03″
GN 采访 MacBook 用户 6′50″	GN 供电行业 2′31″
AO 主持人介绍 2′20″	GN 公共交通 1′28″
GN 听众评论 1′45″	GN 燃气供应 1′32″
AO 主持人介绍 1′10″	GN 供暖企业 1′07″
IO 与律师讨论 14′45″	GN 房地产交易 1′07″
BO 听众提问：房屋租赁议题 2′40″	GN 总结 1 1′48″
	GN 总结 2 2′40″
	IO 公共服务企业的典型问题 12′41″
	AO 电商行业监管 2′59″

You and Yours 也会从听众处获取新闻线索，并且会经常向听众宣传各种能
和节目组取得联系的方式。与《天天 3·15》类似的是，他们也会在一周中选
择一天的节目进行特别编排。在本节选取的样本中，是 2017 年 1 月 10 日周二的
节目为特别编排的单一主题。当天的节目主要以收听听众来电为主，就大众普
遍关心的英国国民医疗体系危机展开讨论。而与之相反的是，本周其他几天节
目都会在一期的时间里涉及多个消费者事务主题。比较发现，*You and Yours* 在
一周的周期内，比《天天 3·15》涉及的议题更多。*You and Yours* 有时候会被其
他节目临时插播打断，大约 12 点 30 分的 *The Word at One* 偶尔会插播。但需要
注意的是，由于 BBC 以公共广播的形式存在，其资金来源于电视收视费，故所
有国内节目中均无广告插播，这是与《天天 3·15》显著不同之处。而在涉及
的话题层面上，两档节目有类似之处，私营企业、国有企业关于公共服务领域
的议题均都有出现。表 7 – 4 和表 7 – 5 是 *You and Yours* 的内容分析结果。

表 7 – 4　*You and Yours* 2017 年 1 月 9 日—11 日节目内容分析

星期一（2017. 1. 9）	星期二 Call You & Yours（2017. 1. 10）	星期三（2017. 1. 11）
节目导听 1′13″	节目导听 0′45″	节目导听 1′06″
BO 医生威胁辞职 5′03″	JN 实习医生 3′19″	CO BBC iPlayer 打败 Netflix 7′14″
GN 动物辅助疗法 6′27″	JN 病人 2′50″	BO 需要现在购买智能技术产品吗 5′41″
DO 禽流感 3′40″	CN 医疗新闻记者 3′32″	BO 更换能源供应商 5′57″
Jx2 O 手机 6′47″	LO 听众来电 2′46″	GN 保龄球场 – 7′00″
BO 健康咨询有用吗? 7′27″	CO 嘉宾 3′19″	BN 航空餐 5′02″
IO 假新闻网站 6′15″	LO 听众来电 5′36″	BN 公立医院的律师 8′07″
	CO 记者 2′55″	
	LO 听众来电 4′16″	
	CO 嘉宾 2′44″	
	LO 听众来电 2′15″	
	CO 记者 0′30″	
	LO 听众来电 1′27″	

　　由于单期节目涉及的话题更多，*You and Yours* 的节目导听通常比《天天3·15》更长一些。这样的编排很容易理解，毕竟制作人都希望一开始就吸引到尽可能多的听众，并且保证他们从头到尾收听整个节目。在导听部分，*You and Yours* 会同时使用事先录制的内容和直播结合，以便达到最吸引人的节目效果。而在周二的特别节目中，导听部分则完全聚焦在当天的节目主题上，并且点明希望倾听听众对医疗服务的声音。不管听众的意见是正面还是负面的，当前的英国免费医疗体系确实面临诸多困难，变得越发难以满足病人的需求，这也是整个节目的大背景。由于本节基于播出节目进行文本分析，研究者没有直接在节目现场进行观察，所以我们并不知悉两档节目选取听众来电或者选取什么样的听众可以问问题的标准，也就无法判断这样的选取标准是否保证对于争议性议题的报道客观性（Starkey，2007）。BBC 作为一家公共电视台，其运营准则依照编辑指南（BBC，2017）是维持中立的立场，所以对于像消费者事务这样带有一定争议性的话题，更合理的做法是让来自听众正面和负面的声音都能被听

到，而不是在某一些问题上表达较为一边倒的立场。

表 7 - 5　*You and Yours* 2017 年 1 月 12 日—13 日节目内容编码分析

星期四（2017.1.12）	星期五（2017.1.13）
节目导听 0′46″	节目导听 1′01″
CO 超市圣诞促销 6′31″	BN 社会关怀不被重视 5′38″
BO 未经同意改变供应商 4′42″	BN 录制现场表演 6′16″
BN 对沃达丰的投诉 7′22″	BO IVF 药物剂量 5′30″
GN 宠物食品 7′28″	BN 自动化电话推销 4′15″
BO 求婚 4′18″	GN 人工智能 9′38″
BN 肇事逃逸司机 8′32″	BN 净化饮食 6′04″

　　本节主要是从内容编排和制作角度对中英两国的消费者事务广播进行研究，由此，接下来将对上述结果进行分类统计，以比较两国节目在编辑制作方面的不同。表 7 - 6 对两档节目最常用的呈现形式进行了统计。需要特别说明的是，尽管 *You and Yours* 周二特别节目与其他几天的结构大相径庭，整个节目是由听众来电串联而成，然而制作人充分考虑了节目可听性方面的需求，在听众来电中间穿插了其他内容元素。因此通过统计发现，这一天的节目中依然有丰富的内容标签，故研究者们在统计时并未排除星期二，希望这样的统计方法能避免我们理解节目结构方面可能的偏差。

表 7 - 6　《天天 3 · 15》和 *You and Yours* 节目内容标签统计

节目内容标签	《天天 3 · 15》	*You and Yours*
A 主持人或记者朗读节目稿	13	0
B 主持人进行采访	11	15
C 主持人与演播室内的记者交流	0	7
D 主持人与其他演播室的记者交流	0	1
G 事先预录内容（如旁边和采访录音）	16	4
I 演播室内两人以上讨论	5	1
J 电话采访	0	5
L 听众来电	0	5

　　此外，《天天 3 · 15》比 *You and Yours* 使用更多的提前预录内容。其中有两天的节目中，《天天 3 · 15》使用了两大段提前录制的采访；另有一天的节目使

用了三段预录内容。两档节目都在某一天中设置了"特别关注"，*You and Yours* 是周二的听众来电汇编，而《天天3·15》是周五的公共服务企业盘点。基于当前已有的资料，研究者们并不确定在周五播出特别节目是否为《天天3·15》的一种惯例。此外，*You and Yours* 使用了现场接听听众来电的方式，并且可以肯定的是实际来电听众比上述图表统计出的结果更多。而《天天3·15》可能更多采用的是让听众在社交媒体平台留言的方式与听众互动。

由主持人用大段播讲方式介绍内容和串联节目是《天天3·15》用的第二多的形式。而与之相反的是，*You and Yours* 在研究者们收集的样本中完全没有采用这种方式，主持人在其中起到的是一名纯粹采访者的角色，由主持人对其他人物进行采访是 *You and Yours* 最常见的节目形态。而如果将提前录制和现场直播的元素进行对比可以发现，两档节目尽管可能在制作提前录制内容上都并无瑕疵，但都更偏向于采用直播的形式呈现节目，具体结果如表7－7所示。考虑到《天天3·15》周五的节目内容是对前一年消费者事务进行盘点，也就是表示上述统计结果中，预录内容的数量可能和平均水平相比略有偏高，排除开这个因素，实际结果《天天3·15》对直播元素的偏向值可能会比现在更明显。

表7－7 两档节目事先预录/现场直播内容统计

	《天天3·15》	*You and Yours*
N 本部分内容大部分为事先预录	16	15
O 本部分内容大部分为现场直播	29	22

结论：

为了保证对比样本在时间上的一致性，《天天3·15》的周末版内容并未进入我们的分析单元中。同样地，BBC 第四4台周六早间的金融类消费者事务节目 Money Box，尽管与 *You and Yours* 有一脉相承之处，也未被纳入研究。两档节目的制片团队在访谈中（研究者们使用了同样的结构化访谈提纲）都表达了相似的节目诉求，即保障消费者的合法权益，推动更加公开透明的市场环境。同时，两个制作团队也都认为，对抗侵害消费者权益的不法组织是他们工作的一部分。

从两个节目的对比中还可以看出，《天天3·15》更倾向于客观地陈述存在着的消费者权益纠纷，而在对具体事例的解决方法上，所占节目篇幅则不如 *You and Yours* 多，后者在节目中有更多的时间会直接与涉事机构进行沟通，在节目中直接寻求解决问题的途径。

You and Yours 以研究者们的分析单元为例，涉及了非常多的具体案例，这

些案例与当下的新闻热点也有着更紧密的联系。可以看到一个时期内在广播、电视、报纸和互联网上出现的新闻热点事件，只要是涉及消费者事务的，*You and Yours* 有很大可能会对其进行追踪，如本节分析的节目中，有一期曾经提及航空餐的问题。这一事件最早见于 BBC 第四台的另一档新闻栏目，但报道简略、其排序也相当靠后，*You and Yours* 捕捉到了这一话题并在自己的节目中做了跟进报道。

与之相比，《天天 3·15》会在一期节目中，非常深入地追踪一个事件的来龙去脉，并采集多方的声音，故在对单一事件的报道深度上是超过 *You and Yours* 的。这样的对比并无高下之分，实则是体现了不同的节目取向。在相似的节目时间里，节目的涉及面和涉及深度总是一对矛盾的存在，此外两档栏目对单一深度报道或多议题综合报道的把握也并非一成不变的，这一点从两期特别节目中就能体现出来。从节目编排的偏好方面，《天天 3·15》的采访多为预先录制的，而 *You and Yours* 偏好现场直播式的采访。两档栏目都偏好以直播的形式呈现节目的其他内容。

不管是中央人民广播电台和英国广播公司（BBC）之间，还是中英两国之间，所处的文化和社会环境上都有着巨大的差别，这是两档节目对比比较困难的地方。这种巨大的差别无疑会反映到两档广播节目中，并客观上影响本节基于编码之外的一些客观理解。与此同时，上述分析也表明两档节目仍然存在很多共同的元素。这种差异与共同点并存的状态，是本节的基本结论。在共同点方面，两档栏目都在午间档播出，所关注的议题也有很多类似之处。可见不管在任何国家，消费者所关注的议题是类似的。在内容编排上，两档节目也都以直播导听形式开场，由一位主持人负责梳理节目流程。两档节目都在四天中安排了同样的节目形式，剩余的一天则播出特别节目。

第三节　媒介融合背景下英国广播的新发展、新趋势[①]

英国是实施三网融合较早的国家，1999 年，英国的 Video Network 即推出了基于 DSL 的视频点播业务；英国也是全球"三网融合"发展最快的国家之一，已形成了健康、繁荣的"三网融合"市场。2003 年英国通信法公布，为全球信息领域融合管制树立了标准，保障媒介融合的全面、有序展开；2009 年 6 月 16

---

①　孟伟. 媒介融合背景下解析英国广播的新发展 [J]. 中国广播，2011（3）：19 – 23.

日，英国政府公布了《数字英国》（*Digital Britain*）白皮书，在国家发展战略高度推行信息领域的数字化，为媒体融合的深度发展提供最核心的信息技术保障。

媒体融合对英国广播事业的发展也提出了挑战，广播所面临的不是模拟广播的简单数字化，它是来自广播内部的一场革命。这场革命不仅体现在广播的内容、技术和接收方式上，也体现在广播的经营方式和广播的整体功能、地位的变革上。中英两国国情不同，媒体、通信和互联网的行业结构也存在很大的差异，但是研究英国广播的新发展、新趋势对于中国广播的现在和未来发展具有重要的借鉴意义。

英国广播历史悠久，广播在人们生活中扮演着不可或缺的角色。作为世界公共广播体制的代表，英国广播在公共服务理念的影响下，强调节目的质量和公共服务性，与美国为代表的以商业为主的广播有所不同，其中 BBC 第四台的早间 *Today* 节目是该电台投入最多的一档王牌新闻类节目，至今仍然吸引多数中产阶级成年男性的注意力，是他们早间新闻和资讯类节目的主要来源；而广播剧 *Achers*，从 1951 年至今已经播出了 16000 集，是世界上最长的广播剧，也吸引了英国几代成年女性听众。在过去近百年的发展历史中，英国广播对英国人的精神生活发生了深入、密切的影响，正如英国广播史学教授 David Hendy 2010 年 6 月份在 BBC 第三台①谈道："英国广播作为一种文化传播的平台，参与并建构了当代英国人的思考方式和社会文化表达样式。"

一、媒体融合背景下，英国广播节目的收听现状

2010 年 10 月 27 日英国权威的广播受众调查研究机构 RAJAR（Radio Joint Audience Research Ltd)② 以"好消息：广播收听保持新高"为标题，公布了最新的统计数据：

2010 年第三季度，英国 90.6% 十五岁以上的成年受众，约为 4600 万人每周会收听他们喜爱的广播，与去年同季度的统计数据相比增加了 100 万人（2009 第三季度 4500 万人）。

2010 年第三季度，通过数字平台每周收听广播的听众不断增长，总计有 2000 万人，比去年同期（2009 年第三季度，1770 万人）增长了 15.4%，因此

---

① David Hendy 自 2010 年 6 月 13 日到 6 月 18 日，在 BBC 第三台每天晚上的 11 点，从史学角度讨论广播发展对当代英国社会的影响，也讨论了互联网和其他新媒体是否提升或者降低了当代人的自主思考力等问题。

② 该机构成立于 1992 年，是英国最权威的广播数据统计调查机构，以下相关数据均来自该机构的网站。

通过数字平台收听广播的小时数，也相应提高到每周 26200 万小时，去年同期为 21300 万小时，提升了 22.8%。

2010 年第三季度，数字广播接收终端仍然是目前英国最流行的广播接收终端，其持有人数增长到 1830 万，超过人口总数的三分之一。当然，通过数字电视和网络收听数字广播的小时数也持续攀升：

①通过数字广播接收终端收听数字广播的小时数约为 16200 万（去年同期约为 12400 万小时，增长了 20.8%）；

②通过数字电视收听数字广播的小时数约为 4700 万（去年同期约为 3700 万，增长了 27.1%）；

③通过互联网收听数字广播的小时数约为 3000 万（去年同期约为 2200 万，增长了 35.2%）。

近年来，英国广播媒体发展迅速，但是在媒体融合背景下，广播处于媒介整体格局的调整、更新中，也出现过不稳定发展的局面。根据 2007 年 Ofcom 年度信息市场报告显示：2006 年英国消费者平均每周花费 50 个小时使用电话、互联网，看电视和听广播，与 2002 年相比①：2006 年平均每天互联网使用时间为 36 分钟，增长了 158%；2006 年每天平均使用手机时间约为 4 分钟，提高了 58%；2006 年每天观看电视的时间为 3 小时 36 分钟，下降了 4%；2006 年每天收听广播时间为 2 小时 50 分，下降了 2%；2006 年每天使用固定电话时间为 7 分钟，下降了 8%。

二、媒体融合背景下，英国广播的数字化发展现状

数字技术的迅猛发展推进了媒体的融合，新媒体业务也带来受众信息使用观念的变化。英国广播媒体紧跟媒体发展的技术大潮，正在积极推进数字化进程。

（一）媒体融合与广播数字化背景

广播数字化是英国媒体数字化进程中必要的一个环节。从 20 世纪 70 年代起，英国通信行业、广播电视行业面临着日益激烈的市场竞争，用户对服务质量的要求也日益提高，这些压力迫使行业整体不断进行技术革新，并利用技术的进步驱动更新换代。英国的"三网融合"正是在"激烈竞争呼唤技术进步，

---

① http：//www. marketingcharts. com/television/uk – consumers – more – connected – web – mobile – use – up – tv – radio – use – down – 1374/ofcom – communications – convergence – timelinejpg/ 2010 – 11 – 07.

技术进步驱动业务形态变革"的过程中逐步发展起来的。运营商为了提高自身竞争力，更好地开拓市场，不断利用先进技术升级改造服务承载网络，逐渐使英国形成了十分发达的服务承载网络，受众在选择信息服务时拥有了更多自由。

《2003 通信法》公布后，英国"三网融合"的发展进入了全面加速阶段。[①]通信技术、数字广播电视技术的高速发展，已使得固定通信网、移动通信网、有线数字电视网都已具备承载 Triple Play 乃至 Quad Play 的能力，信息技术持续快速的发展奠定了英国三网融合的基础。数字通信网络已经成为现代英国基础设施的重要组成部分，"数字网络之于 21 世纪正如电网之于过去的时代一样重要"。数字化带来了媒体的融合，更多的创新已经涌现，而人们日常使用的和商业活动所依赖的音频、视频、音乐、新闻、互动等业务的传递方式也开始变得多样化，以广播为代表的声音产品的消费因其所具有的独特优势而具有独特的市场价值。

（二）英国数字广播电台的发展

英国沿用 2006 年欧洲通信标准学会（European Telecommunications Standards Institute，ETSI）推行的尤里卡（Eureka）147 标准发展数字广播（DAB）。"DAB 如果要谋求成功，需依赖于三方要素的完美平衡：受众的接受度、广播机构的投资和数字广播接收终端的生产厂商。"[②] 英国比其他欧洲国家对 DAB 倾注了更大的兴趣，到 2008 年的时候，DAB 收听时数已经达到了 10000 万小时[③]，具有一定的受众市场；英国 DAB 基础设施的投资力度也比较大：全国性、区域性、地方性广播多路播出系统覆盖率为 85%，这意味着，如果你在英国驾车数百英里，广播数字信号服务不会中断收听，比较西班牙大陆 10% 的覆盖率而言，英国基础设施建设比较完备；DAB 接收终端的厂商得到政府的支持，2008 年，英国在政府的支持下，卖出了超过 700 万台的数字收音机，推广的主要手段是降低数字收音机的成本和价格，使这一设备成为社会中低收入阶层可以负担得起的一种消费，数字收音机从最初的近 4000 元降低到了 350 元左右一台。英国人可以在大型的超市买到便宜的数字收音机，在 2007 年圣诞节的时候，数字收音机成为最受欢迎的数码礼物。

---

① 新华网，2010 - 11 - 07.

② HENDY D. Radio in Global Age［M］. Cambridge：Polity Press，2000：50 - 52.

③ Another record quarter for DAB digital radio，press release 31 January. London：Digital Radio Development Bureau. 2008 年英国数字广播发展局（DRDB）数据。

（三）当前英国广播数字化发展的三点启示

1. DAB 发展列入国家战略发展

DAB 在欧美发达国家的推广速度相对不是很快。原因有很多种，其中设备昂贵是原因之一。WorldDMB① 负责全球 Eureka 147 数字标准的推进，它的网站数据显示，只有少数几个国家把数字化转换标准付诸实践，而在诸多涌现出来的困难中，其中一个潜台词就是 DAB 接收装置的受众拥有量问题。

那么，英国人数字收音机的拥有率如何？目前大约 1/3 人口，约为 1770 万的 15 岁以上的成年人声称家里有一台数字终端可以收听广播。2004 年第 3 季度有 4.5% 的成人拥有数字收音机，2009 年第 3 季度提升到 32.3%，到 2010 年则上升到了 35.4%。

针对这一发展情况，2008 年 6 月英国数字广播研究小组（the Digital Radio Working Group）在一份提交给英国国家文化、媒体和体育部部长的报告中，提到在接下来的 15~20 年，DAB 将是广播的首选播出平台，但是它需要地方电台和社区电台的加入和支持。

英国是一个岛国，而数字广播的高覆盖并一定完全适合人口不是十分稠密、相对覆盖率要求比较低的地方电台和社区电台。但是基于媒体未来发展大趋势和国家战略考虑，国家支持的数字化开发小组仍然进行，但商业电视台 Channel 4 支持的数字广播发展小组已经于 2008 年终止了发展计划，英国商业支持的数字广播发展并不理想。到 2008 年，英国商业广播投入了约 2 亿欧元在节目平台的建设上，数字广播发展局（The Digital Radio Development Bureau）提出了一个协作发展的策略：从政府到以前的广播管理部门——广播局（the Radio Authority）都要对数字广播（DAB）提供支持。

2. 数字电台需谨慎开办

前面谈到英国目前大约有 20 多家数字电台，但是十几家商业数字电台中大约有 6 家电台在 2008 年被关闭。例如 Core（核心电台），Life（生活电台），Mojo Radio（魔力电台），Oneword Radio（一字电台），the Jazz（爵士电台）和 Virgin Radio Groove（维珍·槽电台）。

部分数字电台被关闭，我们需要考虑数字广播电台之间的优胜劣汰，以及广播媒体在英国受众整体媒介接触中所占的总的比例问题。每个人一天的时间

---

① WorldDMB 由来自 29 个国家的 110 个成员组织构成，包括欧洲广播联盟（the European Broadcasting Union，EBU）也包括一些国家性的组织，比如 BBC，法国广播台（Radio France）等。

都是 24 小时，广播媒体的接收会占多大的比重？DAB 又能够占多大比重？在众多媒体提供的日益多样化的选择下，如何让更多的受众选择并接近数字广播？

英国政府对数字广播未来发展提出了期望式的指导"DAB 设备现在和未来不会是仅有的单一接收广播的设备，互联网，手机等都会参与广播的未来发展，但是我们也从听众目前已经受益的应用中看到了数字广播作为独特接收平台在当前和长远发展中的意义。我们也相信数字广播也和其他数字设备一样会提供给受众独特的收听体验"①。

3. 多平台融合发展是广播的未来

根据前面的讨论，我们看到英国广播的播出平台主要包括 AM/FM、DAB、数字电视、互联网、手机等。而成长较快的是网络和手机的平台。

2010 年第三季度，大约占 12.8% 的 15 岁以上的英国成人通过手机收听广播，有 30.7% 的 15~24 岁的英国人通过手机收听广播；有 9.4% 的 25 岁以上的英国人通过手机收听广播。

此外，RAJAR 数据也显示，到 2009 年 12 月 10 日，有 1/3 的英国成年人声称他们过去通过互联网收听广播；自 2009 年 5 月以来，通过"个人化在线广播"（Personalised Online Radio）② 的方式来接受广播节目的人口从 390 万跃升到 4500 万人；另外，8300 万人声称他们听过 Wi – Fi radio③。这一组数据是 RAJAR 在 6 个月中从全国筛选出的 977 个有效样本中统计得出的④。毫无疑问，英国广播的未来数字化发展如果不仅仅依赖 DAB 的平台，而是发展广播播出的所有可能的平台，无疑其数字化前途是十分光明的。

三、媒体融合背景下，英国广播的两大新趋势

英国第五次 MIDAS（互联网音频播放服务 Measurement of Internet Delivered Audio Services）调查显示个性化网络在线广播（Personalised Online Radio）是目

---

① the UK government Department for Culture, Media and Sport and the Department for Business, Innovation and Skills, 2009: 94.

② 孟伟. 走向后广播时代：英国广播受众媒介接触的两大新趋势 [J]. 现代传播（中国传媒大学学报），2010（10）：113 – 116.

③ 网上有大量免费的广播节目。例如 FM/AM 在网络上播出的节目，此外一些其他国家或者地区的广播节目也可以通过网络来收听，这样 Wi – Fi Radio 出现了。Wi – Fi 广播收音机是一种独立的可以无线接入网络、播放网络电台节目的收音机。

④ RAJAR：http://www.rajar.co.uk/docs/news/MIDAS5_news_release.pdf, 2010 – 09 – 15.

前英国互联网收听音频中增长最快的一项服务，450 万听众使用过这一服务①；同时根据 RAJAR 2009 年 12 月 10 日数据显示：英国有 16200000 听众收听实时广播节目；有 1390 万使用 iPlayer 或者其他延迟收听软件②收听。媒体融合背景下，英国广播的最新趋势在于，借助多媒体平台包括数字电视、互联网、手机等改变着传统广播收听的时间和空间范围，改变着传统广播的传播和交互方式。

（一）个性化网络在线广播（Personalised Online Radio）

个性化网络在线广播（Personalised Online Radio）更像是 iTunes 的升级版。它既是对网络上能够检索到的电台节目的整合分类，也是对网络上、个人 PC 机上音乐资源整合分类后形成的个人化电台。可以实现实时在线收听，也可以离线延迟收听。泰晤士报 2008 年 3 月 3 日报道的标题是"新科技终结了广播明星的时代"（"Technology killded the radio star"），副标题是"广播将只播送你梦想中的音乐流"，开篇也写道："当我们打开收音机，不得不收听 DJ 的饶舌解说，忍受广告不断的骚扰，这样的日子现在要结束了……"

个性化网络在线广播（Personalised Online Radio）具有两个突出特点。首先，听众可以实现自我编辑收听节目，它可以按照不同的电台类型来检索节目，也可以按照音乐的类型来整合网上的网络电台，远程自动推送到用户处，当然也可以个人自主编辑节目顺序和类型。其次，通过 Logitech's Squeezebox Duet 可以实现从个人电脑到家庭设备各种外放设备的切换，通过遥控器来实现。它的便捷之处还在于当个人电脑关闭后，仍然可以通过 Logitech's Squeezebox 播放广播节目；个性化网络在线广播（Personalised Online Radio）的收听质量完全可以达到 DAB 电台的收听质量。同时，个人化电台的概念也可以在手机和其他的移动收听设备上实现嵌加。

与听 CD 不同的是，这样的网络在线收听，借鉴的是电台节目的实时性和互动性。Slacker G2 把这样的一种行为变成了受众在消费纯粹的实时音乐流，这种在线收听方式本身就体现为听众在与世界上其他的听众进行着交流——因为大家"都"在听。受众在线下的生活中会有更多的交流方式来延展个人化广播节目收听的经验。例如，交谈或者其他社交活动，这种收听行为成为数字化时代或者网络化时代深度发展后，基于社会分群的媒体建立起来的信息基础。从这

---

① RAJAR：http：//www. rajar. co. uk/docs/news/MIDAS5＿news＿release. pdf, 2010 - 07 - 12.

② Listen Again services.

个角度上说，参与并帮助个体在社会生活中进行定位和意义的实现，广播媒体找到了生存的根本之一。传统电台的听众的交互行为因为节目播出的时间是有限的，受众和电台都迫于时间的压力，不可能为每一个听众提供参与的机会，这是数字媒体未普及、资源匮乏时代的产物。

（二）iPlayer 与广播时移收听

英国 BBC 开发出的 iPlayer 不仅作为一种简单的延迟播放软件，也作为传统广播电视与新媒体实现内容链接的实质性平台。目前，BBC 多数广播电视节目都可以通过这一软件实现一周内节目内容的任意在线点播或下载收听、观看。iPlayer 的特点是可以保证节目的原播出质量，同时具有提示功能。例如主要节目内容的简单介绍，对上次观看时间的自动记录功能，以及剩余的可收听、观看的天数提示等。但是该软件实施了严格的加密系统，下载的节目最多只能保留 1 个月，即便拷贝到其他设备中，1 个月后也将会自动删除。

2008 年 5 月 7 日，iPlayer 实现通过 Wi–Fi 的连接在 iPhone 和 iPod Touch 上观看或者收听广播电视节目。这意味着延迟软件的应用不仅仅可以使用在网络上，也意味着电台节目以特定的节目为独立的单元，通过 iPlayer 软件可以实现多种接收设备的无线移动接收。借此，广播节目在保障节目自身的高质量、完整性传播的基础上，也建立了节目附加广告的可能，这大大改善了新媒体技术带来的人们收听环境的改变而对传统广播的冲击。相反，iPlayer 相关的理念也成功填补了新媒体技术开发后对传统媒体内容的短缺，它把传统广播内容成功推送到了新媒体的传播平台上，满足了新媒体与传统广播的双向需求。

2008 年 4 月 9 日 BBC iPlayer 开始把音视频内容嵌入到 Wii① 游戏的网络频道中，并可以实现更新下载。iPlayer 的这一举动，足以推动传统的广播节目与新媒体的对接通道的建立，保证了未来青少年在媒介接触上，对广播音频传播紧密接触的可能性，广播的未来生存与否，也在于对未来听众的培养和开发。

iPlayer 与游戏厂商的合作仍在延续。2009 年 11 月 18 日专门为 BBC iPlayer 建立的 Wii channel 建立，这意味着世界上最好卖的游戏平台看到了音视频的延迟独立播出平台的传播意义，凭借 iPlayer 可以实现不同媒体渠道的互相包容和整合利用。BBC iPlayer 频道通过 Wii 的购物频道是免费的，这一服务只有在英国实现。游戏最让人看好的一个特性就是人与机器的一种全面的接触和交互，

---

① http：//en. wikipedia. org/wiki/Wii 2010－07－12，Wii 是与 Microsoft's Xbox 360 和 Sony's PlayStation 3 齐名的游戏平台，是第七代游戏平台。2010 年 6 月，Wii 已经超过了 PlayStation 3 和 Xbox 360 成为世界上最好卖的游戏使用平台。

这种交互突出体现在"虚拟真实"上，这也是未来大众媒介与人类传播理想的一个重大发展目标。

广播音频传播内容通过 BBCiPlayer 平台，实现了对未来潜在新受众的对接。同时，广播又借这一最新的游戏平台，实现购物与个体人的社会物质需要的结合，使受众对广播声音媒介的需求变得更加不可以离间。在这个意义上，新媒体的优势被广播全面汲取。

延迟广播电视播放软件目的在于借网络或者其他新媒体实现对现代人生活方式的一种高度契合的跟进，实现对广播受众时间观念的重组。广播频率资源和时间版面的有限性被突破，受众时间分配被弹性利用，这些成为媒介融合背景下广播重要的生存之道。下一个十年，数字广播将是英国广播收听的主流，广播和其他媒体或者信息平台更多将以联合的方式在媒介混合生态语境下存在。①

第四节　欧洲广播最新发展理念与路径优化②

欧洲广播媒体在传输技术和接收终端方面不断更新，步伐走在了全球领先行列。近年来，欧洲广播理论界和业界达成共识，广播发展的理念变革体现在三条路径上的优化③：①接收途径的优化，除传统广播接收路径外，借助新媒体技术，着重开发听众易接近的多种途径接触和推送广播节目；②传统平台互动模式的优化，传统平台是广播业的根本，而互动、分享是新传播技术推动传统媒体变革的核心要素之一，广播首要转换的是传播者与听众的关系，以及内容呈现方式的变革；③网络新平台互动模式的优化，传统电台的网络迁移中，既要保留传统广播的特质，广播传播者又要借助新的路径挖掘潜在的网络听众，并建立起新型互动关系模式。

---

① Ofcom：http：//stakeholders. ofcom. org. uk/broadcasting/reviews – investigations/radio – digital – britain/，2010 – 11 – 08.

② 孟伟，董明锐. 2012 年欧洲广播业发展与变革［J］. 中国广播，2013（2）：22 – 26.

③ 原文为"radio afterlife". 参见 Grazyna Stachyra，The radio's afterlife. Three spheres of communication and community，Oliveira，M.；Portela，P. & Santos，L. A. （eds.）（2012）Radio Evolution：Braga，University of Minho：Communication and Society Research Centre. ISBN 978 – 989 – 97244 – 9 – 5.

一、广播播出平台的优化

（一）数字广播技术的深化发展

欧洲 DAB 数字广播在过去几年中得到大力推广，如 1/3 的丹麦人拥有 DAB，捷克共和国在 2012 年 9 月也开通了 DAB 模式和互联网模式兼容的少年儿童数字广播电台等。DAB 相关的各种专利之前由欧洲多家公司联营，并由飞利浦公司统一管理。2012 年，该专利已经在欧洲部分国家陆续到期，2013 年 1 月 18 日，欧洲主要国家如法国、德国、英国、意大利、瑞典、瑞士等均面临合同到期。这意味着，到时任何相关的进出货不再需要承担特许使用费，入门级的 DAB 数字广播设备可能会下降至 5 欧元。与此同时，DAB 广播会像 FM 广播一样成为今后无线电广播的默认选择使得听众更容易获得。

欧洲广播开始实施 DAB 至 DAB + 的迁移①。DAB + 是 DAB 的升级版，致力于消除 AM/FM/DAB 等技术差异，也包括欧洲各国之间的技术传输差异。随着 DAB + 在 2013 年的继续推广，英国广播人口覆盖率将达到 99%。目前 DAB + 覆盖了捷克共和国 1/3 的人口，在多数城市都可以接收到。2011 年 8 月德国开通了 DAB + 服务，增加了多样化的服务，特别是多媒体内容，2012 年，德国的 DAB + 数字广播的发展有了一个很大的飞跃，公共广播公司和私营广播公司协调行动，共同实现了对德国 80% 人口的覆盖。②。2008 年意大利国家电台开始发展 DAB + ，2012 年继续推进发展日程。③

有人会问"我们已经有了互联网，为什么还需要有数字广播？"实际上 DAB + 数字广播技术的核心在于：保持广播的简易性和普遍性的同时，将广播和宽带结合，它附加了一系列有价值的服务，包括内容标签、触摸屏购物、投票（例如为你最喜欢的歌曲投票）、社交媒体整合和随选内容。DAB + 数字广播可以实现无限听众的同时收听，这一点与网络广播是不同的。网络电台使用的带宽必须与所有上网的人共享，这其中还包括了占用带宽很多的视频流量。DAB + 这种融合的数字广播服务将引发新的商业模式、创造新的机会和听众间

---

① Digita Radio in 2012：Views from the EBU New Radio Group［EB/OL］. http：//digitalradioconference. ebu. ch/NRGForecasts12/NRGDigitalRadio2012_ complete. pdf，2012 – 11 – 16.

② Sprechen sie DAB + ？［EB/OL］. http：//www3. ebu. ch/cms/en/sites/ebu/contents/knowledge/technology/nevs/201211/sprechen – sie – dab. html，2012 – 11 – 16.

③ http：//www3. ebu. ch/cms/en/sites/ebu/contents/knowledge/technology/news/201301/d – day – for – dab – patents. html. 2012 – 11 – 16.

新型互动模式。① 欧洲广播界坚信，只有数字广播可以降低广播成本，并消除欧洲不同国家间广播技术的壁垒。

（二）推出欧洲通用芯片统一行业标准

由于地区差异和历史原因，欧洲广播发展呈现地区差别。在政策和规制方面，欧洲公共传播机构的代表是设在瑞士日内瓦的欧洲广播联盟（EBU），其致力于政策融合，以此推动技术融合。当然也有欧洲专家担忧欧洲一体化政策可能会带来国家间信息传播的不平等、商业利益的垄断和公共服务的丧失。

欧洲广播联盟发起了一个"欧洲通用芯片"（"Euro – Chip"）项目，计划使所有新的广播设备和移动设备都具有模拟和数字两用的功能，这将给数字广播在欧洲的发展提供重要的动力和更可靠的未来。"欧洲通用芯片"可以使数字和模拟两种标准相结合，克服不兼容性，让广播公司、制造商和消费者受惠。任何设备的使用者（包括智能手机和平板电脑）都可以使用"欧洲通用芯片"享受的免费广播接收。另外，这些设备通过整合直播信号与宽带服务，可以提高使用者收听广播的体验。最重要的是，具有这些功能的智能设备也可以吸引年轻人收听广播。这种技术也使得广播在网络故障时，在自然灾害期间，可以作为最佳通信介质的地位得以牢固。②

英国广播公司（BBC）和 Deutschlandradio 合作，加快欧洲广播联盟通用芯片的推广。这种通用芯片能够接收多种广播标准，如 DAB、DAB＋、DMB、模拟 AM、模拟 FM 等③，确保从模拟广播到数字广播之间的平稳过渡，并且听众使用的所有不同设备都不会过时。当欧洲通用芯片集成到听众的手机或是平板电脑中时，收听广播仍将像现在一样是免费的。

欧洲广播联盟计划将通用芯片在欧洲各地均投入使用，设备制造商因此将实现规模经济，采用欧洲通用芯片为行业标准也会确保广播拥有一个数字融合的前景，这在广播服务创新的方面拥有巨大潜力。④

---

① http：//www3. ebu. ch/files/live/sites/ebu/files/Programming/Radio/Digital% 20Radio/Digital_ Raido_ FAQs. pdf. 2012 – 11 – 16.

② Euro – Chip Will Mobilize Digital Radio's Future ［EB/OL］. http：//www3. ebu. ch/cms/en/sites/ebu/contents/news/2012/11/euro – chip – will – mobilize – digital. html，2012 – 11 – 14.

③ European Radio Backs Accelerated Rollout of 'Euro – chip' ［EB/OL］. http：//www3. ebu. ch/cms/en/sites/ebu/contents/news/2012/10/european – radio – backs – accelerated. html，2012 – 10 – 10.

④ http：//www3. ebu. ch/files/live/sites/ebu/files/Programming/Radio/Digital% 20Radio/FAQ's% 20EURO – CHIP. pdf. 2013 – 04 – 22.

二、广播接收平台的优化

广播的接收终端从传统的收音机开始不断演化，当前广播的接收可以灵活地附着在多种数字终端或网络接收端口。广播新的接收终端始终以声音为主要元素，辅助以其他如文字、图像等信息，操作编辑变得更为便捷、用户界面更为友好、使用起来更加简单。

（一）广播收听方式凸显新媒体元素

数字广播是欧洲最常用、最受欢迎的广播收听方式。例如，2012 年德国80% 的地区可以收听数字广播，覆盖了大约 90% 的人口，在市场上可以买到超过 220 种不同价格的数字广播设备。① 2012 年 64% 的欧洲人收听广播，平均每周收听时长为 12.7 小时，17% 的欧洲用户每周收听广播，11% 的用户每天都收听。41% 的欧洲互联网用户至少每月通过网络收听一次广播，比 2010 年上升了 54%。②

英国权威的广播听众调查统计机构 RAJAR 数据③也显示，2012 年第四季度90% 的英国人每周收听广播，比去年同期增长了大约 34 万人，总收听时长为10.4 亿小时，比 2011 年同期略有增加。

第四季度的报告还显示，英国人通过智能手机和数字平台收听广播的时长、频率和方式多样化上，比 2011 年有长足进步。例如，19% 的英国人使用智能手机收听广播，比去年同期人数上升了 28%。通过数字平台每周收听广播的人相比去年同期上升了 3.9%。2520 万人每周使用数字平台如 DAB、DTV、Internet等收听广播。通过数字平台收听广播的总时长比 2011 年同期 3 亿小时上升到3.42 亿小时，上升了 14%，DTV 的收听时长比去年同期上升了 15.7%。④

（二）广播移动化收听程度不断加深

从 2013 年日内瓦车展⑤中可以看到，数字广播接收设备在移动化的方面不断拓展。许多主要的汽车制造商都纷纷将 DAB + 数字广播作为设备的选择之一，

---

① Radio in a new dimension ［EB/OL］. http：//www3. ebu. ch/cms/en/sites/ebu/contents/programming/radio/news/2012/radio – in – a – new – dimension. html，2012 – 12 – 06.

② 以上数据来自 IAB Europe（Interactive Advertising Bureau）在 2012 年的 Mediascope Europe 项目，目的是观测泛欧地区用户使用媒体的情况，项目样本超过 50000 人。该项目建立于 2003 年，2012 年是其第八次研究。

③ 指 15 岁以上的英国人，下文同。

④ 以上数据来自 RAJAR 的数据统计，数据来源参见：http：//www. rajar. co. uk/docs/news/Rajar_ NewsRelease_ Q42012_ final. pdf. 2013 – 04 – 25.

⑤ 日内瓦车展是每年三月在瑞士日内瓦举行的汽车展览，是全球五大车展之一。

如大众、奥迪、宝马、奔驰、路虎、保时捷、沃尔沃和福特等。设备的价格从120 欧元到 1100 欧元不等，具体取决于内含的其他导航或是多媒体功能。①

广播在为欧洲听众出行提供最新信息方面，仍然处在一个强势的地位，数字化时代又为广播能提供更丰富的信息与内容②。意大利的移动数字广播在交通服务方面发展迅速，高达 65% 的意大利人在开车时候收听广播，该国强大的广播公路网络覆盖发挥了极其重要的作用。随着数字广播的发展，有望提供随时随地的免费交通信息。2012 年德国广播公司与汽车制造商合作，促使 FM 广播和数字广播都可以在新生产的汽车中收听，穿越欧洲国界的时候实现不间断收听。③

（三）推出融合广播功能与互联网应用的新型广播接收设备

广播的未来发展趋势是多平台融合的，那么"收音机"也需要多平台的界面。RadioDNS 即是最新的一种将广播功能与互联网应用融合的新型接收终端，在 2012 年迅速成为欧洲广播接收终端的新宠。

RadioDNS 结合了传统电台和网络电台的优势，二者功能交融在一起，但这不同于收音机嫁接了上网功能的简单结合。RadioDNS 可以显示出文本、社交网络信息、地图，以及收听排行榜等，实现不同平台格式间的自动转化，无须广播从业人员为适应特定平台进行重新改写和编辑，其融合性、多功能性和实用性都大大增强。它是 WiFiradio、Personalised Online Radio 等接收终端的更新版，是以声音信息收听为核心，融合多媒介平台和功能，兼顾听众其他随身需要诞生的广播接收终端，其融合性特色显著。

三年半前英国 BBC 开始展开这一项目的研发，2011 年进入测试阶段，2012年开始推广，截至目前 BBC 第一台和 BBC 第一台 Xtra 可以实现这一接收模式④。

---

① Digital Radio Making Further Inroads at the Geneva Motor Show［EB/OL］. http：//www3. ebu. ch/cms/en/sites/ebu/contents/knowledge/technology/news/201303/digital – radio – making – further – inr. html，2013 – 04 – 22.

② Radio Serves Travelers With Rich Data.

③ Digital Radio in Europe 'Beyond the Tipping Point'［EB/OL］. http：//www3. ebu. ch/cms/en/sites/ebu/contents/news/2012/10/digital – radio – in – europe – beyond – t. html，2012 – 10 – 12.

④ http：//www. bbc. co. uk/blogs/researchanddevelopment/2012/09/radiodns – live – on – national – radi. shtml，2013 – 01 – 20.

三、广播内容平台的优化

（一）互动广播理念的革新

DAB + 的推广，英国走在欧洲各国的前列，它不止步于技术的融合，更进一步推进广播内容的多媒体融合。在行业普遍范围内认为，声音是广播的核心要素，但不再是广播的唯一要素。广播电台正在采取各种形式加速内容平台的变革，促使多媒体融合，来适应新的多平台媒体环境。

2012 年英国推出了互动广播（interactive radio）的概念，这一服务概念贯穿在所有广播平台中，致力于深度打造更易接近的、个人化的广播接收方式。

①通过广播提供与声音信息媲美的同步视频信息，并时时跟进社会化媒体的互动信息，通过广播平台拓展听众的媒体经验，强化广播媒体功能前提下，凸显广播媒体的不可替代性；

②为听众同步提供、最便捷获取的、海量优质音频信息，以辅助收听广播直播节目，这些音频资源对于听众而言，要最为便捷搜寻、下载和编目，听众使用体验放在首位；

③通过与在线音乐网站合作，巩固音乐广播在英国听众中的位置，为英国听众提供最激动人心的音乐作品、音乐活动，推出音乐杰出人才。

（二）广播音乐内容网络化的拓展

音乐内容是欧洲广播的重头戏，但是网络上收听音乐和搜寻音乐资源具有天然优势，它的即时性、快速性和优良的音质都给音乐广播带来了不小的冲击。欧洲青年人热衷于 YouTube 和 Spotify，网络已经不仅成为欧洲听众收听音乐的主要选择之一，甚至一度成为唯一选择。[①]

在欧洲，Spotify，Deezer，Tunein 和 Pandora 是与音乐广播抢夺听众的几个主要的在线音乐网站。也有欧洲广播专家提出，瑞典音乐广播把节目放到了Spotify 中，成为一个成功的范例。这也预示着可能有更多的欧洲音乐广播台在2013 年进一步开发传统广播与网络平台的深度合作。

（三）广播音频内容与可视信息的融合传播

随着智能手机和平板电脑的推广，视频内容成为主要的填充内容，报纸电

---

① Aurora García González，Álvoero Camacho Garcia，Music as mass consume in the web radio：towards a change in model，Oliveira，M.；Portela，P. & Santos，L. A. （eds.）（2012）Radio Evolution：Braga，University of Minho：Communication and Society Research Centre. ISBN 978 – 989 – 97244 – 9 – 5.

子版也加大了彩色图片的数量，欧洲广播感应这一潮流，越来越多附加了视频内容作为音频内容的补充。2012 年，意大利 40% 的人口已经通过数字广播接收融合文本、声音和图像的广播内容。欧洲广播联盟 2012 年数字广播发展小组的德国专家 Michael Reichert 谈道①，广播媒体在德国率先真正实现了多媒体的融合传播。

四、社交媒体影响下广播新型互动关系优化

欧洲广播内容的创新和发展深受社交媒体的影响，突出体现在基于社交媒体影响下的广播新型互动关系的建构上。广播媒体利用社交媒体的自发性，促使使用者方便与电台的主播或是记者建立起联系，或是参与到公共事物的讨论中来。来自 YouTube、Twitter 或是 Facebook 的相关数据也会被电台用来评估自己的工作，电台积极找寻如何满足用户提高互动性的线索。②

（一）社交媒体影响下的用户自制内容主导

以葡萄牙新闻广播为例，节目内容深度融入社交媒体。传统的热线电话节目虽然主要呈现听众提供的内容，但这些内容都是由电台来主导的。而社交媒体介入广播传播，不仅意味着听众对电台播出内容有了一定的决定权和参与权，也体现着电台与听众交互关系的一种变革和转化。葡萄牙电台是在 Facebook 上推出类似热线电话的节目。通常听众都对这类活动感兴趣并且十分期待，甚至在节目开始之前就在社交媒体上进行讨论并发表自己的意见。葡萄牙新闻广播也会在 Facebook 上要求"朋友"（也就是听众）发送有关公共事务的照片或者视频，通过这种方式，为他们的新闻添加新的元素。例如，当教宗本笃十六世（Pope Benedict XVI）访问葡萄牙时，听众们在 Facebook 上被电台邀请发送相关的照片和视频，使广播新闻变得丰富起来，同时也增加了与听众的互动，引发了讨论。

社交媒体影响下的用户自制内容主导，另外一个突出的案例是意大利的 Radio2 Rai 电台的 RaiTunes 节目。该节目是一档夜晚音乐节目，由 Alessio Bertallot 主持，他是意大利夜晚音乐节目最知名、经验最丰富的电台主持人之一。RaiTunes 节目吸引了大量的年轻听众，使用跨媒体的方法，对社交媒体进行有创新

---

① http：//digitalradioconference. ebu. ch/NRGForecasts12/NRGDigitalRadio2012_ complete. pdf，P9. 20130120.

② Radio Is Dead, Long Live Radio ［EB/OL］. http：//www. radioiloveit. com/radio - future - radio - trends/bbc - radio - 1 - video - and - social - media - content - keep - radio - young/，2013 - 01 - 20.

的应用，促使听众为节目不断贡献自制内容。这档音乐节目的音乐播放列表，每周有两次是由听众和主持人一起完成的（通常是每周二和周四），具体操作过程是在该节目 Facebook 上的粉丝页面中，主持人首先挑选一首歌曲，并上传这首歌到 YouTube 上，然后邀请听众回复一首适合 follow 第一首歌的歌曲，并上传视频，这样直到播放列表完成。

（二）社交媒体推动下的新型传受互动

社交媒体推动下的欧洲广播互动，不仅仅体现在广播增加了网络互动这样一种新的手段，更在于网络平台改变了传统广播传受互动的模式，电台把主要精力的一部分放到了社交网络或者是其他网络渠道中，使新的网络社交因素直接介入到当前的广播传播中。

前文提到的意大利 *RaiTunes* 节目在与听众的互动方面也很有特点。它在 Facebook 上的粉丝页面是一个非常开放的空间，上面的听众都很年轻并且非常活跃。平均每天上传 60 ~ 100 首 YouTube 的音乐视频。在节目直播的过程中，听众就像是听演唱会一样，持续在 Facebook 上相互交流。而在节目结束之后的几分钟，*RaiTunes* 团队发布一个 YouTube 的视频播放列表，收集刚刚结束的节目中播放的所有歌曲。另外，在节目直播期间，听众可以在网站上通过直播间的摄像头看到直播的情况。摄像头对准了主持人和嘉宾，由隔壁房间的社交网络管理员（social media manager）遥控使用。

与 RaiTunes 同属 Radio2 Rai 电台的另一档广播谈话节目——*Caterpillar* 在传受互动方面也有着自己的特点。每天节目开始之前，*Caterpillar* 的团队会预先提出每日话题来活跃气氛与听众互动。听众还可以通过 Facebook 表明他们对 *Caterpillar* 节目的态度（是否喜欢一些已经播出或没有播出的节目），同时发布一些他们认为有用的新闻和链接。

Caterpillar 节目的博客每天都更新，听众可以浏览博客，获取最新的节目概要和最近节目播出的音乐视频。博客保存了节目的多媒体资料，起到了节目"官方历史资料库"的作用。在节目直播期间，所有与当天话题和邀请到的嘉宾相关的链接（网址、文章、视频等）都会被上传。节目结束后的第二天早上，节目的播客即可通过 Facebook 下载。节目的主播和编辑会亲自和听众在 Facebook 上对话。听众在页面上还能看到所有节目中引用过的相关内容（音乐现场、讽刺视频等），也有节目中未播出的相关资源（如事件照片、记者采访的视频、文字说明等）。

（三）社交媒体平台上的互动与广播品牌化新型推广方式

通过社交网络，即使人数不多也能产生较大的、引人注目的效应。Antenne

Düsseldor（Antenne Düsseldorf 104.2，德国的流行音乐电台）在 Facebook 上只有大约 9000 的粉丝，但是他们的一篇帖子被浏览了 140 万次之多。人们在社交网络上经常会将自己喜欢的内容发给他们的朋友，然后会被不断地转发，并传递下去，这使得社交网络成为建立新型广播节目品牌化的一个很有效的工具。同时，也会带给电台的网站更多的流量，Antenne Düsseldorf 的网站有 5% 的流量是直接来自 Facebook 的，每九位访客中就有一个是点击 Twitter 中的链接而访问的。①

电台在社交媒体上与听众进行互动和情感交流，可以找到忠实的听众和追随者。通过在社交媒体上分享内容，分析听众真正关心什么，当受众并不多的时候，通过社交媒体上信息传递的"乘法效应"可以促使听众群不断扩大。②

与此相似的是，葡萄牙的新闻广播更多是在他们的主页上附上声音的链接（以此跳转到自己的网站上），而不是将声音直接上传到 Facebook 和 Twitter 上。这样做，可以吸引、邀请到更多的听众访问自己的网站，从而将更多内容展示给听众。葡萄牙的新闻广播中的节目首先会在传统广播中播出，之后会出现在网站上，接着是在社交网络中吸引大量听众，最后社交网络上的链接又将受众带回到网站上，通过这种形式强化电台的品牌。③

无论欧美还是中国，广播发展的首要问题是要特别考虑听众或者是用户的行为。如果没有当前用户的积极参与和活动，发展的理念、路径，以及所有的新媒体平台和设计都将只是形式或者空谈，无助于在当前多媒体传播环境下，广播生命力的再焕发！

---

① Facebook & Twitter For Radio Audience Interaction［EB/OL］. http：//www. radioiloveit. com/radio－future－radio－trends/facebook－and－twitter－for－radio－audience－interaction/，2013－01－20.

② Facebook & Twitter For Radio Audience Interaction［EB/OL］. http：//www. radioiloveit. com/radio－future－radio－trends/facebook－and－twitter－for－radio－audience－interaction/，2013－01－20

③ Luís Bonixe，Sharing and retweeting sounds － The relationship between radio journalism and social networks，Oliveira，M.；Portela，P. & Santos，L. A.（eds.）（2012）Radio Evolution：Braga，University of Minho：Communication and Society Research Centre. ISBN 978 －989－97244－9－5.

第八章

当代广播发展与述评

本章内容是对 2014—2018 年五年间广播媒体全国发展现状的分析与评述。是对五年来广播行业领域发展成就、发展经验的总结，也是基于五年的发展对媒体融合背景下广播行业的一种判断和前瞻性思考。

第一节　寻找广播的蓝海[①]

2014 年是我国传统广播深入探索媒体融合的一年。从媒体形态转型、产业模式转型，到管理体制和机制转型，以至互联网思维的转型都迈出了一大步。从有效覆盖到有效到达、从公益服务到公共服务的拓展、从农村广播服务的创新到政治报道的新媒体化，传统广播坚守社会价值和音频传播的优势，虽有彷徨和困惑，但勇于进行基于新技术的前沿性探索。

在一个全民全社会都在谈论新技术、新产品、媒体融合的时代，2014 年中国广播业的创新激情和焦灼探索同步发生，彰显了传统广播在移动互联时代独特的生存力、传播力、创新力和影响力。

一、广播传播力：传播社会主义核心价值

移动互联网时代，对传统媒体社会主义核心价值观宣传提出了新的要求。2014 年 12 月 18 日全国广播电台深化社会主义核心价值观宣传工作会议召开，主题为推进媒体融合和广播公益责任。

（一）从有效覆盖到有效到达

截至 2013 年年底，全国广播国内人口覆盖率已达到 97.79%。2014 年更借助农村应急广播的建设工作切实落实区县村的广播覆盖；增设一些少数民族广

---

① 孟伟. 2014 年中国广播发展图景 [J]. 中国广播电视学刊，2015（3）：14-21.

播频率和方言性节目；中国国际广播电台借助自身的外宣优势，本年度更注重多元立体化媒体内容在对象国的有效传播。

1. 区县广播联盟深化三农服务

2014 年，我国第一家以联盟方式运作的对农广播——天津区县联盟广播已经开播 8 年，不仅解决了对农广播中存在的覆盖盲区、节目质量问题、听众流失等传统老问题，也成为天津市覆盖面积最广、收听人数最多的电台。①

2. "大喇叭"的新生力

农村广播"大喇叭"虽然是 20 世纪的产物，但是传播有效性不是以技术是否最前沿来进行判定，关键是看效果和如何应用。2014 年 10 月 15 日，湖南长沙县福临镇福临之声广播首次播出长沙方言节目《术武喇叭策新闻》，其方式亲切，政策宣传到位，使消失 20 多年的大喇叭重焕生机，成为长沙县群众路线教育实践活动中，以乡村广播创新学习为教育载体的一项有力举措。

3. 民族语言广播开播

民族语言广播有效提升了广播媒体的传播影响力。2014 年西藏人民广播电台筹备增开藏语科教广播频率，调频覆盖拉萨，全球可通过网络搜索收听，通过微信分享收听等；2014 年 8 月 6 日，广西崇左电台综合广播《壮语新闻》开播，是该区第一个在地市级广播电视媒体开办的壮语新闻栏目，为践行党的群众路线提供了有效的媒体通路。

4. 兵团综合广播开播

边远地区广播的有效覆盖一直以来都是我国广播覆盖的重点工作：2014 年 1 月 6 日，新疆兵团首个省级广播频率开播。该频率通过卫星光纤网络向兵团 14 个师、100 多个团场传送节目，南北疆兵团偏远的师、团场、连队都能收听到兵团综合广播。②

5. 高速公路广播开播

2014 年 1 月 16 日，中央人民广播电台和交通运输部联合建立的国家级交通广播——中国高速公路交通广播开播，覆盖京津冀湘渝约 5000 公里的高速公路及其相邻的普通干线公路，促进广播信息移动传播的有效到达。

6. 国家级应急广播联动机制建立

首届国家应急广播大会 2014 年 9 月 16 在京召开。这是一个国家层面上的灾

---

① 邢小军. 探索中国农村广播体制创新的"天津模式"［J］. 中国广播，2014（11）：9－11.

② 兵团首个省级广播正式开播频率为 FM88. 2［EB/OL］. 新华网，2014－12－20.

难发生预告、通知的即时性平台，可以通过 App 客户端，实现报警、预防、救助和分享应急信息。2014 年 10 月 31 日，我国首次国家应急广播四级联动演习在四川广汉市举行，探索四级应急广播联动机制。

7. 外宣广播多元、立体化推进

2014 年 6 月 16 日，中国国际广播电台与英国螺旋桨卫视有限公司、英国光谱广播网公司签署包括广播媒体资源共享在内的多个领域合作的协议。中波 558 千赫整频率落地项目和 DAB 数字广播频率开播，英文中华网上线发布，以及中英文双语杂志《机遇中国》创刊发行。2014 年 10 月 23 日中国国际广播电台在土耳其伊斯坦布尔的综合传播平台落成。2014 年 5 月、12 月，苹果版和安卓版蒙古语手机客户端上线；芝加哥的 WFMT 广播网与上海东方广播有限公司签署了互换节目播出等相关合作协议。

（二）从公益服务到公共服务

党的十八大提出全面建设小康社会，建设公共服务体系。"2014 年广播电视宣传管理以增强公益性、提高原创力、推动差异化发展为重点管理方向。"①

1. 公益广播体制层面的改革

上海东方传媒集团有限公司（SMG）推出新举措，2014 年 7 月把包括经典947 频率、戏剧曲艺频率在内的数家广电媒体整体转型为非广告经营、不考核收视率的公益平台，率先尝试"非公募基金会运营模式"。此外上海广播电视台也将抽取部分商业电视台的盈利来作为经费补充。

2. 公益节目高品质、长效开展

2014 年广播公益节目不仅限于开展单次的公益活动或者打造名牌公益栏目，更注重公益节目的长效性、系列化和高品质效果。北京电台整合全台 9 个频率推出系列励志故事"国人自述——我的梦"，采用标准化的生产制作方式和严谨的工作流程，确保节目质量。2014 年 6 月广东广播《大爱有声》公益活动，整合广东广播 9 个频率及 1 个网络媒体的公益资源，搭建长效公益平台，增强公益节目的传播效果，积极培育社会主义核心价值观。

3. 新闻广播创新公共服务模式

郑州新闻广播充分发挥城市电台"快速、贴近、互动"的优势，构建起以

---

① 覃继红. 公益、文化、原创是 2014 年广播电视节目的三个关键词：专访国家新闻出版广电总局宣传司长高长力 [J]. 中国广播，2014（1）：25 - 27.

热线节目为特色的新闻节目平台，2014 年已见明显传播效能。① 创新性地使用全天大时段热线直播的方式，探讨城市新闻广播公益服务新模式。

4. 品牌化的百姓互助类节目

《992 大家帮》是河北电台一档服务类节目，以帮助群众为主导，把监督、服务和公益融为一体。② 自 2011 年创办到 2014 年，共为听众解决具体问题15000 多个，并建立起覆盖全省的"大家帮志愿者联盟"。③ 河南南阳电台新闻广播的《华山帮帮帮》也是一档关注民生的服务类节目，深受百姓喜爱。④

（三）从"走转改"到"农村与城市的桥梁"

1. 走转改联动报道

2014 年 3 月起，北京电台、天津广播电视台交通广播、河北电台联合推出"京津冀媒体大型环保主题系列活动"，活动总计持续 8 个月；2014 年 8 月，中央电台王求台长率中央电台"走转改"采访组走进内蒙古，在中国之声播出一系列有亮点、高品质的报道。⑤

2. 内容表达民间化

新闻引导舆论，内容表达的民间化十分重要。广西电台新闻综合广播《说事论理》是一档马克思主义理论广播节目，该节目借助受众想象力，塑造两个"广播卡通人物"进行论辩对话，对政经时事、社会热点进行理论分析，兼具新闻时事述评功能。2014 年 2 月获得全国广播名栏目称号。

3. 沟通农村与城市的桥梁

我国广播业现状一定程度上存在重城市、轻农村的问题，2014 年农村广播改革涌现出一些新的做法：2014 年山东电台绿色之声频率推出《一村一品》，为老百姓和城市消费者之间搭建桥梁，推出山东名优特产宣传平台；温州广播电台的"绿色之声"，以"带您走进健康生活"为宣传点，搭建农村和城市对话窗口；石家庄广播电视台"绿色之声"频率，在石家庄的 23 个县、市、区很

① 杨波. 创新思维 紧贴民生 构造新闻广播新模式［J］. 中国广播电视学刊，2014（7）：34－35.
② 冀国锋，郑曌阴，任红梅. 电波凝聚正能量 善行搭建大家帮：河北电台《992 大家帮》节目研讨会综述［J］. 中国广播电视学刊，2014（3）：43－44.
③ 王智. 创新节目样态 传递正面效应：由《992 大家帮》的实践谈广播节目的创新［J］. 中国广播电视学刊，2014（3）：33－36.
④ 康振帅. 地市级广播媒体开展社会公益活动探析［J］. 中国广播电视学刊，2014（10）：94－96.
⑤ 侯东合. 充分发挥广播特色，做好社会主义核心价值观宣传［J］. 中国广播电视学刊，2014（10）：16－18.

有影响力，集结大批高品质绿色农副产品，举办数次赶大集。此外，江西、四川、广西等地的地市级广播电台也推出了各种版本的"绿色之声"。

（四）政治报道的新媒体化

1. 以新媒体思路制作广播节目

中央电台中国之声在 2014 年两会报道期间，积极采用新媒体手段促进信息快速、有效到达，借助搜狐新闻客户端专刊、苹果播客页面，直接推送至用户手机端，每期在线人数超过百万人次；中国之声《我爱问两会》网上征集老百姓的意见，通过记者全方位求解；该频率也首次与"百度数据平台"合作，开设《两会大数据》栏目；两会期间中央电台经济之声官方微博、微信互动量达到 885 万次，也推出《姚景源说数据》，权威专家解读两会发布的数据背后的重要经济学意义；该频率《三人两会》以新媒体的思路，选取北京的国贸、南锣鼓巷等现场音视频录制，全媒体多终端传送。

2. 传统电台之间的新媒体联动

2014 年京津冀协同发展被上升到国家战略层面，三地广播媒体借此加深探索信息共享、节目共享、联合采访机制。两会期间，北京电台、天津电台、河北电台联合创办直播特别节目《对话京津冀》，三台同步直播；两会期间安徽广播与湖南、湖北、江西三省的广播电台、中国广播联盟和腾讯网联动，推出大型直播节目《中四角舞动中国第四极》。

3. 新媒体与传统广播的高度互补

移动新媒体和传统广播媒体尝试深度合作，通过内容生态系统的搭建构建行业良性发展模式，而这也正凸显出移动新媒体和传统广播媒体存在着高度互补性。2014 年 2 月 28 日，考拉 FM 与四川交通广播、广州交通台、西安交通旅游广播、合肥交通广播、江西交通广播、四川私家车广播等 6 家广播电台合作，从 3 月 3 日至 15 日以多媒体、多角度、多渠道共同报道"两会"，实现了重大政治报道跨地合作、网台融合，扩大了覆盖范围。

二、广播影响力：音频媒体融合全面深化

2014 年 4 月中宣部刘奇葆部长出席推动媒体融合发展座谈会；8 月 18 日，中央全面深化改革领导小组第四次会议通过《指导意见》；习近平总书记做了重要讲话《推动传统媒体和新兴媒体融合发展 强化互联网思维》，强调以技术为支撑，内容建设为根本，使传统媒体和新兴媒体在内容、渠道、平台、经营和管理等方面深度融合，形成立体化、融合发展的现代传播体系。

（一）广播体制性融合

截至 2014 年，广播媒体"以内容产品为核心、重渠道、跨介质、全媒体的'混业经营模式'已经逐渐成为主流"①。

1. 广播机构融合

湖北广播电视台成立音乐广播部，打通湖北经典音乐广播和楚天音乐广播两套频率原有的体系，实现完全意义上的共享。② 2014 年 6 月，SMG 整合 12 个广播频率组建东方广播中心，即整合原广播新闻中心、东方广播公司、第一财经广播、五星体育广播四大广播业务板块，这是一次广播向新媒体转型的顶层战略设计。该中心随后启动"广播全媒体制作中心"项目，实现广播节目"多信源采集、多媒体编辑、多平台分发"，再造生产流程，从而提升广播的新闻策划、资源整合、数据分析、多平台分发的综合实力。

2. 组织架构和管理制度融合

无锡市广播电视台积极推进组织架构和管理制度的融合转型，构建多媒体编播控制中心、新闻资源集散平台、全媒体业务网和新闻指挥中心；管理制度融合转型，体现在实行中心主任"轮值 + 分管"制度；在此基础上建立采编流程一体多元的全媒体运行流程。③

3. 制作人制（及主持人工作室）

湖北楚天交通广播本年度积极推进制播分离，对内成立工作室，实行制作人制。2014 年一些电台通过以工作室为平台，改变过去"主持人中心制、编辑中心制"的做法，积极探索广播用人机制和营销市场化机制。中央电台文艺之声的新闻娱乐脱口秀《海阳现场秀》2011 年上线，传统收听人数为 181.6 万，喜马拉雅收听为 2.1 万，主持人微博 167 万粉丝，微信粉丝 12 万。逐步实现从电视台、电影到爱奇艺、优酷的跨界发展与多元产业链。其成功的秘诀是"美式脱口秀的结构 + 中国曲艺的叙述方式 + 中国舞台喜剧的表演效果 + 综艺节目的处理方式"。

4. 项目团队负责制

随着新兴媒体的大发展，广播内部机制改革迫在眉睫。上海广电台尝试建立类似互联网创业公司的项目团队，如"《直通 990》项目团队"，既有节目编

---

① 赵亦红. 移动互联网，广播发展的新机遇 [J]. 中国广播，2014（3）：26 - 29.
② 张效慧. 从求解到求证：关于 1 + 1 > 2 的思考和探索 [J]. 中国广播，2014（1）：19 - 21.
③ 国家新闻出版广电总局网站，2015 - 01 - 04.

播人员，也有技术总监、产品经理、市场推广人员，每位成员都参与到新媒体产品的开发运营和维护中，广播新闻中心依照互联网创业模式实行单独的管理和阶段性评估。2014 年该节目收听率屡创新高，移动用户注册突破 3 万，仅产品的社交板块半年来就产生超过 33 万条互动问答。①

5. 国有媒体与民企融合探索

"广电猫猫"是国有企业联合民企成立混合所有制企业的一次尝试。该项目由双方共同出资 1000 万元组建，南京广电集团出资 600 万元，摩尔猫猫出资 400 万元。合作方式是把电台所有的新媒体资源，包括网站、App、微博、微信等新媒体平台，全部打包交给合作方。②

（二）广播内容融合

2014 年广播媒体已经不满足于对"碎片化""微内容"的浅层模仿，而是步子迈得更大，试图破解互联网内容生产背后的核心秘密。新媒体逐渐填补传统大众媒体服务与受众需求之间的裂缝，深层意义上是传统媒体原有的传播理念和传播方式与大众的需求之间出现空白点。

1. 内容设计产品化

2014 年针对广播内容的开发，广播人开始考虑纳入产业链条中去，在做内容生产的同时，打开一种文化产品的市场。广播内容的商业化逻辑，不等于内容不为传播者控制。媒体内容的融合，须以经营融合为依托，否则不具备可持续性。中央电台借助自身优势，建立中国广播云平台，试图搭建庞大的音频资源库，未来提供 B2B 的电台素材采购，以及 B2C 的个人音频服务，甚至包括C2C 的个人原创音频交互等服务。③

2. 内容模式互联网化

2014 年越来越多的广播电台人洞悉：广播内容不仅仅作为信息本身，作为承载意识形态的信息，更需要拥有某种聚合受众的"因子"。广播内容兼具"信息发布 + 聚合受众的因子"，是一种对受众潜在刚性需求、社交需求、个性化需求、定制化需求等的满足，表层以信息的方式存在，实则是以受众信息消费之外的需求作为内容设计和生产的本质，并以此聚合受众，在这个意义上实现

① 孙向彤. 从能力建设到流程再造：新闻广播媒体转型突围之路 [J]. 中国广播，2014（7）：9 – 11.
② 南京广电集团正在进行"媒体融合 + 混合所有制"实验 [EB/OL]. 爱财经，2015 – 01 – 04.
③ 周伟. 新时代广播媒体融合发展路径："云、管、端"多点融合 [EB/OL]. 爱微帮网，2015 – 01 – 04.

"服务"意识，实现媒体内容的专业化和高品质化的过程。

（三）广播运营融合

2014年广播业在经营理念、技术研发和盈利模式上未停留在表层，进一步深化与新媒体的融合步伐。

1. 以市场为导向的运营平台

北京电台自主研发"新广播管理运营平台"，通过北京交通广播网、微博等搭建全媒体播出平台；广东羊城交通广播与腾讯等互联网公司合作，积极建立起交通信息服务基础平台和运营管理平台，向听众提供多种增值服务。① 2014年年初，江苏广播由原来的广告中心运营，变为三大主体综合运营；以中波两套节目平台为基础，成立东部公司和东品公司，分别在文化演艺和生活服务领域进行节目、广告、活动和延伸产业的整合运营，可以认为这是立足于市场导向的一种运营机制，核心是激发内容生产和市场拓展活力。

2. 广播互联网金融试水

随着手机在线支付成为今年新媒体发展的热点亮词，"广告 + 搜索引擎"的互动营销模式浮出水面，中央电台央广购物公司积极推进拓展多元电子商务平台，2014年全年实现销售收入7.24亿元。② 山东广电的"广电金卡"项目启动也在2014年启动，该项目是经国务院批准，由央行、工信部、国家新闻出版广电总局等部委联合实施的国家行业金卡项目，面向家庭和个人的电子支付工具。2014年浙江交通之声尝试电商化的品牌运作模式，与电商联合定制了"氧气曲奇""氧气环保包"等衍生产品，并与淘宝网、壹基金合作。

2014年北京人民广播电台打造的《北广购物》节目从2015年在五个频率开播，是以广播为主媒介，集商品、服务的宣传推广、组织销售为一体的购物节目和商务平台。《会买车》栏目，是由北京交通广播汽车天下、腾讯汽车、京华时报联合打造的一个大型互动导购平台，在帮助听众解决购车问题上发挥平台作用。浙江城市之声在2014年5月推出"巨欢乐"全媒体品牌，与频率的微信服务号和淘宝、微店等端口契合，将频率的线上内容产品和资源融合产品，转化为线下的用户体验和销售行为，形成"一个全媒体 + 一组社会资源 + 一组商

---

① 刘述平，赵雨冰. 新媒体时代交通广播发展的困惑与出路［J］. 中国广播，2014（4）：20 - 23.

② 王求. 坚守阵地 改革创新 稳中求进：在中央人民广播电台2014年工作大会上的讲话（节选）［J］. 中国广播，2014（2）：4 - 8.

业品牌"的新型运营模式。①

3. 广播内容数据营销

通过聚合巨大可能的受众,实现大数据指导下对受众的高度细分。细分标准并非依据人口统计学意义的表层分类,或者是基于内容的分类,而是对受众的消费需求和社交需求两大层面上的细分。在这个意义上广播内容的生产更加准确,具有与受众之间的高契合度。2014 年浙江交通之声推出"听说交通"App 应用,利用软件功能收集、分析用户行为,以提供更精准服务。2014 年 3 月江苏广播推出"微应用"项目,以自主开发的手机"微站点"网站为核心,实现微信公共账号的用户之间的互通互联,达到"微社区"对粉丝用户的沉淀,并转化为自有注册用户。该应用也包括统计分析系统,广告发布系统、互动营销模块等,为精准宣传和营销提供数据支持。活动数据沉淀到江苏广播庞大的用户数据库。"微应用"也为主持开创了"自媒体网络电台",粉丝过万。②

(四)广播跨区域、跨行业融合

4G 或更高级别网络普及后,广播行业三级、四级的竞争格局将渐渐消失,取而代之的是全国范围内的竞争。2014 年全国各地电台之间的跨区域、跨行业战略合作纷纷涌现,如"泛珠江三角交通广播区域协作网"标志着区域合作由"新闻报道"上的业务合作,变为"战略经营"层面的合作。

1. 基于新技术的跨区域融合

2014 年 6 月中旬,包括贵州电台在内的 16 家电台与苏州电台达成城市信息云平台的战略合作协议,以城市云平台为突破口的广播城市台融合发展和新一轮跨区域联合在 2014 年有了初步的发展。③ 2014 年,上海广播旗下"阿基米德"移动广播 App 于 10 月在安卓应用市场与苹果系统的 App Store 上架。借助这款产品,上海广播打开收听新格局,打破"区域"属性瓶颈。通过内容跨地区传播使上海广播广告的自我平台得到深层次的拓伸。另外,阿基米德 App 也承担着 UGC 平台的重要角色,用户可自选节目和建立自有频道。

2. 基于政策需要的跨区域、跨部门融合

"过去没有全国性广播结构或实体网络的覆盖,国家应急广播体系建设的命

---

① 刘浩三,吕晓虹,陈旭. 紧跟移动互联 创新广播发展:专访浙江广播电视集团副总编辑董传亮 [J]. 中国广播,2014(9):41-43.

② 黄信. 内容创新 机制创新 渠道创新:江苏广播新一轮改革创新的思考和探索 [J]. 中国广播,2014(10):61-64.

③ 吕岩梅. 移动互联时代中国城市广电新媒体发展探索之路 [J]. 中国广播,2014(10):45-47,64.

题，正是面对这样的行业格局的突破和改进"。① 国家应急广播体系是以广播媒体为主体，中央电台牵头，沟通政府、行业组织及社会团体，实现广播电台互通的庞大全国融合体系，具体做法仍在继续探索中。

3. 基于战略发展的跨行业融合

广播广告已经越来越难作为独立载体盈利。利用传媒端口占有听众注意力，引导二次传播，则成为应对碎片化传播最有效的手段。② 2014 年全国广播电台着力在门户网站客户端设立电台专刊。例如，搜狐新闻客户端中国之声专刊；2014 年 5 月 20 日吉林电台腾讯发布厅正式上线。传统广播与门户网站的联合，双方发挥各自优势，门户网站利用其技术优势把广播经典产品数字化，延展有效传播范围；电台也可以借助新兴媒体公司提供各类技术支持、运营培训和数据维护等业务。

4. 基于智慧城市建设的广播媒体价值

"无线苏州"是苏州广播电视总台（集团）重点打造的新闻生活类城市应用客户端。2014 年 5 月 1 日苏州有 15 万人使用了"无线苏州"的路况应用。广播与智慧城市建设理念相结合，实际上是延展了广播与大众生活基于刚性需求的关联。

三、广播公信力：新技术驱动下的成熟专业化媒体

"广播节目是办给时代听的，广播与新媒体的关系也是广播与时代的关系。"③ 2014 年广播电台对待新兴媒体的态度更加坦然，秉承这个思路向新媒体进军。此期电台发展普遍的难题是：既要生存并不断成长为成熟的专业化媒体，同时又要实现新媒体的转向。

（一）广播业态渐趋成熟

1. 医疗药品、保健品专题广告转型

我国广播主要依赖于广告收入，而广告收入过去一定程度上又依赖于医疗药品、保健品专题广告，成为侵蚀广播业态的问题所在。广播的专业化成熟程度之一是按照其可持续发展性来判断的，专业性是传统广播媒体与新媒体在市

①　邓炘炘. 国家应急广播体系建设与中央电台的核心责任 [J]. 中国广播，2014（10）：43 - 44.

②　周伟，杨兆婧. 互联网思维下广播广告的营销创新 [J]. 中国广播，2014（9）：14 - 18.

③　单文婷，刘佳. 新媒体时代的广播发展：追随者 or 引领者 [EB/OL]. 人民网，2014 - 12 - 22.

场竞争面前重要的制胜法宝。

中国共产党第十八届中央委员会第四次全体会议以"依法治国"为主题，2014 年 12 月 22 日全国人大常委会审议的广告法修订草案二审稿规定：药品、保健食品、医疗器械、医疗广告不得利用医药科研单位、学术机构、医疗机构、行业协会、专业人士、患者或其他广告代言人的名义或形象作推荐、证明。广播业界也在探讨"后专题时代广播医药专题广告的转型"，上海人民广播电台 2014 年减少 30% 的医疗药品、保健品专题广告，换来当年 1—9 月听众收听时长暴涨，并实现广告收入增长 1 个亿。

2. 媒体的社会价值是长远的核心竞争力

地方媒体在构筑公共领域中的专业性和有效性是其传播力的一个有力体现。深圳广播电台的《民心桥》节目"从'打造阳光政府'向'促成责任政府'转变"，"从'解问题'向'完善制度'转变"，为公众实现社会表达和公民参与提供有效途径。① **传统广播媒体具有促进公民参与、构建公民社会的责任担当，因此才会区别于一般的商业化新媒体机构。未来广播做到极致，如果以商业逻辑来判定反而会是价值最大化，因为社会价值是很难估量的。**《民心桥》虽然只是一档广播节目，但找到了促使社会价值增值的方法："传统媒体 + 新媒体的技术与运营"，"多元化舆论环境 + 有效的沟通与引导"，"自媒体的普及 + 专业媒体的素质与操守"。②

（二）夯实广播基本功

不管媒体形式发生什么样的改变，决定其价值大小的关键点还应该是内容，所不同的是内容设计、运营和推广方式的革新。"开通微博、微信，拥有网页等互联网方面的工具只是普通配置，而应在思维上以移动互联网的方式进行内容制作。坚持广播在传统领域擅长的优势，守住广播已经建立的进入门槛。"③

1. 碎片化中寻求整体性和深度

"搜索引擎对人们的思维方式发生巨大冲击，因之记忆方式发生变化，选择性记忆集中在一些重要信息的散点记忆上，信息的获取路径成为网络搜索，而非对事件的具体记忆。"④ 短小和碎片化的信息成为一种信息表述的主流。浙江

① 罗以澄，戴思洹. 从《民心桥》的实践看地方媒介的责任担当［J］. 中国广播电视学刊，2014（10）：51 - 54.
② 李静. 从《民心桥》十年历程看广播行风热线类节目的与时俱进［J］. 中国广播电视学刊，2014（10）：42 - 44.
③ 周峻. 经济广播如何面对移动互联时代［J］. 中国广播，2014（6）：5 - 7.
④ 陈力丹. 新媒体对广播业及社会结构的影响［J］. 中国广播，2014（2）：21 - 26.

电台城市之声《娱乐大爆炸》针对移动听众为主体的听众群，每则新闻用3分钟讲述当天正在发生的社会新闻，最长不超过5分钟。

碎片化是信息来源多元化、信息文本零散化、受众媒体接触时间碎片化的结果，一般而言听众难以获得完整的真实信息；新闻观点意见性信息存在异质性和分裂性。江苏广播在文艺频道推出《文艺微生活》，打破原有板块直播节目的固有样态，以"碎片化组合"为听众提供广播套餐。广西电台970女主播频率在全天节目单设置上，下足功夫，逐渐摸索出一条通过节目编排，实现"碎片化""微内容"的整体性呈现和深度传播。"对各类碎片化信息有机组合、编辑之后产生新价值"，"把'碎'的东西做出深度来，是广播节目创新的一个思路。"①

2. 节目从原创—聚合—原创

从广播节目发展总体来看，应该是从原创开始，然后经历内容聚合的洗礼，最后还是要回到原创上来，这应该是未来广播发展的一个思路。广播节目一方面要探索内容呈现的新媒体化，另一方面更需要保持好原创的专业能力，因为这是传统媒体的优势。例如，济南电台目前拥有各类自办节目90多档，根据听众的需求和自身提升的需要，每年新上、改版节目约占20%。

3. 坚守新闻立台理念

"近两年广播新闻传播遇到了瓶颈，新闻资源的不足、传播方式的多元化、节目编排的不讲究、主持人风格的随意性等都极大地制约着广播新闻频率的发展。"② 2014年新成立的上海东方广播中心，首轮改革重点落在"新闻立台"，突出广播的公益性、服务性。东广新闻台在坚持滚动新闻特色的基础上，探索全新的运营机制，以提升新闻广播在新媒体环境中的传播力。辽宁广播电视台新闻中心《新闻大视野》栏目自创办以来不断创新广播新闻的实现方式，在探索"利用广播电视两种资源、融合新媒体特点，凸显广播新闻特色"等方面做出了开创性的努力。

（三）老节目、新思维

1. 名牌节目的新生力

2014年珠江经济广播电台开播26年，创立了很多耳熟能详的品牌节目，如

---

① 钱翊白. 碎片化传播环境下广播节目的创新探索：以浙江广电集团浙江之声《翊白声音杂志》为例 [J]. 中国广播，2014（5）：82－84.

② 刘浩三. 广播需要什么样的新闻：听评新闻节目的一点想法 [J]. 中国广播，2014（4）：54－56.

《以案说法》《珠江第一线》《消费者之声》《秘书长热线》《974服务热线》等。创立一个广播品牌不容易，但要保持品牌恒久的生命力更不易，这些节目得益于内容"有用、有益、有趣"，以及求新求变的创新精神。

2. 交通广播二次创业

交通广播经历了辉煌的十年后，进入二次创业时期。上海交通广播2014年年底策划将在2015年首次提出"交通夜高峰"的概念，试行"核心话题"全天流动的"交通流动播"。设立"上海交通宣传联席会议制度"，成为上海"权威交通信息的第一发布平台""重大突发应急事件的第一播报平台"。广东电台羊城交通广播与腾讯公司等合作，车载接收交通信息App为平台的交通信息智能系统正在研发试用。联合业界、学界等其他行业共同研发"羊城出行易""交通在手"等智能交通信息服务软件系统，在广州、深圳以及珠三角主要城市的用户已经超过50万。①

（四）广播的规制

1. 加强互联网领域立法

2014年党的十八届四中全会加强互联网领域立法。国务院也出台了一系列促进信息消费、发展网络经济的政策措施。到2014年我国音频内容市场刚刚起步，不够规范的情况下，版权的所有者往往投诉无门，音频内容的版权问题事关音频生态圈建设。② 2014年12月16日，在成都举行的"第二届中国网络视听大会"上，北京人民广播电台副台长边建呼吁，参照互联网电视的管理办法出台相关的规定，通过发放互联网广播集成许可证和内容服务许可证的办法，推动互联网广播音频的良性发展。

2. 外资曲线进入音频内容生产

过去广播节目的制作依靠财政拨款和广告收入，社会资本基本没有介入，但是随着喜马拉雅等音频App引入风险投资，这些资本实际上已经曲线进入了音频内容的生产领域。③

3. 互联网语言规范

社交网站发展迅速，网络流行语更新频繁。2014年11月27日，国家新闻

---

① 张军. 寻求媒体形态的相互渗透与融合之路：以羊城交通广播新媒体广播创新实践为例［J］. 中国广播，2014（4）：27－31.

② 王昆仑. 广播电视网络同步播放中的版权问题研究［J］. 中国广播，2014（9）：37－40.

③ 边建. 广播的变革：从传统电台到互联网音频平台［J］. 中国广播，2014（9）：48－51.

出版广电总局发出通知，要求各类广播电视节目和广告应严格按照规范写法和标准含义使用国家通用语言文字的字、词、短语、成语等。

4. 取缔"黑广播"

"黑广播"是指未经无线电管理部门批准、私自架设的广播电台。2014 年 9 月 15 日，青海无线电管理、公安等部门发起整治非法广播电台专项行动，23 个"黑广播"被一个月内取缔。黑龙江省整治"黑广播"的行动中，仅 24 日当天就依法取缔了 10 个"黑广播"。辽宁、陕西、海南、云南、广东、天津等多地也都陆续出现私人架设的"黑广播"。北京朝阳区的"黑广播"干扰正常的广播节目收听，存在覆盖涉及城市核心区。

四、广播生命力：新形态、新流程、新渠道

2014 年中国广播在互联网时代的发展，逐渐改变处于追随的状态，寻找到一些突破性路径。

（一）"去广播化"的广播新品

2014 年 6 月上线的澎湃新闻是纸媒的一个突破，开纸媒之先河，投入资本和人力来做一项新媒体产品，类似的创新传统广播界目前还没有出现。北京电台在新媒体方面的探索走在业内前列，其发展思路是"用互联网思维去做互联网产品，而不是用互联网思维去做广播产品，我们要去广播化"。北京电台的《吃喝玩乐大搜索》试图解决受众旅行中的吃喝玩乐等问题，通过推出 App，线上受众可以满足线下生活需求，广播借助 App 实现与商户分账清晰简洁。

广播当前迫切需要自主开发音频客户端，传统电台可以采用联合方式进行。如果广播只是依靠别人的客户端发出自己的音频声音，就会丧失未来的平台优势。做音频客户端，技术是脱颖而出的关键。2014 年 11 月 28 日北京电台的"听听 FM"上线，电台主播 7600 名，草根播客近 2000 个，音频总时长 138 万小时。

（二）即采即播的新流程

4G 时代，媒体要想获得竞争力和影响力，要么不断创新内容，要么不断改进传播渠道。而那些能够将优质的服务内容和便捷的传播渠道结合在一起的媒体，无疑是最具竞争力的媒体。虽然 4G 对于视频媒体而言冲击意义更大，但传媒是一个整体环境，广播音频服务会被不自觉地携裹进来，可能促使音频传播的一种革命。"即采即播"是未来广播的一个重要发展流程。编辑记者能以最快捷、最立体的方式将现场内容以全媒体方式传回电台，实时播出。4G 技术还可以极大鼓励用户直接创造内容，使 UGC 的技术壁垒进一步打破。

（三）为移动互联网人群专设的新闻频率

浙江广播电视集团第 8 套广播节目"新锐 988"于 2014 年 6 月 18 日开播。该频率旨在打造"i 时代新闻广播——移动互联网人群私人定制"的品牌。重视节目的碎片化和节目流呈现，以主持人群像的方式出场；注重激发听众的参与意识。"新锐 988"与苹果、腾讯、阿里巴巴、小米等达成"融媒体"品牌战略合作，拓展传播渠道。

（四）内容生产的数据化决策趋势

广播的数据测量一直以来都是一个行业难题，如何建立针对广播媒体特性的综合、多元、跨平台的测量体系越来越紧迫，以期实现广播内容设计和生产与数据决策之间的紧密相关。① 尼尔森自主研发的 Listen Box 测量仪，实时进行数据传输，侧重对广播家庭和行车中收听数据抓取。央视索福瑞（CSM）从以色列引入世界上最为先进的音频测量技术——Real Time Detection System（泛听实时监测技术系统），其优势是利用移动设备，实现样本户生活习惯的非打扰性数据收集。数据评估可以将广播广告带入"互动精准营销"。"借助互联网和音频对比技术，可以即时获得广告在各地的到达情况；同时利用广告客户的销售数据，对广告效果的影响力、受众特征、受众分布、促销效果、性价比等进行精准分析。"②

五、结语：广播的蓝海在哪里

（一）无尽的忧虑：车载移动阵地失守？

Netflix CEO 里德·哈斯廷斯近日在墨西哥城发表演讲时称，传统的广播电视服务将于 2030 年消亡。③ 根据央视索福瑞的全国中心城市收听率调查，2014 年上半年比去年同期广播的人均收听时间下降了 4 分钟。智能手机的持有量大幅攀升，挤占了以往用来收听广播的时间，这意味着广播商业模式依赖出售时间的模式可能被瓦解。

广播的上一轮增长是由车载收听驱动，2014 年"嘀嘀""快的"等打车软件席卷出租车行业，司机的注意力首次被广播以外的声音吸引，并成为其放弃收听熟悉得发腻的广播的重要理由。车联网虽处于概念阶段，但其对广播车载收听具有突出的挑战作用；蜻蜓 FM 和考拉 FM 已经尝试与某些汽车厂商合作，

① 曹毅. 多元传播下的广播受众测量 ［J］. 中国广播，2014（8）：5 – 8.

② 周伟，邓超. 广播广告效果评估方式创新 ［J］. 中国广播，2014（9）：27 – 30.

③ 哈斯廷斯. 传统广播电视 16 年后消亡 ［EB/OL］. 新华网，2015 – 01 – 04.

尝试车载智能硬件的开发；2014 年 6 月"多听 FM"推出车载智能硬件"多听 V
电台"，试水车联网。

无法忽视的是，传统广播之外的音频市场无比活跃，但是广播真正的威胁
不在于广告和收听份额上被抢走了多少，更在于互联网音频媒体其背后的行业
发展战略和对传统广播替代或者兼并的危机之大小。最初的网络收听，传统广
播可以认为是对传统收听方式的一种补充，但是在 2014 年看来，打车软件以及
其后的车联网，都可能是基于实用目的并具有替代广播特征的应用趋势之一。

（二）诸多疑惑：传统广播何去何从？

2014 年很多电台共同的疑惑可能是：在保持传统广播影响力的同时，能够
在多大程度上进行新兴媒体的转型？广播的下一步发展是集中在用户价值的深
入开发，还是在更大视野上讨论以音频媒体为主的无限广阔的商业价值？

广播需要成熟的商业逻辑介入，但商业逻辑不等于全盘商业化，仅指尊重
商业运作法则；广播需要完成成熟的媒体产业规律建构：不拥有自己独立的媒
体特性以及成熟的媒体发展机制，就无法立足并实现与新媒体的融合。

同时，互联网思维是一种商业民主化思维，并非简单的商业化思维。商业
民主化的一个重要特征就是用户至上，这也是互联网思维的核心内涵。

中国媒体体制内的纠葛源头与社会效益和经济效益的协调有关，新媒体今
天的强势不是天生而来，而是走出了没有人走过的路，一路逆风成长的，而广
播面临的正是在看似不可协调中找到共赢之路。

（三）寻找广播的蓝海

1. 无关乎"新"与"旧"

2014 年众多的业界专家倡导摒弃"新"与"旧"的表层桎梏："真正意义
上的互联网思维绝不只是和互联网有关，也不只是适用于互联网企业，它适用
于任何产业领域，包括传统媒体广播"。[①] "豆瓣电台就好像 20 世纪六七十年代
的老式收音机，人们在期待这种不可预知的神秘的同时，重温了广播匣子流出
的声音。"豆瓣电台的流行印证了这个时代一切复古的再度流行。[②] "如以传统
媒体思维经营媒体，即使经营的是新媒体，也不可避免地面临淘汰。"[③] "新闻

①　吴迪. 互联网思维下的广播媒体市场化运行：以中央人民广播电台音乐之声为例 [J].
　　中国广播，2014（8）：53 - 55，64.
②　王欢. "四元律"视角下网络电台用户的使用习惯分析：以豆瓣电台（douban. fm）为
　　例 [J]. 中国广播，2014（8）：60 - 64.
③　周伟，杨兆婧. 互联网思维下广播广告的营销创新 [J]. 中国广播，2014（9）：14 -
　　18.

报道中有'爆料''众包'等这样新媒体概念引入，实际上这些概念并不新鲜，我们过去常说的群众性、开门办广播、群众参与，就是这个意思。"①

2. 市场化力量的双刃效果

广播行业流行的一种说法是，利用新媒体发展的市场化力量，"倒逼"广播管理体制机制的改革，借助资本的力量进行跨地区、跨媒体、跨行业重组，实现行政力量难以实现的目标。综观全球媒介市场，并购案例屡见不鲜。这也是国内广播界打破目前各类媒体、各地电台各自为营的局面的一种动力。市场化力量需要成熟的媒体业态，以及健全的市场化规制，否则其负面作用也是不可低估的。

3. 广播内容优势有期限

传统广播内容生产的组织经验和传统体制的壁垒是广播短时间内的行业优势，但是广播这个优势是有期限的。如果广播内容或者媒体内容普遍延展到新的技术平台，传统广播未经转型其内容优势就不一定是优势了。一些电台据此积极应对，传统意义上的"内容为王"，是成熟媒体环境下差异化竞争的产物；而在移动互联网的传播时代，更应该表现为"内容＋形态＋渠道"的广义"内容为王"。②

4. 大数据的罪与罚

网络信息中介，延展了广播信息的传播链，同时也掌控了大量的传统媒体的用户数据，但是传统广播占有自有数据就可以立于不败之地吗？这只是表象。

传统媒体面对的最大的威胁是新媒体"控制了媒体内容的流向，拉大了媒体内容生产者与其最终用户之间的距离"。因此传统媒体从"多屏战略"和新媒体阵地的迁移，都只是媒体转型的初级行为，没有对新媒体的基因进行序列上的掌握，只是血肉之间的模仿，而非到了生物学立场上。③ 信息传递的模式，从搜索引擎到个性化推荐的势力在增强，与媒体的选择之间此消彼长。

媒体融合时代，或许新兴媒体的存在意义之一，在于给予传统媒体颠覆性变革的一个机会。2014年传统广播的一切困扰和彷徨，是否可以换到这个角度来解读？

---

① 高长力. 从郑州新闻综合广播看新媒体时代的广播生存 [J]. 中国广播电视学刊，2014 (7)：35－36.

② 李静. 移动互联网时代广播媒体的创新策略 [J]. 中国广播，2014 (3)：14－18.

③ 彭兰. 传统媒体缺少哪些新媒体基因 [J]. 新闻与写作，2013 (11)：1.

第二节　大音频时代到来①

2015 年中国广播在互联网＋的转型探索中，内容、平台、渠道、经营和管理等领域全面布局且创新成果显著。广播一方面承担起党和国家的政治宣传任务，在公共服务和公益传播等领域承担媒体责任、发挥音频媒体的重要作用；另一方面在与互联网媒体竞合发展中，寻找与新兴媒体融合发展的契合点，抓住媒体内容的核心业务，探索多元产业运营路径，培养并留住广播人才，建设新型、权威的主流媒体机构，续航再辉煌。

一、广播？音频媒体？综合媒体？数字移动媒体……

从传统广播到"互联网广播＋"还是"广播"吗？这一看似简单的提问，却颇具颠覆自我的质疑。"广播的概念恰恰就是它最基本的属性，也是广播最基本的职能、最基本的定位。"② 2015 年，中国广播人开始比较介意"广播"该如何称谓："广播电台每天都在运用新潮的互联网工具，使用年轻时尚的流行语，举办接地气的互动活动，这样的媒体不该叫传统媒体，至少不是等同于那个岌岌可危的传统媒体，更确切的叫法应该是'数字移动媒体'。"③ 类似的声音也出现在 2015 年 11 月中央人民广播电台以"破茧"命名的战略资源推介会上，台长将央广称之为"传统媒体中的新媒体"。

此外，用"音频媒体"代替"广播"则是另外一种呼声，但也有人提出这是对"广播"的一种否定，因为毕竟没有了"广播"，哪里还有"电台"。事实上，"音频媒体"的称谓，无非是广电人潜意识中期望，是由传统广播而非互联网音频媒体，来完成未来一统音频传播的大平台和市场的。

在现实发展中，创新的"广播"不断在扩展自身的内涵和外延，借助互联网工具延展为一种"综合频道"。纵观 2015 年广播电台的 App，"无线苏州"除了作为电台直播节目的端口外，该 App 还整合了新闻资讯、路况、公共交通、

---

① 孟伟，张渤，李秀丽. 创新与续航：2015 年中国广播发展图景［J］. 中国广播电视学刊，2016（3）：18－25.

② 张海涛. 回归人民 勇于创新 不断推动广播媒体转型升级［J］. 中国广播电视学刊，2015（1）：9－10.

③ 潘伟. 从传统媒体到数字移动媒体：上海广播广告逆势上扬的启示［J］. 中国广播，2015（9）：15－18.

天气、微博及团购等，可收看电视节目，检索图文、音频、视频信息等，把社会公共信息服务与用户的信息消费结合起来。这种广播 App 将传统广播电台单一的传播方式正转变成为一种综合频道。

2015 年"广播"向"综合媒体"迈进的案例颇多。2015 年年初中央人民广播电台与中国教育电视台合作，达成新闻线索互通，采访资源共享；3 月中央人民广播电台成为中国广播电视网络有限公司全国范围内互联网电视业务运营独家合作伙伴，以广电"国网"为主体进行全国有线网络整合在推进过程中对时间点的把握，以及二者在业务层面上的深度合作等问题。[①] 2015 年 1 月中国国际广播电台与中国移动多媒体广播控股有限公司签署了战略合作框架协议，计划在中国搭建基于卫星的移动多媒体运营平台；6 月该台跨界在线教育领域，推出的"伴语私塾"频道，为全球汉语学习者提供跨终端、跨地域、跨人际壁垒的汉语口语培训与练习新方式。

2015 年媒体融合和互联网＋已经上升到国家战略层面，基于过去依传播形态而界定媒体机构的传媒布局进一步被打破。这意味着广播内容产品的本体属性和独特属性凸显出来，以此为优势立足点，在内容产品层面快速适应新的传播语境，展开对话、竞合和融合，着力打造新型主流媒体，完成从传统广播到"新"广播、"大"广播的蜕变。

二、广播发展语境

随着新兴媒体渐趋成长为一种常态、稳定、强势的传播力量，广播所占市场份额有限，且呈现出高度灵活、高度易融合的特性，在传统媒体中相对受冲击较小。2015 年 10 月上海动感 101 全年广告投放量已经达到 3.063 亿；2016 年年初，中央人民广播电台中国之声和经济之声预售广告总计 4.86 亿元，为历史最高水平；此期广播媒体呈现出的创新性和活力有利于创建新型主流媒体。

（一）2015 广播收听格局描述

2015 年我国 GDP 增速为 6.9%，转型期增速放缓成为新常态，受大环境的影响，广播业经历着前所未有的行业下行压力：用户收听行为更趋碎片化，广告行业调控导致创收下滑，广播收听量小幅下降，行业竞争渐次从增量争夺走向存量竞争。

根据央视市场研究股份有限公司（CTR）媒介智讯的研究，2015 年上半年传统广告市场同比下降 5.7%，全行业呈现负增长态势。在这样的外部大势影响

---

① 《通信信息报》2015 年 3 月 25 日第 A10 版。

下，广播近五年来首次出现负增长。① 见图 8 – 1。

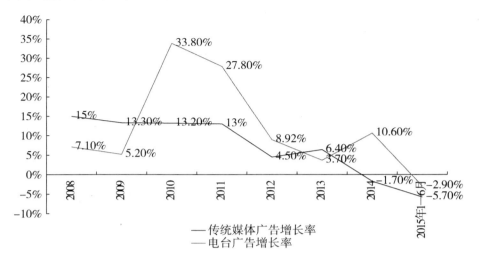

图 8 – 1　2008—2015 年传统媒体广告增速

数据来源：CTR 媒介智讯

　　根据 CSM2015 年上半年对 36 城市的人均日收听时间数据显示，广播听众总体收听量逐年下降。2015 年上半年，人均每日收听广播 71 分钟，较 2014 年同期降低 3 分钟。从分场所数据来看，家庭收听持续萎缩，车上收听相对平稳，略有提升。见图 8 – 2。

　　从收听量看，广播市场整体规模呈缩小趋势，收听总量的蛋糕在逐年缩小。广播理想中的"客厅文化"目前看趋于解体，未来借助智能家居、虚拟现实家庭娱乐等，是否为广播音频带来新的收听增量？随着用户媒介接触平台多元化，媒介接触时间分化，广播提升收听总量的难度越来越大。尤其在省会城市，广播频率的覆盖数量最为密集，省级广播媒体与省会城市广播媒体之间的竞争愈加激烈。2015 年上半年汇总数据显示，国家级电台市场份额为 7.86%，省级电台市场份额为 47.31%，市级电台市场份额为 42.45%。

　　在收听总量下滑的趋势下，交通、音乐类频率的收听表现依然较好，尤其是城市晚高峰时段，移动人群收听比重逐年上升，人均日收听时长基本稳定在 10 分钟左右，时段贡献呈现出上升的趋势，表明晚高峰时段的广播市场依然具有稳定的拥趸听众。见图 8 – 3。

　　① 央视市场研究股份有限公司（CTR）媒介智讯. 2015 年广播电台广告趋势分析 [J]. 中国广播，2015（9）：5 – 7.

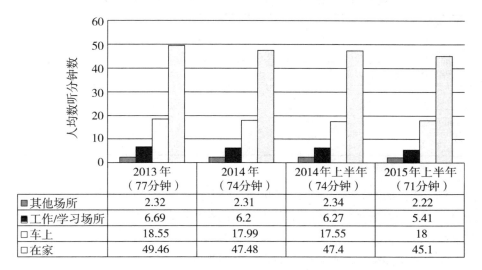

图 8 - 2　人均日收听分钟数走势

数据来源：CSM 媒介研究

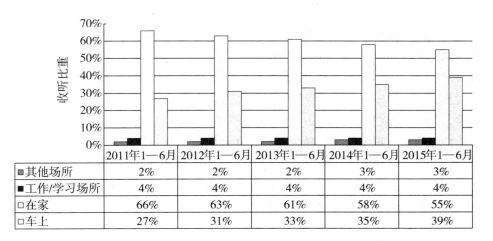

图 8 - 3　晚高峰时段（17：00—19：00）不同场所收听比重比较

数据来源：CSM 媒介研究

对于传统广播媒体的"三驾马车"，新闻综合、交通和音乐三类广播频率而言，2015 年上半年，领先的新闻综合类频率收听比重较 2014 年同期降低，而交通和音乐类广播频率收听比重较 2014 年同期轻微提升。见表 8 - 1。

表 8 - 1　2015 年市场份额排名第一频率统计（1—6 月）　（单位：次）

国家台	省台	市台	
交通汽车类	0	7	9
新闻综合类	1	2	5
音乐类	0	2	1
都市生活类	0	3	0
经济类	0	1	1

数据来源：CSM 媒介研究

　　与传统广播处于竞合状态的互联网音频媒体，截至 2015 年国内市场上约有 1500 多个语音内容类客户端，而其中活跃的在线电台有 20 家，通过市场化运作获得投资的电台数量至少有 7 家。这些音频客户端诞育自互联网技术领域，与资本要素密切接轨，占有率居前的音频客户端在激烈的 App 市场淬炼中已逐渐培育出较强的市场响应速率和资本聚集实力。

　　2015 年年初，蜻蜓 FM 启动 PUGC 战略，即互联网音频专业主播发展战略，并联合创新工厂等设立主播及节目孵化基金，仅"全球主播竞技大赛"就开出了 1.6 亿的现金奖金池。很多草根主播，在蜻蜓 FM 上的月收入，单通过流量分成就能得到数倍于本职工作的收入。① 与此同时，荔枝 FM 宣布获得 2000 万美元 C 轮融资，互联网领域的投资热潮已经在移动音频客户端领域开始蔓延。② 但主流的音频 App 在 2015 年时仍处于"烧钱圈地"的原始积累阶段，从盈利模式看，"流量变现"和"页面广告"仍占大头。

　　广播媒体也积极拓展互联网音频和移动收听领域，从北京、上海等地电台的尝试来看，虽然在移动客户端的建设过程中均引入了市场化机制，但从产品本身的用户体验看，传统广播媒体打造的音频聚合移动客户端与市场上的领军产品高度雷同，差异化特征尚不突出，市场化运作机制还需完善，这需要广播媒体在 2016 年以后开展融合布局时慎重考虑。

　　（二）广播作为权威音频媒体

　　广播遭遇竞争压力，也带来创新成长的机会，2015 年传统广播的发展也证明了拥有潜力十足的创新力，而"创新"是未来互联网及移动互联网趋势下媒

　　① 崔忠芳. PUGC 正热，看音频行业如何玩转新模式？[J]. 中国广播影视，2015（591）：49 - 52.
　　② 王明琴. 广播移动化的困境与出路：以移动音频客户端为例 [J]. 中国广播，2015（4）：46 - 48.

体生存和发展的源动力。

从此期媒体内容生产质量和影响力来看，广播媒体毋庸置疑作为权威的音频媒体呈现。广播媒体积极融入新的报道手段，在纪念抗日战争暨世界反法西斯战争胜利 70 周年阅兵、全国"两会"、博鳌亚洲论坛年会、南京青奥会、第十一届中国—东盟博览会、纪念澳门回归十五周年系列活动等重大报道中，生产大量精品节目内容，这是当时互联网音频媒体难以生产的权威内容。

以 2015 年全国"两会"报道为例，中央人民广播电台的《梦想花开——2015 年两会报道》，以设计、生产融媒体新闻产品为驱动，形成了人员相互支持、产品统一推广，分析数据、设计制作、技术支撑统一调配的"两会"报道新构架、新流程。利用自主研发、建设的云采编平台，统筹中央电台与全国电台记者资源，提高全流程效率，快速推出了多篇原创报道，社会反响强烈。

就广播日常报道而言，通过培育品牌新闻类和评论类节目，强化舆论引导能力，发挥权威音频媒体的优势。以杭州电台新闻综合频率推出的《连线快评》为例，3 分钟的快评方式贯穿全天 9：00—21：00 的节目时段，建立起"专家智库"作为节目的评论力度的储备力量；同时与腾讯大浙网、杭州网等本地网络平台联合推动，也借助节目的官方微博和微信进行推送，使节目内容的传播力度加深，是地方城市台内容强化的一条有力路径。①

（三）广播作为音频专业媒体

截至 2015 年，广播生产的大量优质的内容仍作为互联网音频的重要来源。例如，2015 年年初，中国国际广播电台华语中心开办的读书类节目《轻阅读》被评为苹果 iTunes Podcast 2014 年度"最佳新播客"。

广播媒体因其音频的专业属性，在我国少儿广播、老年广播、高速公路广播、应急广播、农业广播、民族广播、对外广播、军事广播等领域占据领先的音频传播地位。

2015 年 1 月，中共中央办公厅、国务院办公厅印发《关于加快构建现代公共文化服务体系的意见》。针对广播媒体，《意见》中特别明确，要实施"国家和地方应急广播工程"，完善应急广播覆盖网络，打造基层政务信息发布、政策宣讲和灾害预警应急指挥平台。随着这一体系的逐步建立，广播媒体进一步夯实其在应急传播中不可替代的地位。

广播媒体以专业化的音频媒体身份，在公益广播领域的优势有目共睹，例

---

① 李艳. 全媒体传播形态下广播节目的创新探索［J］. 中国广播电视学刊，2015（3）：70-73.

如广东电台策划的"大爱有声"品牌公益活动。以一个频率一项公益、一项公益贯穿全年的形式，宣传社会主义核心价值观。河北电台制作播出《百集系列微广播——善行河北》通过碎片化的微内容以整体策划的方式集中播放，形成强大的传播效果。①

（四）续航广播新型主流媒体

"主流媒体"意味着占据行业领域的权威地位，"新型"意味着传统广播需要创新、借鉴新兴媒体的传播理念，跟上新的传播趋势，且发挥行业领军作用。广播媒体需要通过跨地域之界、行业之界、技术之界、平台之界、资本之界实现融合创新的转向。

2015年5月15日，由中国互联网新闻中心、中国国际广播电台发起的国际新媒体互动传播联盟（C - LIVE）正式成立。联盟一期产品 LiveShow 以"现场传播"和"互动"为核心，开启了"多屏幕互动、多维度互动和多视角互动"的互动传播新模式。②

2015年6月29日，央广传媒发展总公司与国高网路宇信息技术有限公司签约组建中国高速公路交通广播运营公司，交通运输部与中央人民广播电台的合作进入新阶段，也标志着"智慧交通建设"迈出了实质性一步。

2015年10月16日，首届新媒体广播高峰论坛在杭州举办。中国国际广播电台 HITFM、浙江广播电视集团新蓝网等多家单位联合倡议成立"新媒体广播联盟"，致力于营造一个高质量的分享、交流、合作的平台，推进中国新媒体广播的建设和全方位运营。

三、广播内容转向：协作与贯通

2015年广播电台把内容生产和管理提高到核心战略高度。如何在内容产品层面找到与新兴媒体传播语境对话、竞合、融合的路径，逐渐成为传统广播转型为新型主流媒体的关键点。2015年9月新《广告法》的颁布，使一些电台触及红线的那部分时段被空置出来，电台需要更多创新的广播内容被填充进来。综上，广播内容转向需求更为迫切。2015年广播转向创新主要体现在以下几点。

（一）广播资源层面的贯通

2015年对于广播媒体融合而言，广电内部一体化布局十分重要，广电行业

---

①　张静. 微广播：媒体融合的有益探索［J］. 中国广播，2015（2）：57 - 59.

②　王庚年. 顺应时代要求 走融合发展之路：中国国际广播电台媒体融合实践［J］. 中国广播电视学刊，2015（11）：10 - 16，23.

的全业务、全流程、全网络贯通，以提升整个行业的创新力、生产力。①

广播资源层面的贯通，不仅仅指向对广播节目内容资源的贯通，更指向人、财、物等资源层面的贯通。互联网资源具有海量、免费、自由取用等特征，据此互联网原生媒体可以保持内容生产层面旺盛的生产力和鲜明的创新力。对于传统广播媒体而言，2015 年之前同一栏目的节目资源缺少累积整合和分类再利用的习惯；对于台内不同栏目之间的节目资源过去也缺少互通互联的平台。截至 2015 年，贯通栏目、全台甚至全国广播媒体的采访资源库的建设技术难关基本突破，但实际新技术平台试用效果不佳。深层原因可能在于广播行业还没有做好准备，拥有在整体上瓦解过去习以为常的体制结构的勇气。

广播资源贯通呈现为四种方式：

首先，电台内部节目内容资源共享平台搭建并初步应用。在内容生产领域探索"中央厨房制"成为一种趋势。资源贯通需要借助广播实际的业务活动实现，如采编播一体化；项目组打通工作室运营的采编播和运营一体化。例如，中央人民广播电台改造建成新闻采编方式的融媒体新闻集群平台。其意义在于借新流程倒逼新机制；上海东方广播中心正式启动"广播全媒体制作中心"项目，搭建全媒体采集与分发技术系统，实现广播节目"多信源采集、多媒体编辑、多平台分发"，提升上海广播的新闻策划能力、资源整合能力、信息处理能力、数据分析能力及多平台分发能力。

其次，电台外部，包括电台之间，电台与互联网音频媒体，电台与电视台等进行内容资源共享平台的搭建。中央人民广播电台 2015 年"广播云平台"计划逐步启动，云平台整合数百家电台资源，对于在线播出的节目、播前制作流程中的素材以及播后库藏的历史资料，进行整合包装和编码，未来提供给媒体从业者，甚至全体网民。这一项目实施的最终效果意味着全国范围内国家传播网络的有效通畅。2015 年 7 月 4 日，湖北广电长江新媒体集团有限责任公司与北京思拓签订了《湖北省媒体云平台项目战略合作协议》，在湖北省共同打造媒体云平台。

广播云平台建设的举措，更广泛和长远的意义在于：通过开放给音频媒体同行和业余爱好者，在这个意义上实现媒体大产业的共赢，同时在源头上实现对互联网音频企业和个人的一种聚合，整合全社会的分散力量为电台所用。云平台的建设，不仅仅是提升广播电台专业化的壁垒，更是为了网聚更大规模的社会生产力，以最专业音频生产者的姿态完成引领者的任务。这个引领者在

---

① 李岚. 以"互联网＋"推动广电媒体融合发展新升级 [J]. 中国广播，2015（7）：1.

2015 年看来互联网企业是做不成功的，需要主流广播媒体牵头与互联网媒体形成合力。而这正是彰显广播作为主流媒体地位的重要举措。一个没有贯通的音频媒体消费和交易市场，无论广播还是新兴音频媒体都没有发展的场域，同时整个中国的音频媒体市场不能做起来，难以做大。

再次，除广播云平台项目外，广播也通过新频率的建设，达成广播更深层面的资源贯通。中央人民广播电台借助政策优势牵头建设应急广播、高速公路广播，拟从公益和汽车工业入手，以期通过理想中的全国贯通的频率来实现内容资源的贯通；上海则借助资本的力量，2015 年 8 月阿基米德（上海）传媒有限公司成立，以互联网公司的模式，借助传统广播的人才力量和媒资优势，开发新型主流音频媒体平台，其意义不仅仅在于资本推动下重新建立一个新广播平台，更在于其在媒体跨地域、跨介质融合领域层面做出新的探索。

最后，其他贯通的路径。如广播大型节目的电台间联动，如"一带一路"的电台联合报道、体育赛事联合报道等。2015 年河北交通广播建立京津冀交通广播联盟，在全国实现交通广播首次区域性合作。这些贯通的本质在于凸显未来广播媒体存在的必要性，因为网络原生媒体或者社会个体自由报道者均很难做到对大规模专业采访机构的调动。在电台之间展开大型联动报道活动中，电台可以推进这类临时性的协作，建设机制化的规范，逐渐在非政府报道任务的推动下，也能从报道需求，或者市场需求的角度开展联动报道，建立行之有效的广播全国性的联合报道常规机制。

（二）广播内容与用户对话通道的贯通

2015 年广播电台与互联网音频媒体开始建立起一种更为正面、主动的对话姿态，正面拓展与用户对话的渠道。标志性的事件是 2015 年 12 月 24 日，中央人民广播电台中国之声以"跨站式专区"的形式在蜻蜓 FM 平台上，按照互联网用户收听习惯，整合区别于电台直播的节目的内容专区。国家级电台以广播内容创新为核心竞争力，旨在贯通传统电台与互联网用户资源，延展与广播用户对话的通路。其长远的战略意义在于：嫁接并培养起广播新用户以及下一代用户收听音频内容的习惯。在这个意义上电台把对用户的争夺放在长远竞争的首位上。

北京人民广播电台自主研发的"新广播管理运营平台"，在广播传统的播出形态外搭建多个媒体播出平台，实现了全媒体广播内容在互联网及移动互联网渠道的有效落地，延展与广播用户对话的通道，强化广播的互动功能。

2015 年广播对于听众或者用户的重视，不再局限于某一档节目是否借助公号、微信、微博与听众形成互动，而是从单一节目、线下活动、台内台外 App

平台、公众号等全方位整合角度增加粉丝黏性，甚至形成粉丝经济。江苏人民广播电台依托微信"微应用"矩阵产品项目，对频率和主持人微信公共账号进行再次开发，实现微信公共账号用户互通互联，构建"微社区"，将粉丝用户进行沉淀、转化为自有的注册用户。湖南广播电台开发音画互动社交应用"吐鸦"，向"90后"听众递出橄榄枝，酝酿广播与下一代用户的正面对话。2015年7月，中央人民广播电台利用微信公众平台开展的"声声不息"全民配音活动，吸引配音爱好者模仿互动、促进央广品牌在微信用户特别是在年轻用户中间的分享传播。

推动UGC内容的初衷并非只为了以新的节目形态来填充电台时间吸引用户，其本质是为了留住用户的兴趣并使更多的用户卷入其中，从而扩展传统广播的听众范围。

广播也通过用户卷入内容生产的方式，形成深层对话机制。江苏广播电视台建设"全媒体新闻联动平台"，拥有500多名全媒体记者，1000多名大学生全媒体记者，以及3000多名普通网友和各地通讯员自发为平台供稿。2015年2月广东广播电视台珠江经济台财经清谈节目《风云再汇》以众筹方式募集一年节目制作费用。广播内容以"众筹"方式获得节目经费，虽然只是个别电台个别节目的尝试，但是已经开启互联网理念直接渗透到广播内容的生产源头的先河。这一方式，使广播用户被深度卷入到广播内容的制作层面，毕竟目前国内广播的经济来源主要仍为广告收入。

（三）广播内容与运营的贯通

单个节目或者栏目的创新十分重要，但是从产品运营的角度出发，对全台或者全频率的节目内容，按照互联网媒体内容的消费习惯，进行分类整合运营在2015年越加突出。例如，2016年1月中央人民广播电台广告预售中，将内容产品打包分类为高端精品、生物钟节目、路上节目、互动节目、粉丝产品、活动产品等，从整体战略层面强化广播内容集约化生产和传播营销的力量。

浙江电台、广西电台、江苏电台等，不仅在电台名牌栏目上进行节目样态的新尝试，也通过规模化的碎片化音频内容生产计划，开发互联网思维下的广播新内容，进行全频率的品牌化营销。①

2015年电台更加注重实现广播内容生产、用户使用和广告主效果三方共赢的常态模式探索。在节目与运营的探索上，前几年电台多从广播广告节目化的

---

① 张建赓. 用微信矩阵延伸主流媒体影响力 [J]. 中国广播电视学刊，2015（3）：67 - 69.

角度来增加广播内容的可听性，从而留住用户的同时又服务于广告主。2015 年上海人民广播电台动感 101（以下简称上海动感 101）在广播节目、用户和广告主之间建立起"紧密、团结、合作"的关系，以营销策略公司的标准来运作广播广告。专业化的营销方案设计，可以相对保护广播节目内容的独立价值，在这个意义层面，实现对广播节目内容的社会价值最大化。

（四）广播内容生产与评估保护的贯通

2015 年随着广播内容创新的深入发展，对于新节目的科学评估问题也被提了出来。例如，电台比较流行的 5 分钟的全频率碎片化形态，以 8/15 分钟为规则的日记卡式数据调查已经无法契合这一新的节目形态。广播节目的移动传播日益流行，广播节目在互联网及移动互联网中的二次使用成为一类新的趋势出现，① 因此对于节目价值重估和广告营销评估需要有新的手段。

对于广播内容原创性的保护，是广播成熟商业模式建立的起点。2015 年 12 月 3 日，中央人民广播电台、中国国际广播电台和北京人民广播电台等全国 28 家广播媒体在成都共同倡议发起成立"全国广播音频版权联盟"，通过保护版权的方式为广播内容创新提供制度性保护。这意味着下一轮的广播内容创新拥有了现代制度的保护。音频内容的制作成本和门槛远不如视频内容高，因此音频版权交易价格与视频版权内容相去甚远，广播电台在 2015 年还无法依靠音频版权交易作为主要创收途径，但并不意味着内容的原创性价值不大、意义不够深远。此期电台大量同质性节目复制对于广播内容原创性的尊重还不够重视，可能伤及广播媒体本身内在的创作根本活力。

广播媒体内容创新的重要性每一位媒体人都了解，但一直保持在具体节目制作者的视角，或者是作为运营和管理层面之下被间接提出，作为直接的战略目标提出还很鲜见，互联网的竞争压力正促使传统广播业开始思考：越是基础的、基层的、根本的，越会成为将来传统广播创新的核心竞争力！

四、新型广播多元产业运营探索

2015 年传统媒体广告降幅已达到 7.3％，杂志广告下降 18.5％，报纸降幅高达 34.5％②。但北京上海等地电台的创收能力依然突出，北京交通广播单频

---

① 刘佳. 更精细、更全面、更准确：媒体融合环境下广播对收听率调查的新要求［J］. 中国广播，2015（1）：67 – 69.

② 微信公众号"龙视传播"2015 年 11 月 2 日文章：2015 年 1—9 月电视媒体广告竞争分析报告，被新广告法严束药品行业广告大幅增长。

创收达 5 亿，北京音乐广播提前两个月广告破亿，上海动感 101 提前两个月实现广告投放量破 3 亿。开发创新型多元化产业越加成为电台运营的紧迫任务。

（一）净化、创新传统硬广告

2015 年 9 月新《广告法》颁布实施后，各地电台普遍大幅缩减专题性广告。其中午间和晚高峰时段 90 秒以上的长广告同比减少 70% 左右。而 30 ~ 60 秒的广告增幅达 21%，出现了大量以 5 秒为区隔的常规广告，特殊广告的时长也以 30 秒居多。这样的变革与重组使广告资源大幅增加，净化了广告阵地，从长远来看是对电台影响力的一种保护。

在广播多元化的经营格局中，广告收入依然是最主要的收入来源。《2015 广电蓝皮书》的数据显示，广播广告收入排名前三位的省份依次为浙江、江苏和广东等经济发达地区。在这背后是媒体格局的变化和广播经营基因的重组。

2015 年专注于广播广告的北京同瀛广告、上海涛略广告、上海美景广告成为市场扩张的有力推手。远誉广告（中国）有限公司取得江苏交通汽车行业未来 3 年的独家代理权，与贵州省台签订了未来 5 年全面战略合作协议，以及综合、经济、旅游 3 条频率的省外全行业代理，签订天津电台、北京电台汽车行业独家代理权等。车语传媒与全国 200 家电台 300 多个频率特别是交通频率深度合作，共同打造全国汽车节目联播网。

2015 年电台也致力于内容、平台、人群聚合的精准营销。江苏电台把原来的广告中心一家调整为新闻、交通、音乐三大主体调频平台的广告和活动的整合营销，打破硬广告、植入性广告的界限，以消费者为中心，从客户需求出发，将线上内容植入官方微信、App 全方位组合，推出新的广告组合。上海电台成立汽车传媒项目部，把 13 套频率里和汽车有关的栏目都规划到汽车媒体事业部，为汽车行业相关的客户提供精细化的服务。

此外，广播媒体成立广播广告自律联盟，积极参与广告推介、跨区域联合。

（二）新兴媒体运营模式借鉴

调查数据显示，广播微信公众账号用户与广播原有听众的重叠率达88.96%，通过微信平台培养的广播新受众占 11.04%。浙江交通之声的微信以3.04 亿的阅读总数居全国传统媒体类公众号的第三名。楚天交通广播的品牌节目《好吃佬》延伸出"好吃佬喜乐会"、《好吃佬导吃黄页》、"好吃佬美食课堂"培训班等项目。"餐饮老板内参"仅微信公众号就获得 2000 万元投资。通过微信服务平台，把广播从信息提供者转化为问题解决者，形成获取信息到获得实惠、实体消费到信息反哺的循环，成为新的经济增长点。

北京电台的听听 FM、听听 Radio 以开放的姿态打造音频超市。上海电台的阿基米德探索新的盈利模式，以兴趣部落式服务来寻求广播节目的价值增值，所有社群的收入归电台所有。2015年，深圳广播电影电视集团在"新闻、音乐、交通、私家车广播"四套频率推出"微信特约"这一新的广告品种，通过"线上资源＋微信平台"资源打包销售。

（三）线下活动旺盛增长

在2015年，商业活动场景性不断增强的特性促使线下活动成为新的广播盈利阵地。例如，北京交广汽车俱乐部，延伸1039这个广播品牌的价值链，建立起以人、传媒、交通、车辆为主要内容的服务体系。深圳广播的所有频率几乎每天举办一场线下活动，每年创造3000多万元的直接收入。线下活动立足目标受众，整合汽车相关业务，如车展、车友会、汽车维修、自驾游等形成活动产业链。涛略广告代理公司"携手"辽宁交通广播开展的"975杀价帮"活动，以每分钟售出5台车、2小时成交量突破600台、成交总额超过8000万的成绩创造了车市单日销售传奇。

（四）广播内容产业链延伸

2015年众多电台尝试依托于传统广播的名牌节目进行多元开发延展产业链。除声音产品及版权的直接销售外，打造动画、图书期刊、舞台剧等多元的产品形态，实现广播价值的跨界延伸。这种产业链延伸告别了过去的零敲碎打的局面，趋于组织化、规模化。

例如，北京广播公司旗下全资子公司北京悦库时光文化传媒有限公司，立足于传统广播电台的音频产业，整合、开发优质有声资源，构建版权发行渠道，进行全媒体版权运营，搭建集音频资源孵化、交易、保护、开发、运营为一体的音频版权产业发展平台。这也是大多数电台围绕名牌栏目设置工作室的普遍做法。

（五）广播电商升温

2015年双11当天，广东广播电视台的8套广播频率和1个新媒体"珠江网络传媒"联合推出"一听即发1＋8——2015广东广播电商狂欢节"活动，通过线上节目和官方微信和微博、荔枝FM在线实时广播进行整合传播，网络广播直播访问量增长900%以上，广播在线收听率增长131.89%。上海东方广播中心联合上海东方购物，成立东方广播购物，结合媒体的听众资源和购物的渠道资源，打造全国首家全媒体购物平台。

此外，珠江经济台为面临滞销的优质农产品进行15小时直播节目《情系连山》，对农产品销售的拉升效果明显。广东广播微商城作为广东广播电视台9个广播频率以"广播＋"思维独创的广播电商模式，为用户带来边听边购广播独家优质商品的全新体验。

2016 年元旦期间克拉玛依人民广播电台联手央广传媒有限公司、微盟科技联合举办广播电商跨年狂欢节，突破地域限制、平台限制。无锡广播构建广播平台、电商平台、产业平台三合一产业链，打造线上线下全产业链集群，增强用户黏性，探索电商营销收入。

此外，在资本运营领域，鲜见广播媒体身影。广播无形资本的盘活和资本化刚刚起步，广播可用于投资的不仅是广告时间，还包括内容、创意、制作和版权，媒体品牌、节目品牌、主持人品牌、产业扶植政策等，形成与新兴媒体融合的轻量化投资模式。① 广播领域未来投资，不仅要盘活自身的资产，还要有条件可能地借助社会资本和民间资本。

五、广播人才建设与人才流失规避

人才问题在 2015 年以及未来几年将成为广播电台"一个敏感、紧迫、复杂而又不得不突破创新的课题"②。这与传统广播媒体人的转型、对新兴媒体人的渴求有关，也与近年来从中央到省级广电媒体的"离职潮"有关，而一些离职人员选择的又是互联网企业。历史上，一些主流媒体的衰微标志是从人才流失开始的。2015 年广播在人才建设方面的经验体现在以下几个方面。

（一）"产品经理"借鉴互联网企业的协作管理机制

"主持人中心制"或"编辑中心制"已经实行一段时间，2015 年再客观审视：很多广播频率内部形成高度分隔的"信息孤岛"，大家看似共处一室，实则团队内部的全员协作机制与创意分享机制很难建立，创新信息无法实现内部员工之间的有效传导。而资深主持人、编辑的职业倦怠日益增长，导致节目品质滑坡，听众缓慢流失。

广播在管理层面，各地电台探索"主持人工作室"模式的同时，尝试"项目负责制"，以及"中央厨房"模式，吸纳互联网媒体的管理经验，将原先的个人化节目生产逐渐改造为名副其实的"协作式"生产，将原先较为分散的"节目生产个体户"逐步改造为基于组织目标驱动的"团队协作者"。

例如，湖北广播电视台探索创业型互联网企业管理机制，通过"赛马制"鼓励创新探索，将产品经理作为核算单位充分授权，责权利清晰，按业务规模

---

① 周伟. 关于广电利用剩余广告时间实现媒体融合投资的思考［J］. 中国广播电视学刊，2015（7）：43–46.
② 王广文. 融合创新：广播最紧迫的课题［J］. 中国广播电视学刊，2015（6）：1.

和盈利能力动态管理，优胜劣汰。

（二）"项目组""独立制作人"制在管理上打通传统广播与新兴媒体的区隔

2015 年，北京电台批准成立了 5 个节目团队，交通台《1039 服务热线》、文艺台《吃喝玩乐大搜索》等。从第一季度运行的情况看，5 个创收型团队有 4 个已经按照节奏完成了任务，其中有两个团队，节目内广告创收已经完成了全年的水平。①

北京电台在管理中注重团队人员构成中新媒体人员的角色，将原先北京广播网的新媒体工作人员分成若干个小组，让其根据各自的内容偏好，与台内的节目团队对接，帮助节目团队实现融合发展。通过相对独立的内容生产和商业运营，打通了传统广播节目与新媒体传播平台之间的技术连接和内容连接。②

上海广播电视台推行独立制作人和节目团队为中心的机制，已形成近 20 支独立制作人团队。制作人及其团队拥有创意自主权、项目竞标权、团队组建权、经费支配权、收益奖励权、资源使用权，打造传统广播的媒体融合先遣部队。

（三）广播人才创新培养探索

一名优秀主持人的出走很可能会带走一批听众，一位优秀编辑的离开很有可能导致一个团队的溃散，人才外流同样是传统广播融合发展进程中亟需正视的现实。而新媒体的运作管理更具灵活性，正吸引着越来越多的传统广播人才进入新媒体。③

2015 年各地电台开始逐步加大力度，探索人才创新培养的路径。如江苏人民广播电台建立人力资源保障与孵化器。在传统播出平台上积极培育面向新媒体领域的职业经理人、产品经理和全媒体主持人，开设整合营销专项培训课程等。

六、结语

2016 年互联网进入一个新的发展阶段，技术推动下的跑马圈地和新理念层面的洗脑渗透阶段已经完成，转向网络原生内容的规模化发展。对于广播媒体而言，2015 年剥开过去国家政策保护优势，广播界优势在于数十年发展、沉淀

---

①　办建. 融合 转型 再造 北京电台的探索［EB/OL］. 中国广播资讯网，2016 – 01 – 06.

②　国家新闻出版广电总局网站：北京人民广播电台节目团队经营模式效果显著，2016 – 01 – 06.

③　陈佳宁. 移动音频类应用对传统广播的冲击与启示［J］. 中国广播电视学刊，2015（6）：56 – 60.

下的音频内容生产专业能力。

（一）从"平台"到"场域"

依照互联网理念，搭建平台至关重要，但造平台不是传统媒体的长项，因为"平台"是以新技术为核心的产业支撑；传统媒体具有搭建平台的实力，以往的广播探索已经证明了这一点，但2015年广播业的困惑却在于：花费重资搭建的平台不仅很难找到盈利点，且实用性不佳，更不要提制造传统广播突围的风口。此路不好通，就需要考虑，可能传统广播的核心优势应该放在制造"场域"上，以2015年仍具有的专业的、权威的音频媒体内容制作机构的身份，主动出击领衔搭建一个更大的"平台"——无论广播还是互联网音频媒体竞合发展的一个"场域"。这意味着广播媒体依照目前的发展态势，仍旧有权利参与制定发展规则。一旦互联网在音频内容领域形成垄断之势，则广播无法参与制定行业标准，也就无法谈及利润率了。

未来分众传播战略核心，不在于广播多开设几个频率，或者开设微信公号等实现"窄播"或者个性化音频内容服务。分众传播的盈利点，需要洞悉长尾理论和小微商业理论——在一个个"场域"更迭中，速战速决，以小众节目轮番登场的方式，实现快速增长。而这正是传统广播的软肋。2015年时，传统广播号召力仍很强大，有实力领衔音频媒体更迭创新，建构引领不同小众节目的潮流场域。从2015年上海电台来自互联网的广告份额飞速增长的现象中，可以洞悉新兴媒体的这类需求。

传统电台有实力、有能力拓展广播音频媒体之外的多元产业，甚至可以进行投融资的大手笔运作，但是这些多元产业的拓展预期并不理想。我们无法忽视一点，音频媒体本身盘子不大，未来行业的强势与否不仅仅在于体量，更在于行业是否具有"咽喉"的关键位置。不一定人人都做帝王，但没你别人无法生存，则你就有必须存在的必要性，广播首要的是占领这一"必要性"。在全球化语境下，中国广播具有自身的独特性，但随着互联网理念继续深入发展，全球一体化的进程加剧，而"体量"是否大不一定是唯一的价值判断。

（二）从"全面布局"到"内容规模化"

互联网经济中，成规模的小众产品流行是未来的新业态。2016年以后，广播的重点可能更应从"全面布局"转向"内容规模化"建设为发展的核心。什么是"内容规模化"？抢先实现与互联网对接的"内容规模化"，才有可能形成内容垄断，并制定内容生产和传播的规则，从而拥有最终议价的发言权。从2015年来看，2016年互联网原生内容的规模化发展已经成为其战略性目标开始建设。

广播的"内容规模化"是指通过调动、整合起一个集体的力量，发挥每一个人力量，进行某一档广播栏目的生产，或者是广播界流行的"中央厨房制"的极致使用。通过一个机构的力量，生产专业性强的内容，生产单一的极致性的产品，生产大型系列产品等。互联网媒体正通过发动 UGC 的力量，通过引导、培训和规则设置实现非专业人士聚合型的"规模化内容"，以此与传统媒体的"规模化内容"形成竞争。未来媒体机构存在的意义，唯有体现在对"内容规模化"的呈现上，因为随着大数据技术的成熟，并向全社会公开，每一个单个的非专业社会人都可以调用大数据，实现对某一现象的本质解读。机器人写稿或许今天还是新闻界的新现象，未来可能门槛就会低至普及到普通社会个体。

因此广播媒体机构需要占据数据制造的源头，或者能够调动起以"人"的层面为核心的力量，实现集约化的音频内容生产。

（三）为广播根基发展预留成长的时间

互联网的迅速崛起历史短暂，造就了炫目的个人商业明星和明星的企业，但其更迭衰退的速度也是惊人的。2016 年互联网界，提出网络原生 IP 是平台的基础，也提出需要给根基生长的时间。

反观广播媒体的根基是什么？既包括需要时间培植生长的内容，也包括对新型内容生产者的培养。如同庄稼生长需要留有一定成长时间的自然规律一样。否则，这个"内容"就会是被药物催熟没有营养的内容，甚至会伤害身体，更严重的会动摇广播的根基。

因此，无论互联网席卷的风潮如何热烈，传统广播都应有远见、有勇气留下一块容许一定成长时间的"有机自留地"，守护广播的根本。

（四）自体变革之痛是切肤之痛，外体突围不是变革是革命

自体变革的痛，是切肤的；如果从外面突围，就不是变革而是革命了。反观新兴媒体，从 QQ 式微到微信的崛起，短短十几年的发展，腾讯即拥有自体颠覆的勇气，因为其目标不是哪个产品始终为王，而是这个产业、这个行业是否延续，甚至是否可以占据主流地位。新兴媒体自体革命的能力，已经预示着其具有了自体预警和长远策略的能力。如果传统广播认识不到这一点，未来被替代的命运可能不可避免。无论将来媒介机构和媒体形态如何变化，国家和社会个体人都会对更具有高度专业性特征的信息表现出刚性需求，而不在意它来自哪个音频生产机构。

第三节　从众媒到智媒①

2016 年以来，互联网越来越成为大众信息交往的重要场景、重要阵地。传统媒体包括广播媒体融合探索进入"深水区"，广播人通过多种渠道更深、更广地展开广播转型与创新的讨论和实践。首先，广播广告逆势上扬，守住音频媒体属性和社会传播责任的本分，大胆创新，在广播喉舌功能、公共服务功能、引导网络舆情等方面做出基于新兴媒体技术和新渠道的有益探索，广播音频传播的本体属性获得认识上高度重视；其次，移动互联网领域信息产品聚合等核心理念渗透到广播内容生产、运营的具体细节中，新型内容产品的开发已经被广播界提到战略发展的高度；最后，从众媒到智媒的广播技术创新探索也在2016 年被提升到前所未有的高度。纵观 2016 年，我国广播迎接巨大挑战的同时也发现着新的机遇，为新型主流媒体赢得应有的话语权。

《小喇叭》诞生 60 周年、"珠江模式" 30 周年；中央人民广播电台中国之声、经济之声两套频率广告收入首次在 2016 年上半年突破 6 亿元，上海广播创收突破 5 亿，动感 101 单频率创收突破 2 亿……历史性辉煌和今日运营的逆势上扬，促使广电人在继承和创新中发声："不是传统媒体必然走向衰落，也不是新媒体必然代表着未来，话语权才是硬道理。"②

一、广播业发展格局

（一）音频媒体用户规模

截至 2016 年上半年，一二三线城市音频媒体的用户接触率达到 45.14%，用户规模达到 1.75 亿人，其中广播用户规模达到 1.33 亿。2016 年上半年广播媒体的周到达率为 25.5%，同比下降了 0.8 个百分点，环比增长率为 3.6%。广播媒体周均收听时间为 363 分钟，连续 3 年来周到达率整体波动平稳。③ 截至2015 年年底，我国的传统广播广告市场为 200 亿规模，当网络音频行业接入到

---

① 孟伟，宋青. 2016 中国广播融合与创新［J］. 中国广播电视学刊，2017（3）：9 – 17.

② "看电视"，《总局领导、台长、专家共议媒体融合，"现在是承上启下的重要节点"》之上海广电台台长王建军. 话语权才是硬道理，市场不会为国有媒体宽容一分［J］. 中国广播影视，2016 – 12 – 09.

③ 中国城市居民调查 CNRS – TGI：2016 年上半年媒体趋势盘点（上）：传统媒体篇，2016 – 12 – 10.

声音大生态中，广播音频行业广告的大盘子将会扩大到一千多亿规模。①

（二）音频媒体的移动收听方式成熟普及

广播媒体生态圈从传统模式向移动场景模式转变趋势清晰。2016 年车载设备仍是收听广播的主要渠道，占比高达 58%，其次为手机约 40%，带收音机功能的便携设备下滑至 38%。2016 年上半年，中国城市居民在私家车中收听广播媒体的比例达到 17.2%，环比增长了 6%，这种上涨趋势自 2013 年开始。移动端收听广播的增速大幅上涨，增长率为 41%，但 2014 年上半年开始增速放缓，2016 年出现回升。②

（三）聚合音频为未来发力点

广播传统收听终端正逐渐被渗透，收听渠道重叠、聚合现象明显，便携设备和手机的重叠率为 21%，车载端与手机端的收听叠加已达到 22%。这意味着以"便携式 + 车载式"收听为主的"伴随性收听"向"伴随性收听 + 定制式收听"的多渠道融合拓展成为一种流行趋势。③ 对于智能手机和车载流量入口的争端在未来会更加激烈，跨渠道、跨场景的聚合音频有可能成为整个广播行业新的发力点。

（四）广播收入的正能量启示

2016 年上半年中国广告市场同比增长 0.1%，传统广告市场花费同比减少 6.2%，广播媒体广告花费同比增加 2.9%，扭转了广播广告在 2015 年出现 −2.9% 负增长的局面。④ 电视、报纸、杂志以及传统户外媒体的广告花费同比呈现不同程度的缩减。广播电台实现逆势上扬，为广告行业贡献难得的"正能量"。

广播广告结构略有变化。零售服务、交通工具以及房地产类品牌在电台的广告花费占比均高于 10%；网站类品牌在电台广告花费同比增长幅度高达 50.0%，活动类等其他的电台广告花费同比增长 44.3%，保健食品的电台广告花费同比增长 43.0%。

广播电台的广告资源逐渐向平时时段拓展，长广告治理进一步优化了电台

---

① 叶丹. 个性化定制是未来音频的主流需求［N］. 南方日报，2016 − 01 − 14. 文中引用来自考拉 FM 董事长兼 CEO 俞清木。

② 中国城市居民调查 CNRS − TGI：2016 年上半年媒体趋势盘点（上）：传统媒体篇，2016 − 12 − 10.

③ 钱力. 逆势上扬，广播生态圈变革转型：尼尔森网联广播峰会侧记［J］. 中国广播影视，2016 − 09 − 15.

④ 2016 年上半年中国广告营销趋势［EB/OL］. 央视市场研究（CTR）网站，2016 − 12 − 06.

广告环境。全行业广播人都已经意识到广播运营的"二次售卖"理念已经过时，正在回头检视整个供应链的各个环节。①

（五）广播车载移动产业拓展

广播媒体继续拓展车载终端和车主服务市场，延伸车载移动收听产业链，最大化覆盖车载受众。2016 年 9 月，中国高速公路交通广播完成湖南省 14 个市州主要城市和大部分高速公路路段的信号同频覆盖。10 月，中国高速公路交通广播更名为"中国交通广播"，是国家应急广播体系的重要组成部分。10 月，济宁高新区广播电台 City FM988 济宁城市之声正式开播，主要服务驾车族群。

截至 2016 年 9 月，约有 280 万用户在手机端安装了由中央人民广播电台研发的中国广播福特车载软件，"中国广播"车载版通过福特 AppLink 系统平台，依托数十万条自有版权的音频内容，实现每日定时推送，用户通过语音指令或车机上的指令按键即可完成节目选择、切换、调控音量等操作。杭州多听 FM 发布智能硬件"车听宝"，采用调频信号免流量收听硬件中的内容，用汽车中控和方向盘直接控制播放和切换功能。

（六）广播移动互联网的有效覆盖

对于新型广播媒体来说，"广播覆盖"是从"传统广播频率的地区覆盖"转化为"智能化、融媒体的人群覆盖"。② 2016 年 4 月下旬，国务院办公厅印发 2016 年第 20 号文——《关于加快推进广播电视村村通向户户通升级的工作通知》："实现由粗放式覆盖向精细化入户服务升级，到 2020 年，我国将基本实现数字广播电视户户通。"《通知》提出了六项主要任务，其中提到"由传统视听服务向多层次多方式多业态服务升级"。这意味着需要改变覆盖观念，运用新媒体方式在有效到达用户的前提下实现产业升级。

2016 年年底，中央人民广播电台官方新浪微博覆盖人群 273 万，中国之声官方微博粉丝达 1911 万，中国之声在蜻蜓 FM 发布的电台网络点播排行榜中以 1 亿零 22 万次的点播总数，居电台点播榜第一名。③ 江苏广播传媒中心打造了"嘀嘀叭叭早上好""江苏新闻广播"等多个微信公共账号，粉丝数最多达 40 万④……郑州电台与蜻蜓 FM 合作成立蜻蜓河南分公司，开办 6 套网络广播，郑

---

① 胡占凡. 关于广播媒体创新发展的思考［J］. 中国广播，2016（12）：5 - 8.

② 国家应急广播网：应急广播既要注重全覆盖 也要突出区域性，2016 - 12 - 08.

③ 中国之声居电台网络点播排行榜第一名［EB/OL］. 中华人民共和国原国家新闻出版广电总局网站，2016 - 12 - 08.

④ 彭锦，王佳飞. 背景、特征与趋势：广播媒体融合实践探索［J］. 中国广播，2016（9）：42 - 45.

州新闻广播一套节目的《986 听世界》《今夜不寂寞》等多档节目在网络和传统广播两个通道上成长为品牌节目①。

截至 2016 年 6 月，中国国际广播电台社交媒体集群粉丝月总转发、评论、点赞量达到 327 万，占全台受众反馈互动总量的 92%。截至 2016 年 7 月，国际台在脸书、推特、俄罗斯 VK、韩国 Naver 等多个全球化和本土化海外社交平台上共开设账号 107 个，境外社交媒体粉丝量达 1115 万。其中，日语部开设的脸书账号粉丝量领先于 BBC、CNN，也持续领先日本本国主流媒体在脸书上的日文账号粉丝数。②

二、广播创新发展国家主流媒体功能

2016 年习近平总书记在全国宣传思想工作会议、文艺工作座谈会、党的新闻舆论工作座谈会、网络安全和信息化工作座谈会、哲学社会科学工作座谈会上的重要讲话等，为广电发展指出新要求、新方向。

（一）广播新型产品理念

2016 年中央人民广播电台通过探索建立以媒体融合为导向的体制机制，建设以声音为特色、广播 + 互联网的新型广播，打造新型主流媒体和新型媒体集团。③ 2016 年上海东方传媒集团有限公司（SMG）在重大文艺主题创作发布会上宣布将斥资 10 亿元促进内容创新创优。新型产品的开发已经被广播界提到战略发展的高度。

（二）广播创新技术宣讲国家大政方针

2016 年两会期间，中国之声发布 4 期全景直播报道，累积阅读人数 400 多万，互联网访问流量共计 3500 GB，是普通微信报阅读量的 5 ~ 6 倍；浙江广电集团启用全国"两会"全媒体演播室，联合浙江之声和新蓝网搭建全媒体平台，通过台网融合、全媒体互动的创新形态报道"两会"，实现内容优势和影响力最终端传播。④

中国国际广播电台在习近平总书记出访报道中，开发《金秋习来》微直播

---

① 葛向阳. 试论城市广播媒体的融合创新路径［J］. 中国广播电视学刊，2016（11）：28 - 30.

② 微信公众号"广电独家"2016 年 10 月 7 日文章：广播电台如何融合转型？国际台副台长如是说。

③ 阎晓明. 坚守职责 担当使命 塑造中国声音形象：深入学习贯彻习近平总书记重要讲话精神做好广播工作［J］. 中国广播电视学刊，2016（4）：16 - 18.

④ 冯洁萍. 虚拟现实技术在广播中的运用设想［J］. 中国广播，2016（8）：24 - 26.

产品，互动人数超过 1000 万。国际台轻松调频改版在新浪微博进行视频直播，支持评论、发弹幕、点赞、打赏等，实现了多维度的互动。

（三）广播引领主流价值观

2016 年中央人民广播电台重点加强新闻评论，增强舆论引导力。在《新闻和报纸摘要》中播发央广评论近 200 篇，在《天下财经》栏目中推出"央广经济评论""央广经济时评"，产生了广泛的社会影响，向社会传递了健康积极的价值观。

2016 年，各级广播电台也围绕以小见大传承中华传统美德、社会主义核心价值观、民族精神等主题，相继推出展示文化自信、声音自信的广播节目。中央电台综艺节目中心与中国戏曲学院、国家京剧院等艺术院团建立战略合作关系，打造国家级文艺宣传平台；《致我们正在消逝的文化印记》，探讨在现代化进程中如何留住中华民族的根和魂。珠江经济广播设立"云山珠江讲古台"，以广播＋旅游的融合方式传播岭南讲古文化。

（四）广播主流媒体引导网络舆情

舆论监督是广播媒体话语权的一种重要呈现。网络舆情引导也是目前广播媒体重要的宣传任务。中国之声新媒体针对网络上抹黑长征的言论，推出微信系列报道《山河作证》，在网络上引发强烈反响，中宣部肯定其报道方式是主流媒体加强舆论引导的好做法、好经验。《山河作证》报道手段专业，科学资料为主，语言及编排风格契合新媒体特点，达成互联网思维的舆论引导。

（五）广播民族宣传服务的有效覆盖

2016 年 3 月，中央人民广播电台哈语频率通过阿勒泰市人民广播电台的转播在当地成功落地，每天转播中央电台哈语频率 15 个小时节目。这是截至当时中央电台对哈萨克族聚居区最有效的覆盖。① 2016 年 10 月，新疆五师电台开播，这是湖北广播电视台援疆重点项目。②

（六）广播国际传播能力拓展

中国国际广播电台"南海之声"三亚 FM89.1 开播，旨在提升三亚城市国际形象，深化"一带一路"区域传播。中国之声、经济之声等重点频率开设《一带一路新发现》等专栏，组织赴俄罗斯、马来西亚、新加坡等境外采访活

---

① 本刊．中央电台新疆民族语言广播中心哈萨克语频率成功落地［J］．中国广播，2016
（3）：84．

② 湖北网台：湖北广电 2016 年援疆重点项目："双河之声"正式开播！［EB/OL］．长江云，2016 - 12 - 12．

动，讲好中国故事。国际台推进土耳其国家全媒体项目建设，建成梅伽调频电台、"中华电视"卫视频道等综合传播平台；以开罗、内罗毕两个海外节目制作室为基础，推进对阿拉伯国家和东非斯瓦希里语区国家的全媒体覆盖；与以色列、埃及、伊朗、坦桑尼亚、肯尼亚等国国家媒体开展全方位合作。① 在新媒体层面，推出面向俄罗斯、东欧地区推出"多脑盒＋"社交媒体建设项目。② 2016 年 9 月 5 日，国际台与意大利国家广播电视公司首次合作推出"意中新丝绸之路——中国日"广播特别节目。

三、广播创新发展社会公共服务功能

（一）公益服务平台创新

2016 年广播的公益服务特色鲜明，规模体量和影响力均扩大。北京电台打造国内首家广播媒体"运动体验＋"的模式，促进百姓参与大众健身。③ 2016 年 5 月 27 日上海人民广播电台成立 67 周年，整合 13 套频率 通过 10 余项线下公益分享活动，传递上海广播向上的力量。贵州交通广播策划建立"952 找到啦"失物招领公益平台，并成立全省"找到啦"失物招领公益平台志愿者服务联盟。中央电台注重推进全台公益广告传播制度化建设，通过集中创作、定向征集、"高级定制"等模式，保证作品的数量和质量，促进社会效益最大化。2016 年年初，中央电台与北京广告协会公益广告专业委员会等五家"讲文明树新风"公益广告制作中心联合发起组建"中国公益广告联盟"。

（二）应急传播平台创新

2016 年，国家应急广播网在"2016 国家应急广播演练·四川"活动中实现VR 录制。2016 年 5 月福建交通广播在三明市泰宁县开善乡发生泥石流的第一时间派出记者携带无人机深入灾情现场，迅速推出覆盖全天的"泰宁泥石流灾害抢险救援"特别报道。6 月，湖北广播电视台湖北之声连续 20 多天推出防汛抗灾全时直播《2016 防汛应急大直播——迎战暴雨》特别节目，充分运用"长江云"客户端全程网络直播，湖北之声微博、阿基米德客户端、斗鱼直播、湖北之声微信整合发布。7 月 20 日北京暴雨，中国交通广播派出 12 路记者深入北京

---

① 中华人民共和国国家新闻出版广电总局网站：中国国际广播电台积极做好对"一带一路"沿线国家的国际传播，2016 – 12 – 07.

② 中华人民共和国国家新闻出版广电总局网站：国际台推出"多脑盒＋"社交媒体建设项目，2016 – 12 – 07.

③ 微信公众号"V 传媒"2016 年 10 月 26 日文章：重磅！2016 中国广播创新融合十佳案例之北京电台"节目团队运营模式创新"权威解读！

各个积水路段，做 14 个小时的直播，创造了 1886.9 万人次的观看记录。

（三）慈善平台创新

广播媒体肩负关注弱势群体，凝聚爱心力量，构建现代公共文化体系的责任与使命。贵州人民广播电台在阿基米德 App 客户端设置专门社区《留守儿童来信了》。浙江交通之声联合杭州西湖风景名胜区管委会、中华思源工程扶贫基金会主办"爱的分贝"西湖诗会，为 13 名听障儿童募集善款共计 183 万余元。湖北资讯广播残疾人专栏《爱心有约》，26 年如一日为残疾人提供服务，并发起建立"光明直播室"平台，这是全国第一个为盲人提供融合式服务的"O2O"。杭州新闻广播每晚 21：00 推出《我们读诗》节目，录制的所有读诗音频都赠予浙江省视障信息无障碍服务中心，盲人读者可以在浙江图书馆听到众多名家和各行各业诗歌爱好者朗诵的诗歌音频。

（四）生活服务平台创新

黑龙江人民广播电台少儿广播《播播龙的故事口袋》将声音产品实体化，成为一档具有互联网思维的少儿服务类日播节目。北京电台的"乐童工作室"节目团队开播了北京广播市场上唯一的亲子互动类专题节目《听听糖耳朵》，与蒲蒲兰、接力、外研等国内优质出版机构达成供稿协议，参与组织筹划嫣然慈善亲子夏令营等活动，截至 2016 年年底，节目同名微信公号粉丝已达 5.7 万人，日活跃用户 5590 人。北京电台的教育面对面团队每年举办十余场大型中高招系列讲座活动、8～10 场个性化《名嘴探名校》高校探访系列活动；北京电台将新推出专门针对"90 后"魔力调频 FM98.2，开播《微微一笑》《魔方秀》等节目。①

（五）农业信息平台创新

辽宁电台乡村广播联合吉林、黑龙江、内蒙古对农村广播，联手打造辐射东北的农业广播自主操作的农展会。2016 年 9 月 13 日中央人民广播电台组织召开全国涉农新媒体座谈会，就媒体融合时代的涉农新媒体如何做好内容生产、更好服务三农等话题进行探讨，并达成了内容上的初步合作意向。

四、从广播产业到信息产业的创新

（一）广播供给侧改革

习近平总书记在中央财经领导小组第 11 次会议和 2015 年亚太经合组织 APEC 工商领导人峰会上两次强调"加强供给侧结构性改革"。广电媒体作为意

---

① 刘畅. 北京电台总编辑王秋女士［EB/OL］. 北京广播网，2016－12－07.

识形态领域重要阵地和经济领域的重要部分，十分重视市场在资源配置中的主体性、基础性作用。2017 年，中央人民广播电台计划对频率存量资源进行整合调整，形成新闻板块、财经板块、文艺板块和区域对象服务板块，探索京津冀区域广播新的增长点。核心目标是主流频率做大做强，专业频率做专做精，对象频率做出特色，对频率存量进行整合。① 互联网音频市场经过一段时间的培育后，已经从节目版权源头过渡到大音频的产业布局，逐渐建立并培育以知识产权为核心的生态体系②，这些音频产业发展信号，推动着广播媒体进一步优化内容供给结构，做强节目集成平台。

无论是传统媒体还是新媒体，创造的大量注意力、流量、用户往往很难变现，不能变现的传播力和影响力从经营角度看就是"剩余产能"。同样也都存在着刊例价格上升、监测播量上升导致的"刊例花费上升"的事实，这与行业广告实际收入的增长是有区别的。③

（二）广播用户思维指导节目创意

大数据时代，广播人逐步将管理方式由以节目为核心转变成以用户为核心。用户数据资源的掌握和开发是实现管理方式转变的重要基础，也是广播获得核心竞争力的关键所在。

2016 年用户思维在业内已经渗透到广播节目创意之初。长沙交通广播策划组织长沙橘洲（国际）音乐节，歌单由歌迷来定，经统计最终投票人次达 2 万多。北京电台的《全球音乐定位》对定制个性化广播节目做出探索，以大数据智能推送为结合点。④ 浙江电台城市之声的"全民点赞"通过把用户的评估数据转化为节目参与的一种形态，尝试直播路面社交类电台节目《跑神计划》，促使广播节目互动社交与社会资源开发结合。⑤ 北京电台对《国人自述——我的梦》《新北京广播故事》两大主题系列报道，邀请 113 名听众到现场收听节目，为节目分项打分并提出改进意见。北京电台《寻找刁爱青》以案件为线索，依照听众反馈形成追剧和共同编剧效应。天津广播电视台滨海广播与喜马拉雅 FM 合作，根据用户数据进行节目细节整改，效果明显。

---

① 姜海清. 推动融合发展 构建新型广播［J］. 中国广播电视学刊，2016（10）：12 - 14.
② 朱新梅. 加快供给侧改革 解放广电产业生产力［J］. 中国广播电视学刊，2016（5）：9 - 14.
③ 周伟，荣欣欣，洪琳. 电台经营需摆脱固有的上升通道思维，创新发展［J］. 中国广播，2016（10）：9 - 13.
④ 王求. 创意为王 品质决胜［J］. 中国广播，2016（11）：40 - 42.
⑤ 微信公众号"电台工厂"2016 年 12 月 12 日文章. 项勇，《浙江电台城市之声创新融合互动模式"全民开赞"》。

（三）从广播品牌到广播 IP

"在美国等一些国家，广播电台各广播站之间未形成统一的特色，从而很难形成品牌，也就很难在品牌上面创造更多的价值。"这意味着电台首先要建立起一个企业化的规模生产，然后是拥有"工业化"的生产监控体系，以及品牌化的设计，最后是互联网全平台的营销设计。广播电台若要长久持续发展，这个过程中的哪一个环节都无法省略。

截至 2016 年，江苏广播在南京的收听市场份额从 8 年前不到 40% 上升到此期的最高点 65%，创造历史新高，原创推出"江苏广播听众节""舌战金陵""新年音乐会"等一批公共文化品牌活动。黄信副台长把江苏台形容为一个生产广电内容产品的"大工厂"，而他是"车间主任"。

IP 概念与影视、游戏产业密切相关，进而拓展到整个文化产业。《大吉利车队》是广东广播电视台羊城交通广播制作的广播剧，从 2002 年开始到 2016 年，已经播出了超过 4000 集。与广东电视珠江频道联播推出《大吉利车队》动漫版。搜狐、优酷、百度、土豆、爱奇艺等视频网站可以观看和下载。2016 年 6 月底，北京电台《吃喝玩乐大搜索》节目团队，以微信号为依托孵化了测评性的全新 IP《吃喝实验室》，从 2016 年 4 月开始转型为 10～15 分钟植入"弹幕"的视频节目。① 湖南电台让声音形成 IP 进入各类场景，打造虚拟主持人"嘻芮"品牌，初步形成了"广播＋视频网站＋音频网站＋电视＋微博＋微信＋H5"的复合传播模式。②

当然，IP 在国内发展刚刚起步，一个真正的品牌内容应该是脱离开人可以单独存在的，IP 的价值是衍生内容的一套产业品牌升值体系。传统广播包装名牌节目或主持人 IP，从"幕后"走向"剧场"，实际上广播媒体走的是一步险棋。③

（四）广告与"服务"和"游戏"的结合

服务是媒体的特长，媒体基于内容而生的资源整合能力与数据服务能力能够培养壮大新动能与新价值。上海广播的 13 套广播节目在阿基米德上被细分为293 档节目，对上海 2400 万人口做了精准的分类，走"强场景、窄人群、聚服务"的发展思路。广告的服务理念进一步升级加入"游戏"成分：吉林人民广

---

① 微信公众号"V 传媒"2016 年 11 月 7 日文章：吃喝玩乐还能年入百万，这群广播人做到了！

② 孙向彤. 移动互联时代少儿广播节目的垂直化发展［J］. 中国广播电视学刊，2016（6）：15–17.

③ 涂有权. 再议广播价值变现［J］. 中国广播影视，2016（612）：10.

播电台广播真人秀节目《城市宝藏》和浙江新闻广播的《VR 大赢家》为营销游戏节目，前者将城市宝藏和地标性建筑结合，把赞助商的广告融入藏宝图，听众的参与兼具刺激和滚雪球效应；后者结合 VR 直播技术与听众进行游戏互动，完成公益任务。

（五）广播微商飞速发展

山东广播电视台乡村广播推出微商城"乡播播"，5 天时间为沂源果农销售滞销沂源苹果 79 吨。湖南台的 893 汽车音乐电台借势联合湖南 769 商城，整合上海采伴网资源，在官方微信平台搭建"有赞"网上商城。2016 年春节，商城连续五天销售额直逼 300 万元。11 月 10 日，珠江经济推出"2016 广东广播电商狂欢周"三小时特别直播节目《抢闸双十一》。节目联合南方经视 TVS1、荔枝直播 App、珠江网络传媒进行"四合一"直播，用户可以边听广播边看电视和网络视频，通过微信"喊"红包，在广播微信"呼啦"商城下单购物。截至 11 月 11 日，"广东广播电商狂欢周"各平台累计销售额近 550 万元，比 2015 年增长 77%，其中羊城交通频率汽车销售总金额逾五百万元。

（六）广播入主直播产业

2016 年 7 月 16 日中央电台经济之声交易实况俱乐部，在线教育"央广益学堂"金牌讲师见面会通过微信公众号视频直播，也利用视频直播客户端"斗鱼视频"面向全国直播。2016 中国成都汽车音乐节，成都广播电视台通过"爱奇艺""小米视频""乐视直播"等大面积覆盖全国观众。宣传覆盖全国 31 个省市自治区，总影响人群超 9000 万。2016 年 7 月 19 日郑州新闻广播与网易直播合作，策划了全天突发天气音视频特别节目，视频观看人数超过 10 万人次。①

2016 年 9 月 23 日广东网络广播电视联盟台"荔枝直播"互动平台上线，这是全国首家引入资本市场商业运作、以传统广播电视为核心内容的直播平台。浙江电台城市广播推出广播主播晋级赛《疯狂主播》，将每周的淘汰赛进行全程视频直播。24 个 107 秒的产品在"中国蓝 TV""私家车第一广播"官微、"网易新闻"客户端、"腾讯视频""爱奇艺"等产生了千万级的播放量。郑州新闻广播、安徽交通广播、河南音乐广播借力 360 摄像机水滴视频平台，分别视频直播报道了"黄帝故里拜祖大典""暴雨实况"和台庆活动。江苏音乐台演唱会则推出了"bilibili"网站互动直播。郑州都市广播已与河南有线开始合作，通过机顶盒，使观众可以收听收看 FM91.2 节目。

---

① 葛向阳. 试论城市广播媒体的融合创新路径［J］. 中国广播电视学刊, 2016（11）: 28–30.

（七）广播大连接

全球范围内的传统媒体出现大连接趋势。2016 年 BBC 与竞争对手英国独立电视台 ITV 成立 Netflix 式的流媒体视频点播订阅服务，美国 NBC 环球也参与了谈判。这意味着当前不仅仅单一媒体要开拓平台，同类媒体以及全球范围内联合开发，形成一种大市场大连接大氛围，以保障传统媒体的生存，这不同于过往简单的集团化整合，而是同类传统媒体基于流媒体技术开发的一种联合整合。

中国传统广播媒体"单打独斗"已成过去时，优质内容和资源整合成为发展的重点。合作共赢，集团化、规模化式"抱团取暖"成为 2016 年主旋律。2016 年 8 月 18 日山东广电传媒集团成立，将和山东广播电视台一体化管理，实行制播分离，构筑台企一体化管理协同发展新格局。2016 年 9 月，武汉广播影视传媒集团有限公司正式揭牌，目标是实现向复合型企业管理者转型，打造具有竞争力的新型主流传媒集团。① 2016 年 11 月，南方报业传媒集团由广东省委常委、宣传部部长主抓，由南方报业传媒集团和广东广播电视台共同发起组建成立"南方财经全媒体集团"，整合报纸、杂志、电视、广播、网站、新闻客户端等财经产品，旨在大力发展"媒体""数据""交易"三大核心业务。②

"北京时间"隶属北京广播电视台和市文资办共同组建的北京新媒体集团，北京电台与"北京时间"开展深度合作，共同建设"互联网 + 广播"演播间。

2016 年广播领域也涌现出全国范围内的联动营销事件。"唱着情歌去大理"活动被看作是全国最大的广播联动推广爱情营销事件。此期跨媒介融合、跨区域整合是趋势、是方向，更是广播实现可持续发展的生存路径。

五、从广播节目到广播内容产品的创新

（一）声音本体战略

变的是科技手段，不变的是精神产品生产。广播媒体正在把声音放到一个更高的战略层面去认识，让声音真正形成广播的"专业特质"，具有不可替代的优势。2016 年 6 月，广电总局印发《关于大力推动广播电视节目自主创新工作的通知》，号召各级广电机构加大节目创新力度。9 月 27 日，国家新闻出版广电总局在太原召开广播电视节目自主创新座谈会。2016 上海广播节第十二届"东

---

① 耿愿. 武汉广播影视传媒集团挂牌 广电产业发展进入快车道［N］. 长江日报，2016 – 09 – 28.

② 张海涛. 深化本地服务 坚持开放共享 努力创造地面广电事业发展的新辉煌［J］. 中国广播电视学刊，2016（9）：5 – 7.

方畅想"全球华语广播大赛和上海广播节·中国广播创新融合案例发布会上，众多电台着力于节目创新、技术创新、经营创新等，展示了广播媒体在融合发展之路上的有益探索。

（二）高质量声音节目

2016年广播人越来越意识到广播精品化与互联网化结合的重要性，这与重播率、分享度密切相关。2016年，中央人民广播电台又推出《致我们正在消逝的文化印记》《我的长江》《先生》《兴国重器》等高质量的广播作品。

（三）声音艺术节目开发

随着新媒体广播平台的迅速崛起，蜻蜓FM、荔枝FM、喜马拉雅FM等网络电台为广播剧提供了广泛的传播平台。它们不但播出自制广播剧，同时播出各广播电台和专业团队制作的广播剧，为广播剧爱好者提供展示空间。从全球广播剧市场发展来看，美国《Serial》创造了近年来令人惊叹的广播剧下载和收听统计数字。

北京电台的朱红工作室以北京舞台剧市场为切入点，重点打造"喜剧研习社"的喜剧品牌。首部作品《爆笑夜现场》演出15场票房23万，团队已获得北京合音投资中心的投资，转型为公司化运作模式。2016年4月河南电台娱乐976与湖南电台联合创意的"72小时好戏唱不停"活动成功挑战世界最长戏曲联唱时间记录，共有2000人登台挑战。

此外，大中城市的音乐、演出消费旺盛，原声转播、附带的艺术家访谈，包括一些小众声音艺术的实验等构成优质的声音资源，目前基本闲置。

（四）声音心灵节目探索

移动互联网时代，获取新闻已相对成为低价值需求。传受互动不只是体现在浅层次的表达，而是深入到心灵、影响到情绪，表现为参与、体验、共鸣与享受。这就要求新闻生产必须创造更高的价值，从功能价值向情绪价值、艺术价值提升。[1]

北京人民广播电台交通广播的《1039新闻早报》在"情怀"上做出尝试。"弦外听音"栏目，形式上采集众家媒体以及互联网可信的现场声音资源，加以评述。思路借鉴可以找到国际化案例，如英国的《聆听计划》强调心灵的对话，让两个相互认识的人坐在一起，进行一场以前从来没有过的、关于一个亲密话题的讨论。所有这些对话内容都会被做成录音文件，作为当代英国人生活现状

---

① 蔡万麟. 新型广播需要新型产品：《致我们正在消逝的文化印记》之样本意义［J］. 中国广播，2016（5）：12－15.

和生活经历的记录，保存在大英博物馆。

（五）短音频节目

上海广播 2016 年的阿尔法战略已启动，其中一个重要指标就是进行短音频战略，要求每天生产 500 条短音频。契合当下移动互联网传播模式，寻求新模式变现。①

（六）声音资源开发

广播声音资源开发初具规模。在语音标识建设方面，中央人民广播电台与国家语言文字工作委员会合作建设"中小学语文示范诵读库"，作为《国家语言文字事业"十三五"发展规划》《国家通用语言文字普及攻坚工程》的重点项目。在有声阅读方面，中央电台综艺节目中心启动"中央台全民有声阅读工程"，倡导全民阅读，推动书香文化，截至 2016 年年底，购买有声版权的作品达 182 部，制作有声书 94 部，共计 3527 集。

中国国际广播电台环球资讯广播与中国移动咪咕数字传媒有限公司达成深度合作意向，共同策划推出大型全媒体有声阅读节目《环球阅读》，并在环球资讯广播及咪咕听书平台正式播出。武汉广播电视台音乐广播联合武汉图书馆联合打造线上"武图之声"栏目，2016 年 5 月，"武图之声"系列品牌活动举办达 80 余场次、参与人数超过 11000 余人次。

六、从众媒到智媒的广播技术创新

在技术发展层面，国家新闻出版广电总局发布了《广播电台融合媒体平台建设技术白皮书》等指导性文件。2016 年，腾讯科技旗下互联网产业趋势研究机构"企鹅智酷"联合清华大学新媒体研究中心、美国皮尤研究中心共同发布《智媒来临与人机边界：2016 中国新媒体发展报告》称：智能技术会帮助我们更多拓展机器写作的边界，会给我们带来更加身临其境的新闻现场感，同时会给我们带来信息采集的机制。从"功能"向"智能"升级，打造"智慧广电"是推动广播影视转型升级的重要引擎。② 占领技术高地，关键要学会做互联网的"老板"，而不是给互联网"打工"③。

---

① 微信公众号"广播广告圈"2016 年 11 月 30 日文章：王海滨：广播的价值再造。
② 中广互联：聂辰席提出"打造智慧广电"，2016 – 12 – 08.
③ 吕焕斌. 以我为主 建设新型主流媒体：湖南广播电视台"双平台"带动战略阐释［J］. 中国广播电视学刊，2016（1）：48 – 53.

（一）广播融媒体平台开发

2016年2月1日中央电台的中国广播云采编系统开始在全台推广使用，运用互联网技术构建传统媒体和新媒体一体化作战的全媒体采编平台。截至2016年11月，云采编系统公共开放账号2010个、地方台公共账号61个、地方记者站账户数262个，累计发布报题94004篇、文稿68588篇，云采编系统迭代开发多达69次。

SMG技术运营中心上海广播融媒体生产平台@Radio抓住三个融合媒体生产要素：移动生产、AVID全媒体和云，实现用户随时随地采集，随时随地办公、随时随地审核的移动生产需求。同时把传统广播的单向投送，积极转变为双向互动、全渠道摄取，全媒体发布的"N进N出"平台。①

江苏广播打造的"微啵云"跨媒体运营平台，多账号管理、内容交互、市场营销三大系统。系统融合传统广播播出特点和互联网移动化、社交化特点，整合广播主持人、节目团队、导播力量、策划话题、场景，在内容、活动和营销三个维度打通广播和移动互联网用户的连接。②

河南广电投资六千万推出大象融媒新闻岛，也称"中央厨房"。报纸、杂志、广播、电视、网站和新媒体在这个岛上，实现"一体策划、一次采集；多元生成、多端传播；全天发布、全球覆盖"的融合生产。

（二）广播大数据评估技术

2016年7月，国家新闻出版广电总局发布《关于进一步加快广播电视媒体与新兴媒体融合发展的意见》强调，要统筹收视收听率调查、专家评价、新媒体平台传播指数等评价指标，探索建立适应广播电视媒体融合发展需要的节目综合评价体系。

相较于传统的日记卡调查方式，喜马拉雅FM、蜻蜓FM等网络音频平台可以实现精准回溯和追踪。新媒体环境下的广播评估技术，需要综合新媒体用户和传统广播听众数据，进行全媒体综合评估系统。中央电台采用思想性、创新性、专业性、竞争力、满意度、融合力等多个综合指标对每个栏目进行综合评价。评估数据包括收听率数据，专家和听众抽样听评打分数据、微信微博，在央广网三大平台回收的受众满意度调查问卷数据，以及中央网、中国广播客户

① 张文雷，孙雷军，蔡骏，覃继红，刘浩三，宁黎黎，饶雷，肖婧为，张涛. 广播在数字时代如何讲好故事［J］. 中国广播，2016（7）：10－14.
② 黄信. 从"相加"到"相融"：江苏广播媒体融合实践和探索［J］. 中国广播电视学刊，2016（6）：23－26.

端和部分商业网络电台收听数据，最终通过加权计算得出综合评估得分。

对于传统广播来说，建立广播电台自己的新媒体用户大数据分析平台尤为重要。比如佛山人民广播电台即建立了舆情与市场分析中心数据库。索福瑞央视—索福瑞（CSM）媒介研究开发出了基于虚拟测量仪技术的多终端收听率调查系统；尼尔森网联除使用"便携＋车载＋Apps"收听监测方式锁定日常居家和驾驶环境下收听之外，还应用 SDK 大数据精准校对个人在移动终端和 PC 端的私人订制喜好，发现节目之间的规律，即时反馈用户收听信息，从源头解决传统广播听众调查取样的精准问题。

（三）版权保护技术

中央电台是国内最早启动广播媒资系统建设和应用数字水印技术的电台。数字版权保护技术在中央电台已经落实到约 100 万条数字音频内容，涵盖新闻、专题、声乐、器乐、戏曲、音响效果、曲艺、戏曲等 14 类节目素材。未来争夺独家音频内容，可能会掀起版权大战，电台应及早布局内容生产。

截至 2016 年年底还存在一些主持人在没有任何约束的情况下，与各类音频App 签约，把本属于广播的知识产权，一定程度上廉价地卖给音频 App 公司，造成大量广播核心资源外流。

当然，广播版权不仅包括具体节目的版权，也应逐渐涵盖广播改版和整体创意运营的版权等，今后很长一段时间广播电台需要促进广播媒资管理和运营。

（四）广播智能科技

2016 年时，4G 时代方兴未艾，5G 网络指日可待。[①] 与网络视听媒体相比，技术是传统媒体的弱势。新型广播媒体应把内容建设和技术建设提到相同重要的战略位置，为迎接下一次媒介变革时刻做好准备。

2016 年，很多广播电台都在结合新兴媒介技术探索"智媒"之路。佛山人民广播电台推出"自助声导游项目"；吉林人民广播电台大型广播真人秀节目《城市藏宝》的灵感源于手机微信摇一摇，城市宝藏和地标性建筑结合，将赞助商的广告融进藏宝图。

从 LBS 技术，到 VR 技术，再到无人机，广播人正在加快科技前沿的脚步。李彦宏在互联网大会上表示，移动互联网时代已终结，未来属于人工智能。如果今天一个公司还没有成立或者说没有做大的话，靠移动互联网的风口已经没

---

① 史竞男，李亚红. 让人民群众共享网络视听繁荣发展成果：国家新闻出版广电总局局长聂辰席谈网络视听发展［EB/OL］. 新华网，2016－12－08.

有可能再出现独角兽了。①

七、结语

从全球范围看，传统广播与网络音频都在摸索盈利模式和用户变现之路，广播与新媒体相比优势是什么？广播的载体、内容和形式都在改变，但变化要以不丢失自身的特性和优势为前提，避免媒体融合带来新一轮的同质化。

（一）广播发展需要找到向"内"的力量

2016 年互联网音频直播迅速起步，直播可以当下造星，围绕"网红"产生商业购买行为，但过于短线的商业变现用户很快就会腻歪，而大型专业传媒机构则可以实现长线、综合布局。

广播真正的终结者可能是日渐新媒体思维化的用户，而不是 2016 年度已经出现的广播的清晰对手。广播或者传统媒体不从思维方式和体制整体上进行迁移，可能的结局不是你心甘情愿想做新媒体内容供应商，而是新媒体会"吃"掉广播媒体的人才，"吃"掉广播媒体的个体用户和商业客户，因此广播若可以占据主动权，其内容提供才会有价值，才会主导新兴媒体的市场。**所以广播在 2016 年及以后的发展，不是向外，而是向内找到——如何与互联网思维对接，拥有彻底革命的决心，握有彻底革命的思路，走在彻底革命的道路上。**20 世纪五六十年代美国西海岸的文化行动，年轻人就是用电台的音乐和声音宣告革命和革新。中外情况不同，但正是电台的车载移动收听，音乐直击心灵的行动性等与青年人"在路上"的心灵追求相契合。

（二）服务"用户"更是"引导"用户

广播与用户之间的关系，可能存在两种现象。一种是完全顺应用户，用户需要什么媒体给什么；另外一种是高度固守媒体的"给予"功能，骨子里认定用户是被动的。两种思路争执的根本可能是"谁为主""谁做主"的问题。我们暂时抛开这个逻辑起点，从 2016 年度媒体业高度竞争的环境来看，首先是要让用户认可，用户认可后，媒体机构才有可能实现引导或者主导。

广播的接入就是第一位的问题，我们不得不反思广播覆盖、广播信号问题、广播接收终端问题。从移动互联网角度看，广播声音消费的接口是否已经做到用户随心、随性？对于互联网产品而言，多一个用户接入的环节就会造成流量的大面积萎缩。我们的电台网站核心目标多数是努力在宣传电台机构本身，而非便利于用户接入与使用。信息时代的用户受不了这样的"待遇"，因为互联网

---

① 我们不预测未来，我们改变未来［N］. 光明日报，2016 – 11 – 17.

可以给予用户最充分的尊重。

新媒体可以拿走碎片化的内容，可以拿走一些集合、聚合的内容，但是这些内容是干干巴巴的，因为没有一个完全稳定的媒体品牌和成熟的社区支撑，这就是为什么互联网媒体一直最为强调社区建设。**对于广播媒体而言，或许更应珍视频率资源，以及频率为基础的延展性资源，发展网络社群。**目前主流媒体发展的格局，不是已经行将就木，而是已经被互联网造势了，广播人卷入这个怪圈，自己唱衰是最可怕的。

（三）广播转型无法忽视的行业基础经济规律

微信是被作为基础的社交工具广泛应用，成为一种社会刚需，因此拥有最为广大的群众基础。这好比新媒体公司借助新技术新修了一个篮球，用这样的办法把很多人吸引来了，但吸引过来接下来要做什么？新媒体也在探索中。传统广播要避开去"新建篮球"，而是借助新建篮球场带来的对于篮球运动的旺盛需求，在自己成熟的地盘上，按照篮球场吸引人的思路去迅速发展。

由此，我们思考一直以来热谈的广播媒体融合问题。融合首先是需要时间的，其次融合是需要阶段性的，融合的策略和方法要建立在这两个客观条件的基础上。对于我国广播媒体而言，首先要有广播的企业化和产业化的转型；其次是工业化的流程建设，最后是广播与其他媒体形态、渠道等做大的融合，或者是内部产业化的集团式转型。**融合要走扎实道路，不应走返工回头路。**

（四）广播边界消融的"太空舱"

"大连接"初级的理解是人与人、人与社区的连接。更进一步的"连接"指的是信息生产方式的转变，因为当前连接的人群自己生产内容、然后分享和传播已经很普及。微信的意义也是建立在连接"人"的基础上，借助群体的力量，实现了对于传统媒体机构的某种解构。

新媒体最大的困难就是自造流程自造渠道，但是传统广播的渠道是天然的，尽管需要改造。**广播用户服务理念的核心：不是广播传递的内容有多重要，而是内容是否被用户纳入个体生活的视域中。**十几年前，BBC已经意识到媒体边界消融的事实，用十年的时间搭建iPlayer这样的视听播放软件，不论传媒技术发展到哪个阶段，广播机构发出的声音都可以搭载iPlayer这样的"太空舱"移民未来的传媒领地。

（五）启动广播人才工程的必要性

在拼内容的时代，最终的价值创造靠的就是能够产出高品质内容的人，而不是一闪而过的内容本身。① 我们有理由说广播业并不缺乏有潜力的人才，"主持人工作室""节目团队"已经卓有成效，其中北京电台的七个节目团队在2016 上半年共实现收入 2304.9 万元，完成线上存量考核指标的 93%……**客观地说，我们是缺乏一个广播制度改革的保障体系，也缺乏稳定、系统锻造全媒体型传播人才的培养体系**。特别是对于管理人才而言，缺乏大胆的与之付出和风险相匹配的奖励机制，包括稳定的政策保障，这是体制转型艰难的表现。随着近年来媒体人才流失逐步向中高层、"精英"团体转移。广播队伍存在震荡，广播人信心也受到一定的挫伤。来自系统的压力大过理想和职业风险的时候，广播人才就并非挽留和锻造的问题了。

（六）广播音频媒体立法和规制不是"管死"而要"管活"

随着新技术、新型传播形态的不断发展，近年来，我国对于网络环境下的视听新媒体管理不断加强。但现阶段专门针对网络音频、网络广播电台的相关规制还是空白。尤其是对网络音频、网络广播电台的内容管理、版权运作、资本运营等方面的依法规制还不健全。

从 2016 年看，我国涉及商业网络电台的互联网法律法规从资本构成来看，限制条件不可谓不明确且苛刻，但多数商业网络电台涉嫌越过了国有独资或国有控股这条"红线"。传统广播节目的节目创意和形式被网络电台抄袭、侵权、盗播的现象十分严重，国内几千家广播电台的直播流无偿被商业网络电台所截取。"传统媒体在安身立命的地盘与手艺上被抄了后路，这是最让人焦虑的地方。"②

从 2016 年全年发展看，鉴于我国规范音频版权的相关正式法规尚未出台，音频版权市场也没有形成成熟的定价规律。因此，一方面，应加强对于网络音频行业的管理与规范；另一方面，对于国有传统电台节目 IP、音频版权给予足够的保护和重视，从而在整体上加快完善我国的网络视听节目服务管理体系。建议参照现行网络视频许可证管理模式，颁发网络广播电台许可证，形成可管、可控、可发展的国家级网络电台集成播控平台，杜绝境外电台通过有境外资本支持的电脑端和移动客户端产品肆无忌惮地长驱直入③，确保我国主流广播媒

---

① 张文雷，孙雷军，蔡骏，覃继红，刘浩三，宁黎黎，饶雷，肖婧为，张涛. 广播在数字时代如何讲好故事［J］. 中国广播，2016（7）：10－14.

② 王建军. 唯转型才有出路 唯创新才有价值：上海广播电视台深度融合、整体转型的思考与探讨［J］. 中国广播影视，总2016（612）：66－69.

③ 李涛，陶磊，伍刚，赵净. 走出一条有中央电台特色的"新型广播"之路：央广新媒体发展的思考［J］. 中国广播，2016（1）：30－34.

体的资质优势和文化安全。

第四节　新广播新征程

2017 年，广播进入"深度融合，整体转型"时期。随着社会个体跨媒体消费方式和媒体间的"共时"生存成为一种常态，广播非视觉的传播特性创造了一个全新的、与视频消费迥异的平行传播时空；同时，广播主流媒体累积的媒介实力，在重大政治宣传任务、用户有效到达、产业发展、媒体服务、文化传播、技术研发等领域，亮点频出，新广播启航。

一、覆盖到达力：从有效覆盖到有效传播的突破

近年来媒体内容与受众的互联网化迁移趋势明显。2017 年广播媒体覆盖到达的新发展，特色鲜明。突出自主音频平台、特色 App、互联网多维渗透与合作，落实广播在互联网层面的实际"覆盖"。继续抢占车联网、物联网阵地的同时，重拾"广播大喇叭"落实对农广播最后一公里有效到达，全方位建设广播渠道，提升其实际到达率。

（一）音频用户迭代升级，广播发力覆盖增量市场

2017 年全国传统媒体广告投放态势持续下滑。交通广播、音乐广播和新闻综合类节目仍然为广播创收主体。生活、文艺类频道在北方市场逐渐起色，多以脱口秀节目为转机点，但南部与西部地区的文艺频道没有抬头的态势。

观察 CSM 32 城市自 2011 年到 2017 年 7 月的数据，2017 年上半年广播收听率环比 2016 年全年跌幅 13.4%，广播存量市场在萎缩。目前听众规模的稳定主要得益于车上收听的增长，居家收听减少。每天有近 1 亿的广播活跃听众，6 亿左右的广播触达听众。据艾瑞估算 2017 年全国总体的网络音频用户规模达到 2.2 亿。传统收听终端（收音机或半导体）的使用率目前为 24.1%。智能移动端（智能手机）的使用率达为 39.1%，其中包括手机内置收音机的无线收听和网络在线收听，突破传统广播线性时间轴内容分发模式，这些用户多采用在线、离线、缓存等模式收听。音频媒体的人群结构性变化明显，"80 后"群体高达 80.4%，逐步成为主力人群。他们对音乐陪伴、个性主播 IP、时尚生活等类别的音频内容诉求明显，接受付费收听模式，易于吸纳碎片化内容。① 2017 年广

---

① 牛存有. 打造拥有数据资产的智慧型广播 [J]. 中国广播，2017 (12)：29 - 33.

播媒体开始重视用户增量市场的挖掘。

（二）广播渠道拓展，深化对接互联网

2017 年广播的互联网化迁移趋势明显，深入开拓互联网的覆盖阵地。中央人民广播电台的中国广播云平台已经和全国 147 家地方电台建立起合作联系。2017 年 2 月 24 日陕西广播电视台"青春直播"上线，这是西部首家由省级媒体投资运营的以传统广播电视为核心的社交直播平台。2017 年 3 月"津云"客户端实现天津 11 个电视频道和 10 个广播频率的直播以及电视节目 7 天回放功能，为天津广播提供网络直播功能等。① 2017 年 7 月，中央人民广播电台首个采用内部创业模式打造的新闻客户端"下文"上线，开启全新的交互新闻模式。国际台"ChinaRadio"，上海台"阿基米德 FM"，江苏台"大蓝鲸"和湖北台"九头鸟 FM"等业内产生一定的影响力。② 8 月 9 日，山东电台广播运营中心广播板块的音频客户端 51 听正式上线。8 月 18 日吉林人民广播电台开发音频客户端"沐耳 FM"上线。2017 年 9 月，浙江广播电视集团的全新音频 App"喜欢听"上线；广东广播电视台继"正直播""触电新闻"之后融媒体移动应用平台"粤听 App"上线。

（三）发展新广播，布局车联网

中央人民广播电台较早认识到车载领域的音频升级传播，与车联网前后装厂商合作，进行硬件领域的合作。2017 年 6 月央广官方音频客户端中国广播与丰田汽车结为合作伙伴。数十万部精品音频节目在未来通过丰田品牌和雷克萨斯品牌，以 SDL 的形式为车主打造便捷的车载音频娱乐体验。车主通过语音识别功能对节目进行点听。同月，央广客户端中国广播与 CarLife 车联平台合作，为车载用户打造更高品质的音频体验。此外，中国广播客户端将持续在人工智能、智能硬件等多种新兴领域发力，不断进行传统媒体向新媒体转型发展的融媒体探索。③

（四）融媒业态为基础，特色广播频率开播

新增广播频率多以融媒体业态为特征。2017 年 1 月 1 日中央人民广播电台与交通运输部共建的"中国交通广播"开播。这既是国家级应急广播平台，同时也是跨区域贯通传播的案例。同一天里，石家庄交通 946 与正定台联合打造

---

① 韩颖新."津云"：以用户为中心构建媒体融合新模式［J］. 中国广播，2017（10）：14 – 16.

② 黄信. 以人为核心 以互动社交为标签：传统广播融合转型路径探析［J］. 中国广播电视学刊，2017（2）：37 – 39.

③ 微信公众号"电台工厂"2017 年 7 月 2 日文章：中国广播牵手 SmartDeviceLink 联盟。

的石家庄汽车调频 933 开播。3 月宁夏旅游广播 FM103.7 开播。4 月中国国际广播电台和埃及"开罗之声"电台签订落地合作协议,国际台"丝绸之路"栏目落地埃及国家电台 FM107.4。6 月北京人民广播电台新增北京故事广播调频 95.4 和北京外语广播调频 92.3。2017 年 7 月 10 日中央人民广播电台都市之声改版的经典音乐广播开播,以直播卫星和新媒体等多种手段覆盖全国。

(五)解决最后一公里问题,落实农村广播的有效覆盖

2017 年 9 月,河北广电信息网络集团开展普及大喇叭广播、农村宣传大屏、公共区域免费 WIFI、县乡视频会议系统为一体的宣传载体,保障国家信息传播走好"最后一公里"。安徽省亳州谯城区在 255 个村的 3657 个自然村安装广播 7312 台,基本实现广播扶贫宣传全覆盖。广播真正成为群众了解扶贫政策及各种党的政策的得力助手。① 湖南全省农村广播"村村响"工程已基本建成,县级广播平台 95 个、乡镇广播站 11810 个、村级广播室近 30000 个,安装高音喇叭约 325100 只,音柱 24047 套。集灾害预警、政策宣传、文化普及于一身的广播在终端层面落实到户。2017 年 6—7 月湖南省发生严重洪涝灾害时,广播在一线指挥部组织抗洪救灾过程中发挥了重要作用。②

二、舆论引导力:从政策宣传、社区引导到增强国际话语权

从 2017 年来看,主流媒体的影响力相对不再处于绝对优势状态。但音频媒体特有的媒介属性,广播电台数十年来积累的大规模、矩阵式内容生产实力,议程设置的专业能力等,彰显出服务政府、社会和老百姓的主流媒体实力。

(一)广播政策宣传的专业化、规模化、智媒化

针对国家大政方针的宣传与推广,广播媒体发挥音频传播的特性,开发新媒体内容产品,多渠道分发。2017 年 11 月 10 日开始,"十九大精神十九人讲"音频党课在上海新闻广播《海上畅谈》和阿基米德 FM《学习同心圆》社区同步直播,连续直播 19 天。这是中共上海市委党校、上海党建服务中心、人民网上海频道、SMG 东方广播中心和阿基米德 FM 联合推出的特色党课。节目将系统规模化的党性教育落实到用户个体。2017 年央广中国之声微信公众号推出习近平主席"原声"系列报道 60 多条,专门建立了"习近平多媒体资料库",从声音媒介角度整理新时代宣传工作的重点思想和观点。

广播在凸显音频传播优势的同时,也同时生产视频、直播流、短视频等,

---

① 新华网安徽频道,2018 – 12 – 28.
② 新华网湖南频道,2018 – 12 – 28.

提供主流媒体的专业观察角度。中国之声推出庆祝建军 90 周年阅兵音视频特别直播《军中家书》。不到三个小时直播，仅腾讯视频直播访问量就超过 138 万，点赞数超过 19 万，最高同时在线近 50 万。全国两会、党的十九大和日常报道中，各地电台推出大量短视频产品，在腾讯、新浪、凤凰、网易等多平台分发，如中央人民广播电台的《厉害了，word 代表，来京开会，还顺便做了台手术》《国台办主任张志军：台独走到尽头就是统一》等 150 多条短视频集中亮相。

广播在新闻智媒化传播中，实现了创新突破。《央广主播朋友圈》为代表的新媒体产品成为现象级产品，引发传媒界、互联网界的讨论。在没有进行任何推广的情况下，阅读量达到 180 多万。十九大报道期间，央广对 H5 产品的功能进行深度挖掘，开发 H5 产品矩阵，其中《习近平的运动手环》通过中国之声微信公众号、中国之声官方微博及腾讯新闻客户端发布后，累计访问总量 224 万次，获取网友点赞 1068 万次。

电台在报道中组织规模化呈现出主流媒体的专业性和集团作战的能力。央广策划组织推出《十九大时光》专栏报道，派出 33 路、总计 40 多位驻站记者，赴全国 33 个省区市深入基层采访，《报摘》《联播》共播出 33 篇稿件。2017 年全国两会、"一带一路"国际合作高峰论坛、纪念香港回归 20 周年大会等多场重大现场直播报道，体现了广播议程设置、规模化传播的宣传效果。

（二）广播在精准扶贫中帮扶信息和活动落实到位

2017 年《政府工作报告》指出："创新扶贫协作机制，支持和引导社会力量参与扶贫。"在扶贫攻坚领域，体现出广播直接有效、执行高效的社会组织动员力量。例如，广播从提升扶贫产业链的效率上发力：2017 年 9 月上海阿基米德 FM 借助其全国性的广播平台，联合新华社新闻信息中心和新华网，强化媒体辐射力的同时，整合保险、速运等行业，在上海市合作交流办的指导下，首批启动了云南、四川、贵州等 12 个省市地区联合扶贫行动。通过协同力量，广播推进国家重要发展策略的实际落实情况，直接推动建档立卡贫困户的"千家万户"脱贫帽，"百县百品"进都市的扶贫目标。

广播直接促进社会扶贫供需双方的面对面对接。2017 年 10 月 28 日，江苏新闻广播举办千叟盛宴，邀请面临困境的老人及爱心企业、医护代表们重阳佳节欢聚，通过实际的接触，倡导、呼吁社会公众用精准慈善的模式帮扶面临困境的老人。江苏台交广网举办公益"富民行动"，主持人在田间地头、车间作坊进行现场产品直播，引导用户在线一键购买，助力精准脱贫的同时，吸引到格力电器、五星电器、中石化的爱心支持。

（三）广播在社区参政议政、生活服务领域，探索垂直化的有效服务体系

广播与互联网音频媒体的区别也体现在：广播的本地化服务特征。这是在普遍意义上媒体服务老百姓具体生活的体现，是赢得媒体公信力和口碑的直接路径。以上海电台直通 990 为例，作为一档品牌化节目，在互联网信息传播压力下，一方面积极进行媒体内容呈现上的改革，如打造"全媒体平台"，以节目矩阵方式聚焦民生；另一方面在节目制作机制领域，尝试进行品牌化的工作室运作模式，在公益和服务领域是一种全新的探索。节目良性地嫁接全市各级政府、各类机构资源，汇聚市人大代表、市政协委员、专家学者、律师、小巷总理、社工、12345、962200 热线专业人士、政务观察员的嘉宾智库。① 节目以随机接入热线电话为线索，展开社会、民生问题的讨论，寻找解决社会疑难杂症的方式方法。以全年无休每日 3 小时直播、24 小时全天在线的巨大服务力度，探索广播垂直化社区服务体系的特色路径，成为媒体与政府合作办节目的典范。

（四）以广播音频传播的高渗透力，争取国际传播话语权

广播媒体在国际传播中的优势，多语种传播特色鲜明。亦可开展全媒体内容传播。例如，中国国际广播电台已建成涵盖广播媒体、视频媒体、网络媒体、平面媒体、影视译制在内的现代综合新型国际传媒。所开发的 China TV 汇聚海内外视频新闻资源和中国特色文化栏目，实现流畅的全频道视频节目直播。② 国际台多个新媒体平台用户量过亿，影响力日渐提升。③ 2017 年两会期间，"环球资讯＋""知中国（日、韩、蒙、哈萨克文）""中华新闻（蒙、菲、泰、越文）""China Plus（英文）"等多语种客户端受众互动人数达 20 多万。④ 2017 年 6 月，内蒙古电台草原之声广播策划组织了"走进内蒙古·感知七十年"中蒙媒体联合大型采访活动。⑤

国际台不断拓展与国外媒体的合作和落地。2017 年 7 月 3 日，"中国国际广播电台"和"今日俄罗斯"国际新闻通讯社签订共建中俄移动融媒体平台的协议。国际台与泰国曼谷调频台、马来西亚马新社电台合作推出春节特别节目，宣传中国文化。2017 年 12 月 9 日，由上海广播电视台东方广播中心与格律传媒

---

① 魏雪雯，阳欣哲. 广播政务节目创新模式探索：以上海广播"直通990"工作室为例［J］. 中国广播，2017（12）：85－88.

② 国际在线. 人民网：中国国际广播电台"China"系列多语种移动客户端上线，2017－06－07.

③ 中国国际广播电台. 中国记协网：国际台多个新媒体平台用户量过亿，2017－10－31.

④ 国家新闻出版广电总局网站：国际台融合多种媒体报道全国两会，2017－03－17.

⑤ 张兴茂，白斯古冷，杨俊平. 发挥区位传播优势 讲好中国故事：内蒙古台"一带一路"报道的实践与思考［J］. 中国广播，2018（1）：12－16.

集团美国中文电台合作主办的《上海广播周》于 12 月 11 日至 12 月 15 日，每天晚上 6 时在美国中文电台旧金山湾区 KEST AM1450、大西雅图地区 KXPA AM1540 同步播出，该节目已有 11 年的播出历史，这是第一次走进美国旧金山湾区。

三、商业影响力：触及本体的运营改革提速，互联网化全面转型

2017 年广播媒体虽则为传统媒体中呈上涨之势的唯一媒体，全年广告花费同比增长 7.3% 左右。①

（一）知识经济下广播红利崭露头角

基于知识付费的有声书、教育培训类课程、网络综艺等为互联网音频主要盈利点。广播媒体抓住音频产品发展的势头，探索基于知识付费的系列音频产品的开发与运营。国家新闻出版广电总局《关于开展 2017 年全民阅读工作的通知》要求，着力完善基础阅读设施，建立实用便利的全民阅读基础设施体系。江苏广播搭建的众筹音频、展示声音魅力的平台，推进全民朗读艺术的发展，广播有声阅读成为一种时尚潮流和艺术领域内的社交方式。

2017 年 12 月 2 日，北京人民广播电台与懒人听书等共同主办首届全媒体有声读物互联网应用高峰论坛，展开"有声读物互联网应用"相关主题的探讨。2017 年中央人民广播电台完成台内"全民有声阅读工程"任务，购买图书声音版权 85 部（101 册），电台制作并播出有声书 101 部（4415 集），与去年相比增长 25%，为中国广播 App 提供有声书 141 部，共计 6202 集，有声书访问量达 451 万，占中国广播 App 流量的一半，位居第一。

（二）广播电商的全线渗透

广播活动与广播电商，从 2017 年来看可以看作是电台营收的主要支柱。广东珠江经济台的"一平台（网络商城）一节目（常态电商节目）一电商日（每月一次广播电商日）"模式，在营销策略上重视社交价值的挖掘。2017 年 6 月 18 日，江苏广播以"大蓝鲸"视频综艺的形式为五星电器量身定制 90 分钟的直播，将节目、活动与销售等充分融合。"荔枝逛逛"是江苏台商业定制新媒体视频直播的营销产品，涉及房产、保健品、餐饮、房地产等行业，2017 年"双 11"当天，与万科合作四连逛，单场观看人数多则 17 万。从整合营销的角度，打造营销案例。媒体电商是音频媒体探索的路径之一，远非音频媒体产业的全

---

① 微信公众号"广播广告圈"2017 年 11 月 9 日文章：从声音开始的地方，一往无前｜第三届中国广播广告资源联合推介会取得圆满成功。

部。应重视分析电商发展中的利与弊，特别是与广播媒体公信力等发展违背的商业活动，应慎重消耗。

（三）广播业内合纵连横，搭建平台实现共赢

2017 年广播业内的合纵连横，既有台际、区域间的合作，也有电台与政府机构和其他行业间的合作协同发展，往往不停留在基于某项活动的临时性合作，更多体现为产业催动下的资源整合；同时，基于发展的压力和媒体产品运营新的需求，电台内部的人财物贯通也成为共识性的改革风向，激发电台合力。2017 年 8 月，江苏广播创新举办横店影视旅游嘉年华活动，江苏广播 8 个工作组、上百人的团队投入，9 家不同行业客户支持，赢得了广泛的社会影响。中央人民广播电台新闻节目中心与国家发改委地区经济司签订《京津冀协同发展宣传报道战略合作协议》。2017 年 5 月 3 日京津冀三地交通广播结成战略合作伙伴，建立京津冀交通广播联盟。11 月 22 日，京津冀对农广播协作网在河北衡水成立。中国乡村之声与贵州广播电视台综合广播联合采制《决战贫困——莽莽黔山脱贫攻坚纪行》的合作模式，为今后对农广播节目合作提供了借鉴。

音乐和文艺频道的合作突出。2017 年 9 月 15 日 16 家音乐广播频道参与的江苏城市音乐广播协作网南京成立。12 月 12 日—14 日，由武汉广播电视台广播中心主办，2017 全国音乐（文艺）广播总监专题峰会上发动生产精品短音频产品，联手音视频平台爱音斯坦 FM，打造狗年"短音频"春节晚会。

基层对农宣传报道虽有地缘优势，但囿于规模和视野，很难发力。2017 年 8 月，由浙江诸暨人民广播电台 FM98.2 牵头，联合新昌、上虞、义乌、东阳等 15 个县级基层广播电台正式成立了"农＋乐"浙中县级广播联盟。电台与行业间的合作，多基于资源匹配和共赢的思路。

（四）电台体制内创业探索

2017 年 7 月，中央人民广播电台新闻客户端"下文"成为内部首个创业案例。产品的思路固然亮眼，更应引起关注的是中央级电台内部创业模式的开端。

"工作室""项目组"等市场化运营模式进一步发展。2017 年 11 月 16 日，张家口交通广播"援来有你"工作室成立。2017 年央广海阳工作室持续在互联网、电影电视、书籍、舞台剧以及网络剧等多个领域发力。上海台直通 990 名为"工作室"实则为类公司化运营的"全媒体公司"，工作室体现出专业策划＋定制服务的高端能力。推出民生课堂产品线，与各区委办局、街道合作过程中获得政府资金支持。在传统媒体核心人员流失普遍的情况下，该工作室汇

聚了高战斗力人才，成为上海广播的一面旗帜。①

（五）重提广播媒资管理

盘点广播媒体的现有资源，摸底衡量和优势配置，成为 2017 年度及以后广播媒体发展的一个思路。2017 年 4 月，中央人民广播电台成功注册首批声音商标。中央台盘点馆藏，全面建立电子档案，开展实体音频资料库的信息核对和纠错改错工作。4 月，江苏人民广播电台启动"江苏传统文化声音寻访与声音库建设项目"，建设江苏传统文化首个声音库。"央广之声"媒资库建设项目，录音师赴内蒙古、浙江、安徽、云南、西藏、山西、山东、青海等地，行程涉及 13 个省、自治区，录制 50 多个国家非物质文化遗产中的音乐、戏曲、曲艺等作品，积累数千段质量上乘的原创声音版权作品。

人才作为电台的核心资源，江苏台敏锐认识到主持人资源开发的价值。2017 年 8 月 14 日，FM89.7 江苏音乐广播午间节目《非常主播》上线，大卫、李苏等 9 位离开直播一线多年、走上江苏广播行政管理岗位的"非常主播"重返一线。节目上线当天，尼尔森测量仪数据显示，市场份额达到 21.85%，同比上周增长近三倍。9 月 17 日攀升至 35.69%。

四、媒体服务力：信息过剩趋势下重识声音表达的媒体力量

（一）专业化的音频媒体属性与优势开发

深耕心灵沟通类的广播节目，成为电台独树一帜的标杆性内容。例如，黑龙江台的《叶文有话要说》、江苏台的《今晚我是你的 DJ》、河北台的《午夜情正浓》、广东台的《星空夜话》、上海台的《越夜越动听》等。《叶文有话要说》在新媒体点击量近 19 亿。2017 年 3 月 15 日，叶文在一直播进行视频直播演讲，同时最高在线人数 12.1 万，展现强大的市场号召力。

鲜活专业的音频传播在都市喧嚣人群中夺人耳目。2017 年 11 月 5 日傍晚，SMG 东方广播中心与上海申通地铁集团联合策划推出的"在地铁遇见广播"主题活动。上海广播数十位主持人表演了 13 个专为地铁站厅空间设计的互动节目，向听众发起倡导"等车 3 分钟，听一个精彩短音频"的全新媒体接触方式。2017 年 4 月 23 日，江苏文艺广播推出省内第一辆朗读直播车，一流音频制作团队为一百多位市民现场录音、配乐、合成制作。市民口播的诗词、故事、散文、歌词、家书、情书等通过广播、网络等多种渠道广为分享，超过 12 万人观看了

①　滕藤，尹航.“主持人工作室”未来广播制播分离的实践路径［J］. 中国广播，2017（5）：5 - 7.

录制现场视频直播。

（二）音频媒体的权威影响力

对于新闻媒体而言，权威性体现在对新闻观点的处理上。中央人民广播电台的《央广时评》《理上网来》等品牌评论、理论专栏，侧重对热点新闻事件主动发声。2017 年下半年，在《央广时评》专栏基础上，围绕习近平总书记系列重要讲话、重要活动和党的十九大等主题邀约"专家谈"与"大家谈"评论文章，提高央广网的网络舆论引导能力。2017 年，央广新闻客户端上线地方新闻版块，实现通过对地理位置信息进行判定，可为用户推荐本地新闻。为保障地方频道内容的丰富程度，央广新闻客户端实现对央广网全站稿件的标签化分析，对稿件中出现的地域关键词进行分析，从而推送到对应地方频道，强化传播的有效到达。

（三）音频媒体高效专业的行业服务能力

广播音频媒体针对政府、企业、其他社会行业的定制式服务，具有一定的优势。中国之声与共青团中央深度合作，从 2017 年 6 月 23 日起推出主持人换岗体验实录《主播不在家》（第二季），8 位年轻主播走进 8 个享有"全国青年文明号"的优秀集体，换岗体验 8 种不同职业的苦与乐，用"主播真人秀"讲活中国青年故事，推广央广主播"正能量"形象。南充汽车广播与四川省南充市总工会联合合作，开办"职场减压室"节目，在互联网平台上吸引众多网友参与讨论。由主播和心理专家进行实时在线解答，引导存在心理健康问题的听众放下思想戒备，积极寻求心理帮助。

佛山人民广播电台与广发银行签订战略合作协议。双方将在综合授信、现金管理、个人金融等一系列金融业务上发展长期战略合作伙伴关系。广发银行将在资源配置、产品支持上继续与佛山电台加深合作，提供综合性、多方面、全覆盖的金融服务。

（四）广播发展全媒体全线产品

广播作为音频媒体，其核心竞争力和媒体辨识度均体现为音频特色。但作为专业化媒体生产机构，随着媒介技术手段的普及，电台为吸引导流更多的用户，补齐短音频、短视频、视频直播等全线产品。全线产品矩阵和布局，可以降低媒体的冲击力度。中国之声探索融媒体传播模式，通过视频直播、主题歌MV、花絮剪辑等多种产品，促使节目与用户深度互动。2017 年 4 月 7 日，中国国际广播电台国际在线与优酷公司在北京签署战略合作协议，在网络视频节目的制作、发行、宣传推广等方面开展深度合作。8 月 4 日，北京人民广播电台与一直播合作。双方将在电台直播内容品牌化、流量集中化、管理平台化等方面展开深入合作，打造全国广播电台与移动直播平台跨界合作的典型案例，并以此为契机加速推进传统媒体和新兴媒体的相互融合。11 月 1 日，吉林人民广播电台与长春市声色文化传媒有限公司共同制作出品电影《岁月是把杀猪刀》。电影源自吉林台 2014 年出品的首部原创青春爆笑舞台剧，并由 21 位吉林台一线主播出演，是吉林台首部创新文化产业发展的跨界电影作品。

（五）互联网化内容产品自主研发崭露头角

互联网直播大热，电台呼应这一风潮。黑龙江音乐广播利用 6 部手机同时在线视频直播的方式，打造全网视频直播间，将每一时段的直播内容分发到不同的渠道中立体传输，应用英夫美迪公司开发的"微信直播"，进入音乐台的媒体微信公众号直接看到直播内容，减少用户流失，沉淀用户数据。2017 年江苏广播规划《阿束·咖》《开心夜游神》《林杉声音杂志》《辨诈》《1011 出行指南》《咪豆工坊》等数十个互联网化内容产品，探索音频内容的规模化生产和推广路径。2017 年 11 月 18 日 15 点整，北京人民广播电台 Metro Radio FM94.5 主持人 Mr. Q 挑战"最长时间电台主持马拉松"吉尼斯世界纪录荣誉取得成功。200 小时不间断直播特别节目。

五、社会动员力：广播在文化活动中的组织动员潜力

音频媒体承载独特的文化传播体验，具有持久的文化影响力。组织文艺活动层面，广播电台具有明显的社会动员组织优势。

（一）广播媒体助推传统文化传播

电台积淀的媒体影响力和媒体气质，与传统文化的传承具有一定的契合度。2017 年郑州台的黄帝故里拜祖大典国际大联播活动，彰显广播媒体文化传播层面的社会组织动员能力。把中国传统文化推向世界。2017 年，央广继《致我们正在消逝的文化印记》后再度推出《中华美食》《中国功夫》，以声音纪录片的独特形式，唤起大众的文化记忆，突破喧嚣的信息过载，思考我们时代与文化的变迁。

（二）广播引领市民声音文化活动

广播媒体具有本地服务化的特征。上海广播电视台举办市民文化节，群众文化活动借力全社会的各种资源，涌现出一批才华横溢的市民达人、诗词达人、戏曲达人。① 广播媒体连接现实，体现市民文化活动的共享性。

---

① 上海广播电视台打造品牌文化节目 弘扬中华传统文化［EB/OL］. 新华网，2017 - 09 - 07.

（三）广播连接全球声音文化的交流平台

在全球范围内，广播具有其独特的文化价值。在一些不发达国家，广播是上传下达、社会交流沟通普遍应用的大众媒介。就我国而言，有条件在全球音频媒体传播中扮演重要角色。2017 年 2 月 13 日，世界广播日主题活动自创办以来首次在亚洲地区举办，由上海承接。上海电台的《星期广播音乐会》新春专场演出，是中国大陆首场面向全欧洲进行的音视频直播的古典音乐会，30 余家欧洲广播电台转播此次音乐会，广播搭建起全球声音文化传播的桥梁。

（四）广播的社会文化组织动员实力

相比互联网媒体，广播在社会活动组织动员上，具有一定的优势。2017 年 9 月央广文艺之声《民歌风行》与"唱吧"举行大型 K 歌比赛，引导青少年欣赏优秀中国民歌，听众参与异常踊跃，活动页面榜单界面访问数已达近千万次。10 月 31 日，江苏省民政厅、江苏省老龄办主办，江苏广播承办了《2017 江苏省老年诗歌朗诵会》在南京人民大会堂成功举行。12 月 15 日，"爱在阳光下"2017 广东广播"大爱有声"公益汇晚会在广州举行，整合广东广播电视台"九频率一中心一网络"的资源，强势助推广播公益品牌。彰显广播对于社会文化活动的组织动员实力。

六、科技融合力：广播技术试水人工智能

音频是人工智能的第一个入口。广播在新技术研发与引入层面与人工智能技术拥抱，改造广播内容生产和传播环节。

（一）广播推出人工智能主持人

2017 年 8 月 22 日，湖南 893 汽车音乐电台与第五代微软小冰合作，成为全国首家与人工智能达成全面合作的电台。小冰自主操控对话，实现文字、语音、视频等多种方式的交互。可以写诗、唱歌，自主生成有声少儿读物、新闻、评论等。12 月 18 日，湖南广播电视台广播传媒中心与科大讯飞股份有限公司共建"AI＋广播新技术"研发应用平台，侧重人工智能在音频传播领域的应用研究，这是国内首家广播人工智能实验室。

（二）广播智能语音识别技术的成功应用

语音识别的应用范围十分广泛，是互联网下半场发展的基础性技术。2017 年央广推出春节特别节目《中国声音中国年》，与腾讯云合作，其中应用智能语音技术加入"喊红包"环节，6 个小时内参与总人次超过 1700 万，最高峰值达到每分钟近 16.2 万次互动。每秒处理语音时长峰值超过 9000 秒，是语音识别的一次高难度练兵。有望看作是解决传统广播单向传播技术问题

的一次尝试。①

（三）广播为智能家居提供娱乐解决方案

2017年央广与小米达成战略合作关系，作为首批小米人工智能音箱合作伙伴。全国各地广播电台、版权节目制作单位、播客团体等，可以提供给小米人工智能音箱最精品的居家娱乐解决方案。②

（四）广播与实时路况人工智能大数据开发

2017年12月，百度地图路况播报联盟整合国家级、省市级40余家广播电台，共同探讨借助大数据和人工智能技术更好服务公众出行的诸多可能性。广播界逐渐开启车联网、物联网领域的跨界探索，推动传统媒体向新型媒体过渡的信息革命。

七、结语

自2016年度开始，"知识传播""内容付费"逐渐变得很火，我们要看到其中淡化了"声音"媒体的属性。"有声读物"把"读物"有声化了，是"内容变现"、补全产品线的一个举措。音频媒体的疆域很广阔。2017年度广播电台转型到了一个分水岭的时刻。

（一）亟待解决的广播产业架构层面的改革

互联网时代，激发起音频媒体过去被忽视的一些属性：声音与阅读离得最近，可以促进社会个体人保持独立思考和理性精神。稀缺造就商业价值。音频媒体实际上是一个待开发的商业富矿。从制造业向服务业转向，过去无法进行评估的"感觉"成为商业新的成长点。基于互联网建立的社群，社群内部突破地域空间和时间的限制的核心在于心灵交流和感觉的共通性。孤独的心灵与"共在""集体狂欢"式的社会参与感，这二者看似悖论却极富商业化价值的特性，切实地为音频媒体所兼具。网生的音频内容更多发展的是"信息的音频表达"，偏向于知识、资讯和娱乐内容等声音方式呈现，避开了广播电台的主流功能，是差异化策略发展的结果。③"有声读物"的兴起和繁荣可看作音频媒体产业发展的一个起点。

基于音频介质的大众媒体属性与互联网声音产品的高度融合，切实需要实

---

① 腾讯云全力支持央广"喊红包"互联网+广播探寻新路径 ［EB/OL］. 新华网，2017－02－09.

② All In 人工智能时代，央广网中国广播客户端牵手小米打造 AI 音箱 ［EB/OL］. 央广网，2017－07－26.

③ 孟伟. 当代广播音频媒体转向的基本理念 ［J］. 中州学刊，2017（11）：167－172.

现产业架构层面的合作共赢。互联网产品理念与广播内容创新理念本质上是不同的。电台与互联网音频媒体需要打破行业局限，建立集内容生产、产品推广、用户互动、商业经营等全方位的有效联通的平台。

（二）音频媒体发展的产业版图刻不容缓

2017年12月28日新华广播作为"有声"新闻全媒平台入驻新华网，宣布开创新时代互联网广播发展新局面。截至当时音频媒体产业版图构成包括：互联网原生音频平台、不断涌现的自媒体App；电视、纸媒、出版业的音频试水；广播的全媒体运营；人工智能的音频入口等。随着互联网智能化推进，产业探索会越来越完善。音频媒体远未达到"成熟至没落"的地步。

那么，如何评估广播与互联网音频融（联）合（姻）的潜质？评估的先决条件在于：广播在生产和运营领域必须尊重真正的产业属性。比较互联网原生媒体，广播等传统媒体最大的软肋在于政策体制制约下的产业不成熟。产业化是互联网媒体内容生产的本质，也是广播新媒体内容彻底改造的先决条件。广播业界需要考量：在生产领域，是否最大化释放了生产力，降低成本，节省用户的时间，提高产品质量，维护产品的品牌属性，做好产品质量控制，保障生产具有完整体系性，且联通顺畅。2017年度广播行业的难点和结点正在这里。队伍人心均与此有关。"主持人工作室""项目制"等虽局部突破，但未触及筋骨。行业下行的背后除整体环境使然，也是深刻的企业化、互联网化转型逻辑不得力的缘故。

产品或服务的终极价值是有利于用户，而不是盘剥用户。良性的媒体内容要与用户的生活需求、消费需求、社交需求等深度契合，这是未来盘活音频产业的根源所在。

广播电台当务之急，是催动音频市场的高占有率，主动出击。以音频优势参与全社会相关行业的产业分成。全面附加、渗透到与之相关的产业领域中。

（三）广播内容阵地，是商业蓝海，更是生死存亡的底线

业界通常谈及互联网或者移动互联网用户与电台用户相关性不大。这听起来似乎是个好事情。但略做思考，寒意丛生：这可能意味着广播忠实用户的延续性在降低，一旦全社会范围内音频用户的新习惯被建立起来，那时广播试图在内容上发力，将再没有回旋的余地。尽管发展渠道优势表面上看更适合由电台去做，但在上一轮互联网大潮中广播已经错过渠道发展先机。2017年广播人在做好存量市场的同时，确应花费较大精力开拓互联网用户的内容需求，并潜心于此。

广播在音频领域的内容开发，无法回避以下四个要点：其一，对于声音本

体特性的回归；其二，互联网、移动互联网声音产品消费特性、产品开发方向性研究；其三，互联网内容商业运作体系的电台对接；其四，互联网声音识别、声音质量、声音效果实时评估层面等技术研发的支撑。

2017 年度广播媒体尚有条件主导音频媒体的某些发展趋势，但缺少由电台联合主导、系统性的大样本系列调查。其中要十分注重样本量，问卷设计突出不同层次用户音频收听的现状等。用实在的音频用户数据，支撑我国电台在内容层面总体转向的基本论据，避免盲人摸象式的暗室臆断。

第五节　音频媒体引领、引导主流价值观传播①

与往年相比，2018 年是中国广播发展的一个转折与过渡的年份。广播在国家政策、行业改革等层面的新视野、新方略和新布局，为 2019 年以及 5G 时代的到来打下基础。广播在这一年，媒体自信加强，不再仅拘囿于"广播音频媒体是否应存在及其生命力"等问题的讨论，而是埋头实干，积极融合，凸显广播在新闻舆论传播中的主流媒体引导、引领作用，旨在于切实提升广播主流媒体的传播力、引导力、影响力和公信力。

一、全国广播重磅布局：从传统覆盖到全国电台融合发展大格局调整

2018 年纵览一年中国广播的发展，随着"融合发展"的深入，媒体覆盖、到达能力越来越成为媒体传播能力基础层面的重要表达。2018 年 12 月 28 日，中央广播电视总台、中国电信、中国移动、中国联通、华为公司五家共同签署《合作建设 5G 新媒体平台框架协议》，广电国家级媒体获得未来渠道和覆盖的先机。

（一）国家级媒体布局完成：以壮大主流声音为第一要务

2018 年 3 月，中共中央《深化党和国家机构改革方案》实施，组建国家广播电视总局、组建中央广播电视总台。央视、央广、国际台三家建制废止。新组建的中央广播电视总台成为中宣部直管的体量最大的国家级媒体，也成为全球最大的融合媒体机构之一。原央广作为合并的三家央媒的一员，在 4 月 8 日召开的博鳌亚洲论坛，参与完成全平台统一发声。此后，央广播音员为《新闻

---

① 孟伟，王浩洁，张睿. 引领、引导：2018 年广播媒体发展述评［J］. 中国广播电视学刊，2018（3）.

联播》配音、三台文艺部门联手打造品牌节目……形成重大活动中统一品牌、一体策划、融合报道的工作方式。借助三台原有的传播优势和覆盖形成了强大的传播效应，合并壮大了主流声音，在传播力提高上达到了初步目的。

中央人民广播电台和中国国际广播电台是广播业内的央级媒体。合并后，央广与国际台成为国家台传播版图上的重要组成部分。首先，从单纯的渠道覆盖来讲，央广与国际台在传播覆盖上，弥补电视媒体对庞大的城市移动出行人群的时段补缺和功能覆盖。其次，央广和国际台自身媒体融合进程并不慢，蜻蜓 FM 的影响力排行榜电台分榜方面，CNR 中国之声、CNR 经济之声和 CRI 环球资讯三大台常年占据榜单前三名，中国之声月播放次数稳定在 7000 ~ 8000 万次。合并后，强强联合使得国家台在视频、音频的全领域都有了较强的渠道分发权。再次，从资源上讲，央广和国际台均为央级媒体，在新闻采编资源方面，有成熟、完善的全国性乃至海外站点的支持。采编人员业务水平较高，相较于电视而言队伍人员身份更加统一而稳定。最后，牌照资源方面，央广和国际台分别拥有互联网电视（OTT 专网）集成业务牌照和手机电视全国集成播控平台牌照，前者全国共计 7 张牌照，后者全国共有 6 张牌照。如果再加上央视原本已经拥有的 IPTV 集成播控牌照和间接拥有的全国性广播电视有线数字付费频道资质，合并后的国家台多张牌照在手，形成了主渠道全覆盖，腾挪空间极大。

（二）省级电台合并在 2018 年全面完成：各省差异化显著，深度融合有待时日

截至 2018 年年底，全国所有省级广电均已完成合并，但省级广电媒体的改革推进程度差距仍然很大。较为成功的模式大致可以分为两类。

第一类，集团整体改革进程推进较快，广播与集团保持发展同步，得到集团在各方面的资源支持。

这一类广电集团以上海文广、湖南广电、浙江广电为代表。其共同的特点是，集团整体改革进程推进较早且较快，广播与电视的融合方式已在不断的改革磨合中厘清了定位。2018 年马克思诞辰 200 周年之际，由东方广播中心和阿基米德 FM 联手打造的音频党课《给 90 后讲讲马克思》，总收听量累计逾 2.7 亿人次，成为名副其实的"网红"党课。湖南广电的广播部分虽然在集团内部并不是最重要的部分，但横向比较其他省级广播，有其独到之处。2018 年，从集团层面来看，产业整合的力度加大，力求通过产业和市场整合打造全产业链、融媒全业态。2018 年湖南广播传媒中心着手建设新媒体音频平台，实行完全的公司化、资本化运作。浙江广电特色是将扁平化做到广播频率层面。没有广播中心这样的中间层建制，频率彻底独立经营，发展出若干小而全的广播频率。

以 FM93 浙江交通之声为例，除节目部之外，频率还下设多媒体新闻中心、用户运营中心、营销中心、广告部、品牌部、综合部、总编室、人事科等科室。可以说完全是一套缩小版的大电台架构。集团通过选题竞标、策划评估、去重协调等方法解决频率间的矛盾。在媒体融合方面，2017 年年底试点性地推出了"喜欢听" App，2018 年全年运行，聚合浙江广电旗下八大广播频率的新媒体旗舰产品。

第二类，广播和电视在职能机构层面上已经完成深度合并，广播作为一种独立的业务形态存在，一方面仍然在与集团内的其他业务磨合，另一方面则不断探索在广播领域的业务创新。这种探索更多的是在新媒体平台尝试、内部小范围机制创新等方面推进。

以新媒体平台尝试为例，大多数省级广播都拥有自己的自建新媒体平台，这些平台与集团内其他平台是相互独立的。例如，广东电台 2017 年下半年上线了自主运营的 App "粤听"，2018 年发展势头强劲。截至 2018 年广东广播电视台拥有"正直播""触电新闻"和"粤听"三款自建应用。"粤听"最大的特色是粤语原创音频内容，自制内容占比较大，填补了粤语音频聚合平台的空白，海内外受众广泛。同样正在积极推进自建 App 平台的还有：2018 年北京电台重启听听 FM 项目；深圳广播入驻"壹深圳"平台，实行平台化发展；安徽台推进原属广播的"达尔文"和广电融合的"海豚视界"两个 App 的同步发展，等等。在集团的支持下，通过自建音频聚合平台或垂直服务平台类的 App，是广播发挥"声音"特色和努力保留及变现广播独立渠道品牌价值的基本途径。关于内部小范围的机制创新，多在工作室基础上的进一步延伸。广东台建立的主持人工作室年底将超出任务部分 50% 的收入用于分红。北京台内部成立的节目团队在 2018 年继续发挥积极效能，内部人员工作安排、分配等完全由节目团队负责人决定，一定限度内将收益返还至工作室。目前此类内部机制的创新尚不能从根本上改变机制与内容生产动力之间的矛盾。

（三）2018 年县级广电融合首次纳入国家体制改革大局：县级融媒体中心成为基层广电改革的新起点

以往关于媒体改革中，县级媒体较少出现在业界和学界的聚光灯下。但 2018 年十分不同。2018 年 8 月 21 日至 22 日，习近平总书记在全国宣传思想工作会议上发表重要讲话，指出"要扎实抓好县级融媒体中心建设，更好引导群众、服务群众"①。9月20日至21日，中宣部在浙江省湖州市长兴县召开县级融媒体中心建设现场推进会。2018年先行启动600个县级融媒体中心建设。②

从政策逻辑来讲，守住意识形态阵地、提高新闻舆论引导能力、构建现代传播体系都需要打通信息传播的"最后一公里"，县级媒体是这"一公里"的具体承接主体。县级广播作为县级融媒体中心的一部分，从2018年来看尚未有发展格外突出的案例。由于中国各市县经济与社会发展差异巨大，虽有经济发达的浙江涌现出了县级融媒体发展的"长兴模式"，但大量县级媒体即便不融合尚且面临着无人、无钱、无思路的"三无"情态，在传播体系中较难承担起"最后一公里"的有效传递，亟待通过融合实现补位。

已经开始着手推进媒体融合的县级媒体，基本做法是在"两微""抖音"等大众化的商业平台上，通过开通官方账号拓展传播范围，提升传播效度。开通平台账号，不代表运用自如。这些公众账号普遍存在的问题是，定位模糊、内容形式陈旧、缺乏互动、创新不足。在媒体融合发展中，急需补课。

2018年县级融媒体中心建设大致有以下几种模式。一是借助省级融媒体平台资源，发展县级融媒体平台。例如，江西日报社依托"赣鄱云"目前在江西全省已建设了24个县（市、区）级"中央厨房"，并首次跨出江西，援建了新疆"克州云"的"中央厨房"。加入"赣鄱云"平台的江西省各地融媒体中心，在"一张网"内实现数据共享、技术共享、用户共享。截至2018年6月中旬，江西全省共有51个县（市、区）挂牌了融媒体中心。四川日报、湖南日报也通过自身的融媒体平台帮助省内县级媒体搭建融媒体中心。二是与高校及其他商业媒体平台合作，引入外脑共建融媒体中心。例如，海淀区融媒体中心借助地利，与北京大学新闻与传播学院、清华大学新闻与传播学院、中国人民大学新闻学院等高校，以及新浪、今日头条、网易、快手等企业合作，成立中关村媒体融合发展联盟。联盟将推动媒介资源、政务资源、科教资源有效整合，推动信息内容、技术应用、平台终端、人才队伍共享融通。三是自建融媒体平台。例如，前文提到的"长兴模式"。2018年4月，长兴传媒集团对原有架构进行再次优化，打通集团旗下十部室共11个媒体平台，成立融媒体中心。同时，筹建融媒体中心指挥平台。

---

① 习近平：举旗帜聚民心育新人兴文化展形象 更好完成新形势下宣传思想工作使命任务［EB/OL］. 共产党员网，2018 – 12 – 28.

② 县级融媒体中心建设全面启动［EB/OL］. 人民网，2018 – 12 – 28.

二、广播内容战略"绝地反击"：数据画像、智慧广播与主流媒体的阵地意识

"广播电视是重要的宣传思想和意识形态阵地，广播电视战线要强化阵地意识，敢于担当，主动作为，进一步把我们的阵地建设好、发展好、管理好。"①对于广电媒体而言，"阵地意识"和"担当"的关键点是以"内容"为核心的生产和传播体系，这一体系包括内容形态和表现方式、内容分发渠道、受众触达和反馈通道等一系列影响着媒体信息有效传播的综合能力体系。

（一）内容数据测量建立全网化关联

2018 年 12 月 26 日，国家广播电视总局发布的"广播电视节目收视综合评价大数据系统"基本建成并试运行。意味着包括广播在内的广电系统，下决心革新记录仪、抽样调查为主要手段的传统收听、收视率方法，尊重全网测量媒体产品的可行性和需求。以数据测量层面为切口，对广电媒体的内容改造、新质量标准建设、媒资管理等广电核心资源进行开发，与新时代大众对于媒体的实际使用建立数据关联。

（二）广播用户数据画像探索展开

2018 年电台已经普遍重视数据与用户人群精准定位之间的关联。例如，江苏广播建立了互联网用户数据中心，打通江苏广播新媒体平台各个终端，收集用户的各种有效数据，建立用户档案，指导内容生产和营销。南京广电的"在南京"客户端采集用户的各类使用痕迹，通过"标签"、"勋章"、数据分析等方式，建立用户画像。根据不同的活动、行业需要，进行用户邀约、活动推广时，可以针对相应标签的用户进行精准营销。②

（二）广播内容生产的智慧化导向

2018 年智慧广电是行业发展的一个亮点。"智慧广电"不仅仅是一种服务模式，还包括智能化生产运营、分发传播，是促使广电从"功能"向"智能"转型的引擎。人工智能对广播发展的直接意义是：一是提高广播的生产效率；二是降低生产成本；三是高度保证安全播出的准确性；四是促进个性化交互的大面积实现。③

---

① 2018 年 10 月 24 至 25 日，聂辰席同志到重庆调研指导广播电视工作时讲话。

② 中国传媒大学传播研究院与央广总编室合作调研. 智慧化趋势下广播发展路径探究：基于对湖南、贵州、福建、江苏等地广电媒体的调研［J］. 中国广播，2018（11）：5 - 17.

③ 2018 年 8 月 30 日笔者到微软（亚洲）互联网工程院调研，人工智能创造事业部总经理徐元春观点。

2018 年湖南广播电台与科大讯飞合作研发的成果已经开始投入使用。运用 AI 语音自动翻译以及语义识别功能技术，研发出专属于广播的中文语音文本智能编辑系统。广播记者、编辑通过剪辑计算机屏幕上的文字实现对语音的编辑，同时利用上下文已有的声纹情感信息对剪辑处进行智能修饰，达到语气语义过渡自然的目的。① 实现了从线性到文本的跨越，颠覆了过去波形图操作的模式。

（三）广播互动内容的智能化走向

"互动"是电台不同于其他传统主流媒体，并区别于互联网新媒体的重要优势和特征。随着个性化需求程度的加深，主持人与用户之间的互动供需之间出现矛盾。2018 年 7 月微软第六代小冰发布，小冰依据全新的共感模型可以自创回应，无须从已有的对话语料库中检索而得。这意味着一档广播节目，借助小冰可以实现与每一位听众的个性化对话。广播最大范围传播推广的同时，可以兼顾到每一个听众的需求，实现"专属"互动、对话机制。

（四）内容终端的广播技术研发给力

音频与智能音箱之间联系紧密，但广播终端研发，最突出的案例应属福建的"广电车盒子"②。其外部表现为一款智能云后视镜，但与汽车智能云后视镜的核心区别是：提供广播内容服务和内容变现。未来可以作为广播的另一个出口，或者是广播的另一种形态。

过去电台仅仅将以时段为特征的节目平移到网上，容易被淹没在海量的信息中，这是广播内容革新发展必须突破的障碍。广电车盒子作为一个新技术终端，专属于电台阵地。③ "广电车盒子"在原来的调频广播、微信、微博、客户端渠道，增加了车载终端渠道，突破了地域限制，可以实现远程投放，实现跨行业、跨地区融合。2018 年开机广告已经实现盈利，语音交互如问天气、问股票都可以植入广告，落地活动也开始盈利。④

---

① 牛嵩峰，唐炜. 基于人工智能的中文语音文本智能编辑系统设计 [J]. 广播与电视技术，2018，45（4）：56－61.

② 2016 年 12 月，福建广播与福建省信富通网络科技股份有限公司联合创建的福州车媒通网络科技有限公司，自主研发的智能车联网产品，广电车联网平台和车盒子产品（broadcast car box）问世。

③ 唐征宇. 车联网时代，车载广播媒体大有可为：以"广电车盒子"项目为例 [J]. 中国广播，2018（3）：24－27.

④ 中国传媒大学传播研究院与央广总编室合作调研. 智慧化趋势下广播发展路径探究：基于对湖南、贵州、福建、江苏等地广电媒体的调研 [J]. 中国广播，2018（11）：5－17.

（五）广播优质内容品牌化运作深入发展

电台重要的资本是已经具有的品牌化节目、栏目和主持人，这是电台核心竞争力。新技术的探索与发展需立足于此。2018年广播人在努力与新技术融合发展的同时，高度重视已有品牌内容的研发和推广。

2018年6月央广集结优质内容生产力量，发起全媒体矩阵，为庆祝建党97周年，出品12集大型广播纪实文学作品《梁家河》。精品内容迅速形成传播热点，海内外反响热烈，产生巨大影响力。上海广播中心将品牌作为集团的生命线，集全台之力重点打造上海广播节、东方风云榜、辰山草地音乐节等重点大型活动，活动冠名、赞助与各环节广告受到客户喜爱。湖南电台坚持以活动开发广播内容市场按照"单个活动品牌化、品牌活动系列化、系列活动规模化"的思路，不断创新。

2018年中央台文艺之声的《大铭脱口秀》、《海阳现场秀》、北京交通广播的《一路畅通》、上海台动感101的《音乐早餐》仍然都是广告客户非常青睐的栏目。北京文艺广播《吃喝玩乐大搜索》节目深受听众喜爱，银行、旅行社等消费类客户和节目常年合作，2018年各时段特约广告满档。北京交通广播的《1039交通服务热线》节目深耕汽车保养维修服务领域，成为北京听众选车养车的随身伙伴，栏目线下活动"林贺砍砍砍"在京城汽车行业非常有名，节目年内创收超过千万。

借助电台的内容品牌，与其他行业融合发展的案例颇多。例如，2018年4月25日，北京人民艺术剧院与北京人民广播电台在首都剧场举行了战略合作签约仪式。双方拟开展系列合作等。

（六）版权意识增强，保护并变现广播电台内容核心资产起步

2018年2月27日，国家新闻出版广电总局改革办公室发布关于印发《新闻出版广播影视企业版权资产管理工作指引（试行）》的通知。北京电台的悦库时光公司将业务范围定位于全球华语音频市场，专注于音频版权投资与运营，并可以为其他机构提供版权服务。在互联网经济蓬勃发展之际，投身版权领域开发与经营可谓是目光长远，走在了全国电台前列。2018年电台的版权意识普遍增强，2018年1月29日原中国国际广播电台以侵犯著作权为由，将北京新浪互联信息服务有限公司诉至法院，要求判令其停止侵害、赔偿损失。

三、广播媒体经营增长亮点：发力政府宣传与服务，初现新媒体渠道盈利

据尼尔森网联全媒体监测数据显示，广播媒体仍以广告作为主要营收来源。2018年前三季度广告花费额度同比增长11%，超过了互联网视频（增长率

8.4%）和手机 App（增长率 3%），显现出平稳的增长势能。这个平稳大势的背后，是广播人在压力与危机下的执着坚持与艰辛探索。比较往年，2018 年中国广播在运营层面主要有以下特点。

（一）政府服务成为电台创收的主要增量之一

广播媒体善于将时代主旋律与国家战略巧妙融合进广播节目和广播活动中，与政府具有良好的合作基础，在政务宣传方面有优势。近年来，尤其是 2018 年，随着政务宣传需求的扩大与提升，政府服务已成为电台创收的主要增量之一。中央人民广播电台 2018 年 11 月与贵州省委宣传部达成战略合作，通过"公益助农"项目推动贵州优质农特产品"黔货出山"，贵州农特产品宣传广告在央广高频播出；通过改革开放 40 周年《奋斗的中国人》贵州群英谱纪实访谈，展现贵州发展成就。这种宣传与推广正符合地方政府形象宣传及特色经济推广的需求。湖南电台将精准扶贫融入地面活动"爱心年货会"，一举多得。湖北广电将自有的"长江云"打造成移动政务新媒体平台，建立了主流媒体、党政部门和当地受众之间的联系。江苏邳州市融媒体中心，形成了"融媒 + 政务 + 服务 + 产业"的运作模式，共服务 50 多家政企单位，年直接创收 500 多万元，年创收额以较高幅度持续增长。

（二）电台自有新媒体渠道已经重度参与到客户服务中

在媒体空前竞争激烈的当下，广播电台一直在努力克服传统"路径依赖"心理，尝试开拓更多产业领域。2018 年电台自有新媒体渠道的探索突出。

无锡广电经多年摸索走出一条"广告 + 会展 + 商贸"的模式，创立了无锡广电婚博会、无锡广电家博会、无锡广电直购大会、无锡广电音乐购车节等展会品牌，不仅提高了对客户的广播广告议价权，在会展经济方面也收入颇丰。电台结合广播平台和新媒体平台，策划出了很多具有创新意义、客户满意的营销案例。例如，扬州广播电台为房地产客户策划的"十双球鞋一套房"活动，以主持人 IP 为核心形成病毒式的传播裂变；江苏电台"大蓝鲸"App，开发自有网红资源为客户策划执行落地活动，推出了新媒体商业定制产品《荔枝逛逛》，准确定位小微客户广告市场；湖北交通广播的"陆客"App 着重打造"陆客二手车"板块，用户可以通过这个板块跟主持人和车商完成良性沟通，目前线上线下创收收益不错。

（三）电台客户端展示成为线上广播、线下活动的有效补充，但单平台的盈利之路漫长

一些电台在客户端经营方面摸索出了独具特色的运营模式，经营创收取得了喜人的成绩。上海广播阿基米德 FM 的 M 店于 2017 年 7 月上线，通过广播 +

互联网的新广播营销模式，为品牌打造爆款，2018年促使收听率直接转化为购买力，实现了增量收入。2018年贵州交广继续强劲发展，过去5年时间实现了年经营收入由300万向一个亿的飞跃。贵州交通广播基于互联网金融支付系统打造的媒体融合平台"找到啦"客户端已逐渐成熟，并于2018年暑期正式上线。"找到啦"客户端建构起城市个体、社会、政府等社会复杂关系网络中各种社会力量的"刚需"，并搭建起基于"刚需"的商业闭环。

（四）知识付费、粉丝打赏等新媒体创收方式还在单点尝试，未形成趋势

2018年电台自身的内容付费探索尚处于开端阶段。成都广播电视台于2018年7月组建了广播融媒体内容产业孵化项目团队，8月20日推出原创本土音频内容品牌"听堂FM"，在多个音频平台发布，正式进军音频内容产业。浙江广电的"喜欢听"App，将电台主持人引入App做签约主播，吸引粉丝打赏。央广客户端"中国广播"是首批阿里人工智能音箱的合作伙伴，2018年9月正式上线天猫精灵的"早上好"服务，同时中国广播已为多款主流人工智能产品提供了电台直播、精品点播等音频收听服务。北京文艺广播少儿节目《听听糖耳朵》和天猫精灵达成合作，为其儿童电台做内容提供。新渠道的开拓不仅拓宽了电台的影响力，且为智能产品内搭载广告的分成创造了可能。

（五）跨界思维，以合作共赢实现资源互补产业增效

广播业界的沟通交流空前热闹。2018年上海广播节、湖南广播超级碗活动、黑龙江广播电视发展高峰论坛三个全国广播人的盛会，集中在金秋九月举行，各地广播人就广播发展的各个话题交流、学习、探讨。在新技术快速迭代的环境下，广播人进行了很多跨界合作。浙江广电与新浪，安徽广电与腾讯，黑龙江广电与科大讯飞都进行了技术、渠道等多方位合作，广播人开始在广播领域外寻找更多发展空间。

四、未来趋势与发展建议

（一）广播服务将拓展到全网、全行业竞争模式：音频内容议价市场待建立

从2018年来看，过去电台是基于地域基点的有限发展，处于"条块分割"的状态，鲜有跨区域的竞争压力，这与音频属性和国家广播发展政策均密切相关。随着互联网深入发展，新一轮的跨区域发展态势到来。多家电台开发的App应用，2018年均在全国推广层面做出较大范围的努力，但未能产生实质性的爆点。尚缺少两个核心点——全国范围的音频议价市场的建立和普适性商业模式出现。截至2018年，新媒体经营许可证是视听合一，广播或者音频传播具有鲜明的自身独特性，亟需作为独立的市场主体参与竞争，而不是淹没在视频

媒体之下。互联网音频节目许可证的设立和资质审议，或将推动音频市场的发展甚至爆发。

（二）发挥广播个性化和心灵媒介的优势：外宣发声可增强

多年来，电台在外宣中的实力、能力不容小觑。比较纸媒与电视媒体，广播音频媒体的渗透力很强，既可以做音频内容，也可以以电台为切入口，开展与对象国间的多媒体交流与合作。在议题设置、舆论引导、影视文化产品走出去、合作传播等方面电台已经取得实质性的成绩。当然电台做外宣不足和短板之处在于广播影响力的范围问题。借助互联网优势，电台的外宣工作可以突破央广、国广、广西、内蒙古、云南等电台的范围。

（三）提升广播人群的真正触达范围：广播爆款节目与个性化节目研发需并行发展，高度渗透到社会生活各个领域

"2018 年岁末，资本、产业处处都透露着不安的预兆，以听觉享受为核心的音乐、电台、广播剧等音频产业却充满勃勃生机。"① 从喜马拉雅音频自媒体影响力排行榜数据来看，常年占据排名前十的自媒体以有声书为主，但传统广播媒体在此类领域表现乏力。更多其他媒体已经开始反过来制作音频、视频产品，加入到了竞争序列。广播需要切实占领新的音频内容需求领域。

（四）广播产业动力不足：电台的商业转化效率有待提升

比较互联网原生媒体，广播等传统媒体的软肋在于：政策体制制约下的产业不成熟。产业化是互联网媒体内容生产的本质，也是广播新媒体内容彻底改造的先决条件。传统广播的商业模式并未有根本性的改变。而不同的商业模式之间因为利益分配的方式不同，在经济有所下行的市场环境中，媒体融合过程对于商业模式如何融合仍在探索过程中。如何在内部平衡不同商业模式对于客户的争夺，是急需解决的矛盾点，如湖南广电设立创新引导资金，扶植当年创新节目，上海台设立阿尔法基金鼓励新媒体内容创新等。在电台广告经营中应鼓励经营职能和节目制作职能奖惩方向一致，形成合力而不是相互掣肘。纵观2018 年各地电台产业化道路，普遍采取的是维护事业单位稳定性前提下，成立独立的商业公司运营，此类方式的普及性如何尚待验证。

（五）广播节目应借鉴新媒体内容生产的本质：媒体社会化与个体细分市场占有是未来发展方向

从 2018 年来看，广播面临的是多细分市场用户争夺上的矛盾。传统媒体时

---

① 微信公众"主编温静"2018 年 12 月 28 日文章：产业寒冬之下，最温暖的热土竟是广播剧和电台。

代，电台无须考虑不同用户需求之间的冲突。电台通过寻求最大众化的需求点去满足，足以支撑其广告市场和社会主流舆论地位。但新的传播环境下用户细分越细，需求出现冲突的可能性就越大。过去广播媒体探讨的是"场景化传播"，2018—2019 年广播媒体应更多从"社会性""社会化"等层面，借鉴互联网细分用户市场的经典案例，建立广播内容生产的新理念、新原则。

（六）广电立法在 2018 年启动：规范管理是规模化发展的前提

回溯广播电视的法制建设历程：国务院曾先后颁布了《卫星电视广播地面接收设施管理条例》《广播电视管理条例》《广播电视设施保护条例（修订）》等行政法规，国家广播电视总局也制定了多项部门规章。2018 年国家广播电视总局把"启动《广播电视法》制定工作"写进 2018 年工作计划中，意味着这项工作可能会在 2018、2019 年有实质性进展。

2018 年电台通过媒体融合提升实力，引领着音频媒体的发展趋势，引导音频媒体的市场走向和价值观走向，守护好主流媒体的阵地。

作者代表性著述

代表性著作：

1. 广播原理：一种融媒体的视角 ［M］. 北京：中国广播影视出版社，2018.

2. 理解新媒体 ［M］. 北京：中国广播影视出版社，2018.

3. 广播内容传播研究 ［M］. 北京：中国广播影视出版社，2017.

4. 互联网＋时代音频媒体产业重构原理 ［M］. 北京：中国广播影视出版社，2015.

5. 移动互联时代的中国广播影响力 ［M］. 北京：中国广播影视出版社，2015.

6. 广播传播学 ［M］. 北京：中国广播电视出版社，2013.

7. 声音传播 ［M］. 北京：中国传媒大学出版社，2006.

8. 媒体写作与语言艺术 ［M］. 2 版. 北京：中国广播影视出版社，2018.

9. 现代传媒写作基础教程 ［M］. 北京：中国传媒大学出版社，2006.

代表性论文：

1. 对加强广电主流媒体传播力的九点辩思 ［J］. 中国广播，2019（1）.

2. 2017 年北京广播行业发展报告. 北京传媒蓝皮书：北京新闻出版广电发展报告（2017—2018）［K］. 北京：社会科学文献出版社，2018.

3. 知识经济背景下音频出版的媒介学动力 ［J］. 科技与出版，2018（12）.

4. 智慧化趋势下广播发展路径探究 ［J］. 中国广播，2018（11）.

5. 竞合、智媒：2017 年新广播新征程 ［J］. 中国广播电视学刊，2018（3）. 第三届中国广播电影电视社会组织联合会"广播媒体创新发展的实践探索与理论思考"征文一等奖（2018）.

6. 体育传播：一种被赋能的广播视角 ［J］. 中国广播，2018（6）.

7. 有声读物的缘起与传播本质［J］. 中国广播，2018（4）.

8. 中国驻外记者的现状、问题与培养研究［J］. 现代传播，2018（8）.

9. 2016 年北京广播行业发展报告. 北京传媒蓝皮书：北京新闻出版广电发展报告（2016—2017）［R］. 北京：社会科学文献出版社，2017.

10. 中英消费维权类广播节目模式对比研究［J］. 中国广播，2017（3）.

11. 转身与颠覆：解读最新广播融媒体理念［J］. ARC 受众研究中心，2017（3）.

12. 2016 中国广播融合与创新［J］. 中国广播电视学刊，2017（3）.

13. 激活本体属性，广播"老战士"将再焕生命力［J］. 中国广播影视，2017.

14. 孟伟. 当代广播音频媒体转向的基本理念［J］. 中州学刊，2017（11）.

15. 论广播音频媒体新商业模式建构的八大核心要素［M］//申启武. 广播 4.0 时代的融合发展与理论创新. 广州：暨南大学出版社，2016.

16. 创新与续航：2015 年中国广播发展图景［J］. 中国广播电视学刊，2016（3）.

17. 论广播音频媒体新商业模式建构的七大核心要素［C］. 中国广播学第五届年会论文集，2016.

18. 社会化媒体的视角：广播内容生产与运营的新理念［J］. 河南社会科学，2016（8）.

19. 融媒体时代的广播传播路径转向［J］. 新闻记者，2015（3）.

20. 2014 年中国广播发展图景［J］. 中国广播电视学刊，2015（3）.

21. 2014 年中国广播发展关键词［J］. 中国广播，2015（2）.

22. 媒介融合在广播领域的理论建构与实践探索［J］. 中国广播电视学刊，2014（12）.

23. 新媒体环境下广播传播特性的再认识［M］//雷跃捷，陈卫星. 中国新闻传播学评论. 北京：中国传媒大学出版社，2014.

24. 移动互联网时代郑州新闻广播的内容模式创新［J］. 中国广播电视学刊，2014（7）.

25. 新的媒介格局下广播质量系统的建构［J］. 现代传播，2014（7）.

26. 大数据背景下广播评估体系创新研究［J］. 河南社会科学，2014（4）.

27. 广播媒体的传播力：新媒体语境下内容革新的路径［J］. 中国广播，2014（3）.

28. 呼唤情感类电视节目的公共与公益［J］. 中国记者，2014（2）.

29. Changes in the Pattern of Programmes in Contemporary Chinese Radio. Helping Each Other in Beijing：a Case Study（《中国广播节目的变迁：京城帮帮团节目案例研究》），The Radio Journal：International Studies in Broadcast & Audio Media（英国）2013，11（2）.

30. 2012 年欧洲广播业发展与变革［J］. 中国广播，2013（3）. 全文收入《新闻与传播》人大复印资料第 4 期，并收入《新华文摘》2014（4）.

31. 公益广播节目创新探析［J］. 中国记者，2013（7）.

32. 欧洲广播最新发展理念与路径优化［J］. 广播电视研究，2013（8）.

33. 英国高质量广播新闻类节目成因探析［J］. 中国广播，2013（8）. 全文收入《新闻与传播》人大复印资料第 12 期。

34. 新传媒技术背景下当代广播业转向［J］. 现代传播，2013（9）.

35. 新媒体影响下广播新闻内容传播的变革与突围［J］. 中国广播电视学刊，2013（8）.

36. 新的媒体环境下再论广播的传播特性［J］. 中国新闻传播评论，中国传媒大学传播研究院院刊 2013 年.

37. 广播媒体的传播力：新媒体语境下内容革新的路径. 第四届"全国广播学术研讨会"会议论文.

38. 广播热线节目的人文反思［M］//张鸿声，等. 语言文学前沿：第 3 辑. 北京：中国传媒大学出版社，2012.

39. 新媒体语境下的广播传受互动理念［J］. 现代传播，2012（7）.

40. 数字化时代广播语境的建构［J］. 新闻记者，2012（3）.

41. 论广播非语言符号系统的的传播价值［J］. 中国广播电视学刊，2011（12）.

42. 微小说文本解读［M］//张鸿声，等. 语言文学前沿：第 2 辑. 北京：中国传媒大学出版社，2011.

43. 新媒体时代社会理性精神的重建：以广播声音传播为例［J］. 现代传播，2011（8）.

44. 微小说的传播学分析［J］. 河南社会科学，2011（5）.

45. 媒介融合背景下解读英国广播的新发展［J］. 中国广播，2011（3）.

46. 2010 年我国理论学术新见要览（下篇）传媒学篇：执政党与媒体关系的新表述［N］. 北京日报，2010 – 12 – 27. 收入《2011 年北京社会科学年鉴》.

47. 英国广播数字化的发展［J］. 国际新闻界，2010（11）.

48. 走向后广播时代：英国广播受众媒介接触的两大新趋势［J］. 现代传播，2010（10）.

49. 媒体环境与广播新闻话语方式的演进［J］. 新闻记者，2010（9）.

50. Western Influences on Chinese Television，2009 年 9 月 7 日桑德兰大学文化与媒体研究中心受邀学术会议主题报告.

51. 电子游戏中的互动传播：游戏中的游戏者分析［J］. 河南社会科学，2008（3）.

52. One and a half feet in the market：trends in Chinese radio，2006 年 11 月 8—15 日，比利时布鲁塞尔，IREN（International Radio Research Network）举办的国际广播研讨会。

53. New radio period：the Trends and Challenges in Chinese Radio Errepinews（Italy），June，2007，34：（16 – 20）.

54. 广播传播中的话语类别分析［J］. 语言文字应用，2006（12）.

55. 名人博客：私人日记，还是大众媒体.《北京日报》理论周刊·学界万象，2006 – 11 – 06.

56. "族群"（Group）式传播形态的网络萌芽［J］. 河南社会科学，2006（3）.

57. 当代广播"族群"传播理念的应用［J］. 现代传播，2006（2）.

58. 广播听觉传播本质解读［J］. 现代传播，2004（3）.

59. 网络传播中语言符号的变异［J］. 现代传播，2002（4）.

60. 谈文学创作的反馈机制［J］. 兰州大学学报，1999（2）.

61. 表述与交流［J］. 飞天，1998（6）.

62. 评昆德拉的小说《生命中不能承受之轻》［J］. 渤海学刊，1996（3 – 4）.

参考文献

［1］白谦诚. 节目主持人：历史的昭示·现状的扫描·未来的走向［J］. 中国广播电视学刊，1994（5）.

［2］北京人民广播电台广播发展研究中心. 赢在创意广播节目创新样态与研究［M］. 北京：清华大学出版社，2015.

［3］边建，张友信，姚钢，等. 体育声儿　北京范儿：北京体育广播十一年纪事［M］. 北京：中国国际广播出版社，2013.

［4］边建. 广播的变革：从传统电台到互联网音频平台［J］. 中国广播，2014（9）.

［5］曹璐，吴缦. 广播新闻业务［M］. 北京：中国传媒大学出版社，2007.

［6］曹璐. 广播新闻理念与实务创新研究［M］. 北京：中国广播影视出版社，2007.

［7］曹璐. 解读广播：曹璐自选集［M］. 北京：北京广播学院出版社，2004.

［8］蔡凯如. 广播编辑与节目制作［M］. 武汉：武汉大学出版社，2006.

［9］蔡万麟. 新型广播需要新型产品：《致我们正在消逝的文化印记》之样本意义［J］. 中国广播，2016（5）.

［10］操慧，等. 中国广播文化的建构［M］. 北京：中国广播影视出版社，2016.

［11］岑运强. 语言学概论［M］. 北京：中国人民大学出版社，2004.

［12］曾婕. 广播影视语言传播与社会影响力研究［M］. 武汉：湖北人民出版社，2014.

［13］曾笑鸣. 论电影声音艺术创作的未来发展趋势［J］. 北京电影学院学报，2004（1）.

［14］陈传仁. 微力无穷：平台时代的互联网政治与中国治理［M］. 北京：人民出版社，2017.

［15］陈尔泰. 中国广播史考［M］. 北京：中国广播电视出版社，2008.

［16］陈力丹. 广播及广播新闻的特点与发展前景［J］. 声屏世界，2003（5）.

［17］陈力丹. 精神交往论：马克思恩格斯的传播观［M］. 北京：开明出版社，1993.

［18］陈力丹. 马克思主义新闻思想概论［M］. 上海：复旦大学出版社，2015.

［19］陈若愚. 中国广播收听年鉴（2012）［M］. 北京：中国传媒大学出版社，2013.

［20］陈望道. 修辞学发凡［M］. 上海：上海教育出版社，1979.

［21］陈卫星. 新媒体的媒介学问题［J］. 南京社会科学，2016（2）.

［22］程工. 国外网络与信息安全战略研究［M］. 北京：电子工业出版社，2014.

［23］邓炘炘，黄京华. 广播频率专业化研究［M］. 北京：中国传媒大学出版社，2006.

［24］邓炘炘. 动力与困窘：中国广播体制改革研究［M］. 北京：中国经济出版社，2006.

［25］丁文奎. 中国广播谈艺录［M］. 北京：中国广播电视出版社，1990.

［26］段红. 中国广播产业链的构建与延伸［M］. 北京：中国广播影视出版社，2016.

［27］段鹏，张君昌. 融媒背景下中国广播影视发展趋势研究［M］. 北京：中国传媒大学出版社，2017.

［28］方丽晗. 音乐作为听觉艺术的特性［J］. 美与时代（下半月），2002（3）.

［29］冯小龙. 广播新闻原理与制作［M］. 台北：正中书局，1996.

［30］傅珊珊. 广播节目运营实务［M］. 北京：新华出版社，2008

［31］高贵武，杨奕. 节目主持人的影响力及其生成［J］. 中国广播，2012（5）.

［32］高长力. 从郑州新闻综合广播看新媒体时代的广播生存［J］. 中国广播电视学刊，2014（7）.

［33］葛向阳. 试论城市广播媒体的融合创新路径［J］. 中国广播电视学刊，2016（11）.

［34］顾楠楠. 广播节目工作室生存现状分析［J］. 中国广播，2014（1）.

［35］关萍萍. 互动媒介论：电子游戏多重互动与叙事模式［M］. 杭州：浙江大学出版社，2012.

［36］郭镇之. 中外广播电视史［M］. 3版. 上海：复旦大学出版社，2016.

［37］国家新闻出版广电总局发展研究中心. 中国广播电影电视发展报告（2017）［R］. 北京：中国广播电视出版社，2017.

［38］杭云，苏宝华. 虚拟现实与沉浸式传播的形成［J］. 现代传播（中国传媒大学学报），2007（6）.

［39］郝丽婷，王菁，覃继红，邓炘炘. 国内部分传统广播电台"互联网＋广播"现状调研［J］. 中国广播，2016（1）.

［40］洪贤智. 广播学新论［M］. 台湾：五南出版社，2003.

［41］胡百精. 新媒体语境、危机话语与社会性格［A］//彭兰. 中国新媒体传播学研究前沿［C］. 北京：中国人民大学出版社，2010.

［42］胡世良. 移动互联网商业模式创新与变革［M］. 北京：人民邮电出版社，2013.

［43］胡泳. 新媒体中的公共领域是否存在［A］//彭兰. 中国新媒体传播学研究前

沿［C］. 北京：中国人民大学出版社，2010.

［44］胡占凡. 关于广播媒体创新发展的思考［J］. 中国广播，2016（12）.

［45］胡正荣，李继东. 中国广播电视公共服务体系：目标与实践研究［M］. 北京：中国广播影视出版社，2010.

［46］黄匡宇. 广播电视学概论［M］. 广州：暨南大学出版社，2017.

［47］黄升民，王兰柱，宋红梅. 中国广播产业经营管理研究［M］. 北京：中国广播电视出版社，2008.

［48］黄信. 从"相加"到"相融"：江苏广播媒体融合实践和探索［J］. 中国广播电视学刊，2016（6）.

［49］黄信. 以人为核心 以互动社交为标签：传统广播融合转型路径探析［J］. 中国广播电视学刊，2017（2）.

［50］姜文斌. 加拿大广播政策变迁与目标研究［M］. 北京：中国社会科学出版社，2017.

［51］金兼斌. 博客：个人网络出版的理想、现实与未来［J］. 新闻与传播研究，2004（4）.

［52］金少年，张芹. 创新，从听众的体验开始［M］. 杭州：浙江大学出版社，2012.

［53］凯文·凯利. 必然［M］. 周峰，董理，金阳，译. 北京：电子工业出版社，2017.

［54］凯文·凯利. 技术元素［M］. 张行舟，等译. 北京：电子出版社，2005.

［55］康荫. 广播学基础［M］. 北京：北京广播学院出版社，1988.

［56］郎劲松. 中国新闻政策体系研究［M］. 北京：新华出版社，2003.

［57］李建刚. 广播节目制作［M］. 北京：高等教育出版社，2013.

［58］李娜. 欧美公共广播电视危机与变迁研究［M］. 北京：中国传媒大学出版社，2009.

［59］李念. 数字传媒语境中的听觉文化研究［D］. 桂林：广西师范大学，2013.

［60］李普曼. 舆论学［M］. 林珊，译. 北京：华夏出版社，1989.

［61］李强. DJ论道：音乐广播主持的理论与实践［M］. 福州：福建人民出版社，2005.

［62］李沁. 沉浸传播：第三媒介时代的传播范式［M］. 北京：清华大学出版社，2013.

［63］李书藏. 冲突、妥协与均衡：英国公共广播电视体制的生成探源［M］. 北京：中国社会科学出版社，2011.

［64］李欣. 类型化广播的中国发展道路［M］. 北京：人民出版社，2015.

［65］李秀磊. 数字广播发展研究［M］. 北京：华夏出版社，2016.

［66］李彦宏. 智能革命：迎接人工智能时代的社会、经济与文化变革［M］. 北京：

中信出版社，2017.

[67] 李宜篷. 广播的语言艺术［M］. 北京：语文出版社，1994.

[68] 连新元. 新媒体时代广播传播策略研究［M］. 北京：对外经济贸易大学出版社，2012.

[69] 梁衡. 新闻原理的思考［M］. 北京：人民出版社，1996.

[70] 刘斌. 中国广播产业制度创新［M］. 北京：中国传媒大学出版社，2005.

[71] 刘海明，王欢妮. 中国广播批评：理论与例证［M］. 北京：中国广播影视出版社，2016.

[72] 刘浩三，吕晓虹，陈旭. 紧跟移动互联 创新广播发展：专访浙江广播电视集团副总编辑董传亮［J］. 中国广播，2014（9）.

[73] 刘灵爽. 全媒体时代央广品牌建设路径探索：以音乐节目中心为范例［M］. 北京：中国传媒大学出版社，2016.

[74] 刘润清. 西方语言学流派［M］. 北京：外语教学与研究出版社，1995.

[75] 刘士林. 城市声音：一种新的城市史与城市文化研究［J］. 天津社会科学，2016（5）.

[76] 刘述平，赵雨冰. 新媒体时代交通广播发展的困惑与出路［J］. 中国广播，2014（4）.

[77] 刘习良. 21 世纪：电视新闻改革走向初探［M］//江欧利. 中国广播电视新闻奖 1999 年度新闻佳作赏析. 北京：新华出版社，2001.

[78] 刘逸帆. 中国广播电视产业资本运营制度研究［M］. 北京：中国广播影视出版社，2015.

[79] 芦影. 声音体验：关于设计的声音意识与听觉审美研究［D］. 北京：中央美术学院，2017.

[80] 陆定一. 新闻文选［M］. 北京：新华出版社，1987.

[81] 陆涛. 文化传播中的听觉转向与听觉文化研究［J］. 中州学刊，2014（12）.

[82] 陆锡初. 主持人节目学教程［M］. 北京：中国广播电视出版社，1995.

[83] 吕甍. 电影声景：流动的城市文化——以新世纪上海电影为中心［D］. 上海：华东师范大学，2015.

[84] 吕岩梅. 移动互联时代中国城市广电新媒体发展探索之路［J］. 中国广播，2014（10）.

[85] 吕云芳. 广播广告学［M］. 昆明：云南教育出版社，2005.

[86] 马中红. 新媒介与青年亚文化转向［J］. 文艺研究，2010（12）.

[87] 倪赛美. 移动音频平台的知识传播研究：以喜马拉雅 FM 为例［D］. 济南：山东大学，2017.

[88] 聂辰席. 广播电视宣传管理创新研究［M］. 北京：中国广播影视出版社，2015.

［89］牛力. 当代中国语境下的广播主持人核心竞争力研究［M］. 北京：中国传媒大学出版社，2014.

［90］牛嵩峰，唐炜. 基于人工智能的中文语音文本智能编辑系统设计［J］. 广播与电视技术，2018，45（4）.

［91］潘力，杨宝林. 困境与出路：新媒介生态下的中国交通广播［M］. 北京：中国传媒大学出版社，2012.

［92］彭兰. 社会化媒体：理论与实践解析［M］. 北京：中国人民大学出版社，2015.

［93］钱锋. 广播栏目与广播主持［M］. 广州：暨南大学出版社，2012.

［94］饶立华，等. 电子媒介新闻教程：广播与电视［M］. 北京：中国人民大学出版社，2000.

［95］阮晓东. 移动互联网电台市场：内容和模式之争［J］. 新经济导刊，2016（1 - 2）.

［96］申启武. 广播4.0时代的融合发展与理论创新［M］. 广州：暨南大学出版社，2016.

［97］申启武. 广播生态与节目创新研究［M］. 广州：暨南大学出版社，2008.

［98］申启武. 广播新闻学［M］. 广州：暨南大学出版社，2016.

［99］石力月. 从分营到融合：中国广电业与电信业的公共服务研究［M］. 上海：复旦大学出版社，2018.

［100］孙瑞祥. 新闻传播与当代社会：一种传播社会学理论视域［M］. 天津：天津社会科学院出版社，2003.

［101］孙向彤. 移动互联时代少儿广播节目的垂直化发展［J］. 中国广播电视学刊，2016（6）.

［102］孙向彤. 新闻广播媒体转型突围之路［EB/OL］. 中国广播资讯网，2014 - 12 - 15.

［103］覃继红. 公益、文化、原创是2014年广播电视节目的三个关键词：专访国家新闻出版广电总局宣传司司长高长力［J］. 中国广播，2014（1）.

［104］覃信刚. 类型化电台研究［M］. 北京：中国广播电视出版社，2013.

［105］覃信刚. 全新闻电台的节目编排和运营［M］. 昆明：云南人民出版社，2014.

［106］唐兴通. 社会化媒体：营销大趋势［M］. 北京：清华大学出版社，2011.

［107］唐余俊. 广播语言研究［M］. 广州：暨南大学出版社有限公司，2015.

［108］腾讯研究院. 探寻独角兽：解读分享经济创新创业密码［M］. 北京：清华大学出版社，2017.

［109］田聪明. 一号工程：中国广播电视"村村通"开启记事［C］. 北京：中国传媒大学出版社，2013.

［110］童兵. 马克思主义新闻思想史稿［M］. 北京：中国人民大学出版社，1989.

[111] 童云. "互联网＋"时代广播电台运营模式探析 [J]. 现代传播（中国传媒大学学报），2016，38（2）.

[112] 汪良. 广播改革三十年 [M]. 北京：中国广播电视出版社，2013.

[113] 汪良. 小说播讲艺术 [M]. 北京：北京广播学院出版社，1988.

[114] 王庚年. 顺应时代要求　走融合发展之路：中国国际广播电台媒体融合实践 [J]. 中国广播电视学刊，2015（11）.

[115] 王庚年. 中国国际广播电台发展史 [M]. 北京：中国国际广播出版社，2011.

[116] 王国臣. 广播剧创作教程 [M]. 北京：北京大学出版社，2016.

[117] 王君超. 媒介批评：起源·标准·方法 [M]. 北京：北京广播学院，2000.

[118] 王丽. 类型化音乐广播的知与行 [M]. 北京：中国广播电视出版社，2011.

[119] 王娜，于嘉. 当代北京广播史话 [M]. 北京：当代中国出版社，2013.

[120] 王求. 创意为王　品质决胜 [J]. 中国广播，2016（11）.

[121] 王求. 新媒体环境下的广播战略转型 [M]. 北京：中国广播影视出版社，2015.

[122] 王文科. 广播新闻报道 [M]. 杭州：浙江大学出版社，2002.

[123] 王雪梅. 中国广播文艺理论研究 [M]. 北京：中国传媒大学出版社，2011.

[124] 王颖，等. 纪念上海人民广播60周年老广播人口述历史 [M]. 上海：学林出版社，2009.

[125] 危羚. 广播音响报道实用教程 [M]. 北京：中国传媒大学出版社，2018.

[126] 魏伟. 国际广播电视体育史 [M]. 北京：中国广播电视出版社，2012.

[127] 温秋阳. 中国特色应急广播研究 [M]. 北京：中国广播电视出版社，2015.

[128] 吴红雨. 交通即沟通：中国交通广播的社会价值 [M]. 杭州：浙江大学出版社，2016.

[129] 吴军. 智能时代：大数据与智能革命重新定义未来 [M]. 北京：中信出版社，2016.

[130] 吴为章. 广播电视话语研究选集 [M]. 北京：北京广播学院出版社，1997.

[131] 项仲平. 广播电视节目传播策略研究：对农传播新视角 [M]. 北京：清华大学出版社，2011.

[132] 肖峰. 广播新闻业务教程 [M]. 武汉：武汉大学出版社，2010.

[133] 熊辉. 声音的回响：中国网络音频发展简史 [J]. 互联网经济，2017（7）.

[134] 徐宝璜. 新闻学 [M]. 北京：中国人民大学出版社，1994.

[135] 徐泓. 北京交通广播解析 [M]. 北京：北京大学出版社，2003.

[136] 徐明卿. 广播文艺的文化生成与变迁 [M]. 北京：中国广播影视出版社，2016.

[137] 阎晓明. 坚守职责　担当使命　塑造中国声音形象：深入学习贯彻习近平总书记重要讲话精神做好广播工作 [J]. 中国广播电视学刊，2016（4）.

［138］杨飙，蔡尚伟. 媒体竞争论［M］. 成都：四川民族出版社，2011.

［139］杨波. 创新思维 紧贴民生 构造新闻广播新模式［J］. 中国广播电视学刊，2014（7）.

［140］杨波. 中央人民广播电台简史［M］. 北京：中国广播电视出版社，2010.

［141］杨璐. 中国广播经典案例剖析："云南广播现象"解读［M］. 北京：中国广播影视出版社，2016.

［142］杨再礼. 广播技术基础概论［M］. 北京：电子科技大学出版社，2014.

［143］姚宝权，唐芬艳. 二战中的广播舆论战［EB/OL］. 人民网，2007 - 01 - 23.

［144］姚争. 新兴媒体竞合下的中国广播［M］. 北京：中国广播影视出版社，2014.

［145］叶蜚声，徐通锵. 语言学纲要［M］. 北京：北京大学出版社，1981.

［146］应天常. 论"废话"的语用功能［J］. 现代传播，2002（4）.

［147］于忠广. 社会转型与对农广播［M］. 北京：中国广播电视出版社，2009.

［148］喻国明. 新闻传播的大数据时代［M］. 北京：中国人民大学出版社，2014.

［149］翟国选. 双重属性下的现代广播宣传管理［M］. 北京：当代中国出版社，2012.

［150］张春华. 美国广播电视体制变迁研究：从"公众委托模式"到"市场模式"［M］. 北京：社会科学文献出版社，2015.

［151］张凤铸，关玲. 中国当代广播电视文艺学［M］. 北京：中国传媒大学出版社，2016.

［152］张凤铸. 中国广播文艺学［M］. 北京：北京广播学院出版社，2000.

［153］张海涛. 回归人民 勇于创新 不断推动广播媒体转型升级［J］. 中国广播电视学刊，2015（1）.

［154］张君昌，吕鹏. 广播电视节目评估体系：背景、现状及发展趋向［J］. 中国广播电视学刊，2011（11）.

［155］张君昌. 简论中国广播电视90年发展轨迹：萌芽与起步阶段［EB/OL］. 人民网，2010 - 06 - 22.

［156］张隆栋，傅显明. 外国新闻事业史简编［M］. 北京：中国人民大学出版社，1994.

［157］张勉之. 广播漫笔［M］. 北京：北京出版社，1998.

［158］张旭光. 共享经济视角下网络付费问答平台的传播机制研究［D］. 南宁：广西大学，2017.

［159］张玉川，林林. 广播受众心理与行为分析［M］. 北京：中国广播影视出版社，2016.

［160］张振华，张君昌，欧阳宏生. 中国广播电视学［M］. 北京：中国国际广播出版社，2019.

［161］张志军. 广播新闻策划手记［M］. 北京：中国广播电视出版社，2006.

［162］赵立波. 中国特色公益服务体系研究［M］. 北京：人民出版社，2015.

［163］赵权，黄荣，启华，吴宏勋."广播＋互联网＋N"用连接创造更紧密的受众社交关系［J］. 中国广播，2016（1）.

［164］赵玉明. 中国现代广播简史（1923—1949）［M］. 北京：中国广播电视出版社，1987.

［165］郑保卫. 中国共产党领导人新闻实践与新闻思想研究［M］. 北京：中国人民大学出版社，2011.

［166］郑兴东. 受众心理与传媒引导［M］. 北京：新华出版社，1999.

［167］中国广播电影电视社会组织联合会. 中国广播电视节目评估体系研究［M］. 北京：中国国际广播出版社，2018.

［168］钟翠萍. 融合之路：广东广播的实践和探索［M］. 广州：暨南大学出版社，2017.

［169］周伟. 广播广告的创新营销［M］. 北京：中国广播影视出版社，2013.

［170］周小普. 广播新闻与音响报道［M］. 北京：中国人民大学出版社，2001.

［171］周小普. 广电传统的缔造者：美国哥伦比亚广播公司解读［M］. 北京：中国社会科学出版社，2006.

［172］周宇博. 广播与 App 融合发展的思考［J］. 视听界，2014（5）.

［173］［德］海德格尔. 在通向语言的途中［M］. 孙周兴，译. 北京：商务印书馆，1997.

［174］［德］威廉·冯·洪堡特. 论人类语言结构的差异及其对人类精神发展的影响［M］. 钱敏汝，译. 北京：商务印书馆，1997.

［175］［德］尤尔根·哈贝马斯. 交往行动理论［M］. 曹卫东，译. 上海：上海人民出版社，2004.

［176］［法］古斯塔夫·勒庞. 乌合之众：大众心理研究［M］. 冯克利，译. 北京：中央编译出版社，2004.

［177］［法］贾克·阿达利. 噪音：音乐的政治经济学［M］. 宋素凤，等译. 上海：上海人民出版社，2000.

［178］［法］雷吉斯·德布雷. 普通媒介学教程［M］. 陈卫星，王杨，译. 北京：清华大学出版社，2014.

［179］［法］让·鲍德里亚. 完美的罪行［M］. 王为民，译. 北京：商务印书馆，2014.

［180］［法］雅克·德里达. 声音与现象［M］. 杜小真，译. 北京：商务印书馆，2010.

［181］［荷］约翰·赫伊津哈. 游戏的人：文化中游戏成分的研究［M］. 何道宽，译. 广州：花城出版社，2017.

［182］［荷］约翰·赫伊津哈. 游戏的人［M］. 杭州：中国美术学院出版社，1996.

［183］［加］哈罗德·伊尼斯. 帝国与传播［M］. 何道宽，译. 北京：中国传媒大学出版社，2015.

［184］［加］马歇尔·麦克卢汉. 理解媒介：论人的延伸［M］. 何道宽，译. 南京：译林出版社，2011.

［185］［美］爱德华·赫尔曼. 全球媒体：全球资本主义的新传教士［M］. 甄春亮，译. 天津：天津人民出版社，2001.

［186］［美］保罗·莱文森. 新新媒介［M］. 何道宽，译. 上海：复旦大学出版社，2014.

［187］［美］大卫·伊斯利，［美］乔恩·克莱因伯格. 网络、群体与市场：揭示高度互联世界的行为原理与效应机制［M］. 李晓明，王卫红，杨韫利，译. 北京：清华大学出版社，2011.

［188］［美］戴维·E·里斯，［美］林恩·S·格罗斯，［美］布莱恩·格罗斯. 声音制作手册：概念、技术与设备［M］. 姚国强，赫铁龙，鲁洋，译. 北京：中国广播影视出版社，2014.

［189］［美］黛安娜·克兰. 文化生产：媒体与都市艺术［M］. 赵国新，译. 南京：译林出版社，2001.

［190］［美］丹尼尔·C·哈林，［意］保罗·曼奇尼. 比较媒介体制：媒介与政治的三种模式［M］. 陈娟，展江，等译. 北京：中国人民大学出版社，2012.

［191］［美］菲利普·迈耶. 精确新闻报道：记者应掌握的社会科学研究方法［M］. 肖明，译. 北京：中国人民大学出版社，2015.

［192］［美］卡迈恩·加洛. 黏住顾客：Foursquare 如何打造忠实客户群［M］. 陈丽芳，译. 北京：中信出版社，2013.

［193］［美］凯斯·R. 桑斯坦. 极端的人群［M］. 尹弘毅，郭彬彬，译. 北京：新华出版社，2010.

［194］［美］凯斯·桑斯坦. 网络共和国：网络社会中的民主问题［M］. 黄维明，译. 上海：上海人民出版社，2003.

［195］［美］凯文·韦巴赫，丹·亨特. 游戏化思维：改变未来商业的新力量［M］. 周逵，王晓丹，译. 杭州：浙江人民出版社，2014.

［196］［美］罗伯特·斯考伯，谢尔·伊斯雷尔. 即将到来的场景时代［M］. 赵乾坤，周宝曜，译. 北京：北京联合出版公司，2014.

［197］［美］罗杰斯. 传播学史：一种传记式的方法［M］. 殷晓蓉，译. 上海：上海译文出版社，2005.

［198］［美］尼古拉斯·卡尔. 浅薄：互联网如何毒化了我们的大脑［M］. 刘纯毅，译. 北京：中信出版社，2010.

［199］［美］苏珊·朗格. 感受与形式：自哲学新解发展出来的一种艺术理论［M］. 高艳萍，译. 南京：江苏人民出版社，2013.

［200］［美］威尔伯·施拉姆，［美］威廉·E·波特. 传播学概论［M］. 何道宽，译. 北京：中国人民大学出版社，2010.

［201］［美］伊莱休·卡茨，保罗·F·拉扎斯菲尔德. 人际影响：个人在大众传播中的作用［M］. 张宁，译. 北京：中国人民大学出版社，2014.

［202］［美］约瑟夫·M·朱兰，约瑟夫·A·德费欧，等. 朱兰质量手册：通向卓越绩效的全面指南［M］. 焦叔斌，苏强，杨坤，等译. 北京：中国人民大学出版社，2014.

［203］［美］约瑟夫·R·多米尼克. 大众传播动力学：数字时代的媒介［M］. 蔡骐，译. 北京：中国人民大学出版社，2009.

［204］［意］玛格赫丽塔·帕加尼. 多媒体与互动数字电视：把握数字融合所创造的机会［M］. 罗晓军，等译. 北京：人民邮电出版社，2006.

［205］［英］丹尼尔·麦奎尔. 受众分析［M］. 刘燕南，李颖，杨振荣，译. 北京：中国人民大学出版社，2006.

［206］［英］富里迪. 恐惧的政治［M］. 方军，吕静莲，译. 南京：江苏人民出版社，2007.

［207］［英］库尔德利. 媒介、社会与世界：社会理论与数字媒介实践［M］. 何道宽，译. 上海：复旦大学出版社，2014.

［208］［英］尼克·库尔德里. 媒介仪式：一种批判的视角［M］. 崔玺，译. 北京：中国人民大学出版社，2016.

［209］［英］齐格蒙特·鲍曼. 寻找政治［M］. 洪涛，周顺，郭台辉，译. 上海：上海世纪出版集团，2006.

［210］［英］西蒙·罗杰斯. 数据新闻大趋势：释放可视化报道的力量［M］. 岳跃，译. 北京：中国人民大学出版社，2015.

［211］［英］詹姆斯·卡瑞，珍·辛顿. 英国新闻史［M］. 6 版. 栾轶玫，译. 北京：清华大学出版社，2005.

［212］BROADHOUSE J. Music Acoustics：or the Phenomena of Sound As Connected With Music［M］. Charleston：Forgotten Books，2012.

［213］CHIGNELL H. Key Concepts in Radio Studies［M］. London：SAGE Publications，2009.

［214］COLLINS R. Changing Conceptions in the Sociology of the Professions［M］// TORSTENDAHL R，BURRAGE M. The Formation of Professions：Knowledge，State and Strategy. London：Sage，1990.

［215］CRISELL A. More than a music box：radio cultures and communities in a multi－media world［M］. New York：Berghahn，2006.

［216］CRISELL A. Understanding Radio［M］. 2nd ed. London：Routledge，1994.

［217］DERMOT R. Theatre of sound：radio and the dramatic imagination［M］. Dublin：Carysfort Press，2002.

[218] DOUGLAS S. Listening In: Radio and the American Imagination, from Amos "n" Andy and Edward R. Murrow to Wolfman Jack and Howard Stern [M]. New York: Random House, 1999.

[219] FOGER F. Language in the news: discourse and ideology in the press [M]. London: Routledge, 1991.

[220] HENDY D. Noise: A Human History of Sound and listening [M]. main edition. London: Profile Books, 2013.

[221] HENDY D. Radio in Global Age [M]. Cambridge: Polity Press, 2000.

[222] HENDY D. Speaking to Middle English—Radio Four and its Listeners [M] //AITCHISON J, LEWIS D M. New media language. London: Routledge, 2003.

[223] KEITH M C. Talking radio: an Oral History of American Radio in the Television Age [M]. New York: M. E. Sharpe, 2000.

[224] LEWIS P. Radio Drama [M]. New York and London: Longman, 1981.

[225] LUNENFELD P. The Digital Dialectic: New Essays on New Media [M]. Cambridge, MA: The MIT Press, 1999.

[226] MANUEL C. An Introduction to the Information Age [M] // WEBSTER F, BLOM R, KARVONEN E, et al. The Information Society Reader. London and New York: Routledge, 2004.

[227] MCLEISH R. Radio Production [M]. 3rd ed. Oxford: Focal Press, 1994.

[228] MITCHELL C. Women and Radio: Airing Differences [M]. London: Routledge, 2000.

[229] NEIL T. Communication and language: a handbook of theory and practice [M]. Basingstoke: Palgrave Macmillan, 2003.

[230] PRIESTMAN C. Web Radio: Radio Production for Internet Streaming [M]. Oxford: Focal Press, 2002.

[231] SCANNELL P. Media and Communication [M]. London: Sage, 2007.

[232] Seán Street. Sound at the Edge of Perception: The Aural Minutiae of Sand and other Worldly Murmurings [M]. London: Palgrave Pivot, 2019.

[233] SHINGLER M, WIERINGA C. On air: methods and meanings of radio [M]. London: Arnold, 1998.

[234] STARKEY G. Radio in Context [M]. Basingstoke: Palgrave Macmillan, 2004.

[235] STERNE J. The Sound Studies Reader [M]. Oxon: Routledge, 2012.

后　记

　　大音频时代的启动，是伴随着移动互联网的迅猛发展而开始的，也是伴随着音频内容商业消费价值提升而涌入大众视野的，促使国内开始重新审视"低调"的音频内容传播价值和市场价值。

　　感谢光明日报出版社《博士生导师学术文库》的资助，《音频媒体研究》是对本人有关广播、互联网音频媒体、新媒体已发表成果，以及目前最新思考的一个总结，汇总成系统的内容。

　　在重新筛选这些内容的时候，笔者发现了理论和现实之间有趣的关联。例如，2005 年在拙作《声音传播》一书中，谈及"布龙伯格（Bloomberg）的专业信息分类优势使它的用户直接越过了传统大众媒体提供的服务。这也意味着，在海量信息时代，人们的难题将更多集中在信息的筛选上，而不再是信息的渠道问题。在这个意义上，是信息分类的人掌握了话语权，而信息的提供者则变得不那么重要了"。这其中蕴含的道理是：内容与受众直接见面；海量信息时代，内容筛选将比内容生产一度占据产业链上端，并成长为一种新的内容生产类型。近年，随着我国互联网、移动互联网的发展，以及媒体融合进程的推进，过去停留在纸面上的这些研究成果真实地发生在今天我们的媒体业界。

　　笔者也发现了关于"概念"阶段性表达的"尴尬"。例如，对于受众的研究，从大众、分众到小众，再到"用户"，不同的概念也代表着媒体研究者们针对媒体发展现状的一种积极回应。"用户"是一个阶段性的借用概念，并不完全属于媒体，本书在谈及音频媒体运营中，使用了这一概念。"大众—分众—小众"的概念发展，容易使读者过度关注受众的人群规模，实际上"必须首先研究节目类型与受众之间的社会关系"。15 年前在博士论文调研过程中，笔者试图用"族群"来指代和突出这种"小众人群"的"社会性"，以把握受众与媒介、媒体内容生产之间更为根本的东西。记得 2005 年中国人民大学的成美老师提及，她认为博士论文有关"族群"这一部分是"最有创新性和价值"的。前辈的鼓励是一种鞭策，这也提醒我们更年轻的研究者们，创造一个新的概念风险很大。"族群"就是今天我们谈的"社群"。相信在阅读中，大家会发现媒体研究的这种历史性的变化，以及其中的关联。

对于音频媒体的一些惯常式的理解，如"第二类媒体"（Second Media）和受众伴随性收听特征等，笔者近期的新认识，也反映在此书中了。例如，互联网发展为电视（视听）和广播（音频）突破"非此即彼"的狭隘比较视野提供了机会。"第二类媒体"（Second Media）是电视强势发展时代针对广播发展的一种定位。随着互联网对于传统媒体的冲击，"第二类媒体"的"伴随性"特征，反而增加了更多弹性延展发展的可能，同时"伴随性"亦成为一种互联网时代的"强需求"。2018 年笔者在参加央广"倾听中国倾听世界"优秀获奖作品赏析的三天会议中，突然顿悟："伴随性收听"不简单，实际比受众的"注意收听"还要更为苛刻——海量人群的无意注意收听就是最苛刻的有意注意。这与听觉的特性有关，在伴随性收听中，大众对于异常声音内容具有高度的敏感，会高精准地捕捉到信息。这意味着对于音频内容的制作者而言，制作了看似"随意"的音频内容，以供大众在伴随状态下收听，但每一秒，每一分都是精心制作、不敢懈怠的。这一认识对于"高质量"音频内容的理解，将更进了一层。

自 2002 年以来笔者关于"音频媒体"的研究，可以分为三个阶段：第一个阶段是从音频媒介出发的广播本体研究，《声音传播》

（2006）这本书是代表；第二个阶段是聚焦电台现实发展的机制体制改革以及运营等核心问题，《移动互联时代的中国广播影响力》（2015）、《互联网＋时代音频媒体产业重构原理》（2015）这两本书主要谈的是这方面的内容；第三个阶段是互联网背景下的音频媒体理论与实践，主要体现在《广播传播学》（2013）、《广播内容传播研究》（2017）、《理解新媒体》（2018）、《广播原理：一种融媒体的视角》（2018）这四本书中。研究有三个分期，源自本人几次研究视野转换：一是2012年参与了从广播到电视、电影等行业的全国调研，得以跳脱开"广播"看"广播"；二是自2011年调入传播研究院至今，深受熏陶，多少能从"传播学"视域下思考"音频媒体"；三是自2009年至今讲授新媒体和社会化媒体课程，能够从互联网角度看音频媒体。

针对当前音频媒体发展，有几点个人观点与朋友们分享。

1. 广播是新媒体，广播也是全媒体。广播作为数字平台的一个分子，理论上说也是新媒体的一种类型；广播可以全媒体化。同样，其他所有的媒体机构、社会机构和所有的人也都可以发展音频内容。广播电台作为一个大众媒体机构，比之以往，它的媒体疆域正在大大缩小，这已经成为一个事实。但有趣的是，它的研究疆域却拓展了。

2. 今天的广播电台是在做"媒体"，而非狭义的广播，我们的竞争对手不是广播同行，我们的主要竞争对手是互联网媒体，更确切地说，所有媒体均在公平地竞争"收获"用户的"时间"。

3. 聚焦音频媒体研究，回归音频本体，并非只是为了局限于音频表现，画地为牢，持守音频的样态，而是我们可以从音频传播的特性出发，借助这一优势，做无限的融合和展望。

4. 挖掘广播媒体属性很重要，不能只做政府买单的"定制广播"。媒体不是真正的政府职能部门。在具体业务操作层面，需要遵循媒体的法则和规律，方可成为宣传"利器"。

电台是否有能力最大程度上解放生产力，完成从市场化到互联网

化的深层变革；完成互联网时代广播行业的改造，确立广播或者音频
传播作为一个行业独特的发展地位和社会使命，强化音频行业和职业
的自信与尊严，目前看来是关键。期待一个大音频时代的到来！

　　感谢光明日报出版社的老师们在本书选题、审稿和修订中的诸多
帮助，使得本书得以尽快面世。

　　成书中可能存有错误和遗漏，敬请专家、朋友们批评指导。

孟伟

于英国伯恩茅斯大学

2019 年 4 月 11 日